iHuman

成为更好的人

Les métamorphoses de la cité

Pierre Manent

城邦变形记

[法]皮埃尔·马南——著
曹明 苏婉儿——译

GUANGXI NORMAL UNIVERSITY PRESS
广西师范大学出版社
·桂林·

城邦变形记
CHENGBANG BIANXINGJI

Pierre Manent
LES METAMORPHOSES DE LA CITE: Essai sur la dynamique de l'Occident

根据 *Metamorphoses of the city : on the Western dynamic*，trans. Marc Lepain（Harvard University Press, 2013）译出。
著作权合同登记号桂图登字：20-2017-071 号

图书在版编目（CIP）数据

城邦变形记 /（法）皮埃尔·马南著 ；曹明，苏婉儿译．—桂林：广西师范大学出版社，2019.4
ISBN 978-7-5598-1667-2

Ⅰ．①城… Ⅱ．①皮…②曹…③苏… Ⅲ．①政治哲学—研究—欧洲 Ⅳ．①D095

中国版本图书馆 CIP 数据核字（2019）第 045938 号

广西师范大学出版社出版发行
（广西桂林市五里店路 9 号　邮政编码：541004
网址：http://www.bbtpress.com）
出版人：张艺兵
全国新华书店经销
广西广大印务有限责任公司印刷
（桂林市临桂区秧塘工业园西城大道北侧广西师范大学出版社集团有限公司创意产业园内　邮政编码：541199）
开本：880 mm × 1 240 mm　1/32
印张：14.5　　字数：300 千字
2019 年 4 月第 1 版　　2019 年 4 月第 1 次印刷
定价：68.00 元

目录

导论
西方的动力

我们之为现代的已逾数百年。我们是现代的，且我们想成为现代的。这就是我们西方社会全部生活的位向（orientation）。对于现代化诸面相的批判频仍出现，有些甚至批判“现代性”本身，不过“保守的”努力，若取得成功，充其量只是延缓了此一运动，一般都以加速此一运动告终。而我们依旧想成为现代的。我们命令自己成为现代的。不过，成为现代的这种意愿数个世纪一直发生作用，这一事实意味着我们尚没有实现真正的现代。有几次峰回路转，我们都认为已经抵近了前行的目标，结果却是误入歧途，正如海市蜃楼：1789年、1917年、1968年、1989年不过是路途中的迷惑时段，这条路走向哪里，我们不清楚。希伯来人是幸运的——他们只在荒野中流浪了四十年。如果成为现代的这种意愿、这一诫命不曾停止重塑共同生活的境况，不曾停止掀起不断的革命，又不曾得以实现，不曾抵达这样一个地点，让我们可以在此止泊，并且说道：“最终这是我们的事业的目标”，如果这种意愿或诫命从未把握其目标，那这一切意味着什么？我们如何可能**意愿了**如此之久，并容忍自己这般经常被欺骗？也许我们并不知晓我们真正想要什么？

现代的特征或标准对我们而言，或许再熟稔不过，无论是在建筑、艺术、科学，还是在政治组织中，我们却不知道是什么把这些特征或标准统一起来，并且证成我们可以使用同一术语指称它们。我们面临着一项抗拒阐释的事实。我们将一则诫命加于自身，然后询问自己它到底、最终包含着什么。

有些人情愿放弃追问。他们认为，我们已经离开现代，进入了后现代，而且我们已经放弃了西方进步的“宏大叙事”。我不觉得我们已经放弃了关于科学或民主的宏大叙事。确实，在这么多的现代世纪之后，我们体会到了某种疲惫，不过问题依然未经触动，而其紧迫性并不取决于询问者的倾向。这个问题需要不断地重新询问，如果我们至少还在乎理解自身的话。而且如果我们不假装给出了一项真正新颖的答案，那我们至少要有雄心赋予这个问题以新生命。

我们如何着手？如果我们对某物是什么不清楚，我们就去问它何时以及如何开始。现代性何时、如何开始？现代性的创生是什么样的？我们乐意且有充分的理由提出这样的问题。

此乃一项正当，甚至必要的事业，不过它即刻引发了诸多困难。开端本质上是模糊的。最初的萌芽难以察觉，不经意就会犯错。因此，我们是在必定模糊或不确定的开端中寻求明晰。某一作品、观念、文学或建筑风格是古代的，还是现代的？我们会在哪一时刻开始寻求现代性的开端：十八世纪美国和法国革命的时候？十七世纪自然科学概念兴起的时候？十六世纪宗教改革时期？人们会如何回答？这些歧异的猜想并不冲突，现代性的构成因素无疑包含着宗教改革、现代科学，还有民主政治革命。不过，路德的信仰和伽利略的科学之间存在什么样的关联？有可能存在某种基本的倾向，比如某种智性和道德上的倾向来定义现代人吗？或者人们必须接受现代存在（modern being）在要素上的离散，接受被一个词汇的魔力维系着的拼凑物？

让我们从我刚才列举的系列难题中无可置疑的某一点开始。我们曾经想，并且现在还想成为现代的。我们不需要确切知道我们想要什么，便可以知道在如此的意愿中，我们形成了一项**规划**（project）。现代性原本乃是一项规划，在欧洲构想出来的一项集体规划，最初也是在欧洲实施的，但是，从一开始其意图就是为了全人类。然而，规划是什么？规划不是一件小事。如果我们首先能更准确地辨识出其中包含着什么，我们就会了解关于现代规划的某些重要之事。

要形成一项最终是为了全人类的伟大的集体规划，首先要求的是巨大的信念，也即对人自身力量的信心。据说，我们中间最强大者治人，但事实是，对自身力量有信心的人或群体罕有见到。现代科学开启之际，一件引人注目的事情是培根或笛卡尔非同一般的信心，对于现代科学彻底改造人类生活境况的能力的信心，只提及这二位即可。人们忍不住要说，他们怀有的信念何等盲目。的确，那时现代科学尚没有，或者几乎没有结出任何果实。著名的“科学奇迹”尚未显现。笛卡尔那个时代的医学对疾病束手无策，而他本人对血液循环也持有奇特的观念，却想象着医学会极大地延长人类寿命。

一项规划预设了我们有行动的能力，而且我们的行动能够改造我们的处境或者生活境况。许多现代性的分析者一直坚持第二点，坚持现代规划的改造、制造或建构主义的雄心。自然的改造、生产的组织、筹划（Plan）、人类生产自身，甚至灵魂工程师——所有这一切都是非常重要的。不过，我们决不能太快地忽略第一点。我们有行动的能力。在这一陈述中包含着一个整体世界。人类总是以某种方式行动，不过他们并非总是明白他们有行动的能力。在人类行动中存在着某种可怕的东西。表现（express）人类的东西亦是暴露（expose）他们的东西，使得他们释放自我，有时则迷失自我。鸿蒙初开，人群集聚，打渔，狩猎，甚至发动战争（亦是某种狩猎），不过他们尽可能少地行动。他们把最大的活动空间留给众神，并且通过各式各样的禁忌、仪式和圣诫约束自己。这就是为什么人类行动、真正的人类行动，最初看起来是一种罪行、一桩罪过的原因。在黑格尔看来，这恰是希腊悲剧所揭示的：无辜的犯罪行动。悲剧显示了无法被讲述的，从行动之前到真正的人类行动的过渡。它显示了通向城邦的路途、城邦的生成。因为城邦使得人有能力行动。城邦是人类世界的那种部署（ordering），它使得行动成为可能且具有意义。

如若我们想理解现代规划，我们必须从人类行动的首次完整实现——即城邦——来理解它。无疑，希腊城邦不是一项规划的产物，但正是在城邦中，人们能够筹谋，形成行动规划；正是在城邦中，人们发现他们能够自我统治，也学会了这样做。他们发现并且习得了政治，这是行动的广阔天地。

因此，如果现代性的特征首先是作为一项集体行动的规划，还有，如果政治是行动的实施和部署，那么现代规划首先必须被理解为一项政治规划。它必须被重新置于欧洲和西方政治发展的历史中。拙著的抱负就是对西方的政治发展提出一种阐释，或者至少为一种阐释提供某些要素。

西方历史独有的特征是什么？什么可说是其准则（formula）？

我曾申言现代**运动**（movement），申言现代性的运动特征，这一运动从未抵近其终期、其止泊之所。西方之外，存在着伟大的文明，很多事情在那里发生（take place），但是这些文明一直都不知晓运动、历史运动。它们有纪年（chronicles）但没有历史（history），至少在西方的压迫或侵略使得它们走进历史之前没有。在西方存在一种独特的运动原则，这是其首要特性。

西方运动的原则是政治，也因此是城邦。西方的运动以城邦的运动作为开端。曾有论者认为希腊人不晓得历史，他们对时间的理解只是循环性的，而历史的线性时间始于基督教或者现代历史哲学。这并不成立。希腊人非常清楚政治历史之不可逆的时间。亚里士多德就像托克维尔一样，能够观察到民主是他那个时代依然可能的唯一政体。

西方运动的开端是希腊城邦的运动，希腊城邦内部和外部的运动，内部阶层斗争和外部涉外战争的运动。城邦是人类生活的塑形，使得共同事物（common thing）、共同事物的治理和执行在多个彼此敌对、内部存在分裂的城邦出现。希腊城邦是第一种孕育政治能量的人类生活形式。它展示了人类能量前所未有的强度和品质。它最终在伯罗奔尼撒战争的灾难中耗尽了自身的能量。总体说来，以后的历史似乎是对政治形式不断更新的追求，它会允许自由但受制于内外敌对的城邦蓄积能量，同时避免城邦的宿命。

继城邦而来的形式是帝国。西方帝国，与东方帝国相对，乃是城邦的某种延续。罗马城邦展现了非常强大的能量，打破了局囿城邦的所有限制，将越来越多的远方人口纳入自身，到了如此地步：看起来将要聚合整个人类种族。西方帝国放弃了城邦的自由，但允诺了统一及和平。这个诺言不曾兑现或者不曾完全兑现，不过，就像城邦的情形一样，政治和精神的能量在形式衰落之后还部分留存。帝国理念给西方打上的烙印，不仅包括罗马帝国的永恒声名，还有一种绝对前所未有的形式，也是欧洲独有的，就是大公教会，亦即普世教会，它企图将所有人聚合在一个新的团契（communion）中，比联系最紧密的城邦还要亲密，比幅员最广袤的帝国还要辽阔。在西方所有政治形式中，教会是最充满期许的那种，因为正如我刚才所说，它提议了一种既是城邦又是帝国的共同体；不过它也是最令人失望的，因为它从未成功地，并且远远没有促成这种普世性联合，而正是它唤醒了对于此类联合的向往。

我以匈人王阿提拉（Attila）的迅捷和灵敏重温了前现代欧洲的历史，不过我的掠食会使得蛮族国王心怀嫉妒。因为我网罗了某种处境的诸要素，而这一处境将会限定现代规划的阐释。如何去刻画这一处境呢？简洁地说，我认为那时的欧洲人分属于城邦、帝国和教会，他们生活在这三种人类联合模式之混合且竞争的权威之下。存续的或者复活的城邦与罗马帝国之间存在竞争，甚至经常干戈相向；在罗马帝国成为德意志民族神圣罗马帝国后，城邦与帝国一起又和教会相互竞争。这是一种糟糕的失序，一种权威之间和忠诚之间的冲突。现代规划正是试图带我们脱离这种混乱状态，实际上也将带我们脱离。争吵无疑与制度有关，不过同样更深刻地，与必然激发人类生命的人的类型（human type）有关。何人会被模仿？人们应该遵循耶稣所示范的谦卑献身的生活，还是应该过公民战士——他们造就了罗马，也被罗马造就——之积极且骄傲的生活？在异教徒中间，我们要崇拜加图还是凯撒？欧洲人不知道他们想要或能够居住在哪个城邦；他们不知道他们想要或能够成为哪种人。我重申一遍，现代规划正是诞生于这一极端困境，而且为的是面对这一困境。

让我们尝试着更确切地辨识这一困境之构成。因着这些冲突且竞争的权威，欧洲人受到享有声望但又相互冲突的话语困扰——《圣经》的话语、希腊哲学家的话语、罗马雄辩家和历史学家的话语，他们不知道择取哪种又捐弃哪种。因此，他们不知如何行动，不知如何回答该做什么的问题。言和行是脱节的或者被糟糕地连接在一起。当致力于更强健地、更严苛地使言合于行或者使行合于言之际，现代时刻就定格了。这正是宗教改革试图做的。上帝之道（Word of God）的权威被划分为圣经和教会传统，不过圣经本身只有凭借着教会的中介（mediation）才能够进入，而且首先要使用教会的语言，即拉丁语。路德想要将基督徒的信仰与上帝之道直接联结起来，决然地抛弃教会权威的中介，在圣经中寻找上帝之道，这样做依赖的是将圣言文本翻译为信徒们能说、能懂的语言。Sola Scriptura，唯独圣经。

不过，与路德恰在同一时期的马基雅维利，用最普通的术语阐述了问题的核心，以及问题解决——**政治**解决——的原则，可见之于《君主论》第15章短短的几行："可是，因为我的目的是写一些东西，即对于那些通晓它的人是有用的东西，我觉得最好论述一下事物在实际上的真实情况，而不是论述事物的想象方面。许多人曾经幻想那些从来没有人见过或者知道在实际上存在过的共和国和君主国。可是人们实际上怎样生活同人们应当怎样生活，其距离是如此之大，以至一个人要是为了应该怎样办而把实际上是怎么回事置诸脑后，那么他不但不能保存自己，反而会导致自我毁灭。”[1]

可以看到，马基雅维利建言支持人们实际地生存的方式，捐弃他们想象中的共和国与君主国，因为在人们做什么和说什么之间存在着 tanto discosto，悬隔。而言与行之间最大的悬隔是由基督教之言（Christian Word）引入的，它要求人们爱他们天性所恨的——他们的敌人，并且恨他们天性所爱的——他们自己。基督教引入了一种前所未有的人们做什么与说什么之间的悬隔。因此，现代政治规划、马基雅维利最早阐述的规划，乃是一种回应，无论如何最初都是对于一种处境的回应，即“基督教处境”，其特点是权威的竞争、参照标准的无序、话语的混乱，还有最重要的——人们说什么与做什么之间令人沮丧的反差。

那么，马基雅维利的沉思或遵循“事物在实际上的真实情况”意味着什么？它为这样的一种行动铺平了道路：这种行动从毁誉的话语中完全解放出来，无论是宗教的还是其他的；这样的行动不能被任何话语阻止，无论来自外部的机构或舆论，还是来自内部的良知。承载

1 Niccolò Machiavelli, *The Prince*, 2nd ed., trans. Harvey C. Mansfield (Chicago: University of Chicago Press, 1998), 61.［参看《君主论》，潘汉典译，商务印书馆，2005年，第73页。］

最重分量的，也因此构成行动最大阻挠的话语是这样说的："这是善的；这是恶的。"这一话语区分善与恶。马基雅维利并没有寻求取消这类区分。他并没有混淆善与恶。不过他竭力鼓励人们准备好作恶，就像他说的：当有必要时，"可以不做好人"。马基雅维利竭力打破这些话语的桎梏，它们告诉我们应该做什么，却没有指引我们，因为无论如何，我们遵从我们的本性，而非我们的话语，后者通过限制我们可能的或预计的行动领域，妨碍了我们的行动自由。很难说马基雅维利具体构想了什么样的新政治秩序。我们这样说吧：通过把人们从对于任何意见、任何话语的全部敬仰中解救出来，他为人们筹备了任何可能的行动，他开启了任何可能行动的门径，包括最无畏、最雄心勃勃，甚至最可怕的行动。

在欧洲目睹的所有无畏且雄心勃勃的行动中，现代国家所致力的那种毫无疑问是最决绝的（decisive）。如我所说的，基督教使得行动的动机不明确、城邦的权威话语受到质疑。"基督教处境"的特征是权威之冲突。不过现代国家瓦解或者克服这类冲突——这也是现代国家成为主权者的方式——其手段是独占命令话语，更明确、更大胆地说，是形成一种独立于所有意见（包括并且首要的就是宗教意见）的命令，依据其主权决断对诸意见授权或禁止。现代国家起初对它的力量还不自信，将一种宗教话语或意见加诸自身，这就是国家宗教。一旦获得充分的力量，它就将自身提升于任何话语之上；它确实没有自己的话语。它变成了我们了解的"中立的"、"不可知的"、"世俗的"国家。

因此，对于基督教世界特有的言与行之间的悬隔问题，国家构成了解决之道的前半部分。国家有权禁止和授权每种话语，而且会禁止得越来越少，授权得越来越多。不过，国家仅仅是解决之道的一半，恰是因为它没有自己的话语，而这也是其效果的条件。人类生活不能没有权威话语。现代国家会在哪里发现此等话语？它通过变成社会的“代表”，将会在社会中发现此等中肯的、政治的话语。众所周知，现代政治的发明和问题是代表。代表将社会的话语与国家的行动联结起来，后者没有话语，或者没有自己的话语。

由此，这就是如何解决基督教时代的问题——权威混乱的问题、言行脱离和悬隔的问题。它是被主权国家和社会的代议制政府解决的。我们作为一个整体来思考的政治政体（political regime），才是那一问题的解决之道。这里我关心的不是描述代议制政体的结构，或者纯粹地勾勒其历史。然而，有一点需要强调。言与行的联结或协调之决定性的因素，是凭借一种民族语言的发展、提炼和传播，形成一种共同话语。路德的宗教改革是一起精神突变，不过它同样不可分离地是一起政治革命、一起民族反叛。下面一点经常被忘记：甚至在现代国家被凝结成形并且能够有效地授权和禁止之前，在欧洲出现的民族就作为框架（framework）挪用了基督教之言——普世教会表明自身没有能力有效地教导它了。不同的欧洲民族对于基督教信条作出了抉择，那是他们想要生活于其中的，并且总体上是在经历了诸多（经常是混乱的）曲折变化后，将其强加于他们各自的“主权”的。“信教的民族”，不久被冠以绝对主权——它以后会成为“世俗主义”的操盘者，基于此，欧洲呈现出其“经典的”形式，在这一形式下，它以最稳固且持久的方式组织自身，“解决”“基督教处境”提出的那个问题，就像是一个可以解决的人类问题。因此，正是在一种民族公民交谈的框架中，欧洲人从根本上寻求使其言合于行、使其行合于言。民族形式先于并且限定了代议制政体。

这就是拙著试图重述，或者毋宁是缕解的历史，其关切的是揭示一种深思过的政治形式史的启迪性力量。西方历史在公民操演（civic operation）和基督教之言的张力中展现，公民操演，譬如希腊城邦产生的、共和或“罗马”传统努力保存并且传播的那种，而基督教之言提出了一种新城邦，其中行与言将实现前所未有的统一，人的生活**将遵从上帝之道**，从而开启了政治社会中行与言之间的悬隔，这是没有可能克服的。因为允诺了在上帝之城中行与言的完全等同，基督教的提议开启了人间诸城邦中行言之间无法克服的悬隔。如我所言，带有信条烙印的实践解决途径可在民族中找到，由一个世俗国家管理，一个代议制政府治理。不过，这种解决途径既没有城邦形式充满活力的质朴（energetic simplicity），也没有教会形式雄心勃勃的精确（ambitious exactitude），而西方不会停止寻求这样一种“解决方案”：它终会是完美的，会统合公民操演的活力和宗教提议的精确。名为“极权主义”的诸政体，能够将最混乱、最可怕的行动合并于最学究的意识形态和语言正统观念中，它们难道不是提出了此种野心之恐怖却非常容易辨识的表达吗？

在欧洲的今天，公民操演虚弱无力，宗教之言几乎听不见。让西方之弧得以长久保持弧度的两极已失去力量。而如我在开篇中所说，现代规划继续着漂泊之旅。它只服从自己的惯性吗，或者我刚才回顾的欧洲政治结构一直在发挥作用吗？为了证实这几页提出的见解的相关性，去勾勒欧洲时下的处境，就言与行之间的融洽而言，毫无疑问并非无益。

我已经断言民族框架对于欧洲或基督教问题之解决的重要性。我尚未提及我们政体的一个次级的但非常重要的因素，那就是依据多数决定来衔接言与行。对于代议制民主或议会政体的一种常见批评是：它滋生了言语，却没有能力行动。列宁说过“议会的愚痴”，卡尔·施米特有意引述多诺索·柯特（Donoso Cortès）对于资产阶级的尖刻评论，clase discutidora（辩论阶级）。事实上，一个起作用的代议制民主、一个议会政体，构成了令人钦佩的言与行的衔接。在一场选举运动中，任何人提出任何能想到的行动，无论是可能的还是不可能的，只要选举获胜，这些赢得多数的人依据其言勠力行动，而少数派不会付诸任何行动，止于誓言为下次选举筹谋。轮替，或者轮替的实际可能性，乃是这一机制的核心。

我们身处何方？现代规划在其中发现最合意手段的政治结构处于怎样的状况？在我看来，这一结构在欧洲的今天被相当程度地弱化了，而且几乎无法辨识了。

我们自己庆幸敌对的减弱，与此同时却忧虑轮替的危机。这就是在庆幸和忧虑相同的事情。政治景观已经平面化了。形塑政治信念的情感、意见、话语纽带已经瓦解，或者被磨损。从此以后，人们不再能够凭借着占据一种立场而步入政治版图。这是为什么所有的政治行动者说着所有话语。

近来，政治言说与可能行动的任何本质性关联已经逐步地被切断了。方案（program）的概念被降为“期许”，已经不足信了。这一信念已经扩散，无论是明言的还是隐晦的，即无论如何，人们都没有选择。要做什么将会由形势发令，对于后者，人们无能为力。从那时起，政治言说就不再怀有为一种可能行动筹谋的目的了，而只是尽职尽责地填充政治言说的领域。任何人或几乎任何人都明白，行与言的最终汇合大体上将会是独立的因果链条的相遇。

行与言的此等分离，有助于解释“政治正确”的新颖角色。政治正确是时下言说膨胀的一个特别有意义的方面。人们不再期盼着言说会与一个可能行动相连；因此它得到了认真的对待，就像它本身就是一个行动。言说不再与衡量自身意旨的一种可能且合理的行动相连，如果它令人不快，那么就会有意被认为是等同于能想象的最恶劣行动了。因此，人们就监测这些声名狼藉的话语，用临床术语可将此命名为“恐惧症”。在西方，自由之进步是由证诸可见行动的衡量性话语构成。“政治正确”是由证诸不可见意图的衡量性话语构成。

我刚才提到的我们诸国中政治处境的特征，会在欧洲的框架中找到一种突出的形式。欧洲处境的特点是，我们作为公民所说的内容已没有任何重要性，因为政治行动会在一处模糊之地被决定，我们无法将此处与我们的言说位置联系起来。我们可能知道的唯一事情就是，这些行动会是必要的。**显得**必要的行动是这样的，它们不与任何恰当的政治话语相伴随，或者最庄严的政治话语，比如全民公决，对它们无能无力。在欧洲，任何人都很清楚，一个民族能够阐述的最庄严话语，即全民公投，预先就被欧洲的政治阶层漠然对待，后者认为自身承担着指引必要的欧洲“构建”过程的责任。此一过程之臆想的必要性，预先使得任何政治话语名声扫地、不生效力。

如果这一过程继续的话，不久我们就会丢弃代议制政体，使其回到一种无言的命令。此命令将不再是国家的命令，后者至少占据一处高位（elevated place），而是**统治**、起源模糊的统治的命令。人们并不清楚统治从何而来，只知道人们必须服从它。因此，在欧洲越来越施加于自身的结构或过程是这样的：依据原则的行动遵从无言的统治，话语与一项可能的行动没有关联。

随着在民族框架中缝合行与言的代议制政体的终结或弱化，现代政治秩序也抵近其行程的终点。科技继续在其领域发挥作用，但是，当民族生活的所有方面的现代化成为明显且共同的任务时，科技越来越脱离于它们在其中寻找到自身意义和有用性的框架了。我们正在目睹文明进程与政治结构间越来越深刻的分离。越来越复杂且束缚的日常生活秩序，我们越来越温顺地服从的、越来越禁锢的统治网络，绝不能使我们无视正在增长的不确定性，亦即正在增长的共同生活形式的混乱。如果可以这样说的话，我们正在越来越薄的冰面上前行。

看起来我们正返回到一种政治不确定的处境，在某种意义上可与先于现代政治构建的那种处境相比。然而，其间差异甚大。在前现代时期，存在着太多彼此扞格的竞争性政治形式，我曾提到过城邦、帝国和教会，由此不得不发明民族这种新的政治形式。而今时，简单地说，正好相反。我们观察到的不是政治形式的泛滥而是其稀缺。至少在欧洲，其故土，民族形式已名誉扫地、不具合法性，却也没有任何其他形式正在被阐发。不仅如此，而且一种权威的、如果不是唯一的观念已经敲打了我们二十年：未来属于文明的去地方化或全球化过程，我们不需要政治形式。政治上缝合言与行的必要性已经从视野中消失。技术规范和司法规则被认为足以组织日常生活。

欧洲孕育了现代性。很长一段时期，欧洲都是其掌控者和拥有者，使其几乎完全地服务于自身的力量（power）。不过，这一改造规划本身就有为全人类而谋的意图。今天，培根和笛卡尔的盛行，至少在上海、班加罗尔和在巴黎、伦敦一样。欧洲发现自己在这个世界从军事、政治以及精神上都被解除了武装，而它曾利用现代化工具武装了这个世界。不久，它会完全没有能力保卫自己。它已经有很长时间没有能力界定自我了，因为，在普通的欧洲观念中，它与通向和平和统一的人类本身混淆了。由于放弃了属于自己的政治形式——借助于它尝试解决欧洲问题也并非没有成功——欧洲丧失了那种欧洲生活在其中发现最充沛意义的联合，迷失于彼此为力量和荣耀而竞争的多元民族语言中。

超过三个世纪，“现代主义者”和“反现代主义者”使得欧洲的圈子回应他们的争论。我在之前的作品中对这些争论给予极大的关注，阐发了一种使得“现代民主”成为欧洲发展之目的与核心的解释。我这里只是提供某些要素的探求，将自己与这个不止在一种意义上是“托克维尔式”的视角拉开距离。在此探求过程中，我今时看到的缺陷，一种托克维尔本人也没有免除的缺陷，就是夸大现代民主带来的政治的、人的转型，那种“人类学的”转型。对我而言，显得越来越清晰的是：希腊城邦的形成（formation）代表了更多实质意义的人类学转型（transformation）——如果能使用这个术语的话——要远胜于现代民主革命。而且后者，在某种意义上，乃是建立在前者的基础上的。我不是将历史看作轻快地奔向我们，奔向我们民主的宏伟和苦难，我越来越清楚地看到它自那奇特的革新开始展现，那革新是最初的**共同的产生**（production of the common），远比我们声名显赫的平等之德性和罪恶重大且有趣。我越来越清晰地看到，我们共同生活的形式从那最初的、主要的形式中展露出来，就像是这最初火光的重重映现，是这初始形式的纷繁变形。

I

城邦的原初经验

1

城邦的什么科学?

希腊科学和希腊经验

当我们着手处理西方政治发展的重大问题时，有必要简略评估我们的知识武器。浏览一下我们武器库中的资源，有两种政治科学供我们拣选，古老的和新近的，即希腊政治科学和现代政治科学。后者可被称为欧洲的，因为它是由意大利人、英国人、法国人在十六世纪至十八世纪期间精心构建的。

在希腊政治科学方面，政治和政治科学一同显现，而且是破天荒地。这种并接正是界定其根基特征的东西。“一同”在这里并非意指“同时”。希腊政治科学的育成要晚于希腊城邦或政治经验的开端，甚至是与此种经验的衰落同步。“一同”意指政治和政治科学显现在同一经验之框架中，而那经验也是以此种方式逐渐认识自身的。希腊经验是自治的经验，其中蕴含着它的政治特征。此等前所未有的经验在一种新的科学中获得自我认识，即在修昔底德、柏拉图和亚里士多德的著作中得以阐述的**政治科学**。这种双重的希腊根基以一种具有特别启发意义的方式，构造了一个我们不停在其中左冲右突的循环：政治科学是政治经验的科学，但科学和经验是不同的，同时又不可分离。问题来了：科学在什么程度上完成了经验，后者没有它，就一直是残缺的或混乱的？或者相反，它是否凭借着以一种严格说来不再是政治经验的光亮，来阐述，进而歪曲了经验？

无论如何，希腊经验是在一种确定的框架中展现的，即城邦。这一框架是那种经验之可能性的条件。自治预设了城邦；完整且原初意义上的政治预设了 polis（城邦）。这就是亚里士多德总结希腊政治科学的那句话的含义："人是政治动物。"既然在希腊人看来，城邦是与人的天性最契合的政治形式，甚至是唯一真正自然的形式，那么，不仅针对严格来说的政治生活，还针对道德生活和一般而言的人的生活的希腊解析，是对人类在城邦中的生活的解析。在希腊思想家的眼中，人的现象首先且最为突出地揭示自身，是在城邦中。我们可以说，**事物本身**乃是政治事物。

我们必须思量，对于长久以来不再生活于城邦中的我们来说，这意味着什么。这意味着，在欧洲最早的政治科学的见解中，我们的道德生活必然是残缺的，因为，自从城邦终结以来，我们就再也没实现内嵌于我们天性中的最高可能性；我们未竟我们的潜能。那预示了且继续启发着我们的系列政治经验的原初政治经验，已经变得很奇怪地不可接近了。这种缺陷或者丧失的感觉，形式五花八门，数个世纪以来一直伴随着我们。无论如何，了解我们自己的努力，需要对我们与这原初经验之关联可能的最严格省察，首要的是对这一经验本身可能的最严格省察。

城邦，polis，是最初的**政治形式**（political form）。它是一种新的生活形式、政治生活——在其中，人们自治且知晓他们自治——产生的条件或者母体。这种生活形式可以采取不同的形式，因为有着不同的自治方式。城邦开启了一种自治的可能，它依据一种特别的模式，依据一种特别的**政体**（regime）来实现或者显现自身。希腊政治科学、城邦的科学，是作为**政体科学**（science of regimes）、城邦中不同自治方式的科学而为人所知的。如我们将要详细看到的，政体根据治者的**数量**来区分。治者可能是**一人**（one）、**数人**（few）或者**多人**（many）。[1] 从这里产生了希腊政治科学划分君主制、寡头制、民主制等的旨趣。的确，希腊政治科学展示了在分析政治政体方面的精巧，目前尚未有匹敌者。

然而，如我们清楚了解的以及我刚才提及的，城邦形式最终消逝不再了。希腊政治分析的基本框架因消逝而终结了。当展示政体多样性的框架不再可得时，政体科学将会变成什么呢？人类联合实际上采取了除城邦之外的其他形式，其他形式必须予以考虑。希腊政治科学是最初的政治经验的科学，因此，也是最初的政治科学。它对城邦之外的其他政治形式甚少提及，因为这些其他形式，至少这些我们最为关切的形式，是在城邦衰落或终结后出现的，而且在某种意义上是它的继承者。我正在进行的此种探究主要处理**政治形式**，这些人类联合的模式还不曾有科学视之为明确的对象，不过其相继更替决定了欧洲历史的运动。

1 参看本书第3章。

希腊作家并非没有意识到除既存的城邦之外的政治形式，纵然他们对此兴味寡然。他们非常清楚至少两种其他政治形式，即部落——ethnos，和帝国（尤其是波斯帝国，不止一次地唤起他们的注意）。还可以补充第四种形式，即部落君主国（tribal monarchies），比如伊庇鲁斯和马其顿那里的形式。[2]这足以成为启发性对照，但希腊思想家们更多是设想（assumed）它们，而非阐发（developed）它们，或者只是一带而过。在这点上，最意味深长的文本，无疑可在亚里士多德的《政治学》中找到：

> 寒冷地区的人民一般精神充足，富于热忱，欧罗巴各族尤甚，但大都绌于技巧而缺少理解；他们因此能长久保持其自由而从未培养好治理他人的才德，所以政治方面的功业总是无足称道。亚细亚的人民多擅长机巧，深于理解，但精神卑弱，热忱不足；因此，他们常常屈从于人而为臣民，甚至沦为奴隶。惟独希腊各种姓，在地理位置上既处于两大陆之间，其秉性也兼有了两者的品质。他们既具热忱，也有理智；精神健旺，所以能永保自由，对于政治也得到高度的发展；倘使各种姓一旦能统一于一个政体之内，他们就能够治理世上所有其他民族了。[3]

2 Jean Baechler 区分了“三个希腊”：城邦的、部落的和部落君主国的。参看“Les origins de la démocratie grecque,” *Archives européennes de sociologie* 21 (1980)。

3 Aristotle, *The Politics*, trans. Carnes Lord (Chicago: University of Chicago Press, 1984), 1327b23-33, 208.[参看《政治学》，吴寿彭译，商务印书馆，1997年。]

由此，城邦是最优的政治形式，因为希腊城邦生活融合了北方部落的自由和亚细亚帝国的开化（civilization）。这种政治形式统合了人类社会中的两大品质，这些品质在其他地方是分布于两个不同的而且可谓相反的政治形式中。值得注意的是，亚里士多德在城邦内部的自由与其对外邻的支配之间建立了必然的关联。公民自由，毫无疑问，因为其鼓励人的力量的展示（不过亚里士多德不曾阐释这一点），自然而然地导致对邻近人口的支配，后者的才能因为其集体组织的缺陷而在发展上受到了限制。这里出现了古人与我们自身之间一个非常显著的区别。我们总是预设并且证实：真正的自由，必须是平等的，并且可说是相互的；一个压迫其他民族的民族不可能是自由的。与此相反，希腊人认为一个城邦越是自由，就越是理所当然地统治那些更少自由的城邦。雅典是最卓越的帝国分子，良心上没太多的顾虑。亚里士多德在这一段落的结尾处，似乎设想了某种希腊人的普遍支配，对于“所有人”的支配，唯一条件是他们实现一个统一的政治组织——mia politeia。这两个词并不足以让我们对亚里士多德的思想提供一种哪怕是温和的解释。亚里士多德设想了一种希腊城邦的联盟吗？如果是这样的话，politeia（意指政体，城邦的宪制）这个术语看起来不恰当。他设想了希腊的城邦融合在由一个政体或一个宪制规束的新政治机体中吗？如果是这样的话，politeia 这个术语可能是恰当的，不过，这将意味着亚里士多德放弃了如他在《政治学》中展示的全部政治科学，在那里，如我们所见，界域有限的城邦是允许自由与开化结合的唯一政治形式。事实上，我们不知道亚里士多德这里对“希腊构建”（construction of Greece）——如同我们谈论“欧洲构建”一样——是如何设想的，甚至有没有做过这类设想。有人在这两个词中看到了对亚历山大帝国的暗示，但这一建议颇为武断，表现在，这个帝国从未近乎具有 politeia 的一致性。因此，《政治学》中的这一段落，最近似于政治形式比较的段落，向我们表明的却是亚里士多德如何掩饰了问题，他如何主张城邦独一无二的卓越到了这样的程度，悄悄地忽略了他先前的学生亚历山大的行为，后者正在撼动希腊生活的境况。对这些评论做总结，人们可以说，希腊政治科学，非常清楚地意识到了城邦之外的政治形式，"想要看的"唯有城邦，不是基于"保守的反应"、对于惯例形式的主观迷恋，而是因为唯有在城邦中，在城邦的镜子中，才能够看到并且允许我们看到人类现象的全部宽宏和整全。

现代政治科学

我重申此一事实的重要性，即在希腊，政治和政治的科学、经验和经验的阐释一同出现，或者至少在邻近和亲密程度上，是后无来者的。相反，现代政治科学——不是希腊的那种[4]——将总是发现，自己面临着**刻意地**（deliberately）将这两方面联结起来的必要性，而不能像希腊那样**自然地**（naturally）联结。它必须是在这样的一个世界中得以阐明，在那里**已经存在着**一种真正的政治科学，即希腊的政治科学，尤其是亚里士多德的。由此，现代政治科学必然具备一种极为刻

4　我们会在后面思考那非常有趣的在罗马形成的政治科学的情形。

意和“被建构的”特征。现代政治科学必须将科学和政治经验缝合起来，对于这一特殊的努力，我找不到一个恰当的修饰语。无论如何，这种努力必然遭遇二者择一，要么更多地（或者首先）倾向于科学，要么更多地（或者首先）倾向于经验。当然，这两种路径之间的选择并非武断的。在任何时期都会受限于科学和经验的相关处境。

相应地，可以区分出现代政治科学的两个卓越版本，一个强调科学，而另一个则强调经验。

推定什么风格的政治科学、哪种教义、哪些作家属于第一类别，这并不困难。现代自然权利，霍布斯、斯宾诺莎和洛克的政治科学，是坚定地，甚至断然地呈现为论证性的（demonstrative）。这几位哲学家提出的这种政治科学，是像数学，更确切地说，是像几何一样论证性的，甚至是更为论证性的。他们拿这种严格的科学与古人经验的、不精密的科学相比较，后者为偏见所累，不配称为科学。对古代科学的全面拒斥，并不排除在这一科学内部作出区分。可以说，现代政治科学的创建者偏爱柏拉图而非亚里士多德，或者说对其中一位比对另一位要较少苛刻。一个理由无疑是，他们试图摧毁的基督教教义的构成因素是借自亚里士多德而非柏拉图；不过另外一个理由，如霍布斯直言不讳的，与柏拉图强调科学或者纯粹科学有关，这种科学有别于经验，原因在于它可以说完全存在于求知者的心灵中。[5]柏拉图的纯

5 参看 Thomas Hobbes, *Leviathan*, ed. Michael Oakeshott (New York: Collier, 1962), chapter 46：“柏拉图是希腊最优秀的哲学家，对于在某种程度上不是几何学家的所有人来说，进入他的学派的入口是关闭的。”也可参看 Leo Strauss, *The Political Philosophy of Hobbes: Its Basis and Its Genesis* (Chicago: University of Chicago Press, 1963[1936]), 139ff。

理智的努力，以其挣脱的力量和向上的跃升，为现代政治科学的出场提供了期望或蓝图；在将所有现实中的共同体如同许多非实质性表象般清除之后，现代政治科学将其视角对准一个纯粹抽象的存在，然后从个体的权利和权力中，构造出一种最终是理性的政治秩序。

这种对经验的贬斥、对科学的偏好和强调，受到我们正在考虑的这一历史时期（主要是十七世纪）的现实政治经验的限制，尽管不是被决定。如果我们的哲学家阐述了一种纯粹的、"几何的"科学，如果他们是以科学而非当时的政治经验为起点，重新建造了政治科学的大厦，那是因为这种经验呈现给他们的特征，排除了将其作为根基的可能。我们清楚是什么使得现代政治经验对于现代政治科学而言是无益的，就在于它不是政治经验，或者说，现代政治经验与其他的经验——一种非政治的，甚至是反政治的经验——如此相混合，以至于人们不再能够恰当地谈论现代人的政治秩序。这种非政治或者反政治的经验，显然是基督教经验。人类现象不再完全在城邦的镜子中被观看；在政治城邦的背后隐约出现了另外一座城邦，充满神秘，但亦有权势，而且两座城邦的混合——也就是说，它们既是一座也是两座——到了这样的程度，以至于公民有"看重影"（seeing double）的感觉。在如此一种分裂的经验上，或者在如此一分为二或者分立的生活经验之上，人们能够构造什么样的稳固科学呢？这时，人们必须将自身从这种无可挽救的混乱经验中挣脱出来，以在纯粹科学的王国阐述一种全新的政治秩序作为开端。

不过，有人会说，这些作家——霍布斯、斯宾诺莎和洛克——是现代国家的建筑师，现代政治的引领人物。如果他们具有如此影响力，那是因为他们的科学与现代人的经验有着某些关联。它并非那般纯粹。可以肯定，如果他们的科学不植根于经验，不以某种方式是经验的科学，那么它就会既没有根据，又没有实效。不过是关于什么经验的呢？肯定是人的经验，但不是政治经验。更确切地说，它是当人们被剥夺了政治秩序，或者当这一政治秩序遭受极大扭曲的时候人们具有的经验。现代政治科学，在其创立行动中，克服了现代政治经验的严重缺陷，即在基督教世界中可谓缺乏一种真正的政治经验，其方式是铸造了通向前政治的人类经验的通道，在此一经验的基础上，将有可能建立一种新的政治秩序。实际上，在自然状态的基础上，在自然状态的人类经验——亦即被还原为独力的个体之严重脆弱性——的基础上，现代国家的理论或科学首先被建造，随后乃是其现实或实践。这是现代政治科学的第一个版本，其果实之丰硕令人印象深刻。

因此，这样的政治科学首先是前政治的或者非政治的经验的科学。要成为完全的科学，确定自身的科学，首先必须自身确信这种经验，证实并且确保它。这样做的唯一途径最终是制造它。为了牢牢地把握其对象，现代政治科学，至少这个版本的，必须将个体置于自然状态的非政治或前政治条件下，以制造个体的这种非政治或前政治经验为起点。因此，它假想了这种个体，将其界定为所有政治合法性的来源，并且如此制造了它：一方面，作为法治国家的成员，所有个体在权利上是平等的，也就是说，与国家都是等距的；另一方面，作为公民社会的成员，所有个体在权利上是平等的，也就是说，都同等地得到授权，以他们认为适宜的方式，主张其在社会中的独立性。因此，通过一个保护平等权利的国家(State)，这个版本的现代政治科学，将自然状态——亦即其中风险是平等的状态——转变为机会平等的社会。

关于这个版本的现代政治科学，我说得足够多了，它是强调科学的，它以这样一种方式构建了现代国家：它制造了自由的个体，替换了古代城邦的公民，后者或作为治者，或作为被治者。现在让我们转到第二个版本，它因为希腊经验的局限而批评古代政治科学，因此，是以一种更大范围的、更加复杂的政治经验作为名义。

这一现代政治科学最典型且最突出的代表人物，毫无疑问是孟德斯鸠。鉴于我无暇去描述他的学说，因此将自己限定于三项评论上：

1. 在《论法的精神》中，孟德斯鸠径直责备古代政治科学，特别点名且羞辱亚里士多德。在孟德斯鸠看来，亚里士多德和古代政治科学“没有清晰的君主制概念”(11.8)，或者“不能获得君主制的正确概念”(11.9)。在城邦的狭小空间中，民众“闭塞”(11.11)其中，君主制不可能展现其真实的本性。只有伴随日耳曼部落扩展至他们征服了的罗马帝国，君主制才能展现其所有的可能性，尤其是它的这一能力：容纳“一人统治中真正的三权分立”(11.9)。因此，被称为君主制的政治政体唯有在古人并不知晓的一种政治形式中才能实现它的本性——它的“理念”。如果人们想要古代政治科学——其顶峰是政体的分类——包含现代政治经验，那么它必须得到谨慎的修正。新的分类将是政治形式的分类，至少和政治政体的分类差不多。[6]

2. 现代政治科学不仅包含了民族君主制（national monarchies）和罗马帝国倒塌之后的“哥特统治”的演变。它还包括了这样一个过程的演变，其起因是模糊的，但是其政治**效果**却是毫无疑问的：柔化了风俗的商业。它满足了我们的这一目的，申言商业能够使没有任何共同之处的人，尤其是不属于相同政治共同体的人相互交流。商业原则是各自的独立和自利，这一原则简单地说是与城邦的原则相反的，后者在于“与他人共处，并且共享言语和行动”。[7]因此，对商业的机制和效果的观察，显示了古代经验，甚至是古代政治科学（如此着迷于自足）的局限。

3. 可以说，古代城邦因其大小，以及更一般地，因其形式，导致人的生活要素的挤压至于近乎融合——借助于真正意义上的“政治化”，而这些要素在其他政治形式中，发现自己是区分开的，甚至是分离开的。在这些形式中，政治不再是决定性的、综合性的权威，成了社会生活其他方面的一个变量。因而，人的事物（human things）的科学不再出现在关于人的统治的综合科学（古人的政治科学）中，而

6 Montesquieu, *The Spirit of the Laws*, trans. Anne M. Cohler, Basia Carolyn Miller, and Harold Samuel Stone (Cambridge: Cambridge University Press, 1989). 众所周知，孟德斯鸠区分了共和制、君主制和专制。共和制是城邦的天然政体，君主制是民族的，而专制是帝国的。

7 Aristotle, *Nicomachean Ethics*, trans. Joe Sachs (Newburyport, MA: Focus, 2002), 1126b12, 73-74.

是出现在关于人或社会世界的不同变量的分析科学中，或者负责独立探索不同变量的多个分析科学，即“人的”或“社会的”科学。《论法的精神》是这样的文献：证实这样的“认识论革命”并为其辩护。与此同时，孟德斯鸠比起他的社会学或人类学继承者，更操心在新的基础上维护或者挽回政治的首要性。

我方才所做的三项评论，更多涉及政治科学的历史。在对我们共同生活的当代反思的两个主要门类，即民主理论和社会科学中，容易辨认出现代政治科学的两个版本。

民主理论将霍布斯和洛克，某种程度上还有卢梭阐发的那类科学的基本论点，视为自明之理（axiom）来接受。如果愿意的话，严格地说，它是契约论的重述和改良。提到约翰·罗尔斯的名字足够了。关于其根基，如我在使用“自明之理”这个术语中所暗示的，民主理论与最初的契约理论不同，并没有寻求证成其核心论题，反对其他可能的论题。毋宁是它接受或吸纳它们作为证据——不是笛卡尔意义上的哲学证据，而是政治根据：谁敢真正地挑战现代民主的原则？霍布斯、洛克和卢梭证成他们的论题，将其奠基于自然状态、最终是人性（human nature）状态的某种解释。在拒斥任何类型“基础主义”（foundationalism）的民主理论家行列，不存在一点类似的东西。如同已经评论过的那样，罗尔斯的“原初状态”是**没有自然**（without nature）的自然状态。的确，民主理论拥趸的信心依赖于我们的民主经验，依赖于与其相伴的普遍满意，后者使得证成的某种严肃努力成为多余。于是，令人吃惊之处在于，强调科学与经验相关的那个版本的政治科学，那个将论证的严密性放在首要位置——哪怕它意味着贬低经验，漠视所有事实——的科学，在今天逐渐从我们时下的经验，更不要说从我们的偏见中，获取其大部分的力量。

至于第二个版本，如果说它对其起源更为忠诚，如果当下人的科学对孟德斯鸠的不忠诚少于民主理论对霍布斯或卢梭的不忠诚，事实却是这样的，这些科学抛弃了孟德斯鸠坚持的政治的首要位置。确实，当孟德斯鸠在《论法的精神》中写下“人类受到许多事物的支配”（19.4）时，他在某种程度上赋予这些事物自由处置权（carte blanche），由此导致支配（government），严格地说，一种支配与其他支配并列，一种事物或一种缘由与其他的并列。（对于希腊政治科学，严格说来，唯有人支配人。）

因此，现代政治科学的两大版本，在其建立时刻如此令人印象深刻、令人信服，在今天却作为它们的对立面而结束。严格的科学只能依赖非正式的支持来度日，并且不再是科学；特意定位于人的经验之广阔和多样的科学，已经抛弃了政治，或者将其缩减为众多变量中的一个，也不再是政治的了。因此，如今我们只能在一种非科学的政治科学（民主理论）与一种非政治的政治科学（作为整体的人的科学）之间作出选择。强烈地想逃避这些选项，是顺理成章的。

城邦的三类本性

我们该如何前行？既然最终我们发现自己面对两个选项，其中任何一个我们都不能选择，我们需要返回到离开的地方。我们需要勇敢地返回到最初的、奠基性的极点（polarity），在那未知的、决定性的地带——在那里，政治的古代经验和古代科学，亦即城邦的经验和科学，彼此关联——搭建我们的营地，以便尝试提取我们政治境况（political condition）的构成要素。不久就会显示出，政治的古代科学是多元的。

什么是城邦？对于这个问题，有可能会不区分地或无所谓地回答说，它是一个"大家庭"或者一个"微世界"。这些都是与城邦不可分离的幻象。实际上，城邦无情地或者专横地操控着家庭和世界。它将少年人活着从家里带走，死了之后送回来。它宣称世界、城墙之外的未知地域是敌人的疆域，赤手空拳不要去那里冒险。

这些非常简洁的评论允许我们提取三个要素，不是看待城邦的三个"视角"或者"视点"，而真正是城邦的三类"本性"：

> ◆**悲剧**本性，这一点表现在它与家庭、它从中产生的家庭的冲突性融洽（conflicting rapport）中。这是根据其诞生而界定的城邦，是基于它的诞生以及它意味着其成员的第二次诞生意义上的城邦。**诞生**是本性概念的含义之一。
>
> ◆**哲学**本性，是在这个意义上：它激发又限制步入无边界世界、城邦之外的纯粹世界的欲望。这是根据其终极目

的或者超越目的而界定的城邦。**终极**（finality）是本性概念的含义之一。

◆在诞生与目的之间，存在着依据其自身生活而界定的城邦：忘记了其前政治的（prepolitical）诞生和超政治的（metapolitical）目的，依据其**政治**生活而定的城邦，依据其政治生活——内部斗争和外部战争——的**运动**而界定的城邦。它的生活的此种运动自然地导致了其死亡。其**运动**原则本身是自然的（natural）。

索福克勒斯和其他希腊悲剧作家探索了第一类本性；柏拉图和亚里士多德探索了第二类；修昔底德，还有柏拉图和亚里士多德探索了第三类。由此，通向政治的三类希腊路径确定的不是多元的"视角"或"视点"，而更多的是人的世界一旦被政治形式、城邦形式把握和规定后的关联（articulations）。

我们现在可以返回到政治科学的问题，总结这一冗长的导论了。我已然表明，城邦的希腊诸科学也是，或许首先是城邦局限的科学：它的诞生，它的目的，它走向死亡的运动中的生活。在孟德斯鸠看到希腊政治科学局限的地方，或许人们更应该看到城邦之局限的科学，不过，这意味着我们能够比我们认为的，更容易公正对待孟德斯鸠合理的要求，更一般地对待现代社会或人的科学的要求。如果我们依据其局限来理解城邦，我们就将自己置于一种理解其他政治形式之可能性（或许还有必然性）的立场。更确切地说，通过将城邦的古代科学及其局限，以及后来其他政治形式的经验，放在我们面前，我们就为自己开启了更完整科学的可能。那时，我们在城邦的死亡和朝着其他政治形式的变形这样的视角中思考城邦，我们思考相继的政治形式，作为不仅针对城邦的潜能，还有其局限的一种评注和证实。

我在这里并没有提议将成为古代和现代之总结或综合的第三类政治科学。我尝试开拓的路径，我期望属于古代政治科学，不是因为它是古代的，而是因为它是政治的，而且唯有它是完全政治的；换言之，它完全是人统治人的科学。根据这一科学，人的事物（human things）的状况主要源自人的思虑和行动，而现代政治科学，甚至在大多数“自由”（liberal）作家那里，比如孟德斯鸠，倾向于使得我们成为“统治”我们的“缘由”的玩物。人的世界是由人统治自身的方式塑造的：正是在城邦中，在城邦形式中，人才知晓这一点。

2

城邦的诗性诞生

荷马与哲学

在我们已经说到城邦的三类“本性”之后，从其第一类本性、其“诗性”诞生或者如同诗歌中展示且分析的诞生开始，就是顺理成章的。诗歌在这里意指的包含了史诗和悲剧，因为喜剧没有为我们提供城邦的诞生，只是其生活或许还有其衰落的映像。

史诗和悲剧的共同之处在于它们“摹仿高贵的行动”(《诗学》，1448b25)，在于它们是“对会被严肃对待之人的摹仿”(1449b10)，而喜剧是“对低劣之人的摹仿”(1449a31-32)。[1]事实上，史诗是悲剧的母体，因为荷马是“严肃”诗歌之父(1448b34)，两部史诗不仅提供了无数悲剧的素材或者灵感，而且本身也是“戏剧摹仿”(1448b35-36)。在《理想国》的第10卷，柏拉图有意将荷马与其他“悲剧诗人”

---

1 Aristotle, *Poetics*, trans. Gerald F. Else (Ann Arbor: University of Michigan Press, 1970). 亚里士多德评论说，对于显赫之人的摹仿蕴涵着刻意的润饰(1454b8-14)。

（605c11）放在一起，并且明确地认为，荷马是“最高明的诗人，也是第一个悲剧诗人”（607a2-3）。[2]

史诗与悲剧的差别在于，史诗是“纯粹韵文，毫无掺杂，而且是用叙述体”（1449b11），而悲剧借人物的“动作”来表达（1449b26）。悲剧主要的优越性，根据亚里士多德，在于悲剧故事更为完整且清晰可见；因此，它比史诗的叙述要更为“浓缩”。在技巧方面如同在本性方面一样，存在着某种“维度”，使得这二者更容易被纳入“一种单独的视野（eusunopton einai）”（1451a4，1459a33）。然而，荷马的史诗，可以说如同悲剧一样地浓缩，一样地“概要”。《奥德赛》和《伊利亚特》是围绕“一个整一的行动（peri mian praxin）”构成的（1451a28）。

我们可以继续展示亚里士多德雪片般落在荷马身上的赞誉之词。我们已经说了足够多来证成我们开始探究城邦的诗性诞生，即诗歌使我们得以接近的城邦的诞生，这有赖于荷马，或者更准确地说，有赖于对《伊利亚特》的某些反思。

不过，荷马如何让我们得以接近希腊城邦的诞生呢？他在整理公元前725年左右的口述传统时，表达了希腊生活的一种状态，这种生活不管在时间和地域上如何定位，显然是先于或者不同于城邦生活本身。最初聆听荷马史诗的，正如我们对其所了解的，是伊奥尼亚的希腊城邦的公民，不过那令他们着迷的叙事讲述的生活与他们自己的完全不同。在这些状况下，荷马是如何被城邦的开明看法接受为希腊的

2 Plato, *Republic*, trans. Allan Bloom (New York: Basic Books, 1968).

教育者呢？不是一般的或所谓修饰意义上的教育者，而是在恰当的、严格意义上的大师，对于他的教诲，人们生活中的所有行动都应该遵从不悖。[3]

对于荷马的年代以及城邦兴起或开始之前希腊历史的厘定无论多么不确定，有一点是毫无疑问的：《伊利亚特》和《奥德赛》构成了它们兴起的精神基础。我已经多次强调，希腊城邦经验如何构成了欧洲的原初经验，或者至少是欧洲精神两大构成性经验中的一个；无论如何，它是欧洲原初的**政治**经验，且包含着对于这种经验本身的反思。说荷马是城邦的教育者，意味着有着早于这种经验的一种经验，早于这种原初的一种原初。在城邦存在之前，就存在着城邦的教育者。

但是，"城邦的教育者"意指什么？"教育者"意指什么？答案无疑是令人困惑的，因为简单说来，全部的希腊生活就是付出巨大且复杂的努力，来回答和澄清 paideia（教育）真正是什么这一问题。然而，我们记得在《理想国》第2卷中，当苏格拉底和他的同伴开始考察正义城邦护卫者的教育问题，当他们要求自己"在言辞中教育这些人（logô Païdeuômen tous andras）"（376d10），而且颇为慎重地提出了这个问题："那么这种教育是什么？（tis oûn è païdeia）"（376e2），他们的第一步就是质疑母亲和保姆给孩子们讲的故事，那"总体上是错误的"（377a5）。保姆的这些故事不是每个家庭各自发明的，而是希腊家庭共享的传说，它们是由赫西俄德、荷马和其他诗人阐述的（377d）。这些故事中最大的错误，显然与那最重要的存在即众神有

3　参看柏拉图在《理想国》第10卷606e-607a深情且反讽的追忆。

关（377e6-7）。苏格拉底列举了一些不可接受的事物，那是赫西俄德、荷马或其他诗人对众神的看法。如果我们说，荷马，还有赫西俄德建立了“谈论众神的模式（oï tupoï peri theologias）”（379a5-6），错误的或者歪曲的、应该被矫正的模式，那么我们就是在遵循柏拉图的建议。于是，首先是作为一位“神谱家”（theologian）或者作为一位“神谱”诗人，荷马才成为希腊教育者。[4]

对我们来说，很难将《理想国》的这些篇章完全认真对待，基于两个相反的理由。其一，让我们震惊的是，苏格拉底竟然认定要矫正荷马（甚至让我们更震惊的是，在第10卷中他要将其从城邦中驱逐出去），因为这在我们看来贬低了我们对诗歌抱有的高尚理念，意味着矮化其高贵身份。其二，我们发现很难相信荷马和赫西俄德真是希腊宗教的创立者，因为这在我们看来超越了他们的力量，而且超越了诗歌的力量。如同我们不自觉地就是社会学的，我们认为全体之人的宗教除了“全体之人”外没有其他的创立者。基于这两个相反的缘由：我们太高贵或毋宁是太精致的理念，以及我们对诗歌太节制的估量，我们倾向于反对或者简单地忽视柏拉图的“反调”。然而，看起来柏拉图的批评有赖于某种诉求，诉求有见识的希腊人看来是历史事实、至少是可能的东西。在这件事上，希罗多德给了我们非常清晰的教导：

4 “诗人们发明了上百种不同的神谱。”Blaise Pascal, *Pensées*, rev. ed., A. J. Krailsheimer (Harmondsworth: Penguin, 1995), no. 281, 90.

> 那么，诸神何时产生的？他们是否一直都存在？他们的外形如何？关于这些问题，希腊人是在前天才知道的，如果我可以这么说的话；因为我相信荷马和赫西俄德早于我的时代四百年——而且不超过四百年。正是他们给希腊人创造了神谱；正是他们从众神的代代延续中赋予其特别的名字，并且给他们分配了荣誉、技艺和外形。那些据说在荷马和赫西俄德之前的诗人，在我看来出生更晚一些。上述内容前面的部分是多多纳的女祭司说的，关于荷马和赫西俄德的内容，则是我自己的看法。[5]

埃里克·沃格林对此评论如下："从这一文本中可以得出两条信息。首先，希腊人知道，他们的神的秩序起源于不久之前，不超出史诗的年代。按希罗多德推测的时间跨度，此事最早也就是在公元前九世纪。其次，希腊人相信，神话不是长期潜移默化形成的，而是由某些人、诗人创造的。"[6]

所有这些都非常重要，不仅是因为它教给我们关于荷马和希腊的内容，还因为这一突出的例子让我们警觉到这样的事实：不存在集体的智识或精神创造，个体之人才是人类作品的首因，哪怕文献记载没有留给我们清晰的细节，如出生和死亡的时间和地点、生平经历、相

---

5 Herodotus, *The History*, trans. David Grene (Chicago: University of Chicago Press, 1987), 2.53, 154-155.[参见《历史》，徐松岩译，上海三联书店，2008年，第100—101页。]

6 Eric Voegelin, *Order and History*, vol. 2, *The World of the Polis* (Baton Rouge: University of Louisiana Press, 1957), 72.[参见《城邦的世界》，陈周旺译，译林出版社，2012年，第137页。]

貌，等等。让我们不要和独眼巨人波吕斐摩斯一样愚钝，在被问到“是谁干的？”时，他回答说“无人！”这就是我们在下述情形中所说的，我们在被问到谁创作了《伊利亚特》或荷马式宗教这个问题时，回答说是迈锡尼、皮拉斯基或爱琴海文明，这个或那个集体的名字。荷马和赫西俄德详细阐述了希腊的神谱，这鼓舞着我们投身于我们的任务，那就是努力理解他们所做的。其中存在着意味深长的论述，这是应该由我们接受并且阐释清楚的。

这意味深长的论述是对于人的世界、人的秩序（包括无序）的某种描述。在这一秩序中，众神扮演了重大的角色；他们是守护者（guarantors），而且最终他们是创立者（authors）。宙斯、万物之父的力量是无法抗拒的。人的秩序是神的秩序的一个从属部分。与此同时，人的世界渗入了神的世界，人的激情搅动了女神和男神，这促成苏格拉底矫正“神谱模式”的要求，激励着我们将神的世界毋宁视为人的世界的延伸和扩大——当然是诗性的。如果我们用非常一般的术语来说，在荷马的文本中，存在着很多的内容来证成对于教育希腊的诗歌的“宗教”解读，也有同样多的内容来证成“人文主义者”的解读。我们采取一种解读或者另外一种，不会引领我们走远，更确切地说，相反，它会引领我们走太远太快。

通过如此将人和神混合一处，通过一方面断言人所做的重要之事没有最终不伴随众神的，他们的胜利都是众神的杰作，或者另一方面众神只能被人的动机或者与人的动机无法区分的动机所促动，荷马想要表达的某种东西在宗教阐释和人文主义者的阐释中都会立即失却。我们可以尝试更为逼近这个“某种东西”。

在哲学和科学兴起之前，人为了在世界中定位自身，求助于一种三重划分：动物、人、众神，我们可以说这是普遍的。人的心灵的这种前哲学政体——我倾向于说这种“自然的”政体——的特征是一个在我们看来必然是相悖的双重许诺。一方面，从分离（disjunctions）入手：人的特征在于，他们**不是**动物，还有他们**不是**神；人的特征是通过他们所**不是**来界定。另一方面，这三重世界的动力法则是动物、人和神互相转变的**变形**（metamorphosis）——一个神有着狗的脑袋，一个人有着马的身体，等等。这个世界三种重要的要素，仅仅存在于它们变成了它们所不是的，或者将自身混入它们所不是的之中。而哲学的革命——我们依然生活在其神秘的帝国中——或许越来越多地就在于认为：一个事物是其所是，即它的存在与其定义相一致，或者与它所属的那个类的定义相一致。哲学的革命就在于说：一个事物——动物、人、神——就是它的存在，或者它的本质，或者它的定义。而存在、本质、定义意指什么呢？我们依然在追寻，但是一旦哲学的主张被提出，每一存在就是其所是，每一存在就是其本质，分离和变形的自然世界、“神话”的自然世界就会受到谴责，消逝不见，或快或慢，但无可阻挡。

我刚才说到了哲学革命，我们依然生活在其神秘的帝国中，或许是越来越如此。是在何种意义上说“越来越”？在这种意义上：我们对于一个事物是什么，对于它的本质有了越来越严格、越来越严密的概念。对于我们、我们“现代人”而言，一事物不仅是其所是，而且仅是其所是。这一变迁的主要例证，会在现代物理学对古代物理学，尤其是亚里士多德物理学的批判中发现。我们认为，通过其目的论，古代物理学使得每一存在都依赖于其目的，通过其目的，亦即通过某种并非确切且严格之所是的东西来界定它。

荷马的史诗毫无疑问属于前哲学世界、神话的世界。的确，如我们刚才所见，荷马，还有赫西俄德，事实上是希腊神话的创作者。不过，荷马是一位奇特的神话学家。这里我将自己限定于一则非常简洁的评论。在“神话”三重的人的世界中，荷马不曾为动物留下空间，因此，他自己就无须关心变形。[7]关于动物，《伊利亚特》仅仅知晓勇士的战马或者祭祀的牛羊，因此，动物仅仅是其所是。与动物——鹰、山狮——的比较对于诗歌的意图来说不可缺少，不过事实上诗歌仅仅知晓人和众神。人们必然会说，与其他神话或者甚至是非荷马的希腊神话相比较，这是很大的简化。

而且，既然众神和人一样，被相同的动机所驱使，人们会倾向于承认另外一个而且是终极的简化：存在的只有人。不过并非如此。即使人和众神彼此之间的类似达到了经常凭借他们的行为有时无法辨认的程度，但他们之间有一种区别是任何东西都不能稀释或者抹去的，这一差别贯穿诗歌，并且赋予其非同寻常的张力。这一明显的差别在于人是有死的，而众神是不死的。荷马没有揭露人是有死的，但是《伊利亚特》可以说自始至终与有死的对抗，就像从来没有过去，而且几乎也没有以后。证据就是《伊利亚特》的世界是“英雄的”并且“贵族的”，死亡或者死亡的威胁让所有有死者平等，包括了所有之中最伟大的，一位不朽者的儿子，阿喀琉斯，他面临着这样的选择：

7　这里人们可以忽略《奥德赛》第10卷中喀耳刻把奥德修斯的同伴变成了猪。

长寿、幸福的生活但没有荣耀，或者早早地死亡但拥有荣耀。

以一则进一步的评论来回应我上面提出的“逻辑的”思考。人不仅是有死的（形容词），而且他们是**那**有死者（名词）。说 brotos（凡人的）就是同时说“有死者”和“人”。[8]因此，在先于定义的思想形式中，有死者就是人的“定义”，或者毋宁是“分离”（disjunction），凭借它，人在与众神的对照中被命名。而一旦定义体系建立之后，哲学就不再让“有死者”这个命名来表达人所固有的内容。人所固有的内容会以智能来寻求，而亚里士多德确定了人的定义：人是一种理性动物（这包含了政治动物）。尽管这一定义经历了诸多变化和转变，我们依然承认它。可以看到，哲学式的定义重新整饬了荷马式的分离：智能倾向于填充人和众神间的鸿沟，因为它自然而然地渴求没有改变的东西、永恒的东西——“自然”、“本质”、“理念”——以及自身“神圣的”东西。永恒秩序之智识洞察（intellectual grasp）的桥梁跨越了死亡的深渊或“幽谷”，而哲学之理性的桥梁是唯一真正“神圣的”事物。不过，如果理性是神圣的，或者指向神圣，那么它的起点是什么，它立基于什么，它将什么样的对立于神圣的一极并入神圣？当然是动物。哲学复活了荷马丢弃的神话三重性中的这一因素，它这样做没有什么风险，因为那定义，尤其是根据同属（动物）和种差（理性的、政治的）来界定的定义，使得恢复变形的循环成为不可能。

---

8 brotos 能够变成名词达到这样的程度：荷马有时说 brotos thnètos，对于我们有死的一个冗长表达，我们的有死几乎可以被译为“被判定死亡的有死者”。因此，当阿尔喀诺俄斯询问奥德修斯是否一位神时，奥德修斯用这样的言辞回答：“请不要这样思忖，我与掌管广天的众神无法比拟，无论身材或容貌；我是个有死的人。”Homer, *Odyssey*, trans. Robert Fagles (New York: Viking, 1996), 7.210, 186.

无论这些评论有多么简要，在我看来，它们在现代哲学后来的发展中找到了明显的验证。将死亡置于他们通向人的现象路径之核心的哲学家们，总是以优待诗歌和隐喻而非哲学和定义来结束。这可以在像蒙田和海德格尔这样不同的作者那里得到证实。简言之，这是荷马的复仇。

《伊利亚特》

如若我们现在将《伊利亚特》作为一个整体来思考，我们该如何做？我们会如何定义这部在定义时代之前的作品？西蒙娜·薇依（Simone Weil）的回答是，《伊利亚特》乃“强力之诗歌”（poem of force）。这可以作为我们的起点。

西蒙娜·薇依的文本开篇如下：“《伊利亚特》真正的英雄、真正的主题、内核是强力：人行使的强力，奴役人的强力，血肉之躯会在其面前退缩的强力。在这一作品中，时时刻刻，人的精神，因与强力的联系而被更改，因误认能够驾驭强力而被毁灭、被蒙蔽，因其服从的强力之重压而残缺。”[9]这是对于这部史诗令人印象深刻且恰如其分的刻画。它同样是偏颇的，随后的内容只是加深了这种偏颇。在几行之后我们读到：“定义强力——它就是把任何顺从它的人变成一

9 Simone Weil, *The Iliad or the Poem of Force,* trans. Mary McCarthy (Wallingford, PA: Pendle Hill, 1956), 3.

个物的 x。”总体上这不再恰如其分了。随着原文的继续，西蒙娜·薇依依然还会为我们提供关于《伊利亚特》的一种深刻却偏颇或片面的见解，其中人只是强力的牺牲品——因为他们被强力所蒙蔽而成为其牺牲品：“命运正是基于其盲目，才建立了一类正义。它施以勇士同样的惩罚，也是盲目的。凡动刀的，必死在刀下。《伊利亚特》在福音书很久之前就阐述了这一原则，而且是以几乎相同的术语：‘战神是公正的，杀戮者必遭杀戮。’”（13）在强力的支配下，节制地使用强力可以说是不可能的：“节制地使用强力，仅此就使人有能力避免被卷入它的罗网中，需要超人的德性，那如同弱者称尊（dignity in weakness）一样罕见。”（19）西蒙娜·薇依的补充清晰明白：“此外，节制本身并不是没有它的危险，因为威望——强力从这里获得至少四分之三的力量——主要依赖那令人惊异的、强者面对弱者的冷漠，这种冷漠是如此有感染力，以至于它会感染其所针对的那些人。”（19）由此，西蒙娜·薇依总括她的思想的那个原理是：“这几乎是强力的本性。它将人变为物的威力是两面性的，而其适用也是双刃剑。那些适用它的人和承受它的人，在同等程度上，尽管以不同的方式，都会变成石头。”（25）

人们明白众生没有能力将自己从这样一个强力的帝国中解放出来，他们变得顽固，而且以战争的方式掠夺，直到山穷水尽。这正是西蒙娜·薇依解释漫长的特洛伊战争的方式：“而实际上，对于奥德修斯，海伦是什么呢？特洛伊又真正是什么呢？它全部的财富也不能为他补偿伊萨卡的毁灭。对于希腊人而言，特洛伊和海伦实际上仅仅是鲜血和泪水的源头；拥有了它们就是拥有了可怕的回忆。”（23）通过特洛伊战争的重负来解释其旷日持久，这肯定太笼统了；无论如何这显然沾染了最近那场大战的体验：

> 习惯性地，每日清晨，灵魂自身丧失了期望，因为思考不可能随着岁月前行而不会在途中遭遇死亡。因此，战争抹去了所有目的或目标的念头，甚至包括其自身的“战争目的”。它抹去了一场战争会走向终结的想法。从如此暴力的一种情境中脱身出来，会发现那是不可想象的；置身其中就没有能力想象其目的。因此，没有人能做任何事情达成这目的。一支武装的军队就在眼前，什么力量能使其放下武器？心灵应该寻找到一条出路，但是心灵已经失去了可说是向外看的全部能力。心灵完全沉浸在自身的暴行中。在人的生活中，战争或者奴役一直挥之不去，可以说，无法忍受的苦难借由它们自身特殊重压（specific gravity）的力量而继续，由此而指望局外人，仿佛这些苦难剥夺了受难者的本应用来使其摆脱困境的才智（resources）。（22）

我们应该设想一种没有本质上的不同，却更为详尽的阐释。尽管西蒙娜·薇依的思想有一些片面的特征，她还是以一种非常恰当且引人注目的方式，抓住了《伊利亚特》某些根本性的面相：

> 然而，如果不是因为那无法治愈的苦痛的声音不断地使其自身被聆听——尽管标明其存在的常常只是只言片语，

> 常常只是一段诗文的韵律或者几句连贯的诗行——那么，那般堆积如山的暴力行为就会导致冷漠的结果。《伊利亚特》的独一无二正是在这方面，在于这种苦痛——它自温情而起，并且延伸至整个的人类种族，如同阳光一样不偏不倚。这种音调从未失去其苦痛的色彩；然而那苦痛也从未坠入哀恸的地步。正义和爱，在对极端和不公的暴力行为的此等研究中几乎没有任何位置，却让这部作品沐浴在它们的阳光中，又不曾让它们本身变得引人注目，除了作为一种音调。没有什么珍贵的东西受到了鄙视，无论如何，死亡就是它的命运；每个人的不幸都得到了赤裸裸的呈现，没有掩饰或鄙视；因此，人被置于所有人共同的境况之上或者之下，无论什么被毁灭都令人遗憾。胜利者和被征服者都平等地走近我们；他们被诗人看作是在同样的条目之下对等的部分，在聆听者那里也是如此。如果有任何不同的话，那就是敌方的不幸可能会被更强烈地感觉到。（29—30）

因此，《伊利亚特》最大的魅力和德性寓于其“非同寻常的平衡感”中，于此，“可能有我们不知晓的其他表达……；无疑，它尚不曾被摹仿。人们几乎没有意识到诗人是一个希腊人，而非特洛伊人”（32）。

在这一点上，人们不得不赞同西蒙娜·薇依，但也要矫正或者完善她。毫无疑问，特洛伊人的“人性”，正如我们今天会说的那样，在诗人看来是与阿尔戈斯人的同等的。如果仅仅基于诱人的或动人的女性形象——海伦（不由自主地去了特洛伊）、安德洛马刻、赫卡柏——的存在，那么特洛伊人的形象看起来甚至比希腊人的更讨人喜爱，是更完善的“人”。而且赫克托耳总是比阿喀琉斯更“受欢迎”。尽管这意义重大，然而毫无疑问，希腊人被描绘得要比特洛伊人“优越”，有着某种还要更重要的东西，因为它是通向希腊人最初的自我意识的一扇窗户。在什么意义上他们是“优越的”？难道我们不晓得文明是平等的而且是无法比较的，不存在共同的尺度、客观的标准，允许文明或者“文化”得以比较且划归门类吗？然而，就算如此，荷马毫不犹疑地为我们提供了门类和标准。

我不能去处理动物类比的事情，比如，把希腊人类比为蜜蜂，特洛伊人类比为蚱蜢，荷马对此却总是如此兴味盎然。我会把自己限定在几处要点上，那在我看来是根本性的。

或许人们应该从这一事实开始：与特洛伊人不同，阿尔戈斯人是能够沉默的（3.79；4.105）。他们不仅沉默地从事战斗，而且当任何事情本会刺激他们陷入有害的躁动时，他们能够保持沉默，聆听领袖们的意见和论辩，正如第2卷中所强调的那样。这种沉默的能力，即聆听的能力，不仅的确提供了更优良的军纪，而且更一般地提供了更理性的运筹。

值得注意的是，尽管这种沉默的能力是维持军纪的手段，但它并非其结果或影响。阿尔戈斯人的沉默，在军事行动中如同在集会中一样，并非强加于他们的，而是一种举止方式，被心甘情愿地采纳，既是作为最有益的，也是作为最高贵的。证据是，希腊人也随心所欲地、公开地表达他们的情绪，而这样的表达在特洛伊受到严厉控制。

伟大的普里阿摩斯不允许在葬礼上啜泣（7.494）。

阿尔戈斯人优越的集体行动能力的另外一面，存在于个体协作与共同行动之间得体的关系中。这种和谐依赖 aïdôs 的作用，即在其同伴面前的羞耻感或荣誉感。在希腊的出征军团中，没有什么“整体主义的”（holistic）东西，没有把个体融入群体的观念。那共同的能量是在伙伴间流淌着的情感的结果。在第3卷的开篇，当阿尔戈斯人沉默地向着特洛伊人行进时，他们的内心火热，彼此相助（3.9）。在第5卷，最高统帅阿伽门农要求战士们（他的 philoï）成为男人，“aneres este”，不是通过把自己奉献于整体、集体兵团，而是通过在彼此面前体验羞耻——“allèlous t' aîdeisthe”。这是因为当战士们有了羞耻感，“aïdomenôn d' andrôn”，他们中更多的人就会活下来，而不是丢掉性命（5.610-614）。

这些道德性情在战士们撤退或者防卫时尤其令人起敬，因为那个时候，每个人照料他的同伴是极其重要的（然而存活的本能要求他只考虑自己）。阿尔戈斯人非常清楚如何通过聚拢盾牌、摆开长矛来列阵布防。他们经常倾尽任何力量来彼此襄助，甚至于保护一位同伴的尸体免遭敌人凌辱。在第17卷，荷马详细描绘了希腊人（尤其是墨涅拉俄斯，此君肯定不是这些“英雄”中最具“英雄气概的”）保护帕特罗克洛斯尸体的令人钦佩的努力。

希腊人的这种优越性不仅体现在集体行动中，而且甚至更多地在个体行为中闪耀，那时主人公不再受到群体的卫护。这以一种特别的方式展示在华彩的第10卷多隆之诗中，有些评论者不可思议地认为这是一部附加的诗篇，比其余的诗篇都要晚。在多隆之诗中，荷马在两起对称且同时发生的夜间窥探行动之间做了一种对照，其中狄奥墨得斯和奥德修斯是希腊一方，而多隆是特洛伊一方，都从事在敌方战线之后的侦察任务。狄奥墨得斯可能是阿尔戈斯人中最纯粹的英雄，主动请缨，但建议有同伴和他一起，不是出于恐惧，而是为了确保任务的成功。狄奥墨得斯是英雄的、不带情感的，同样也是审慎的，或者，如我们今天可能说的，是职业的。特洛伊这边和他相对应的可怜的多隆，就不是这样了。后者无疑是无畏的，或者至少是热切的，渴望着扬名立万，同样也为赢得赫克托耳许诺的奖赏。他贸然行动，独自夜行。狄奥墨得斯和奥德修斯会轻松地将他除掉。

应该注意的是，荷马煞费苦心地刻画了不幸的多隆的形象。他是一个富有的年轻人，一位捷足者，但尊容令人不敢恭维："eidos kakos（长相丑陋）。"用杂志心理学（magazine psychology）的话，我们会说他是一位自负的年轻人，拥有财富，又急于掩饰他的丑陋。不过，最重要的特征或许是，他是唯一的男丁，有五个姊妹。换言之，他是一个被他的母亲和姊妹过度宠爱、被女人宠爱的男孩。

我认为，荷马在这里暗示了某些远远超越多隆本人的东西。他的性格缺陷，还有赫克托耳几乎令人难以置信的不智，即把如此精细的任务交给一个如此缺乏经验的生手，都表明了特洛伊人与阿尔戈斯人打交道时是多么稚弱。我倾向于认为，特洛伊人还停留在乱糟糟的家庭和两性关系中。精练些说，多隆诗篇偶然触及了诗歌的核心主题：因海伦、为海伦而战。

这里的问题并非就这一主题本身来思考它，也不是要探究"特洛伊战争的起因"，仅仅是表明，至少在某些方面，却是重要并且可能关键的方面，这场战争起源于希腊文明和特洛伊文明的不对称，首先起源于关于家族和两性秩序的不对称。用最简洁的术语来说，这场战争是荒谬的，因为特洛伊人，作为正派的人，应该早早地将墨涅拉俄斯合法的王后和盗来的财富还给他。帕里斯偷走了海伦和墨涅拉俄斯的财富，违反了万国法——当时待客的最神圣法律，这一点确切无疑，就像是青天白日下众目睽睽，首先特洛伊人就亲睹了。特洛伊人，数帕里斯的亲哥哥赫克托耳为最，鄙视且责备这个闯祸的公子哥。海伦本人，如此正直与节制，对整个事件羞愧无比，并非没有这样认为，但她是她所憎恨的性迷恋（sexual dependence）的奴隶（3.460-478）。我认为第3卷不能被解释为爱欲的颂歌，即使帕里斯请求他的哥哥不要羞辱阿芙洛狄忒（3.77-79），即使特洛伊的长者们在城楼上面对海伦的美丽呆若木鸡，看起来赞成为了占有这样一位美人不惜战争。[10]特洛伊人赐予我们一种奴役链条的景观。高贵的城邦伊利昂、有着宽阔街道的伊利昂、遭受疾风劲吹的伊利昂，臣服于其王室家族，臣服于普里阿摩斯和他的五十个儿子。这些特洛伊的统治者自身，违背己意，臣服于他们中最不值得尊重的，臣服于帕里斯，那有着漂亮卷发的自大少年。而帕里斯本人，并不是一个真正的坏人，却违背己意，如我们刚才所说，臣服于一种无法抵御的性吸引力。一

---

10 事实上，长者们很快就收回了他们说的话。参看3.156-160（Fagles 183-184）："究竟谁人可责怪他们？哦，难怪特洛伊人和全副武装的阿尔戈斯人遭受经年累月的苦难全为了她，为了这样一个妇人。美人、可怕的美人！致命的女神——尽管像她这般地艳丽，闪瞎了我们的眼睛，还是让她回家吧，历经长长的航行，不要留在这里……成为我们和我们的子孙后辈们无法抵御的伤痛。"Homer, *The Iliad*, trans. Robert Fagles (New York: Viking 1990), 133.

种虚弱链条，游走在家庭和性的全部领域，将特洛伊的命运与一种没有幻想、没有高贵的爱欲历险联结起来。可以说，人的链条（human chain）在这里是其最虚弱的一环的囚徒。所有的人被其最年幼的王室成员所俘获，此君对于整体的命运是最冷漠的。而我们对“惹人怜爱的”特洛伊人性的怜悯，源自我们对于这种虚弱具有的嗜好。

现在，让我们将帕里斯和他的非法占有物海伦的关系，与阿喀琉斯和他的合法占有物布里塞伊斯的关系作一对照。人们无法想象一种更为引人注目的比较了。如我们刚看到的，帕里斯不会放弃海伦，而特洛伊不能、也不想强迫他放弃，这本会拯救这座城邦和它的居民的。相反，阿喀琉斯，骄傲的阿喀琉斯，一位女神的儿子，她使其与众神平起平坐，最英俊、最强大的阿尔戈斯人，听从阿伽门农的命令，将他的俘虏布里塞伊斯——他爱着她，而她也爱着他——让给了阿伽门农。无疑，阿伽门农的索求激起了阿喀琉斯的可怕怒火，那滔天巨怒连同其所有的后果正是《伊利亚特》的主题。但是，如果说阿喀琉斯没有接受对他的不公，并且准备毁掉他的同行者来报复，那么他接受了与布里塞伊斯的分离，因为那是其合法领袖的钧旨。他颇为释然地接受了这一身体上的分离（1.390-415），如果人们考虑到他已经开始体验到的难以抑制的愤怒，那么，这是一种无法理解的释然。简要地，直抵我试图表达的结论：特洛伊代表了家庭和性的迷恋，而阿尔戈斯人则从中解放出来。特洛伊，连同其所有令人怜爱的人性，意味着滑向被动性以及肉体亲近（bodily proximity）力量，而阿尔戈斯人的军营，连同其所有令人反感的野蛮，代表了那朝向主动性以及精神距离（spiritual distance）力量的紧张运动。

我刚才说到了阿尔戈斯人的军营。它并非城邦本身。《伊利亚特》中唯一的城邦是用来命名这部史诗的那个，即伊利昂。不过，它不具有城邦这一术语的古典和政治意义上的任何内容，只是由一位国王和不计其数的王子，他的儿子们统治着。阿尔戈斯人可能看起来只是一支远征军团，实际上，他们有着更多的且不一样的东西，正如他们的军营超越了一座军营或者军事基地，还有其他的东西。荷马对于人员、船只和装备的空间布局，提供了许多精确的暗示。阿尔戈斯人甚至为自己建造了一座城墙，人们穿越巨门出入。此外，他们看起来在补给上没有任何困难：可以得到用来祭奠和奉祀的充足的酒和肥牛，也用来满足人员的吃喝。这些人，居住在“葡萄紫色大海”岸边的九年时间，现在看来达到了自足的状态。严格地说，他们不是一支军队，而是一个完整的战士社会（warrior society），有其政治领袖，其“君主们”，他们同样也是军事领袖。它具有非常鲜明的，但也非常复杂的等级制——关于此，荷马教给我们，活灵活现地呈现在我们眼前。由环境造就的阿尔戈斯人的王国花丛般地荟萃，他们的精华的这种提炼，并没有构成城邦本身。不过，人们在其中能够辨认出第一个英雄的或贵族的共和国，这种争吵说服（quarrelsome persuasion）的共和国，是希腊的发明，而民主将会扩散并且发展其优点。简言之，阿尔戈斯人的军营、荷马作为创建者的“言辞中”的城邦，是“真实的”希腊城邦共同的母亲。

英雄、战争和死亡

此等城邦的生活局限于战争，人们可以补充说，局限于战争包含着的那种外交（休战、出使，等等）；它局限于对外行动。这些战士们远离家乡，完全投身于对外行动，投身于政治的某一方面，人们倾向于说，这可能不是最有趣的一方面。不管怎样，哲学家们对它兴味索然。柏拉图和亚里士多德对战争和对外政策很少提及；他们往往建议城邦的对外联系要保持到最小程度。不过，在野蛮时代，政治和战争是合二为一的；和平技艺和内政的兴起衡量着文明的进步。甚至卢梭，现代文明的敌人、古代德性的推崇者，也会赞扬这样的日内瓦，在那里，如果公民受到操弄武器的训练，更多是为了动作的优美，而不是真正的军事需要，"毋宁是为了维持他们身上的那种尚武热情和心灵勇敢，那完美地与自由相匹配，并且激发了对自由的欲望，而非源自为他们自身防卫做准备的必要性"。[11]对外战争反过来吞噬所有的活力只是在文明衰落之际，就希腊情形而言，是在修昔底德撰述的伯罗奔尼撒战争时代。从这一视角出发，人们会说，荷马的诗歌描述了城邦之前的城邦，而修昔底德的历史描述了如果不是城邦之后的城邦，至少也是行将摧毁自身的城邦。

这种文明化、启蒙式的见解，反过来也是偏颇的。它忽略了荷马式战争的含义和意蕴。如我们已经表明的，战争是"有死者"自我省

11 Jean-Jacques Rousseau, *Discourse on the Origins and Foundation of Inequality among Men*, in *The First and Second Discourses*, trans. Roger D. and Judith R. Masters (New York: St. Martin's, 1969), 81.

察的前提和后果。这就是为什么《伊利亚特》除了战争什么也没有谈及，却道尽了人的生活的任何事情，或者至少对其做了整体思考。前提和后果：这意味着战争促成了有死者的自我省察，后者相应地又导致了战争。怎么会这样？在战争中，死亡表现为人类生活的最大可能性，因为战争掌握着对于所有人来说最大可能的行动（置敌人于死地）和最大可能的激情（承受死亡）。而真实的生活，这里指的是那高贵的生活、英雄的生活，其构成就是时常行走在这两重可能性的刀刃上。

在荷马那里，没有对死亡的任何润色或发挥。死亡从未与慰藉相伴，也从未带来慰藉，只有诗人唤起的它对于每个人所意味着的无可挽回的失去。普通生活的价值、和平的甜蜜，被辨识出来，并且凸显得甚至更诱人、更可取，与一名战士发怒的野蛮形成对照。荷马的诗篇没有对人的生活进行任何人为或自满的英雄化，只是让人的现象的每个方面自得其所，又具备整体性和广泛性。

在诗歌的结尾，阿喀琉斯没有活着的谈话者，他不再关心任何活人，只关心两具尸体：赫克托耳的和帕特罗克洛斯的，前者是敌人，而后者是朋友、兄弟和另一个自己。赫克托耳的尸体代表了阿喀琉斯最大的功绩——给某人带来了死亡，此人是特洛伊的力量支柱；帕特罗克洛斯的尸体代表了阿喀琉斯最大的激情——接受死亡，阿喀琉斯自己的死亡，因为帕特罗克洛斯就是另一个自己，而他的死亡预示着阿喀琉斯即将来临的死亡，可以说已经与它融合一处了。接连几天，阿喀琉斯面对赫克托耳的尸体，如同他面对活着的赫克托耳一样。他伤害他、殴打他、侮辱他，直到普里阿摩斯的造访和祈求让他允诺：

赫克托耳的尸体在特洛伊会得到阿喀琉斯在希腊军营给予帕特罗克洛斯的仪式和荣耀。帕特罗克洛斯的死亡会令人痛苦地缠绕着他，直到他自己的死亡又一次地与其融合一处。

《伊利亚特》的完结在感情上非常强烈，不过，它同样有着一种复杂且缜密的谋划。绝不能由于让情感做主，赋予最后两卷，尤其是最后一卷某种情感阐释，从而忽视了这种复杂和缜密。阿喀琉斯曾无尽地凌辱赫克托耳的尸体，试图丢给猎狗和秃鹫，普里阿摩斯造访阿喀琉斯，阿喀琉斯同意让老国王带回赫克托耳的尸体举行葬礼仪式；这些与共同人性（common humanity）没有任何关系，这种人性可在目前为止无法和解的仇敌身上流露出的、笼罩着读者或者听众的情绪中发现。我们的情绪是不可抑止的，而它本身也是正当的（legitimate），但两方的主角并未分享它，他们不曾有一刻忘记他们的敌对，哪怕阿喀琉斯——感受到了他自己的父亲、他再也见不到的珀琉斯，和胆敢来到他面前的普里阿摩斯在年龄和地位上的相似——将这位年老的特洛伊人置于他的保护之下。事实上，如果在阿喀琉斯的灵魂中有情绪或激情，它一直都是对赫克托耳和特洛伊人的愤怒，它几乎不会以普里阿摩斯的性命为代价点燃，但一旦赫克托耳的葬礼结束将会重新释放出来，我们毫无疑问心知肚明。阿喀琉斯已经改变了。的确，他能够基于其他的事情而抑制、引发自己的愤怒。基于什么呢？不是如我们刚才所说的同情或人性，哪怕控制他的愤怒为那些向我们揭示同情和人性的作为和行动留下了空间。不得不说，那是基于他的理性，基于他获得了更为完整的他之必死性的意识，以及人是有死的这一事实的意识。

那么让我们更精确地思考阿喀琉斯与赫克托耳和帕特罗克洛斯二人的尸体之间的关系。他对前者肆意凌辱，对后者或者他的骨灰尊崇有加。这些是相反的对待，不过它们在残酷和过度方面同样是骇人的。每当他想起帕特罗克洛斯的死，就将赫克托耳的尸体绑在战车后面拖着前行。在他的朋友的葬礼柴垛旁，基于这一明确的目的，他屠杀了十二名年轻的特洛伊俘虏。不过他这骇人的行为同时是“自然的”。阿喀琉斯仅仅是在顽固地延伸他的仇恨与爱恋。他对着现在只是静止、沉默的人形（human forms）念念有词、逡巡徘徊。爱与恨之间的这种对照大大加深了骇人的印象，不过这并不意味着阿喀琉斯是一个怪物，仅仅是他尚未领会帕特罗克洛斯和赫克托耳一样都死了。

于是，准备好杀戮和准备好死亡都是不够的。此等双重性情，如果没有另外一种性情加以完善，只会导致阿喀琉斯英雄般的或骇人的暴怒。这种性情很难界定，我会以如下方式来处理它。每个人都能够杀戮；他也能够让自己受死，牺牲自己。人们会说，这是两类至高的人的行为。但是没有人能够埋葬自己，或者死亡之后照料自己。[12]战士、英雄的两类至高行为有某种局限。尽管他英勇无畏，但有些事物他鞭长莫及。有些事物遗留了下来——尸体。英雄的自足，他的骄傲的驱动力和他的荣耀的动机，是不完整的。某些事物挫败或者忤逆了他的自足，那就是英雄的尸体。除了他最亲密的朋友、他的兄弟的尸体，最不可或缺的就是他的死敌的尸体，而普里阿摩斯的造访某种程

12　参看 Seth Benardete, *The Argument of the Action: Essays on Greek Poetry and Philosophy* (Chicago: University of Chicago Press, 2000), 56。

度上赋予这双重死亡以意义，因为最超卓的英雄逐渐意识到了这一局限，他的局限。因此，言语和仪态伴随那不再能够说话和驱动自身的人是必要的：葬礼仪式。阿喀琉斯无疑用多样的、庄严的仪式环绕着帕特罗克洛斯的尸体。不过，那是他英雄行为的延伸；他正在延伸自己，延伸他的存在（在帕特罗克洛斯的葬礼柴垛旁，他依然还在屠杀特洛伊人）。他不想承认帕特罗克洛斯的死亡。而且，无可否认，他使自己憎恶赫克托耳的尸体——他不想停止杀死他；他继续着杀死他；他拒绝承认他的死亡。只有当他愿意抛弃他的敌人的尸体时，他才停止他英雄生活的活动，承认他的强力、勇气，甚至他的荣耀的局限，由此也承认了死亡的真相，承认了自己是有死的。做好死亡的充分准备（如阿喀琉斯在杀死赫克托耳之后的情形）并不足以让人承认他是有死的。那与准备好杀戮确实不同。他依然还是一个可怕的英雄。只有当他承认荣誉应给予所有尸体，包括敌人的尸体时，他最终才是一个人（man）。阿喀琉斯，一位女神和一个有死者的儿子，生来就是一位英雄。他英雄般地活着。在《伊利亚特》的结尾，当他的死亡临近时，他完成了他的教育，他在人性方面的教育。他已经变成了一个人；他最终是一个有死者。[13]

希腊人非常关切某种仪式，意在尊崇战争中阵亡的士兵，有时

13　阿喀琉斯已经发现了英雄主义的局限，但他没有能力将这一意识转变成一种新的生命形式或生活方式。一旦准予普里阿摩斯为赫克托耳举行葬礼的延期过去之后，他就会立刻重新开始杀戮，成为一位英雄，直到他即将来临的死亡为止。（人们可以注意到，在第9卷他答复奥德修斯、埃阿斯、福尼克斯一干使节的宏论，表明了对于什么是公正的新关切，并且表明了一种新的欲望、倾向或愿望，想从英雄生活中抽身退出，并且可以说重新进入私人生活。）

则损耗军事效用，如阿吉纽西事件的结果[14]所表明的那样。在城邦的福祉和给予城邦护卫者尸体的关怀之间是存在张力的。荷马，这位希腊人的教导者，在教导公民关于城邦的局限时，冒险将城邦置于危险中。开明的政治家心系城邦的福祉，会设法将城邦从荷马的权威中解放出来。伯里克利在葬礼演说中说到他的城邦是希腊的学校——“tès Ellados païdeusen”——后不久，就毫不掩饰地宣称，“我们不需要一位荷马的颂扬”。[15]雅典已经变成了它自己的诗人，而伯里克利骄傲的言辞歌颂了这一成就。列奥·施特劳斯评论说，在这意图尊崇阵亡者的言辞中，伯里克利避免“死亡”、“死”或者“尸体”这些词汇：“伯里克利在他的葬礼演说中唯有一次说到了死亡，而且只是在这样的表达中：‘未经历的死亡’，‘anaïsthètos thanatos’。”[16]

基于其对有死性的意识，基于其引发有死性意识的方式，荷马不仅与伯里克利不同，而且与伯里克利伟大的批评者——苏格拉底也不同。在《申辩篇》中，苏格拉底本人将自己与阿喀琉斯，那个在从事一起荣誉行为时很少虑及死亡的人相比较（28b-d）。而在《斐多篇》中，苏格拉底的死亡看起来像是没有烦恼或痛苦的死亡，而且可以说没有遗留下尸体。他的临终之言不是给予他的遗体的关心，而是关于

14 阿吉纽西战役是伯罗奔尼撒战争的一次海战，雅典舰队击败了斯巴达舰队，但在战后雅典人打捞己方落水士兵时，遭遇暴风雨，打捞失败，溺水士兵几乎全部死亡。当时领兵的雅典八将军听闻消息，两人逃亡，六人回到雅典，受到审判并且被立即处死，雅典海军实力进一步被削弱。——译者注

15 Thucydides, *History of the Peloponnesian War,* trans. Rex Warner (New York: Penguin, 1986), 2. 61, 148.

16 Leo Strauss, *The City and Man* (Chicago: University of Chicago Press, 1977), 194.

他欠阿斯克勒庇俄斯的那只公鸡。哲学的英雄，新的阿喀琉斯，只是对于他有死的身体无动于衷的灵魂，没有停止思考和说话的灵魂，直到死亡时刻为止。接着他的门徒记住了他的言辞和思想，重复它们、扩充它们。苏格拉底式的英雄，不像荷马式的英雄，我敢说，过着身后没有遗体的生活。他的尸体消解于他的言辞中。

苏格拉底喝下毒药，安详地与他悲伤的门徒谈话，无疑，这种形象作为一种死亡的表现，确切而深刻地标示着欧洲精神，要远胜于在特洛伊城墙下被阿喀琉斯拖着的赫克托耳的形象。不过，死亡呈现（representation of death）在西方最普遍的——是不是最有影响力的，我们不知道——不是那位年迈的哲学家的形象，也不是那正在死去的或已死的年轻勇士的形象。相反，它是一位正在死去或已死的年轻人的形象。那绝不是我们的主题，不过，这里不指出这一点是不可能的：《福音书》不像希腊哲学，却似《伊利亚特》，在一位年轻人的死亡中攀上顶峰。我只限于一点评论。耶稣既是帕特罗克洛斯又是赫克托耳。更确切些，在基督教的呈现中，耶稣对于每个人而言，正是赫克托耳和帕特罗克洛斯对于阿喀琉斯所意味的：他重重击打的敌人和为他而遭受重击的朋友、兄弟。[17]在这里，我看到了荷马和《福音书》之间的悖谬性相似（paradoxical proximity），与西蒙娜·薇依在中立地、纯粹地鉴赏人的苦难这一块看到的相似，同样多或者更多一些。[18]

17 帕特罗克洛斯在遭受赫克托耳的重击时，正穿着阿喀琉斯的盔甲。

18 参看 Weil, *The Iliad or the Poem of Force,* 34: "《福音书》是希腊天才最后的令人称奇的表达，正如《伊利亚特》是最初的。"

现在，我要进行关于战争和英雄主义的更为普遍的探究。不仅希腊人的传统，而且几乎所有人的传统，都以一部史诗、一部英雄诗篇开始，满是令人推崇的勇士。为什么是这样？这是一个并不经常提出的问题，因为我们认为不需要提出它。在这一点上，我们和其他许多人一样，不自觉地就是进步论的，而且基于此，既然这些勇士开端已经被我们看来更令人满意、更合理、更人道的政治和道德形式所替代，我们几乎就不曾被驱动着去探究英雄开端的人类意义（human meaning）。我们情愿将他们限定为原始的，甚或野蛮的。[19]那标准的且几乎普遍的进步论视角，看到人性沿着一条从勇士时代走向商业纪元的轴线发展。邦雅曼·贡斯当（Benjamin Constant）表达了这一观念，其方式的令人注目在于其概括之简洁，以及，如果要我说的话，就是其展现出来的naïveté（天真）：

> 最终，我们来到了商业时代，一个必定替代战争的时代，正如战争时代被发现是先于它的。战争和商业都是为了达成相同目的，即占有所欲望之物，只是手段不同。商业仅仅是渴望占有的人为占有者的力量献上的贡奉。它是一种尝试，通过相互的协议来获取人们可以不再凭借暴力希望获取的东西。一个永远都是强者的人从来不会想到商

19　我们会愤怒地拒绝使用“野蛮人”这样的词来界定今时的一个民族、习惯或风俗，但是，当面对过去，尤其是遥远的过去时，我们会毫无疑虑地使用这个词。这当然是十足悖谬的，因为如果野蛮主义或原始主义的判断是不可接受的，那么它在过去亦是如此，不会逊于现在。

业的观念。但随着经验向他证实，战争，也就是使用力量与其他人的力量一较高下，会面临许许多多的障碍和挫败，这促使他诉诸商业，也就是一种更温和且更有把握的获取他人利益的方式，与他自己的利益相符。

于是，战争总是在商业之前来临。前者完全是野蛮的冲动，后者是文明的算计。[20]

我曾在其他地方分析过这一文本，它对于我们商业社会的自我意识非常有揭示意义。这里我会仅仅聚焦于一点。人类事物是复杂的、模糊的，因而导致不确定和怀疑也在合理之中，不过，如果有一项关于人类事物的论断不可能是正确的，那就应是贡斯当关于战争的论断。我们姑且承认，意图通过对物主实施暴力行为攫取某物，与意图凭借自愿达成一致获得它之间，实际上没有区别，因为在两种情形下，都是占有所欲之物的问题。不过，贡斯当的界定不适用于这种欲望，即与被视为敌人的某人争雄，打败他并且因为胜利的荣誉或荣耀而兴高采烈。仅仅将战争界定为一种占有某人所欲之物的手段，贡斯当忘记了战争同样会因其本身的缘故而被渴求，它本身能够成为欲望的对象，因为只有在战争中，人的某种性情才找到其表达，才能获得人的某种体验。

战争作为人类行为的一种形式，太过于普遍，以至于不会没有其

20 Benjamin Constant, “The Spirit of Conquest and Usurpation and Their Relation to European Civilization,” in *Political Writings*, trans. Biancamaria Fontana (Cambridge: Cambridge University Press, 1988), part I, ch. 2, 53.

自身特殊、独有的含义。我斗胆非常简单地断言，如果战争连同与之伴随的所有可怕的灾难，对于人没有意义，没有可欲的、有时甚至是无法抵御的意义，那么他们就不会发起战争，他们甚至完全不会意识到它。在论及战争的人类意义时，我脑海中没有任何历史哲学、任何对于战争的辩护会导致我们得出这样的结论：归根结底，全方位地考虑，战争不是一种恶，它甚至或许是一种善。战争的人类意义非常纯粹地寓于这些事情之中，那是发生在投身战争之人的灵魂中的。那里发生了什么？正是在阿喀琉斯的灵魂中所发生的，层次多样、模式多样，荷马使得我们有可能觉察到它。让我们短暂地返回那里。

如我所说，在战争中，死亡是作为人的生活之最大可能显现的，因为对每个人而言，战争包含着最大（“最大”是在“产生最大效果”的意义上）可能的人的行动和最大可能的激情：前者引发死亡，后者承受死亡。于是，真正的生活只能是高贵的生活、英雄的生活，其构成在于经常站在这两重可能性的刀刃上。这种最大的可能性，必然对灵魂有着最大的影响力。如果死亡——受死和赐死——是生活最极端的可能性，那么真正的生活，最完整地活着的生活，是处于死亡魔力之下的生活、战士的生活、英雄的生活。

当然，这里存在一种困难，甚至看起来是一个矛盾：英雄韶华早逝。生活中的最高可能与生活的最大威胁相重合，最终与生活、最具活力的生活、年轻的生活的毁灭相重合。在英雄主义中，存在着某些错谬（awry）。

在英雄主义中某些事情是错谬的，这正是我们现代人所认为的。的确，现代人的一种适当定义可能是这样的：他们是看穿了英雄主义中的矛盾且不让自己被英雄诱骗的人。英雄主义某种程度上依赖于对人类生活的那种极端可能即死亡的错误解释。死亡的确是生活的极端可能。在这一点上，英雄和颂唱他们的诗人没有搞错。但是，死亡在恐惧、最大的恐惧、在他人手中暴死的恐惧、那种所有其他激情和性情在其面前都黯然失色的灵魂激情的体验中，向灵魂揭示自身。这是霍布斯的诊断，他同样提供了对于人的生活的此等凄惨的救治。人们必须通过认识到他们恐惧死亡，通过由这种恐惧来定位自身，进而将自我组织起来。对霍布斯而言，生活，真正的生活，其构成并非英雄般地，甚至并非纯粹勇敢地面对死亡。相反，它是逃离死亡，或者与死亡竞赛，而好的政治体制、好城邦是这样的——辨识并且保存生活的这类真正本性，不仅保护生活，而且保护这种生活能力：从自身去寻找保护自己的最佳途径。它依赖于生活、财产和自由的保护者，那就是我们的国家（State）。

应该注意的是，如果霍布斯完全颠倒了英雄主义，那么，可以说他将自己放在了与英雄主义同样的领域。他的论辩的核心不是关于一般意义的生命的保护，甚至不是一般意义的死亡的恐惧，而是关于操于他人之手的暴死的恐惧。他为阿喀琉斯的牺牲品提供了某种建议，通过断然拒绝这样的人：他们幻想自己就是阿喀琉斯，也是《约伯记》称为“骄悍族类”[21]的那些人。霍布斯的国家贯彻了一种对于英雄主义和英雄的永不宽恕的批判。它将英雄或者那些渴望成为英雄的

21 原文为 the children of pride，出自英王钦定本《约伯记》41:34。中译本此处一般译为“猛兽”、“野兽”或“狂傲的野兽”。此处依吕振中译本。——译者注

人，放在同一条水平线上。

霍布斯的国家已经战胜了英雄。现代国家已经以如此彻底的一种方式战胜了勇士贵族制，以至于贡斯当的论断，至少其描述性的部分，看起来是毫无疑问的。那情形就是，我们已经从军事社会走向了商业社会，从英雄社会走向了凡人社会，而且我们对这一改变是满意的，也可以说是释然的。然而，战争和英雄，在贡斯当看来的这些“不合时宜”，依然与我们同在，不仅存在于那些打断了现代政治机体历史的战事爆发中，也存在于民主社会那难以根除的不满当中，存在于对布尔乔亚乏味的和平之无声且持续的反叛中。难道这些不满和反叛某种程度上，不是受到古代英雄主义形象、霍布斯如此急切地警示我们反对其影响的那些希腊和罗马作家的鼓舞和支持吗？与贡斯当的断言相反，英雄和大众之间的争吵还没有彻底解决。

这个问题可以用如下方式来陈述。人文主义并没有成功地将其自身稳固地、平静地、决定性地，如其所要求和宣称的那样，奠立于人的平台上，奠立于完全属人的且仅仅属人的平台上，在那里，英雄会真正被遗忘，因为他们不再有任何意义或者迷人之处。在一种象征的意义上，蒙田是最始终如一的人文主义者，因为他毫不留情地摧毁了如此这般的所有人类尝试，即通过拔擢自己而逃离自己。没有加图他就不可能这么做，此君展现了人的本性的所有能力，展现了它能够上升到什么高度。为了把握自身的人性，蒙田必须参照加图的过度和卓越，来解释自己的中庸或平凡。为了实现他的“无动于衷”，他需要将眼光驻留于加图的紧绷状态，后者“总是跨在他的高头大马之上”。

人文主义的局限可以在社会和政治生活中看到。大众和英雄之间的争吵是和我们的历史同时延伸的，即使有时候他们在变形的掩饰下难以辨认。甚至在表面上满是洋洋自得之人的历史的低潮，他们的截然对立依然保持活跃。

让我们努力用具体的历史和政治术语来阐述这一点。人们可以说欧洲生活的母体或者最初形式是“英雄共和国”，它的构成是少数“高贵的”或“善良的”或“卓越的”人以及众多“无名的”或“无良的”或“无用的”人——少数“超卓之人”(more than human)和众多“次等之人”(less than human)或“无用次品”(less than nothing)。这里很难说到一个城邦；用柏拉图的术语，人们可以说这里存在着两个永远彼此作战的城邦。有时“数人”甚至宣泄对于大众的无尽仇恨。英雄共和国依赖于某种特别的战争。斯巴达城邦针对臣服人群、希洛人或麦西尼亚人的战争旷日持久。青年斯巴达人的公民教育，部分内容就是对贫穷的恶棍们实施的惩罚性征服。

我们称为“阶级斗争”的东西不过是这一战争褪了色的残渣，被简化为富人与穷人之间的利益争斗。它现在只是众人之中发生的一场战争或斗争。然而，英雄母体隐藏在表面之下。马克思以令人惊叹的创造性复活了它。无产阶级不过是大众，而且是被剥夺了所有维持人之生活尊严的财物的大众，他们可以说被剥夺了“人性”。正是基于这个原因，他们才能够为他们自己和其他人恢复人性的完整，这种人性比他们直到那时曾体验到的，要无可比拟地更为完整。作为次等之人，无产阶级正是基于这个原因能够变成超卓之人。他们是英雄。马克思主义延长或者复兴了一种英雄视域，那是共产主义的力量和威望的伟大原则。

政治化与和解

现在我返回到原初的城邦、城邦之前的城邦或者英雄共和国，我预先称其为“共和国”，因为英雄群体尚没有“公共事物”（public thing）的观念。然而，正是从这个群体中孕育了它。克里斯蒂安·迈耶（Christian Meier）设想，希腊城邦固有的德性源自这一事实：城邦实现了多人对数人的贵族“价值”的迅速且直接的分享，无须国家（State）作为先决条件或中介。[22]英雄和大众之间的战争状态让位于大众对英雄生活的分享，这个过程并非没有冲突，但丝毫无须预先求助于国家缔造和平。希腊城邦就是这一转变过程本身的产物。原初战争的此等政治化、多人对数人的英雄生活的此等分享，无须为君为王者（the One）的和解性介入，是一类非同寻常且真正独一无二的现象。[23]

此一转变的构成更确切地是什么呢？此一战争是如何被驯化的？政治哲学，尤其是亚里士多德的，提供了一种非常有说服力的解释，如果不是对其过程的解释，无论如何是对其结果的，亦即对**政治生活**的解释。稍后，我们会更多地说到这一解释。[24]在此处说到这一点足够了：亚里士多德向我们展示了两个除了彼此仇恨**毫无共同之处**的群体之间的战争，转变为他们各自治理**此**一城邦——他们现在分享着的

---

22 参看 Christian Meier, *La Naissance du politique* (Paris: Gallimard, 1995)，特别是第68页。

23 如果希腊城邦对于为君为王者——君主制或国家——之缔造和平角色没有概念，对于立法者的仲裁角色它则具备。梭伦在数人和多人之间进行调停。他“为了两派与两派”为战。Aristotle, *The Constitution of Athens, in Aristotle and Xenophon on Democracy and Oligarchy*, trans. J. M. Moore (Berkeley: University of California Press, 1986), 5. 2, 150.

24 参看本书第3章。

同一城邦——之要求的冲突性对抗。这些要求当然是无法共存的，在这一意义上，战争状态持续着，但是，双方努力寻求一种方法来裁决这些无法共存的要求，根据一项共同的——确切地说，是**共同善**（common good）——的标准来评估它们。裁决或者评估的过程，正是亚里士多德称为政治正义或“政治正当”的东西。[25]战争让位于政治正义，后者替代它益处极大。不过，重要的是不要忘记，正义是承继战争而来的某种事物。

通过思考斯巴达和雅典之间的截然对立，我们会更好地理解此一转变。二者对于成为最卓越的希腊城邦都有显著的要求。斯巴达之为那种城邦是在这个意义上：它是最典型的、最纯粹尚武的城邦。它总是连续不断地作战，不仅对外，反对其他希腊城邦，而且对内，如我曾提及的，陷于反对那臣属却反叛的大众的隐秘战争。作为最卓越的希腊城邦，它在伯罗奔尼撒战争中战胜了雅典。就雅典而言，在所有希腊城邦中，它是这样的城邦，其内战的苦痛最少——内战或许最明显，却最少苦痛——因为在那里，大众最大程度地参与了城邦的生活。[26]其更大程度地对内和解（即民主化），赋予雅典对外扩张的力量，这在其他地方都不曾听闻。在雅典，民主化和帝国扩张源自相同的运动，获得被征服城邦的贡金让这种情况得以可能：为贫穷的公民在政

25 “正义[德性]是属于城邦之物。因为审判是对政治合作的安排，审判是对什么是正当的判断。” Aristotle, *The Politics*, trans. Carnes Lord (Chicago: University of Chicago Press, 1985), 1253a37-39, 38. 亦参看 Aristotle, *Nicomachean Ethics*, trans. Joe Sachs (Newburyport, MA: Focus, 2002), 1134a26和1160a13。

26 “出于民主政治的惯有宽容，雅典人允许僭主的朋友留居城内。” Aristotle, *The Constitution of Athens*, 22. 4, 165.

治、司法和军事职务中履行公民职责支付酬金。雅典是最不好战的，无论如何是最不“军事化的”，但基于相同的理由，却是希腊城邦中最强大的，因为它是最政治的。它使得polis的政治化趋向最高程度的实现。

当我们从斯巴达转到雅典时，数人的战士特征褪去了。他们逐渐变成了“富人”。他们甚至经常从事商业活动，使得雅典某种程度上，同等地成为战士城邦和商业城邦，成为孟德斯鸠和贡斯当乐于识别出来的古代战争和现代商业构成之对照的例外情形。不过，这是后来的发展，因为用一般术语来说，英雄时代的富人或者“财主”(owners)几乎没有任何商业财产。实际上，他们大部分的财富与我们就这个术语中所理解的东西没有相似之处。他们的确拥有土地，但他们的头衔是由祖先的墓碑、宗教的参与构成的。数人主要是仪式——葬礼和婚礼仪式——的享有者，而多人只拥有赤裸裸的动物天性。多人处于“氏族”的genos(谱系)或序列之外，如同后来的外邦人，“严格地说”将成为城邦的陌生人。他们最初的要求，看起来不是针对财物或者权力的，而是参加葬礼或婚礼仪式的权利，关于此，如我们将要看到的，维柯论述颇多。

在英雄时代，数人的占有物中，必然要计入所有这些作为战争或抢夺赃物的财货。尽管亚里士多德是希腊哲学家中最温和的，依然将战争技艺归在获取的自然技艺之下。[27]在英雄时代，战争是普遍的，但这并非意味着如同霍布斯描绘的自然状态那样的“所有人对所有人的战争”。霍布斯的自然状态是一种没有区分的暴力状态，那里所有人威胁着所有人，最弱者总是能够杀死最强者，而且从中不可能自然地诞生出秩序来。唯一能够设想的秩序是一种刻意的、人为的、构造的秩序。在同等且通盘评估其难以忍受的自然境况后，社会成员精心构造了那将会消除自然状态之恶的政治建筑。政治状态和自然状态都是平等状态：在其中一种当中，人受到了平等的威胁；在另一种当中，人——公民——要平等地服从缔造和平的主权。在英雄时代，战争并未让位于和平，战争不曾停止主导，不平等亦是主宰。存在着一个原初的圈子或活跃的内核，即战士群体，他们无疑与其他战士群体作战，但还同依附于他们的人作战，如果乐意的话，可以将这些依附者称为“大众”，但不能说“他们的”大众，因为他们觉察到大众是他们的敌人。在战士群体内部，他们同样处于彼此的潜在战争中，每个人总是预备着参与一场决斗，他的同伴对他的荣誉的任何冒犯，都会得到血腥的复仇。这些是三种类型的战争，只因为英雄秩序的每个节点（point）都是有战争迹象的。

可以说，我们的政治史大半是由那三种类型的战争之依次的、尽管不完美的和解构成的。首先，高贵的战士中间为荣誉的争斗，由于

27 “因此，战争技能在某种意义上也是获取技能的一种自然形式；因为战争的一部分就是狩猎技能，对于野兽或者那些天生适合被统治却不情愿的人就应该使用这种技能——这类战争天然就是公正的。”Aristotle, *Politics*, 1256b23-26, 45. 在这一段中，亚里士多德某种程度并且“某种意义上”同意贡斯当的战争论断：存在着一类战争本质上是“获取的”，那就是狩猎，不论是针对野兽或只是“天然适合被统治”的人。

持平的主权（leveling sovereign）而和解；接着是数人和多人之间阶级斗争的变形以及和解。在这双重过程结束之际，民主化的民族国家从内部彻底地和解，而战争——越来越罕见但越来越暴烈——被驱逐至将每个国家与外国分隔开的边界。边界现象变得越来越意味深长，边界分隔变得越来越显著，与此同时，战争与和平之间的区分变得越来越明显，和平变得越来越平淡，而战争越来越暴烈。和平的进步和深化，与战争的恶化或加剧，悖谬地携手并进。和平越来越是社会成员的自然境况，而战争在其爆发时越来越暴烈、没有拘束、乖谬。人被没有规则或方向地抛进一种变得与他们完全异质的环境中，随后，他们容易采用某些方式或陷入某些行事，那在他们祖祖辈辈的战士先祖看来是荒谬的或者怪异的。想想1914年的战壕和战争的类型就够了，前者是后者的场景和表达。从英雄时代到布尔乔亚或民主时代，政治进步使得我们遗弃了这样一种处境，在那里，战争——有其内在的差异，存在三类形式——是人的生活的自然方式，因此一般地，也需要与这种状态相匹配的规则和限制。当然，由于战争必然导致灵魂某些部分的拔擢，一旦它们被唤醒，就很难掌控，这必然意味着变得沉迷、过度、无端的暴力、残酷——阿喀琉斯。它将我们带进这样一种处境，在那里，战争变得与日常生活完全异质，并且由此易于变得没有拘束，第一次世界大战为此树立了一个典范。

用雷蒙·阿隆的术语来说，伴随着二十世纪的“无边际战争”（hyperbolic wars），一个关键的阶段来临。返回到某种“平常的处境”，回到“往常的”战争是不可能的了。在欧洲，形势步入了人们无法抗拒地倾向于称呼的无边际和平（hyperbolic peace）中。不再有任何敌人；边界被抹去；战争变得“不可想象”。当然，此类无边际和平是否会持续，是一个未有定论的问题。

无论如何，最近的事件证实，战争依然有可能采取前所未有的形式。实际上，它们将我们带回到了非常古老的战争形式，回到了私人战争——feud，Fehde——或者一种没有先例的私人与国家战争的混合状态，比如被塔利班攫取的阿富汗国家，而塔利班相应地被本·拉登或基地组织收买或拉拢。

让我们返回到内与外的边界，那同样是战争与和平的分野。它会帮助我们勾勒出人类世界的主要关联（articulations）之一——也可能是唯一的主要关联——的规律性变化（rhythm）。我将通过如下两组平行系列来展示它：

战争	对外	未知	自然	世界
和平	对内	已知	法律	城邦

对我而言，对每一组对立加以评论，因而充分证成其平行主义是不可能的。我寄希望于展示所带来的联想力量。心理经验，如果不能用来证明对立两极之休戚相关或相互依赖，至少提供了一项支持的论据。让我们想象，朝向和解的运动从欧洲延伸到了世界其他地区，而且只剩下了没有战争的和平。那时，对外的和未知的不再构成威胁，与对内的和已知的融合了。所有人彼此之间都是**观光客**。为了规范他们的生活，他们只需考虑法律、国内法即可。没有来自外部的信号——召唤或者威胁，因为严格地说，就不再有外部了。我们可以换

个说法：城邦与世界合为一体了。对一个“世界国家”（world State）会导致什么略作重现表明，人类世界的几项基本关联是如何内在地与战争—和平这一对立相连，而这一对立在某种意义上与对外—对内这一对立结合，相反显示了原初或英雄时代的“现象学的”或“人类学的”连贯性（coherence）。在世界国家中，唯有和平和自我的内在感知（interior sense），而在英雄时代，往往只有战争和外在情感（external affects），尤其是系于“胜利”的“荣耀”。

最后但非常重要的一则评论。可以看到的是，哲学在揭示法律与自然、城邦与世界之间的距离时，在和平因素中保存或恢复了由战争暴露的内容，但没有理解它。

希腊营地

借着返回到《伊利亚特》的开篇，并且简要描绘由希腊营地构成的那种城邦，我将会结束这漫长的荷马史诗旅行。我们将会看到，生活在城墙之外，身处对外战争的处境，有些因素，至少其中的某些因素，同样会在城墙之内驱动着城邦，而这将有助于我们省察到希腊营地要成为一个真正的城邦缺乏什么。

《伊利亚特》开始的方式如下：阿伽门农触怒了阿波罗的祭司克律塞斯，因为他拒绝交出祭司的女儿克律塞伊丝，哪怕克律塞斯随身带来巨额的赎礼，手持神灵的象征。于是阿波罗给希腊营地带来了瘟疫。连着九天，疾病肆虐。在第十天，阿喀琉斯召集将士开会。卡尔卡斯，最高明的鸟占师，在得到了阿喀琉斯对其生命安全的保证之后，向集会的阿尔戈斯人解释说，这场灾祸的起因源自阿伽门农的行为，这些内容读者或听众都已知晓。

这就是开端。争辩与属于每个人的份额有关，每个人对此拥有一项权利，而这里尤其与阿伽门农的份额有关。克律塞伊丝是战利品中他的那份，因此，根据那个时代的习俗和标准，那是他合法的一份。

当她的父亲带着巨额的赎金要换回她时，并不确定正义要求阿伽门农把她交给她的父亲，哪怕众多的阿尔戈斯人都赞成这一交换，受到了似乎是对祭司之尊敬以及对巨额赎金之贪婪惊叹的驱动。对正义的要求可能是迫切的，但这里的法令是模糊的。或许能够说的是，即使克律塞伊丝合法地属于阿伽门农，他这样做也缺乏对阿波罗的尊重：拒绝赎金交换她给她的父亲、阿波罗的祭司。因此，这里可以用来表征阿伽门农行为的，与每个人的情形都一样，是对所有物的极端且过度的迷恋。（当然，那年轻的俘虏，作为荣誉的标志、战利品的份额和性占有的对象，在她的身上结合了种种最强烈的迷恋。）如果阿伽门农作了不义之行，那是有关众神的。但是，众神的份额、其合法的份额是什么？在这全部庞杂事件的开端，关于什么分配给人、什么分配给神，存在着不确定性。

让我们回到集会。通过确认灾难的缘由，卡尔卡斯也指出了唯一的救治办法。那个女孩必须交给她的父亲，不收赎金，而且为阿波罗献上丰厚的牲祭。一听到这个，阿伽门农勃然大怒，但他立刻明白他没有选择。与此同时，他强调他是多么强烈地迷恋克律塞伊丝，他说他准备好为了大众的福祉将她交出。由此，他让人们知道他是多么愿意自我牺牲。不过这一牺牲只持续了很短的时间。在把克律塞伊丝交给她的父亲的同时，他一边让她离开，一边要求和索要另一个俘虏。他有强有力的论证：在阿尔戈斯人中，不能单单他没有一份荣誉和战利品，他对其享有权利的一份（geras[战利品]这个词的重复加强了阿伽门农的言辞）。为了弥补对阿波罗的不敬，一起不公正对待阿尔戈斯人首领的无耻行为将会上演。

集会清楚地发现自己面临着一个非常微妙的正义问题。阿喀琉斯——他对阿伽门农的敌意和嫉恨从一开始就明白可见——非常好地阐述了其困难。这件事完全不可能。阿伽门农要求的补偿、他要求的同等的那份上哪儿去找？它简直就不存在，因为分配已经完成了。阿伽门农提出这一主张，实际上是在要求返回到分配尚未进行的时候，这显然是不可能的。阿喀琉斯的争辩当然认为所有的战利品已经被分配，什么都没有留下。事实上，下面的内容是他坦白直陈的，推理缜密，人们本不会期待出现在这一激昂的勇士身上："我不知道有什么金银财宝，堆积着，静静地躺在某处（kunēïa keimena polla）"（1.145）。这些话揭示了希腊营地缺乏一个城邦拥有的东西：没有什么共同拥有的东西，如第145行所呈现的。阿尔戈斯军队的所有战利品都已分配完毕，并且各归其主。这正是我们衡量城邦每日完成之功绩的方式——对此我们习以为常了——那是为了确保财货连续不断地分配，无有穷尽地流动。我们逐渐意识到，私人财货的流动在某一天需要公共利益的存在及其资源。在希腊营地的情形下，唯一能做的事情，如阿喀琉斯申言，就是等待下一次分配，也就是下一次掠夺。阿喀琉斯是以请求阿伽门农保持耐心来结束他的建言的。

阿伽门农不会听从的。阿喀琉斯的论断有说服力，但阿伽门农被强烈的欲望所驱动，想要保住他的那份，或者重新得到同等的份额，迅速回击说，阿喀琉斯的主张意味着在他保住他那份的同时，阿伽门农却要让出他的。这种不平等的对待是站不住脚的，接着，他的言辞越来越具恐吓性，要求同等价值的一份，“geras...antaxion”（1.159-160）。阿喀琉斯现在受到失去他那份的威胁，通过扩展争辩的议题作出回应。他搁置目前为止在考虑的问题——战利品的这一份及其预期的同等物——开始质疑阿伽门农。正是为了阿伽门农和他的兄弟墨涅拉俄斯，只是为了他们，阿喀琉斯才来与特洛伊人开战的，特洛伊人并没有得罪他。第一次，阿喀琉斯宣称他与这场战争无关，并且扬言他要回家了，这也不是最后一次。还有，尽管阿尔戈斯人正在为阿伽门农而战，他却总是拿走最大份额的战利品。阿喀琉斯将**这**一特殊分配（克律塞伊丝）引起的问题，替换为普遍的战利品分配问题，简言之，就是阿尔戈斯人营地中的政体问题：“当分配战利品时，最大部分归你，而我回到我的船，带着我中意的一点小东西（soï to geras polu meizon, ego d’ oligon te philon）”（1.195-197）。

现在，阿喀琉斯扩展了论辩的领域，提出了政体的问题，阿伽门农以类似的方式回应：为了惩罚阿喀琉斯的傲慢，他将带走布里塞伊斯，并且让有耳朵的人听见。由此，争论就从具体的这一份额的问题转到了普遍的战利品问题，接着又从普遍的战利品问题转到了指挥官的特权、政治特权问题。

阿伽门农就这样返还克律塞伊丝，强占了布里塞伊斯作为交换。阿喀琉斯向他的母亲、女神忒提斯哭诉。她去恳求宙斯还她儿子公道，赐予特洛伊胜利，直到阿尔戈斯人和阿伽门农认识到他们的错误，并且恢复阿喀琉斯的荣誉。宙斯答应了她的请求。为了达成这一结果，宙斯送给阿伽门农一个虚幻的梦。这个梦让他兴奋异常，以宙斯的名义，敦促所有的阿尔戈斯人武装起来，因为他最终攻占特洛伊的时机已经来临。

阿伽门农接着命令传令官召集阿尔戈斯人集会（assembly），即 agorèn（2.60）。不过，他先召集了议事会（council），即 boulè："他召集了高级首领来议事"（2.62）。我们面前出现了多人与数人之间、agora 和 boulè 之间的关联，这构成了城邦的辩证逻辑。

面对议事会，阿伽门农解释了他接下去要如何做。他将在集会上编造一个善意的谎言；更确切地说，他将引诱或者试探阿尔戈斯人，方式是怂恿他们当逃兵，登上战船，开拔返乡。他希望议事会的成员扮演领袖的角色，并且用言辞劝阻他们。这个计划，在我们眼中，不可能是妙策，甚至是怪诞的，却看起来是共识的（common），因为在断言他准备引诱或试探阿尔戈斯人之后，阿伽门农补充说："根据一项古老的习俗（è themis estin）"（2.86）。尽管他的权力正当又得到公认，尽管加诸其身的称号浮夸做作，阿伽门农并不认为，发布他的命令就足以确信他会得到服从。他远没有这样认为，以至于相反地，他预料至少会遭到反对，如果不是不服从的话。因此，通过主张黑，他想要使得他们恳求白。这不是我们所认为的绝对统治者。阿尔戈斯人需要被说服。

凭着赫淮斯托斯很久之前打造的权杖，阿伽门农接着向军队、没有参加议事会的人群讲话（2.129ff.）。听到他们的领袖对于攻占特洛伊感到绝望，并且怂恿他们逃回故乡的海岸，悲伤的阿尔戈斯人向着战船跑去，呼喊着要回家。阿伽门农狡猾的计策极为奏效。雅典娜从奥林波斯山上降临至阿尔戈斯人的船舰。在那里，她找到了奥德修斯，“一位如宙斯般的智谋之士（Dii mètin atalanton）”（2.197）。

在《伊利亚特》的英雄中，唯有奥德修斯被赋予这等修饰语，那使得他与所有其他人，包括阿尔戈斯人和特洛伊人区分开来。特洛伊人中间没有奥德修斯，这一点对于证实希腊文明的优越当然是决定性的。奥德修斯代表了一种人的可能性，那时为止，它只在希腊人中间显现。阿伽门农依据习俗来行使其合法权力。他特别的计策可悲地失败了。他的权力走到了尽头。唯一的救助之道，就在奥德修斯的审慎或者智慧中。唯有奥德修斯的智慧能够面对例外情境或者紧急事态。在这个意义上，奥德修斯而非阿伽门农，才是真正的统治者。[28]

这并不意味着阿伽门农真的放弃了他的统治权支持奥德修斯，不过是为环境所迫，并且是临时为之，为了应对例外情形，他将其权杖、那世袭且牢不可破的权杖交给他。[29]

因此，奥德修斯手执权杖，迅速展开行动。荷马断言，奥德修斯对待数人（2.218ff.）和多人（2.229ff.）大相径庭。他对待数人温和有

28　想想卡尔·施米特人尽皆知的谕示：“主权就是决断非常状态。”这提出了如下问题：主权是否就是决定例外情形的唯一者或者能够面对且掌控它的唯一者。

29　希腊文本借着使用 dechesthaï 这个动词保留了一种绝妙的政治模糊性，这个词一般翻译成“接受”（receive）：奥德修斯从阿伽门农之手接受了权杖，但是阿伽门农就转交了权杖或者奥德修斯抓住了权杖吗？毫无疑问答案就在两可之间。正如菲戈尔斯翻译的，奥德修斯“走过去面对着阿伽门农（Atrides Agamemnon），后者将其父辈的王室权杖交给了（relieved）他”（*Iliad*, 2.186.）。

加，使用劝诫方式；对待多人野蛮残暴，使用强力手段。他恶言呵斥他们，甚至用权杖击打他们。显然，他求助于数人的智力和荣耀、多人的服从习惯和卑贱情感。在这一意义上，奥德修斯的言辞立足于社会地位差异，他对此加以确认并且强化了它。

不过，还存在着更难以把握的其他方面。在对着数人讲话时，奥德修斯祈求宙斯三次（2.226-229）；在对着多人讲话时，他只提到了宙斯一次，而且没有指名道姓，称他为“狡诈的克洛诺斯的儿子”。对着数人，他的言辞是神学的或神学政治的；对着多人、laos（民众），他的言辞是世俗的。[30]他谈及恐惧，并且通过将阿伽门农和宙斯混同为同样的威胁来唤醒数人的谦恭；他谈及多人的理性，想让他们赞同一项政治审慎或智慧的论断。人们可以称这种智慧为霍布斯式的。第235—236行，“太多国王可能毁掉一支军队——大众统治！只有一位指挥官、一个主人”，在欧洲君主制传统中，将会是重要权威之一。奥德修斯通过使用一种崇高的，甚至神圣的君主权力的概念，试图恐吓这些他认为勇敢的人；他径直诉诸那些他认定为懦夫的理性。因此，他认为，至少在某些情境下，多人比数人“更具理性”。

进一步推进我们的观点没有什么意义。我们看到，希腊营地的这种景象如何可以说包含着所有后来发展的种子。更确切地说，它将所有的因素都安置在了合适的位置上，那是希腊城邦和希腊政治哲学将会无尽耕耘并且加以混合的。这些是什么因素呢？

30　对数人讲话时，奥德修斯对宙斯的修饰语是 metièta（充满远见的）；对多人讲话时，他称之为 agkulomèteô（狡诈的）克洛诺斯的儿子。不可能有比这两种“神学”的对照更为显而易见的了。

首先，当然就是依据数量而确定的三分法：多人（民主制）、数人（寡头制）和一人（君主制）。不过，还存在着难以界定却是根本性的因素，即奥德修斯所代表的政治智慧或审慎，其尚未在人类联合中确定自己的位置，它不属于一人、少数或多数。它是自然赋予的，不过是以一种任意的方式，由此，智慧之人实际上没有名字，所以，奥德修斯另一个名字“**无人**”就不是巧合了。奥德修斯可以说没有父系姓氏（在《伊利亚特》中荷马只称他为奥德修斯，纵然其他人称他为“拉厄尔忒斯之子”）。[31]

荷马的文本还给了我们另外一个因素。奥德修斯成功地恢复冷静，那些战士从船舰和营帐返回到了集会，并且同意重新坐定。只有忒尔西忒斯继续喋喋不休、嘲弄讽刺。他激烈地攻击阿伽门农，以某种方式发泄对于君王、掌权柄之人的愤恨，而其他的战士们都将这种情绪压抑在心底。奥德修斯对他厉声斥责，并且用权杖狠狠击打他。阿尔戈斯人乐于看到那嘲弄者受到惩罚。他发泄了他们的愤恨，而他的受罚满足了他们对于权威的尊重，并且扫除了他们对于这种明显无底线轻蔑的不快之意。

忒尔西忒斯是谁？如我刚表明的，他是不值得尊重之人，权威的批评者，他全身心地奉献于批评活动，说出了最好缄口不语的真相。不过，这意味着他看到了真相。因此，他在某些重要方面与奥德修斯相同，首先是一种旁观的自由，那源自独立于社会关联的心灵。塞思·伯纳德特（Seth Benardete）评论说，由于忒尔西忒斯的父亲和故

31 关于奥德修斯的“名字”，参看 Benardete, *The Argument of the Action*, 28-29。

土都是无名的，他甚至比奥德修斯更为匿名，是“其在匿名性上最接近的对手”。[32]人们可以说，忒尔西忒斯是喜剧之精神，或者至少是这种精神的根基部分，它并不因为这样就少了珍贵之处。（喜剧不是“低等文体”吗？）

因此，如我们所看到的，《伊利亚特》的阿喀琉斯和阿伽门农包含了所有后来悲剧的渊源和模式；奥德修斯，智慧之人的原型，我们可以称其为苏格拉底的最初版本；忒尔西忒斯，同样包含了喜剧之鲜活的种子。的确，荷马在所有方面都是希腊的教育者。

32　Ibid., 29.

3

公民操演

我们探究的第一部分主要专注于战争，更确切地是战争境况（warlike condition），它先于并且为公民境况（civic condition）、城邦生活做好预备。借助于荷马，我们研究了这样的一系列现象，现代政治哲学对其总结的方式是，在自然状态或战争状态的标题下对它们予以简单说明。现在是时候去考察现代政治哲学称为公民状态的内容了，那是承继自然状态而来的，正如和平跟随战争而至。不过，古代城邦赐予的和平，比起现代政治哲学所期望的以及现代国家很大程度上实现的和平，不是那么完全的（complete）或单义的（univocal）现象。据说，现代国家，基于其对合法暴力的垄断，通过一种对于暴力的"以毒攻毒的"使用，克服了战争的自然状态。不过，古代城邦不曾那般直接地对付先于它的战争状况。它很大程度上克服了它——此言不虚，否则的话也不存在城邦——不过凭借的是以一种既更为巧妙或深刻又不太完全的方式来转变它。我们对于这些事物的看法，必然同时受到如下内容的影响：现代政治哲学（使得我们从战争**界定**的状态转变到和平**界定**的状态）的单义特征，还有现代国家（实际上产生了前所未有的和平）与那单义特征相对应的结果。我们这里正在说的是一种完全的转变，因为它使得我们从一个极端来到另一个极端，或者从一个方向转到另一个相反的方向。然而，人的状态的此等完全转变，并不构成或并不意味着他们本性的深刻转变，因为生活在两种状态中的恰是本质上相同的人，亦即渴望安全的个体：如果我们没有面对**同样的人**（the same human being），自然状态就不会展露人的权利，那是公民状态此后必须保障的。与现代国家不同，古代城邦预设并且制造了如我曾说的一种人的本性的转变，那既是更为深刻的，也是不完全的：不完全是因为战争在古代城邦继续存在，或者比在现代国家中更多地被感觉到；更深刻是因为，那转变不是由某种程度上依然外在于个体的国家完成的，而是直接涉及个体本身，他们的本性被改变了，因为他们成为一种**共同事物**的参与者。现代政治境况的导向是实现公民和平的方式问题，或者更宽泛地说，是保障人的权利的方式问题。古代政治境况的导向是谁参与共同事物的问题，它与这个更为基本的问题不可分割：什么是共同事物？

这两类问题当然并非相互排斥。古代政治并非没有意识到城邦保障权利；现代政治并非没有意识到参与共同事物引起的问题。然而，它们导向大相径庭的共同生活部署（common life ordering），一个是凭借越来越多服务性外在手段的创设，另一个是凭借越来越精炼的内在张力的经营（elaboration）。[1]现代政治家是一位宪制法律方面的专家，

1　卢梭《社会契约论》第1卷著名的第6章，始于对现代问题的一种特别复杂的——特别"现代的"——陈述，终于对古代问题的一种特别激进的阐释。

关心代议统治的机制；古代政治家是一位在政治和伦理上无法区分的教育者，他努力在公民的灵魂中唤醒“最高贵、最公正的”道德禀性。对于古代和现代政治科学的差别，我们需要说得更为详实些。

政治和数量问题

古代政治哲学的核心或灵魂寓于政治政体的分析和分类。这些政体在柏拉图和亚里士多德那里得到详尽的描绘，不过我们在荷马那里已经遇到了某些分析因素。在此一分类中，数量扮演了关键性的角色：根据是否一人、数人或多人统治，polis 的政体，亦即共同生活的形式，本质上会改变。人的生活会根据他生活在君主制、寡头制或民主制下而发生深刻的改变。此等三重划分在亚里士多德和柏拉图那里得到了诸多提炼，但并未影响数量问题对于希腊政治哲学的决定特征。相比之下，现代政治哲学对政治政体问题不是那么感兴趣，因为在它看来，统治者的数量似乎并非一个关键性，甚至不是特别令人关注的因素。它将关于一人、数人和多人各自优点的论辩替换为对“所有人”（all）之唯一合法性的确证。它倾向于将政体分类简化为那种极端对立，即代议政体与非代议政体之间的，或者民主政体与非民主政体之间的，后者依据时代和环境有独裁（dictatorship）、威权（authoritarian）或极权（totalitarian）政体。的确，孟德斯鸠阐述了一种有名的且更为精致的政治分类，不过，如我们所见，它严格说来并非政治政体的分类，而是政治和历史形式的分类：“专制统治”

（despotism）本质上是帝国的东方类型；"共和国"（republic）本质上是古代城邦；"君主制"（monarchy）本质上是现代国家。在这一分类中，数量并没有扮演关键的角色，因为共和国可能是贵族的或民主的，而君主制和专制统治同是称孤道寡者的统治。

如果现代政治科学对于政体分类兴味索然，那无疑是因为，对它而言，只存在一种合法政体，即民主政体，它建立在"所有人"都参与的基础上，以至于除了法律制裁之外，没有人被剥夺公民权利。实践中，多数（majority）统治，或者决定谁来统治。将多数的统治替换为全部或全体一致的统治，是民主理论的薄弱环节。如果合法性存在于"所有人"，在于全体之人，而且如果后者是不在场的话，那么人们就不明白已经不再存在的合法性为什么能够在一个多数的群体中找到，而非另一个少数（minority）的群体。认为多数比起少数更接近于全体一致，因而是民主合法性的受托者，是一种无可抗拒的貌似合理的论辩，然而，它的有效也只是在非常狭窄的算术意义上。

没有人会否认多数原则的惊人实践成效。我们归于现代民主的所有好的事物，最终都归功于这一原则之坚决的、井然有序的贯彻实施；从根本上，我们归功于多数选举的程序。有太多理由去钦佩如此微小事由的巨大效果。不过，民主现实之压倒性的胜利，绝不能阻止我们省察民主原则固有的问题。正如亚里士多德在相关语境中所言，这里存在着政治哲学的疑难和问题。[2]

2　参看 Aristotle, *The Politics*, trans. Carnes Lord (Chicago: University of Chicago Press, 1985), 1282b22-23。

现代民主安排包含三个时刻或方面，人们忍不住要说那是数字的：全体一致、多数、少数。然而，全体一致并非一个真实的、有效的数量：全体一致从未如其所是地发挥作用。发挥作用的数量是多数。不过这里人们必须再次省察。作为数量的多数或者多数的数量本身并不存在。构成多数的是其与少数实实在在的差距。这里唯一真实的、有效的、发挥作用的数量是多数与少数之间的差距，此种差距即使在被缩减为一的时候，也具有其充分的有效性：当选的那一个人是那个比他的对手**至少多一票**的人。唯一真实的、有效的、发挥作用的数量最终是计量单位，用来计量的单位——它严格说来不是一个数量，哪怕它是所有数量的构成因素。现代民主政治并非如通常所说是建立在数量（number），而是建立在计量（counting）基础上。它最终是计量之事，要走到计量结束，因为结果有赖于源自计量的最终投票的成绩，来自最终的也是最小的差距。如果多数、少数并没有实际上被计量，那么它们的存在就不是真实的、有效的、发挥作用的数量，于是实际存在的是它们的差距，那可以被缩减至一个计量单位。

这些明显抽象的思考通过对照，有助于我们估量在古代公民部署（civic ordering）中数量的角色。于是这种部署看起来就是一人、几人（several，小数目）和多人（大数目）之间的关联。这里，我们面对的是三个真正的数量。“君主制的”**一个**并非计量单位，因为不毁掉它，什么东西都不可能添加到它里面；它是唯一作为个位数而存在的单位。**几人**和**多人**实际上也是存在；它们是真正的数量。与多数和少数不同，它们的存在不依赖于其数量上的差距，即使它们之间当然存在着数量上的差距。它们是真实、有效、发挥作用的数量，这一点的悖谬证据是，不需要去计量它们。**几人**是多少？人们并不确切知晓；人们不需要知晓：数人就是数人，那事实上是一个性质上的决定。**多人**是多少？人们的知晓就更不确切了，而且人们也更不需要知晓。

在古典的三重划分中，存在着三个真实的、定性的数量，为了界定它们本身，不需要去计量它们，并且彼此关联起来。在这一意义上，它是一种必然内在于人的事物的自然的三分。不过，如果实情如此，那么它应该现身于我们中间，并且发挥作用，正如在古代政治中一样。但是，我们已经看到，现代民主安排是迥然不同的，它建立在计量多数的基础上，亦即多数与少数之间的差距。我们必须认为现代安排已经完全接替或者替换了古代的吗？如果实情如此，那么古典的部署就没有权利要求我刚使用的"自然的"和"必然的"修饰语；它仅仅是一种被历史决定的部署，今日已经被替换了。然而，很少有注意力察觉，古代安排在现代的深层依然是存在的、有效的并且发挥着作用。不管怎样，数人和多人，尽管在宪法机制中没有位置，却在现代民众的社会和政治生活中，扮演着相当重要的角色。不久之前，在法国存在着对于"二百家族"[3]弄权的公开谴责，这个数字并非来自一种计量；它并非依照一种统计上的精确度，得出确切的数字是192或207。这个数字只具有定性的含义，意指那"数人"，判断其真实的政治影响，很大程度上独立于多数与少数之间的选举游戏以及宪法机制。类似地，当人们说到"工人"或者"大众"时，他所意指的并非：要么是由计量的结果所精确决定的多数（如同在多数选举人的情

3　控制法兰西银行的二百名大股东。——译者注

形中），要么是公民的全体一致，因为正相反，“工人”或“大众”排除了“剥削者”，因此也排除了“二百家族”。人们指的是与“数人”相对的“多人”，所有人都明白这一点。

当然，人们可能说这些主题和术语是“党派的”，它们不曾提供对于客观现实的描述，或者它们为临时的现象赋予了太多的空间，这些现象或许还没有消失，但在今天至少很少引人注意了。尽管如此——对此我们可以详细讨论——人们同样必须看到，现代安排本身，在其明晰的结构中——如果我可以这样说的话——展露了古典的三重划分或者提供了那种划分的一种模式。难道“一人”不是重现于行政权这一现代政治的关键发明中吗？难道“数人”不是再现于现代“精英统治”中“有教养的”、“生产性的”或者其他“有功绩的”成员中？至于“多人”，它们难道不是重现于“更为广泛的公众”中，其不可能精确地计量，但是凭借其“舆论”，对当代生活的性质施加了如此大的影响？人们可以继续提出这三个“数量”的其他现代表现。

正如人们可以看到的，现代民主并置、重叠且混合了现代的二分和古典的三重划分，即人们可以计量到最后一个单位的确切数量和不能计算或计量的定性数量。古典三重划分的超历史有效性和必要且自然的特性，以这种方式得以确证。对我们而言，这是以复兴的关切来思考它的一个强有力原因。

如我曾说到的，一人、数人、多人，它们构成了政治生活古典的、自然的三分，每个都代表着一种定性的数量，那是真实的、有效的、发挥作用的。如果这是实情，而且尽管无疑它们自然而然地彼此关联、相互和谐，那它们也容许各自单独或彼此独立地存在。对古代生活深入的考察，看起来证实了这一事实。

成为人，成为公民

从一人开始是合适的。严格的人的生活从**一人**开始似乎是必然的。人的世界必须随着使之明确地成为“一个世界”的统一而出现。这**一人**无论如何会在开端处被发现，随着家族最初的父主而出现，荷马以及追随他的柏拉图和亚里士多德是在独眼巨人的形象中对此加以描述的。[4]除了卢梭，维柯是以最大的关切来仔细审查向人性转变，即最初的“人们”(men)成为人性的人(coming-to-be-human)的政治哲学家，他经常返回到这些独眼巨人——polifemi(波吕斐摩斯)——“他们各自独立生活在他们的洞穴中，与他们的妻儿一起，从来不关心其他人的事情，正如荷马史诗中波吕斐摩斯告诉尤利西斯的那样。”[5]在独眼巨人的生活中，一人，父亲，包含并且决定了每一种多元性：因为没有人关心其他人的事情，每个洞穴可以说构成了一个正义单元。[6]换言之，这类未开化的独立可以被解释为一种“首要的正义”

4 人们不会将独立个体视为政治的甚或前政治的单元，契约理论将其放在了他们的安排的中心：他的独立是现代政治的规划；它从来不是绝对“真实的”(real)。

5 Giambattista Vico, *The New Science*, trans. Thomas Goddard Bergin and Max Harold Fisch (Ithaca, NY: Cornell University Press, 1968), par. 547, 192. 参看 Homer, *Odyssey,* trans. Robert Fagles (New York: Viking, 1996), 9.125-128。

6 就在维柯引用的诗章前面一点，我们读到：“他们没有议事的集会，也没有法律。” Homer, *Odyssey*, 9.125, 215.

（primary justice），一种“趋于朱庇特的”（“toward Jove”）[7]的正义。维柯继续说道，独眼巨人的洞穴保护了最初真正人类婚配的贞洁。[8]人们不需要遵循维柯所有的猜想，就这点而论，也无须追随荷马或柏拉图。在历史领域的全部范围中，并非猜想的而是以各种方式得到证实的，是此类人的联合的无所不在，它们在父权的压力和吸附之下，投身于高度的统一，如果我可以这样说的话。基于我们的目的，我一直都不曾谈论太多关于那独立或分离的且实质性的**一人**的最初模式。

要查明多人的分离存在，看起来更困难，这个有效的且发挥作用的大数目（great number）可以说是实质上不确定的。这里，维柯同样提供了一些非常有启发意义的推测，涉及他称为 famoli（徙民）的这些人，逃亡者、强盗、流浪者，所有这些人起初都没有信仰或法律，没有炉火或家庭，没有婚姻或葬礼仪式，在城邦中找到了庇护地，难道他们不是构成人的前政治状态的一个非常重要的因素吗？还有，最初城邦或者至少其中一些，尤其是其中最著名的城邦的定义，难道不是“最早的庇护地”？[9]避难者或流浪之人的现象当然不局限在最原始的时代。它似乎与人类历史同庚。它并不必然在定量意义上涉及“大量”（large numbers），但是它具有“大量”之晦涩、异质、桀骜和威胁的不确定——他们有多少人？——的定性特征。

因此，分离的一人连同分离的**多人**是前政治的人的经验之被铭记

---

7 Vico, *The New Science*, par. 516, 176.

8 参看 ibid., par. 1098, 420。此外，屠杀擅闯洞穴者的独眼巨人那种未开化的独立，有助于“疆界的防卫”，由此也终止了“野兽状态下可耻的杂交乱占”。Ibid., par. 982, 363.

9 Ibid., par. 561, 200.

的（registered）、构成性的现象。不过，它们与那分离的**数人**、分离的**几人**相比就无关紧要了，因为后者造就了政治本身，同样造就了政治的一人现象和政治的多人现象，或者将它们结合到自身中，由此营建了依据一人、数人和多人之间的三重划分而接合起来的城邦。我们已经说过太多关于分离的数人的现象，战士的、英雄的群体，荷马对他们的刻画是希腊的教育。英雄群体的悖论在于，某种共同善的东西诞自灵魂的（psychic）或道德的性情，后者看上去排除了一种共同善的概念。这是怎么回事？阿喀琉斯之类的人如何认识到或者经营某种类似公共事物的东西？在某种程度上，维柯帮助我们识别出英雄无限制的自我主义中那悖谬的政治果实。

首先，这种自我主义拓展了独眼巨人未开化的独立，独眼巨人如我们已经指出的，对于人性的道德教育——或者毋宁是先前的野蛮人成为人性的人——作出了决定性的贡献，其方式是确保“疆界的防卫”。“野兽状态下可耻的杂交乱占”没有任何共和国、任何共同事物的内容。[10]当所有事物都是共同的，也就没有什么事物是共同的。以此种方式，维柯暗示，共同并不仅仅是特有（proper）或特殊（particular）之缺乏；共同得以形成，需要特有或特殊之预先激活。只有最初想到了特有的人，或者在其心中特有之想法已然激活的人，才能想到共同。这实际上是如何发生的？让我们阅读第629段的末尾部分：

10 Ibid., par. 982, 363.

在各类共和国（commonwealths）诞生之际，天意就使它们具有贵族统治的形式，这是符合最初人类的野蛮孤独本性的。这种形式，像政治理论家们所指出的，完全在于保卫疆界和制度，以便新进入人道的那些人民，凭他们的那些政府的形式，就可以长期停留在这些疆界和制度的封闭之内，因而遗忘掉先前野兽般野蛮情况中那种不名誉的邪恶杂交。但是当时人们的心理还只顾特殊事物而不能理解到一种共同善；他们就连对旁人的特殊事务也习惯于漫不经心，如荷马曾使他写的波吕斐摩斯告诉过尤利西斯的那一番话（在这种巨人身上，柏拉图就曾认出在公民状态之前的所谓自然状态中的家族父主们）。所以天意用上述他们政府的贵族形式引导他们把自己结合到他们的祖国上去，以便保存住像他们的家族君主国那样巨大的私人利益（因为这就是他们全神关注的东西），这样，人们毫不出于自己的意图，就被结合在叫做共和国的一种普遍公民善（civic good）中了。[11]

维柯这里描绘的“天意的”、实为完全自然的机制，使得我们无疑想到了社会契约理论家们诉诸的机制：政治制度植根于自我保存的私人欲望或需求。然而，重要之处在于维柯与这些理论家们不同的地方。这里的关键之处乃是，这事关“巨大的”私人利益，如此之大以

11　Ibid., par. 629,235.［参看《新科学》，朱光潜译，商务印书馆，1989年，第348—349页。］

至于它们被称为“君主国”。这些利益不属于一个共和国，因为尚没有什么共同的东西，但是基于其广阔或宏大，它们已经是政治的了。将我刚才说到的政治的**一人**的原型想象成巨人，并不是没有意义的。在他们的化外洞穴中，连同他们的畜群、他们的妻子、他们的孩子一起，他们深化并且拓展那特有领域，以至于其悖谬地大到足以进阶为一座“共和国”大厦。悖谬之处在于，那使得特有最大化的东西，同样预备了对特有的克服，或者使其克服成为可能。

我们依然还没有很好地领会实际上什么环境能够导致独眼巨人或者英雄（哪怕是部分地）放弃他们极大的自足、他们的“家族君主国”。在前面的一段中，维柯提出了一种解释，使得我们某种程度上见证了城邦的诞生，亦即一人、数人和多人在三重划分之结晶化（crystallization）中的联合，此一结晶化构成了政治。催化剂的角色是由多人扮演的，用维柯的术语说是famoli，那没有信仰的、无法无天的流浪者，他们在英雄、家族君主国首领的保护下寻求庇护，这种保护实际上与最残酷的屈服合为一体。然而，依据维柯或许是借来的公式化表述，“臣服之人自然渴望着自己从屈服中解放出来”。[12]因此，famoli起来反叛英雄。这中间存在着政治结晶化为一人、数人和多人之城邦的催化剂：

> 因为到了这种时候，英雄们迫于紧急应变，势必凭自然本性，要把英雄们自己联合起来抵御造反的众多famoli。

12 Ibid., par. 583,210.

他们势必在自己阵营里选出一位比旁人都较勇猛较有镇定精神的父主作为他们的首领。这类人就叫做 reges，国王们，这个词是由 regere 派生的，本意是支持或指导……凡是英雄王国都是这样产生的。父主们在自己的家族里既然就是些拥有主权的王，诸父主们的地位既然平等而巨人们生性又凶猛，谁也不肯让谁，于是由许多家族王组成的执行统治的元老院就自动地产生了。他们发现，不经人意或人谋，他们就把各私人利益联合成一种共同利益，这就叫做 patria[国家]，意思是“父主们的利益”，res[财产] 这个术语得以理解。因此，贵族们就叫做元老们，而贵族们就势必成为最初的 patriae 或“祖国”中仅有的公民。[13]

因此，可以看到的是，最初的政治君主国不过是家族君主国的工具以及可以说是附属物。它没有在本质上改变最早的“公共事物”的贵族性质。它最实质性的遗产可能就在王的名称中。家族君主们无须深刻地改变自己，在这最初的共和国（实际上是一个贵族阶层）中，联合为一个元老院。

现在，确实有了祖国，但是，这个祖国需要或包含真正的共同善吗？维柯遣词造句极为谨慎，但他没有消除我们的困惑：“他们发现，不经人意或人谋，他们就把各私人利益联合成一种共同利益，这就叫做 patria。”确定无疑的是，父主们起初只考虑他们的私人利益。同样

13 Ibid., par. 584,210.

确定无疑的是，此后他们就有了一种共同利益。但是，父主们主观的性情与他们共同利益的客观现实之间的联系是什么呢？后者改变了前者吗？家族国王，这自私且傲慢的父主，现在变得关心真正的、公共的共同利益了吗？简言之，家族国王变成了一位公民吗？又是在什么程度上呢？

或许正是我们的问题的措辞，致使一种严肃的回答成为不可能，使得我们面临如下的非此即彼：要么元老仍然是一个自私的、利己本位的家族国王，要么他变成了一位无私心的公民，亦即完全或主要关心共同善。这种非此即彼，自从我们把道德同化为无私以来就非常熟悉了，几乎不能帮助我们设想父主凭之而变成公民的灵魂转变。维柯提供了一些建议，可以促成我们抛弃这种非此即彼。谈及家族国王们，他说：

> 他们被促动着按照最高的私人利益去遵循他们的法律，英雄们把最高的私人利益和祖国的最高利益看作等同的，唯有他们才是这祖国的公民。因此，为着各自的祖国的安全，他们毫不踌躇地牺牲自己和家族去听从法律的意志，这种意志在维护祖国的共同安全之中，同时也就保障每个英雄对他自己的家族实行某种私人独裁统治。正是这种巨大的私人利益，结合到野蛮时代所特有的那种极高度的专横，形成了他们的英雄本性，从而导致他们在保卫祖国时的那么多的英雄行动。在这些英雄事迹之外，还要加上不可容忍的骄傲、严重的贪欲、无情的残酷，罗马元老们用这些来对待

不幸的平民们。这在罗马史里可以看得很清楚，这正是在史学家李维本人描绘为显示罗马品德的时期，罗马此前从来没有梦想到的民众自由最昌盛的时期。不久还会看到，这种公共德性不过是天意很好地利用了如此悲惨的、丑恶的、残酷的私人罪恶，以便在人心专注于具体细节、自然不能理解共同善的期间，使诸城市还可以维持住。[14]

这是一段异常有趣且让人深深困惑的文字。最后几行对一个在维柯那里经常出现而且我们已经见过几次的观念，做了特别有力、几乎是强烈的表达，我们可以说，这一观念使用了亚当·斯密后来使之人尽皆知的术语，即“看不见的手”，它引导人们从私人罪恶中产生公共福利——引自曼德维尔[15]的说法。这种思考方式与商业社会的出现是同步的，人们意欲以此指出商业社会简单且强有力的来源。不过，维柯这里的论题涉及社会政治变迁的另一个极端，它的诸开端，与预设了平等且知晓同情的商业社会相隔甚远。当曼德维尔说到“私人罪恶”之际，他心中所想的只是寻求舒适、奢华及虚饰浮夸的趣味，还有愉悦和诱惑的欲望——简言之，是所有这些嗜好，它们通过诱导消费，以滋养经济体系，维持社会引擎。维柯在这里说到了“如此悲惨的、丑恶的、残酷的私人罪恶”之“不可容忍的骄傲”、“严重的贪欲”、“无情的残酷”。毫无疑问，我们与任何的无私和全部的公民美

14 Ibid., par. 38, 23-24.

15 即英国古典经济学家伯纳德·曼德维尔（1670—1733），他在《蜜蜂的寓言》一书中提出了这个著名的“曼德维尔悖论”。——译者注

德遥不可及。与此同时，他又告知我们“保卫祖国时的那么多的英雄行动”。看起来，维柯暗示了元老们的私人利益与公共利益的**同一**，后者包括了对其暗含着的共同内容的献身，此一等同是基于如下事实成为可能的：元老们还是那时仅有的公民。这个谜题的锁钥，或许存在于那“极高度的专横”中，维柯说那是“野蛮时代所特有的”。难道不可以认为，那与“对家族实行某种私人独裁统治”无法分离的极高度的专横，在对祖国（不管它依然多么有局限）的无疑令人振奋的发现中，找到了一种延伸、一种扩充，以及一种绝非“道德”意义上的矫正？共同事物开始出现，尽管它是狭隘的，不过这种狭隘是它诞生的条件，它在某种程度上激发了自私的荣耀，正如风箱使得火燃烧得更为猛烈。

这是我对维柯迷人篇章提出的阐释。这一篇章是对某个问题的一流贡献，现代政治哲学家们还不曾停止对这一问题的思考，而它在十八世纪变成了一种执迷：如何阐释城邦中的希腊人和共和国中的罗马人那非同寻常的公民献身或者看似如此的东西？

在这里，将孟德斯鸠和卢梭的见解与维柯的建议相比较是值得的，可以说，此二人确定了现代关于古代城邦生活的阐释在其间摆动的两极。

孟德斯鸠所谓的公民德性

让我们从孟德斯鸠的这一文本开始，我之前曾在其他地方讨论过[16]："对祖国的爱导致风俗的纯良，风俗的纯良又导致对祖国的爱。我们越不能使我们的特殊感情获得满足，则我们便越能为普遍的感情去牺牲自己。为什么修道士会那样热爱他们的修道会呢？修道会使修道士难以忍受的地方，正是修道士所以爱修道会的原因。他们的教规禁止所有满足普通感情的事物，所以只剩下唯一的一种感情去爱那个给他们以痛楚的教规。这个教规越严厉，也就是说，越压制他们的嗜欲，则他们对教规所留给他们的感情便越强烈。"[17]

这令人吃惊的文本，包含了一种心理学的解释，不仅是对古代城邦的，而且是对基督教的，或许还是对道德本身的。这种解释完全依赖于特殊感情和普遍感情之间的，也就是特殊与普遍之间的对立，因为感情在这里是"共同因素"。在人的灵魂中，可以说存在着"固定数量"的感情，它们能够进一步呈现出不同，甚至相反的性质或趋向。这些性质和趋向并不具有同等的位置。孟德斯鸠的研究假定了原始的或"普通的"感情是"我们的特殊感情"，人们或许可以恰当地称其为"自然的"。普遍的感情可以说是对特殊的或"普通的"感情之"非同寻常的"修正。然而，孟德斯鸠思想的无畏，甚至傲慢，更

16 Pierre Manent, *The City of Man*, trans. Marc A. LePain (Princeton, NJ: Princeton University Press, 1998), 22-23.

17 Montesquieu, *The Spirit of the Laws*, trans. Anne M. Cohler, Basia Carolyn Miller, and Harold Samuel Stone (Cambridge: Cambridge University Press, 1989), 5.2, 42-43.[参看《论法的精神》(上)，张雁深译，商务印书馆，1997年，第41页。]

确切地存在于这一事实中：这一修正——它看起来是本质的、彻底的、定性的，因为它使得我们从特殊的感情过渡到普遍的感情，从自私的、利己的而且经常是有罪的感情，过渡到大体上是道德的感情——源自感情动力（energy）的纯粹替换：减去的特殊感情越多，添加到普遍感情中的就越多。事实上，正是凭借着减去了特殊感情的数量，普遍感情才得以产生，“在所有的国家中热爱道德”之人为其冠以“德性”之名。

孟德斯鸠在公民德性和修道士教规之间的类比，无疑是引人注目的。让我们暂时略去这些字行中包含着的精妙的反宗教隽语。这个类比意味着，那些践行宗教或公民德性之人的意图或意旨，无论如何都不曾决定其灵魂的实际性情：无论他们旨在上帝、神圣律令，还是城邦、公共事物，实际上无关紧要，因为在两种情形下，发挥作用的都是同样的感情机制或系统。如果灵魂有意识所意旨的或者其所“向往的”，对其现实生活没有影响，而是相反，如果其所意旨的，或者意旨的信念，是其内在机制或体系的效果，那么这灵魂就是封闭的灵魂；可以说它只是内在地发挥作用。

于是，修道士类比就具备了数学上的最大值的价值：如果遵行上帝这一“至高”存在（the “greatest” Being）的律令是灵魂的感情内在机制的效果，那么同样认为遵从城邦法律是此类效果，就变得非常合理了。

我将孟德斯鸠的这些辞句形容为反宗教的隽语。的确，对界定了修道士生活之神圣律令的爱的服从，在这里被简化为灵魂的一种内在机制，在其演变中，灵魂除了自身就没有其他目标——灵魂是没有目标的。同时，这几句话可以被读作奥古斯丁式心理学的反宗教版本。对奥古斯丁来说，灵魂的根本性情，它的驱动、引力、重量是爱——一种能力，也是一种爱的意志。“Amor meus pondus meum.”[18]孟德斯鸠在这里向我们解释说，当我们不能爱为我们提供欢乐的东西时——当我们不能满足我们特殊的感情时，我们就爱使得我们受难的东西；比如那种法律，它夺去给予我们欢乐的东西。这一推理包含的大前提是，我们不能终止我们自己的爱，我们宁愿爱给予我们痛苦的东西，而不是什么都不爱。

人们还可能补充说，这反宗教的隽语包含着进一步的反讽。对马基雅维利这位最早的现代政治思想家而言，古代城邦男子气概的德性有利于反对基督教“女里女气的”德性。现在，很多方面身处马基雅维利传统中的孟德斯鸠，在这里将公民德性与修道士德性同化了，将古代公民生活与修道士生活同化了，而对基督教世界的这一方面，马基雅维利式政治是感到极为厌恶的。人们可能疑惑，孟德斯鸠本人在什么程度上察觉到了如下说法中间的反讽：曾经被视作最具男子气概的生活，现在混同为总被认作最女里女气的生活。当灵魂重新被定义为某种封闭之物以及对自身的服从并且这种定义发挥影响力时，古代世界与基督教世界的政治和道德对立必然消退了。

我还没有提到孟德斯鸠的分析的有效性问题。对于今日如此熟悉挫败和升华心理学的我们来说，它无疑是合理的。不过，如果说它在

18 “我的重量即是我的爱。”Augustine, *Confessions*, trans. Maria Boulding (New York: Random House, 1998), 13.9, 310.

城邦或者教会确立（即普遍法律确定和颁布）之后似乎是合理的，那么在维柯思考的处境中来看待它的话，它的合理性就差多了，那时共同或者普遍尚未建立，只有特有或特殊。在只有特殊的处境中，普遍事物如何能够诞生呢？

在政治上，孟德斯鸠的意图是使得古代城邦疏远并外在于我们，使得它令人反感，正如修道士的生活在其启蒙时代的同代人眼中令人反感，以便为现代自由开辟路径。卢梭的意图看起来是极端相反的，因为他拿依然令人钦佩的古代德性与现代腐化相对比。

卢梭所谓的公民德性

卢梭如何界定他乐意称为“爱国主义”或“爱国”的公民德性呢？让我们思考这样一部作品，它比其他作品较少得到关注，却包含着对爱国最直接且最完整的分析，即《论政治经济学》。

卢梭提出的公民德性概念，似乎与孟德斯鸠从其对古代城邦的分析中提炼出的非常近似。我引述卢梭的话：“你想要普遍意志得到实现吗？使一切私人意志与它相协调，简言之，确定德性的统治地位，因为德性不过就是私人意志与普遍意志的这种协调。”[19]

唯一重要的区别看起来是，在孟德斯鸠谈论“感情”的地方，卢

19 Jean-Jacques Rousseau, *Discourse on Political Economy*, in *The Basic Political Writings*, trans. Donald A. Cress (Indianapolis: Hackett, 1987), 119. [参看《论政治经济学》，王运成译，商务印书馆，1962年，第13页。]

梭谈论“意志”。几行之后，我们看到这种区别消退并且不见了：“确定无疑的是，德性的最伟大奇迹由爱国产生。在将自爱的力量与德性全部的美的结合中，这种甜蜜而活跃的情感得到了一种能力，使得自身成为所有情感中最英勇的一种，而无损于自身的外貌。”[20]

我们顺带指出，对卢梭而言，正如对维柯，某种“英雄”视野之外的公民生活并非可理解的。那么，卢梭如何分析“所有情感中最英勇的一种”的功能呢？在几页之后，他解释了必须做什么来点燃公民心中的这种感情：

> 一个没有感情的人一定是一个坏公民。但是，也必须承认，即便不能教导人不爱某些东西，但有可能让他们学着爱这个胜于那个，爱真正美好的胜于残缺不全的。举一个例子，如果他们自幼习于认为他们的个性只是在个性对国家整体的关系之中，并且觉得他们自己的存在只是国家存在的一部分，那么他们最后就会在某些程度上把自己和这一较大的整体视为一体，觉得自己是国家的成员，以微妙的情感——这种情感是孤独的人只对他自己才有的——热爱它，提升自己的灵魂永远向着这个伟大的目标，从而把我们全部恶习所由来的这种危险的性情转变为高尚的德性。[21]

20 Ibid., 121.［前引书，第16页。］

21 Ibid., 124-125.［前引书，第21页。］

这一段文字和我们不久之前读到的孟德斯鸠的文字一样引人入胜。它以同样激进的方式处理同样的主题：人的感情如何变成了公民德性？确然无疑的是，卢梭引入了孟德斯鸠未提及的一个因素：“什么是真正美好的东西。”

对照这两段文字让我们困惑不已。看上去卢梭的说法与孟德斯鸠既相同，又正相反。相同的是：公民德性源于对感情之平常算计（ordinary economy）的修正。相反的是：孟德斯鸠认为公民德性孕自个人感情的挫折、压制或否定，而卢梭勾勒的德性似乎是个人感情的顶峰，因为其构成在于特殊与普遍或个体与整体的认同。孟德斯鸠将爱国界定为“对于那使公民痛苦之规则的感情”，而卢梭将其比作“孤独的人只对他自己才有的微妙的情感”。对孟德斯鸠来说，爱国寓于一个人自身个体性的否决中，伴随某些痛苦的快乐，而对卢梭来说，它构成了一个人自身个体性情感的甜蜜成就。不过，这种对立更多是表面的而非本质的。它更多是在侧重上的差别，取决于自我之情感、一个人自己的情感是借由个人感情的否决而看上去提升了，还是借由认同城邦这更大的个体而看上去提升了。确实，卢梭这里谈到的认同中包含的教育不是预先假定了孟德斯鸠谈到的对于特有的压制吗？对此，卢梭本人在其他地方不是表达得更激烈吗？

孟德斯鸠和卢梭本质上共享了同样的心理学，在这种机械论心理学中，灵魂是同质的，完全被特有的爱所界定，而共同的或者毋宁说普遍的爱，只能作为对特有的或特殊的爱之修正而产生，后者仅仅是自然的。我简单地提到了一个在卢梭那里出现，甚至是被他所强调，而在孟德斯鸠那里找不到的因素：立法的目标是教会人民爱“真正美好的胜于残缺不全的”。“美好的”在这里并非我们称为美学的东西。卢梭在稍后描绘了它，他谈到了“较大的整体”、“伟大的目标”，对它的爱界定了“高尚的德性”。那么“美好的”就是这“伟大的目标”——当然是城邦——对它的爱扩展且提升了灵魂。灵魂的本性并未改变；它永远是利己的爱；但改变的是它的数量、它的外延以及卢梭立即要说到的它的“方向”。由此，“我们全部恶习所由来的这种危险的性情”被“转变为高尚的德性”。

卢梭在这里非常明确地遵循我们正在谈论的同质灵魂的机械论心理学。然而，他描述的机械论转变——外延、方向——导致了他所强调和颂扬的定性特征的转变。那并非恶习转变为德性；被转变的是一种“性情”，本身是中性的，却是“危险的”，因为“我们所有恶习”都源自它。灵魂总是利己的，但其目标或多或少是有趣的。缩减至自身、至其私人利益，它就变得无可抵御地邪恶。对大于自身者感兴趣，它某种程度上变得比自身更大，而且具有“高尚的德性”。如果这是可能的，它会克服其利己的本性。

卢梭以此种方式重新发现了灵魂的某些可能性，这是现代人谴责且否认的，他们组织自身的方式不可能是这些可能性得以展现的方式。现代社会与“英国心理学”彼此隶属：商业、平等社会与利己、自负心理学彼此隶属。它们一起制造并且表达了一种偏见，那在卢梭看来对于人的幸福和德性二者皆是致命的。这种偏见是什么呢？依据这种偏见，生存对每个人而言就是比照自己，卢梭将拥有这种偏见的人称为“布尔乔亚”，阿兰·布鲁姆将其描述为这样的人：在涉及别人时，他只想到自己，而在涉及自身时，只想到别人。布尔乔亚生活在自己与他人的撕扯中。卢梭主张人们能够避免这种居间存在（in-between）；人们可以生活在自身之中无须想到别人；人们可以与他人生活在城邦中无须想到自己。他最大程度地重新发现了灵魂的可能性，以及由此而来的灵魂能够承受的最大程度转变。他重新提出了灵魂的形式和维度——外延、高度或恢宏——问题。

由此，卢梭通过如下双重的可能认同界定了我们灵魂的本性和广度：与自我的认同和与整体的认同。我们明白这双重认同得以可能是基于灵魂的弹性，基于其固有的某种能力：一方面限定自我，另一方面扩展自我。不过，人们如何能够防止这两类认同变得抵触或者相互阻碍，进而使得我们重新陷入居间的布尔乔亚生存呢？

实现这一奇迹的是法律，不过是以一种新颖的方式理解的法律。把城邦中的公民、整体中的个体融为一体，一直都是法律角色和功能的核心部分。卢梭不得不寻求法律的更多内容：它必须结合，甚至融合灵魂的两个极端，亦即认同自我和认同整体的两个极端可能性。由此，他不得不改变并且是彻底地改变法律的意义和定义。为了让自我的生存与整体的生存成为同一之事，如下情形是必要的，也是充分的：整体的法律与自我的法律契合一致，服从整体的法律同时就是我服从自我。我服从自我赋予的法律，服从自身，卢梭将其等同为自由。为了解决他凭借扩展灵魂的能力重新发现或提出的史无前例的问题，卢梭着手重新定义了法律，它变成了人们自我赋予的一种法律，自我发布给自我的一种命令。因此，将本质上开放的灵魂——可以说，这是他从英国心理学中拿回的——封闭在自我的命令与服从自我之间。因此，他用一种完全被决定的、仿佛可估量的自我之间的联系，替换了那扩展了的灵魂的双重联系（与自我的和与整体的），替换了开放灵魂无可估量的角度。于是，看起来卢梭重新发现的灵魂之“英雄”维度的所有好处丧失殆尽。

然而，看起来在实践中，法律并非每个人的成果，不是所有人的，也不是整体的，而是“立法者”的，而他在城邦之外，并且只服从其“伟大的灵魂”，人们可能认为，那“伟大的灵魂”使得立法者渴望并且能够去教导人民——这些人是立法者为公民生活而塑造的——要“爱这个胜于那个，爱真正美好的胜于残缺不全的”，并且由此“在某些程度上把自己和这一较大的整体视为一体”，那就是国家。这样，对自我的服从寄托于整体对外在立法者的服从；最内在的融洽源自最外在的依赖。这里发生了什么？为什么卢梭在重新发现了灵魂的扩展之后，不仅将其简化为作为自由的服从自我，而且把这种自由简化为对立法者的盲目服从？所有这些步骤——它们在其他方面是才华横溢的，以至于对它们的分析已经引发了无数的评论——的目的是为了掩饰和禁绝那条唯一的路径，这条路径会让卢梭以一种连贯的方式来解释他对灵魂扩展的重新发现，那要考虑个人与全部（或整体）之间的“数人”。可以说，《社会契约论》的所有困难都源自卢梭在这部著作中刻意且根本地把“数人”排除在外。

卢梭知道他在做什么。按照体裁归属来说，《社会契约论》更像是一个法学家或一个公法理论家的作品，而不是一位政治哲学家的。作为一位公权理论家，卢梭有足够的理由将数人排除在他的思考之外：他希望推动的政治法律(political law)是平等的法律。[22]另一方面，他作为一位政治学家，尤其是在他自己称为“最哲学的”著作《第二论》中，不仅在政治机体的构造方面，还在其定义方面都赋予“数人”一种关键的、核心的角色。他如何设法隐藏或掩盖这两种路径的矛盾呢？通过声嘶力竭地叫喊。通过辱骂这些他称呼的“富人”，他粉饰了如下令人厌烦的事实，即我刚才说过的：他赋予这些富人关键的、核心的角色。

让我们借助于一些引文迅速前行。首先，对于富人的尖锐叱责：“富人这一方刚刚尝到支配别人的甜头，马上就无视其他一切乐趣了，要利用手中已有的奴隶来获得更多的奴隶，一心想征服和奴役邻人。就像那贪婪成性的狼，尝了一次人肉之后，除了人肉就什么都不想吃了。”[23]

然而，事实上卢梭对前政治阶段的描述要比这些话所暗示的中立很多。让我们读一读紧随其后的内容：“就这样，最强者把他们的势力当作占有他人财产的权利，而最不幸的人也把他们的贫困当作这种权利，按照他们的说法，这种权利与所有权相当。平等被打破了，接下来就是最可怕的混乱。富人们巧取豪夺，穷人们盗窃抢劫，所有人恣情纵欲，窒息了人天然的怜悯，压抑了还很微弱的正义的呼声，使

22　除此之外，在欧洲，有效的公法留给少数人的空间越来越少。所有人都享有成为君主之臣民的相同政治处境。

23　Jean-Jacques Rousseau, *Discourse on the Origins and Foundation of Inequality among Men*, in *The First and Second Discourses*, trans. Roger D. Masters and Judith R. Masters (New York: St. Martin's, 1969), 157. [参看卢梭《论人类不平等的起源和基础》，高煜译，广西师范大学出版社，2002年，第118—119页。]

得人们变得贪得无厌、野心勃勃、邪恶歹毒。强者的权利与先占者的权利之间不断爆发冲突，只有靠流血斗争来解决。刚刚形成的社会状态变成了最可怕的战争状态。”[24]

在人的群聚这一阶段——它先于且决定着政治生活的成形——秩序，毋宁说是混乱，不过算是一种秩序，因为它将会提供政治秩序的内核，也即政治秩序形成自身所围绕的支配之中枢——屈从。卢梭的修辞，就像我们比较细腻的感情一样，绝不能使我们无视这一事实，即在这一表达中，相互对立的两个群体同样被剥夺了正统性或者合法性，或者道德证成，正如人们会说的那样。与富人的“巧取豪夺”对应的是穷人的“盗窃抢劫”。与最初的“强者的权利”(这不是权利)对应存在着第二位的“先占者的权利”，后者简单地说，不过是弱化版的强者权利。卢梭没有留给我们任何疑问：在“所有人”都是“恣情纵欲”之牺牲品的战争状态中，没有人，无论富人还是穷人，处于其权利范围之内；正义跟两方都不沾边。

看起来卢梭提到的这“可怕的战争状态”应该会毁掉这些群聚的开端，确然无疑阻止人群有机会走向社会生活，自身型变为政治体。相反的情形出现了。邪恶之严重性、处境的紧急致使他们“最终”寻求治疗，无论如何都要寻求某种治疗。[25]不，“治疗”这个术语确然无疑地不合适，因为邪恶的根源不会被清除，而是相反，可以说保留了下来。只是症状减轻了，与此同时被掩饰且变得稳定。病人会保留生

24 Ibid.[前引书，第119页。]

25 “最终”这个术语重复了两遍。

命，并没有认真对待他的病情，而是相反，通过圣化它，亦即将其制度化为政治正义或法律，从而巩固它。怎么会这样？人们如何构想这完全是政治生活诞生的过程？

理性在这一过程中扮演了关键角色，这种理性被认为是对人们在其中发现自己的“处境”的“反思”。这里，卢梭并不满足于说，正如亚里士多德曾说的，人是一种“理性动物”，因此能够“辨明有利的和有害的，以及因此同样是合乎正义的和不合正义的”。[26]（霍布斯在其他地方都是亚里士多德的批评者，在这一点上却分享了他的视角：公民生活产生于人之理性官能的作用。霍布斯和亚里士多德一样，把这种官能归于一般的人，或者作为物种的人。）[27]理性很可能是一般的人的官能；但其现实化、其实际的践行，首先是某一特殊群体的行为，就是“数人”，或者用卢梭的语言来说，是“富人”。

在更为确切地透视卢梭心中所想之前，并且为了帮助我们克服或战胜新激起的对这种意见（事实上是断言）——即公民理性简单地说就是富人的创造——的愤愤不平，我们需要衡量例如霍布斯留给我们面对的困难。与霍布斯对自然状态的描绘希望产生的效果相反，所有人分享了同样的状况并且发现自己身处战争状态这一事实，使得脱离这种状态更加困难而不是更容易。无可否认，每个人、所有人都同等地有志于脱离它；但是每个人、所有人都会同等地发现自己所处的处境，必然在他们中间导致扩大和加重战争状态的行动。谁会有这样

26　Aristotle, *Politics*, 1253a14-15, 37.

27　参看 Hobbes, *Leviathan*, ed. Michael Oakeshott (New York: Collier, 1962), ch. 13。

的聪慧或者勇敢：能超越自身的处境去构想，去向不幸的同伴（即他们的敌人）建言霍布斯称为“合宜的和平条款”（convenient articles of peace）呢？

因此，卢梭并没有使得政治理性、正义或法律源自对一普遍处境的普遍反思，源自对一堪称所有人灾难的处境的逐步扩展的意识，而是使其产生自对一普遍灾难处境内的特殊处境的特殊反思。理性和某种特殊或偏爱之间悖论性地有了一种原初的关联，鉴于理性是反思，亦即在某种程度上总是朝向自我的复返。如此一种复返预设了、然后巩固并且圣化了这样一种自我的存在，因此，公共理性诞生之际就预设了一个特殊的群体提前存在，这个群体的特殊处境使其与其他所有群体区隔开来，一个其处境更成问题的群体。这个群体就是富人。

什么是富人所特有的？当然，正是这一事实：他们是富裕的。现在，这意味着他们悖论性地比其他人更脆弱。他们比其他人更多地暴露在这样一种处境下，其中“丧失生命的危险对于所有人都是共同的，而丧失财货的危险唯独他们有”。[28]几页之后，卢梭让我们意识到了富人源自其特有的脆弱性而来的特别感受力：“富人可以说在其所拥有的一切方面都是脆弱的，伤害他们也容易得多。”[29]简言之，它是一个外露（surface）问题。就像拥有较大风帆的较大船只一样，富人不是更多地外露于命运的风暴之下吗？他们暴露更多，因为他们延展更大。

28 Rousseau, *Discourse on the Origins and Foundation of Inequality*, 158.［《论人类不平等的起源和基础》，第120页。］

29 Ibid., 162.［前引书，第123页。］

由此，富人之延展更大的存在对于政治理性的诞生就是关键性的。城邦的奥秘完全曝光了：这些显然是最强者的人，同时且正是基于这一理由，乃是最弱者——其力量的反面。他们有着迫切的需要来利用其他人的力量，将其转化为他们的优势。我们现在理解了，卢梭为什么在《第二论》的第二个序言中能够以如下术语来呈现这部著作的目的："那么，这篇论文的主题究竟是什么呢？确定在事物发展进程中，权利接替暴力、本性服从法律是什么时候发生的；并说明强者决定帮助弱者缘于哪些奇迹而来。"[30]穷人当然不算强，只是因为他们被剥夺了财货，他们自身就是他们全部的存在了，不像富人，他们的财货可以说赋予他们第二具身体，比第一具的延展更大，也因此更为脆弱。不过，富人又如何着手把穷人的力量转化成他们的优势呢？

乍看上去，它的确像是某一"奇迹"的结果。因为穷人的自然倾向是劫掠富人，穷人怎么可能转变为富人的护佑者呢？通过说服？但是富人怎能说服穷人，或甚至让他们聆听呢？的确，卢梭坚持这一主张：富人绝不可能证成他们的特殊处境、他们的特殊利益。他们能够提出的所有理由最终归结为他们是更强者。然而，他们并非更强者，因为他们正在寻求帮助。无论如何，威势（might）并不造就权利。

卢梭展示了他是多么彻底地把证成特殊利益的所有理由简化为这样或那样版本的更强者权利。甚至在几页前被称为财产观念之起源的"劳动"，现在也消解在这样的术语中："我们没叫你做这些事情，你

30 Ibid., 102. [前引书，第69页。]

凭什么要我们付报酬?”[31]正如人们可见，卢梭在这里将洛克赞成“勤勉者和理性人”的权利、反对“吵吵嚷嚷者”的权利的论证颠倒了。总而言之，他支持后者，因为在他看来，没有权利可以完全基于此一权利的受益者是谁或做了什么。正如他习惯所做的那样，卢梭赋予他的理念一极端的表达:“难道你不知道……必须经过人类一致而明确的同意，你才能占有比你所需更多的公共生活必需品吗?”[32]人们可以更为冷静地将此表述为：没有什么特殊理由能够是真正有效的，除非它得到了普遍或公共理由的支持或涵盖。在这一意义上，并且以一种意料之外的方式，卢梭决然地断言了人最初的分散以及人的理性的虚饰特征，同时又重现发现了共同理由的必要及显赫的尊贵。我们每一个人缺乏力量，也缺乏理性。每个人都需要公共力量和共同理由来加强和证成。

那时的富人沉迷于“统治的乐趣”，以同样的步调不停歇地囤积财货，扩展他们统治的以及相应的弱点的“外露面”。我将“富人”作为复数提及是错误的。他们并未形成一个平等者的统一群体，倾向于联合其力量反对“穷人的盗窃抢夺”。他们“彼此的嫉妒”阻止他们这样做。是富裕的个人、单独的主体，而非作为一个群体的富人，才是对于此等“处境”作出此般“关键”反思的创始者。“刚刚浮现的社会”不可抑止地趋于“战争状态”，其间每个人被迫首先考虑自己，其间社会群体尚不存在。因为社会尚不存在，在这个时期还能是

31 Ibid., 158.［前引书，第120页。］

32 Ibid.［见前引。］

其他情形吗？当整体不存在时部分如何存在？关键的反思最终出现在富人的脑海中，是在他明白自己“一个人要对付所有人”的时候：“富人为形势所迫，最终还是想出了一个人类头脑中前所未有的绝妙主意，这就是收买那些攻击他的人作为他自己的力量，把对手变成自己的保卫者，向他们灌输不同的准则，而且自然权利对他怎样不利，他就怎样给他们制定对他自己有利的新法规。”[33]从来不曾有富人的某个支持者像卢梭在这里一样，赋予富人如此显著的、响亮的赞誉。

不过，当我们继续阅读时，很快就会问自己，富人的这一步骤是否真是卢梭引导我们设想的剥削。事实上，在以直接引语的方式，勾勒了可算是富人令人称奇的说服性言辞之后，卢梭补充说：

> 说服那些头脑简单、容易被蒙蔽的人，根本不需要费这么多口舌，况且他们内部纠缠不清的问题太多，没有仲裁人就无法解决，而且他们的贪心和野心又太大，不能长期没有主子来管教。于是人人都争先恐后地去迎接自己的镣铐，相信它能保证他们自由，因为他们的智力只能感受到政治制度的好处，却没有足够的经验预见到它的危险性。最能预感到这些危险的人恰恰就是打算从中牟利的人，而且就连贤者也认为，为了保住一部分自由，必须牺牲另一部分自由，就像一个受伤的人砍去胳臂来保住身体其他部分一样。[34]

33 Ibid., 158-159.［前引书，第120页。］
34 Ibid.［前引书，第121页。］

因此，初看上去作为富人引人注目的首创，即单枪匹马实现说服的杰出行为，现在展现为某种全体一致的异口同声，穷人是如此容易地被说服迎接自己的锁链。必须同时牢记表面上相悖的两个方面。半社会化的人，或者更确切些，束缚在统治和屈从之网结中的人，所受到的那种无可抵御的拖拽，在卢梭以此等庄严术语描述的伟大的反思行动中，得到了澄清和解决。自反性的理性出现的同时，刚刚形成的社会凭借着自身的封闭而成形，并且变成了一个严格意义的政治联合。同样，对卢梭来说，人在变成理性的同时，也变成了政治的。这双重性的、独一无二的转变发生之际，那依然粗野且还是依赖性的人转向并将其力量汇合于那些数人，后者作为他们的存在的扩展结果，被引导着去想象一种更大的扩展，不仅涵盖他们自己和他们的财货，而且涵盖他们和其他人、富人和穷人、数人和多人，简言之，这种扩展第一次涵盖并且界定了一个整体，也就是一个城邦。在卢梭看来，城邦永远不会完全摆脱其诞生之际的偏颇。城邦源自一种对其加以遮掩且不停依赖其而存活的社会统治（social domination）。共同性，不过是由反思造就的自我的扩展，如何能够完全脱离自我的偏颇呢？

政治制度和社会统治

卢梭提出的城邦之起源与维柯提出的既非常接近，又相距甚远。非常接近是因为，对于两位作者而言，城邦都自数人中诞生，而由多人加入。相距甚远，显然是因为维柯赋予“君主”统一体以关键角色，这个统一体由“父主”或元老代表，此人较其他人更为凶猛和决绝，并且有能力领导其同伴勇敢正视 famoli。为什么卢梭没有为这种“君主”人物留下任何空间？如我们所见，他提到了那“彼此的嫉妒”，这阻止富人联合起来，服从他们中间的一个人的权威。无疑这一类现象在政治和社会历史的记述中汗牛充栋，并非卢梭的创见。不过，如果卢梭没有设想这种“君主”的可能性，那更一般地是因为“政治数量”——不仅是一人，还有数人和多人——在他的政治分析中没有实质意义，由此不曾扮演一种关键的动因角色。如我们刚才所见，富人自身，在政治社会起源之际，只是作为富裕的个体在行动，而不是一个群体或一个阶级。其引发的关键反思是个体的反思，他的财货产生了其自身身体的延伸，这随之引起了不断增长的脆弱性。“人类头脑中出现过的最深思熟虑的规划”起于富人**个体**的境况和反思。

让城邦自个体统治中出现可能显得做作。不过，卢梭可以回应道，人们不能说富人在尚没有社会的时候，就共享着一种类似的社会或政治地位。在塑造城邦以保护富人的个体统治，亦即将其转变为社会统治之后，他们会拥有同样的地位，他们会拥有共同的东西。卢梭对此的思考要比马克思的更为精致。后者使得政治权力成为社会统治的表达或工具。对卢梭而言，这仅仅是一半的真相，因为反过来也同样是真实的：社会统治是政治制度的结果和作用，同样地或者更多地，也是其原因。

然而，即使政治制度是原因，同样地或更多地也是结果，它本质上与社会统治相关联，不可能真的让自己与它相脱离。[35]因此，城邦的开端包含着自身全部的历史，包含着自身的目的。由于城邦的要旨（point）是将统治结晶化，它的历史就是不断恶化的统治的历史。富人具有富人的感情，因此也具有富人的想法。穷人具有穷人的感情，因此也具有穷人的想法。这两个群体的此类性情没有其他的未来，只是成长得更强大、越来越恶劣，并且变得愤怒，直到“极度的不平等”出现为止。[36]最终，卢梭描述的城邦没有严格意义的政治历史。我们需要在这里暂时停下来。

让我们重新思考城邦的起点，那过分扩展并且由此特别脆弱的富人。为了建立政治机体——它可以保护自身危险暴露的身体——富人求助于穷人。卢梭让我们聆听富人的言辞，可以说通过这样的言辞，富人包容了穷人，并且使得穷人转而有助于他自己，并且由此重新获得他自身的存在。富人的言辞保护了他扩展的、脆弱的存在。不过那言辞是什么？

如我们所见，卢梭连续不断地且无动于衷地展示了它，似乎极具说服力，又似乎没有任何说服的需要，似乎做了所有的事情，又似乎可以说什么都没做。他那极为出色、有启发性、有说服力的描述，存

35　参看 Rousseau, *Emile,* trans. Allan Bloom (New York: Basic Books, 1979), book 4, 236n：“所有一切国家的法律的普遍精神，都是袒护强者欺凌弱者，袒护富人欺凌穷人。这个缺点是不可避免的，而且是没有例外的。”也可参看 Rousseau, *The Social Contract*, trans. Judith R. Masters (New York: St. Martin’s, 1978), 1.9, 58n：“事实上，法律总是有利于享有财富的人，而有害于一无所有的人；由此可见，唯有当人人都有一些东西而又没有人能有过多的东西的时候，社会状态才会对人类有益。”

36　Rousseau, *Discourse on the Origins and Foundation of Inequality,* 72.

在着明显的断裂层。这一言辞，他认为是关键性的言辞，真的是一种言辞吗？一种旨在说服的言辞**提出**（advances）论据和理由。在思考名词前，我着力强调动词。发音含糊的哭喊是纯粹表达性的，由此并非真正与哭喊之人相分离。与此不同，发音清晰的语言、言辞，将其自身与说出它的人分离开来。即使在寻求表达最个人甚至最利己的想法——如果他乐意——时，演说者传递给他的听众的某些内容也会逃离他，而听众即刻就会对这些内容有影响力。言辞不止暴露在一种意义中。这是为什么公开言说非常困难的原因。每个人面对公众都是"胆怯的"，因为每个人天生害怕让自己成为目标。论辩打开了一个空间，对此论辩者无法掌控。演说将某人从自我中拖拽出来，而当人外在于自我时，他是暴露的、受到威胁的。

无论如何，这些初步性的评论足以确定，富人的言辞以另外一种方式将自己暴露，尽管在开始之际完全意在保护他，哪怕它首先达成了其想要的结果。他已然走进论辩的领域，对此他无法掌控。如我所说，他外在于自身。他不再是中心。这深刻地修正了卢梭呈现给我们的人群几何学（human geometry）。富人凭借着将他等同于他的财产——较他自己的身体延展更大——的想象，停留在其存在的可感受到的平面中心。他只是缺乏力量保护它，他劝说穷人给予他那种力量。但是，卢梭忽视了这一事实：一旦富人开始说话，他必然改变了这种形势。因此，他的言辞，诚然开始于他的可感知存在的中心，却瞄准并且界定了另外的中心，那是被其说服力所打动的穷人聚集的地点。有人会说，这两个中心会合了，因为富人联合穷人的力量是有助于他自己并且为了他自己的。确实如此，不过正如卢梭自己阐释的假设性言辞所表明的，富人将穷人的注意力引向了这“至高权力”，其功能无疑是保护他，[37]但是那设想了一个共同点的形象，它与每一个体都是不同的，是普遍和谐的担保者。城邦具有其自身的中心，尽管可能有利于富人的利益，却与富人寻求将所有事情与之关联的认同中心是不同的。意图封闭统治圈子的言辞经常重新开启它。至少它必然总是有这种可能性。

我提出的对于卢梭的反对可以用如下方式来概述。让我们承认，作为所有者的富人，为了确保他的所有权，成了一位公民。公民身份不可能只是一个手段；它是对存在的新规定（determination）。让我们也承认，一旦他是一位公民，富人依然只考虑自己、他的财产、他的财货，但是他必须思考公民生活蕴含着的这种新延伸的存在。或许，他的灵魂与其自然倾向相反，向着某种可能性开放，那不可能随意地再次封闭。

恰是因为卢梭对有能力延展或扩展之灵魂的描述是如此令人信服，或者如此有说服力，他让我们更多地感知到了一则论断的局限，这个论断认为那更为延展的灵魂（公民的灵魂）是那较少扩展的灵魂（所有者的灵魂）的手段。换言之，他让我们觉察到了一则——他自己的——论断的局限，这则论断表明政治论辩——政治正义的论辩——完全或者最终是我们今天称为合理化（rationalizations）的东西。假设理性行为以合理化**开始**，其演变必然使它从这种开端中解放出来。如我们所见，公共言辞将言说者从自我中拖拽出来。每个人的言

37 Ibid., 159.

说当然是为保护他的利益，为自己辩护，为说明他的立场；但是，被自己的见解的正确性说服的每一个人，又是多么地没有说服力。那在他看来无法反驳的论据，被抛回给他的时候是令人迷惑的、自相矛盾的或者不道德的。他大体上与共享其境况和见解的人生活在一起，他努力避免遭遇其他人和他们令人无法接受的见解，但是，两方都不能改变他们共享同一城邦的事实。两方都只想获胜，但是不管愿不愿意，都会在他们中间出现一种关于政治正义的对话，尽管通常是肤浅的、令人不快的。他们大体上使用相同的术语和概念，即使开始不具有相同的含义和意图：功绩、平等、不平等、公正、不公，诸如此类。他们党派性的概念在沟通之后，足以建立一种公共布局（public layout），对于每个人都算是可理解的，而且最终比党派分子向自己承认的，要更易接受、更为“合理”。

在城邦中我们能够完全无私地思考吗？我不知道。我们甚至可以认为对于卢梭而言，否定的回答是非常合理的，如我曾说，富人有富人的感情，因此也有富人的想法，穷人有穷人的感情，因此也有穷人的想法。不过，双方都受到约束，因此能够一起生活，在某种程度上共享同样的城邦。如何？为什么？因为理性，尽管其平常的论据可能带有党派性，但比起最富裕的所有者的最为扩展的想象还要扩展。最为扩展的想象力在身体本身、在自我的情感、在人类个体存在的情感中有着自己的中心，而最不活跃的理性，被自我之需要、感情和情绪施以最大约束，包含着一个去中心化运动，趋向只有通过这一运动才存在的目的，正义或者公共善的目的。在这个意义上，成为一个公民与成为一个理性行动者携手并行。理性不能简化为合理化行为，基于同样的理由，公民身份不能简化为财产或者对财产的保护。

这些思考促使我们颠倒卢梭的路径。卢梭将公民辩论简化为更强者的权利与最初占有者的权利之间的前政治对抗，其间缺乏任何正义。让我们尝试重建其政治含义。它一直都是拥有（having）或者不拥有（not having）的事情、属于“富人”还是“穷人”的事情。不过，这两种可能性在城邦框架中的展开修正了其本性和含义。富人不满足于享有现在为他们牢牢掌握的财产，也不满足于品尝这样的快乐：宣称自己就是其不菲财货的合法占有者；他们的主张从其财产转到了要求独享城邦的治理。另一方面，穷人并不满足于提醒富人他们在城邦中占有且有权利占有一席之地，而且解释说，占有一席之地——作为公民——是参与城邦治理的必要且充分的条件。构成要素和卢梭所描述之处境中的相同，但是所有一切都改变了，因为整体改变了，或者毋宁是因为现在有了一个整体：城邦。人们完全可以说，社会统治依然是根本的事实，但是，这一事实的含义已经改变。在前政治状态下，“社会”处境是所有人类运动的原则和目标，而在城邦的公民状态下，它也是一类巨大且非常复杂的、前所未有的人类运动——为公民独有——的起点。城邦或者公共事物或共同善，是这些运动的对象和目标。

再一次，可以说卢梭忽视了这第二类运动。尽管对社会统治非常留意，甚至是不正常地敏感，他还是忽视了阶级斗争及其政治活力。对他而言，社会统治在开端和结束之际都存在，除了恶化之外没有任何发展。他不停地强调富人和穷人的现实，但并未向我们展示，这两个群体忙于并且被这样的运动——事关谁统治以及基于什么权威或权利统治的问题——所鼓动。而这一问题让人们从统治的重演（repetition of domination）中解放，使得他们走进政治历史、一个开放的历史。尽管最初是为他们自己、为了他们自身的利益，富人和穷人都想要统治，但参与谁统治这个问题的论辩将这两个群体从他们的社会本性中拖拽出来，让他们从事严格意义的政治冒险。为什么卢梭很少开启这种视角，或者为什么他甚至如此谨慎地将其排除在外呢？让我们阅读他在那个城邦——他自豪地自称为其公民——的框架中，关于这一点告诉了我们什么。

众所周知，《第二论》是以对“日内瓦共和国”及其执政官的长篇献词开始的。这是对同时期的日内瓦详细加以描述的作品之一，它将日内瓦视为一个完美的或者近乎完美的城邦。就在不久前，他出生的这个城市经历了数人与多人之间激烈甚至暴力的争执、混乱，对此卢梭当然心中了然。由此，这种对日内瓦的呼唤是一种期望的表达，而非现实的描绘。以一种对日内瓦人奉承的方式，卢梭通过勾勒在其中两方的合法要求都会得到满足的共和国的伟大特性，努力调和民主派与贵族派。总而言之，这一献词是这位将成为日内瓦的梭伦的“挽歌”。由此，卢梭全部的政治哲学作为一门实践科学，在这不多的几页中得以勾勒，从中我们可以足够清晰地了解他所理解的“被明智地调和的民主政府”。这样一种政体牢牢地铸就了数人和多人之间最严格的平等，凭借的是多人最充分地遵从作为合法执政官的数人，而执政官对于此类遵从相应地报以“某种感激”。此等非同寻常的社会效果的牢结（tight knot）在下面这句话中描绘得活灵活现：“我没有权利说，而且感谢上苍，我也不必说，具有此等品质的人能够得到你们的尊重：他们在教育上以及在自然的权利和出生的权利上都是与你们平等的；他们做你们的下属是出于他们的意愿，出于对你们的功绩的尊重，而这种尊重是你们的功绩应得的，也是他们所给予的，为此，你们自己也应对他们怀有一种感激之情。”[38]

这般的日内瓦共和国与《第二论》的初生城邦之间甚少相似之处。然而，这两个共同体都具有一项非常引人注目的特征：它们没有阶级斗争。在有德性的城邦，如同那生来腐化的城邦，都完全同意不平等——后者是富人的欺骗和穷人的恶行的结果，前者是源自富人的功绩和穷人的正义德性，但在两种情形下都完全同意。再一次，卢梭憎恶阶级斗争，人们禁不住要说他谴责阶级斗争，哪怕他将阶级统治放在了其视角的中心，哪怕这个“民主分子”宣示了寡头制的残酷法则。无可否认，当平民举事时，他们有权利这样做，但是随后他们就变成了煽动性的乌合之众；他们放任自己的愚昧、不正义和自负；他们开始模仿富人。人们可以说，正是凭借他们对富人的遵从——这时富人对这种遵从是受之有愧的——穷人才超越了自身的境况，才真正地超越了富人的境况。

总结这一点：尽管卢梭可以说执迷于不平等问题，但他不曾思考过阶级斗争本身。他在其中看到的只是由不平等引起的一种腐化模式，他对此尤其反感。让他感兴趣的不平等现象，他在《第二论》中研究的那种，是贯穿于一个在其他方面都类似的社会，所涉及的是个

38　Ibid., 87. 卢梭在这里特别针对贵族执政官而言。[《人类不平等的起源与基础》，第58页。]

体心理学的调停，而非阶级心理学的："如果我们再次深究下去，就很容易解释，甚至无须政府介入，个别的人一旦结合在同一社会中，彼此之间就不得不互相比较，并考虑从相互经常交往中发现的差别，人与人之间声望和权威上的不平等就不可避免。"[39]

卢梭没有思考或者他期望避免的现象是，每个阶级借以区分自身、确认自身、变得意识到自身并且为自身要求全部或部分政治权力的运动。无疑，这一运动是各类感情的结果和原因，对于这些感情，卢梭有着很好的根据想要避免它们。不过，灵魂的这些运动同样被理性的论辩所引发、增强并且最终修正，这些论辩是不同的阶级为支持其政治主张而提出的。

在卢梭描写的日内瓦，阶级融合的结系得很紧，以至于每个阶级都限定在一种愉悦的、在其中可以享受自身的静止状态。穷人的嫉妒心由他们对富人的敬重而排除；富人的鄙视由他们对穷人的感激而排除：离间的感情失去了养分，每个人都可以成为其所是，可以沉迷于生存的情绪而没有任何麻烦。但这并非事情发生的方式，包括在日内瓦，这一点卢梭心知肚明。理性动物不曾这般地听任自己心如止水。

39 Ibid., 174.［前引书，第133页。］

两类民主

由此，初生城邦的成员被分配、划分为两类：富人和穷人。前者的想象大大扩展了他们自己的身体，他们从存在的扩展中体验了某种自豪的满足；后者的想象被限制在身体的局限内，他们健全的肢体总是受到繁重劳作和贫困匮乏的戕害，衣衫褴褛、面带菜色，从其存在的限制中体验了屈辱、怨恨和愤怒的复杂混合。在富人逐渐意识到他们的公民身份之际，他们把自己视为并且想要成为富人城邦的成员——自然只有富人才是真正的公民；穷人把自己视为并且想要成为穷人城邦的成员——自然只有穷人才是真正的公民，因为富人能够买到在任何城邦的居留。不过，无论这两个群体的成员有多么自私和偏颇，不论他们的感情和事业多么植根于那标识性的想象——唯有我们的才是城邦——在他们之间必然出现对于城邦之界定的论辩。或者不管他们自身如何，他们会超出他们之所是。

富人不只想要保卫或增殖他们的财产。穷人不只想要攫取富人的财产或者将其瓜分。富人想要为城邦奠定基调，想要被承认为**一流**公民中的一员。穷人想要在城邦中分有一席之地，参与其中，像富人一样有权利发表见解，简言之，承认其作为一个公民的**尊严**。政治化的运动（借此，此人、彼人成为公民），将有产者和无产者之间近乎动物般的对抗（之所以是“动物般的”是因为肉体在其中扮演了重大角色），转变为“荣誉”或“尊严”的竞争。城邦在这一运动中缔造了自身，其间，贪婪演变为自豪。城邦在人的形式（human form）的发展中成形。在城邦中，人之形成自身，凭借的是展开并且推动其存在从身体向灵魂。

让我们更进一步审视城邦摆脱其所根植的社会统治的过程。首先，在必然是党派性的社会成员的眼中，使得某人有资格统治的乃是一种社会品质，一种“前政治的”品质，主要是财富或者自由出身。随后，当城邦出现时，我敢说，当polis变得更政治时，那使得某人有资格统治的越来越是一种严格的政治品质，亚里士多德恰当地将其称为**政治德性**。[40]这种从党派性主张向政治德性的变动在《政治学》第三卷中，以一种最为澄明同时又最精妙的方式得到阐述。让我们简要地思考第9章到第13章中论证的核心。

如我们所见，亚里士多德并非民主制的敌人，不过他与现代民主人士或共和主义者大为不同，后者过多地关注我们的道德，执着于我们的自我主义或者个人主义，并且以一种恳切的方式呼吁我们作出各种牺牲。亚里士多德更多地专注于我们理智的局限，而非我们意志的弱点或邪恶。（这是为什么阅读他让人平静清澄，又启蒙开智。）他认为，无论是富人还是穷人，我们的问题在于对自身的事务判断不当，而且双方“只是某种程度上说到了正义的一隅之见，却认为自己说的是纯粹的正义”。[41]每一党派性的正义论点都有其自身局限，亚里士多德无须竭力辩争就揭示了这一点。这里让我们感兴趣的是他们共享的局限，可说是双方共有的缺陷。他们张弓搭箭、力道十足（基于其是正确的信念），但都没有射中目标；他们都错过了靶子，因为箭手

---

40 参看 Aristotle, *Politics*, 1280b5, 1281a7。

41 Ibid., 1280a21-22, 98.

们瞄准的目标太近了。针对城邦的论点没有触及城邦。亚里士多德的批判非常简洁且非常有效。“批判”这个词近乎太过。亚里士多德并没有提出一种中立的理想来反对这些相异的党派性主张。他将自己限定在表明这些主张勾勒的城邦就不像城邦——并非指理想的城邦，而是那些在我们眼皮底下的城邦。是城邦本身、城邦的现象、“我们每日所看到的”东西（如孟德斯鸠将会说的），构成了对这些关于城邦的党派性论点的批判。

更准确地说，这些党派性论点蕴含且勾勒了这样的联合，其中共同事物的具备、**共性**（commonality）的程度，如果我可以说的话，是明显逊于城邦的。比如，寡头的城邦像一家股份公司：人们根据其出资来确定归属。它并非真是一个城邦。就民主分子的城邦而言，它更像是“一个联盟，为了防止任何人带给他们的悲惨不公”。[42]人们也可以称一处商业交换地区或婚配场所为一个“城邦”。在所有这些情形中，“城邦”的生活没有任何真正公民的（civic）内容。然而，城邦既然存在着，必须具备自己的生活。“政治生活” polis 的生活必须具有自己的内容。这内容是什么？我们晓得亚里士多德的答案：分享幸福（“to metechein eudaïmonias”）、经过了慎重选择的生活（“to zèn kata proaïresin”）或者为了高贵行动的生活（“tôn kalôn praxeôn charin”）。[43]

亚里士多德的这些断言在其政治著作之外，尤其是《尼各马可伦

42 Ibid., 1280a34-35，98.

43 Ibid., 1280a33-34, 1281a2-3.

理学》中得到了证成，无论如何得到了澄清。与此同时，我们禁不住会认为，亚里士多德在这里存在着跳跃。我们相信城邦有自己的生活，但是在说到这种生活的定义时，我们迷惑了：难道不是有多少城邦、至少多少类型的城邦，就有多少不同的政治生活吗？更合格的定义，看起来更合格的定义能够辨识城邦的类型，正如孟德斯鸠所说：

> 虽然一般地说，一切国家都有 个相同的目的，就是自保，但是每一个国家又各有其独特的目的。扩张是罗马的目的；战争是拉栖代孟的目的；宗教是犹太法律的目的；贸易是马赛的目的；太平（public tranquility）是中国法律的目的；航海是罗德人法律的目的；天然的自由是野蛮人施政的目的；一般说来，君主的欢乐是专制国家的目的；君主和国家的光荣，是君主国家的目的；每一个体的独立性是波兰法律的目的，而其结果则是对一切人的压迫。
>
> 世界上还有一个民族，它的政制的直接目的就是政治自由。[44]

而且，亚里士多德有着同样的暗示，在提醒城邦是“生活完备且自足的若干家庭和村坊的聚合”之后，他立刻补充说，“我们断言，这是去幸福且高贵地生活”。[45]“我们断言”可以指涉亚里士多德及其

44 Montesquieu, *The Spirit of the Laws*, 11.5, 156.［《论法的精神》(上)，第155页。］

45 Aristotle, *Politics*, 1281a1-2, 99(modified).

学派的特别学说，也指涉那时希腊语言的通行用法，在这里的情形中，eudaimonïa（幸福）和 kalon（高贵）对我们而言变成了严格说来无法翻译的词语，这些词只有在希腊人的嘴里、对于希腊人的耳朵才有其充分的含义。由此，想要一般化或普遍化亚里士多德的论点是不适宜的。然而，这些保留和疑问（需要记在心中），绝不会妨碍我们更准确地思考亚里士多德答案中的因素，即“慎重选择”、“幸福”和“高贵行动”，我们仍然至少可以尝试着恰如其分地把握它们，而非将其一般化。

对于“慎重选择”，我们原则上没有困难，即使我们必然不会如亚里士多德那样理解它。我们身处熟悉的环境中，我们渴求一个理性的社会，我们努力以理性行动者的模式来理解个体或集体的生活。理性行动者、理性构造的社会当然预设了自治和公民生活。在所有这些点上，我们毫不含糊地赞同亚里士多德。然而，人们决不能忽视一则重要的不同之处。对于亚里士多德，慎重选择在政治生活中寻找到了其最恰当的框架。那么，在何种意义上政治生活是比经济生活更为“智性抉择的”（proairetic）？我们毋宁会认为正相反，我们经常要求国家的治理，不，是“管理，就像商业一样”，这意味着商业领袖依照理性行动，而政治家被感情、意识形态或者只是被重新当选的紧迫愿望所驱使。然而，甚至无须深入主题，起码也不难辩明为什么亚里士多德在政治生活中看到了 proaïresis 之最卓越框架的几条理由。简言之，这里的利害关系比其他任何领域都要巨大，因为它们关涉整体，整体的生与死。在一桩生意的失败和一个国家的消亡、毁灭之间，存在着质的区别。因此，正是在政治生活中，行动的范围是最大的，而“慎重选择”也遭遇了最折磨人的不确定。行动的范围如此之大，“慎重选择”是如此不确定，以至于公民从未停止裂变为对立面，甚至是敌对方。或许，当我们要求国家的治理“就像商业一样”，我们实际上是放弃了 proaïresis 所力求把握的政治可能性的广度。

根据亚里士多德，属于政治生活的其他因素是“幸福”和“高贵行动”。对于这一点，我们完全心存怀疑，或者更糟。就像邦雅曼·贡斯当一样，我们乐意说：“把正义留给政府，我们会负责我们的幸福。”或者如果政府想亲自关注我们的幸福，那就让它保证我们“追求幸福”的“不可让与的权利”——根据美国《独立宣言》。关于高贵[46]，这在我们眼中更具相对性、更具主观性的东西呢？我们想象过一个向我们允诺“高贵、美的行动”的选举政纲吗？尽管如此，对我们来说，赋予这一概念某种政治含义和重要性并非不可能。毕竟，高贵的或者美的是很多人崇拜的东西；同样地，多人协力所做的很少缺乏高贵或美。在这个意义上，什么比共同行动或者为了公众的行动更高贵呢？什么比城邦更高贵或更美呢？艺术的美在对伟人的共同事物或为了公众的事物尤其是伟大行动的虔诚摹仿中，会被清晰地发现。希腊人将美置于事物自身中，然而，我们更多地将其置于旁观者或者艺术家的眼中。由此，对我们而言，美与任何关于伟大的清晰理念脱离开来：因为美就在我们的眼中，最微不足道之物，比如水果盘中的三颗李子也可以是最美的。不过，如果我们让自己哪怕稍微脱离旁观者的自得或懒散，脱离那种任何事物都应该比我们的视野更小的欲望，我们就

46　或者“美”，因为希腊术语 kalon 同时包含着“美”和“高贵”的意思。

会发现在亚里士多德的定义中联结在一起的系列概念的含义：自足、完美、幸福和美。于此，人的生活自身圆盈（gathers itself），而刚才列举的诸概念正是此一圆盈的很多方面。那些为了此一圆盈而贡献最大的人，对城邦贡献最大，而正因为此，他们被认为更具有“政治德性”。[47]

当然，此一圆盈不是被给予的。它必须被建立，此一建立的不同模式即为不同的政体。我们回到数人和多人。我不会重述城邦如何植根于此一社会划分，并且努力克服它，尽管总是不完美。不过，我依然要强调此过程的一个核心方面。真正的城邦之形成，或者毋宁是力求生存，是凭借着多人在数人的城邦中分有一席之地的努力。在这个意义上，政治化等同于民主化，城邦等同于民主制，更确切地等同于朝向民主政体的运动。不过要注意。那不是普通的能在真正的城邦占有一席之地的“多人”。这样的城邦同样为作为富人的数人，为那更少却“卓越”或“德高”之人留有空间。这是城邦与民主之间的循环，亚里士多德在第三卷的展开中以无可比拟的练达对此作了探讨：没有平民参与其中的城邦并非真正的城邦，不过，为了让平民参与城邦又不会毁灭城邦，必须使得其有能力参与其中。好的城邦培养能够分享城邦生活的平民。

现代政治循环接受、拓宽并且深刻改变了希腊政治循环。无疑，在两类情形中，政治历史的动力都是民主化的动力。不过，在现代欧洲民族，与希腊城邦中出现的不同，多人与数人之间的对立受到了一

47 Ibid.

人决定性的中介，也就是国家，它起初是王室的，后来是共和的，但一直是“君主的”。国家的此类积极介入有着非常深远的、依然尚未穷尽的后果。平民（the people）不再是多人，成了**全体**。在那称孤道寡者的眼中，全体变成了人民（the people），全体是平等的。现代国家通过强迫的方式，赋予这一**平等平台**（plane of equality）——我们于其中生活了两三个世纪——这样的含义，即平等人权的平台、平等或相似人类境况的平台。因此，数人作为数人不再有任何可被接纳的主张。任何政治或道德论据，任何人的论据，只有在其能够被一般化或普遍化时才是可以接受的。因此，民主是唯一正当的政治政体。

那么，我们必须为数人的命运悲叹吗？并不完全是。与希腊城邦中出现的不同，穷人不再屠杀富人，除了极个别例外（在十九世纪的法兰西，情形毋宁相反），而且首要的是，所有的富人最终都能够变得尽其所愿地富裕。不再有更多的节约法令。这是如何发生的？社会和政治生活借助于全体之人的劳作，转向了“人的状况的缓解”、“人类境况的改善”，而此前它一直试图区分并且支持这样或那样版本的“高贵生活”。不过，如果每个人的任务变成了改善每个人的境况或者普遍的人类境况，那么人与人之间境况的差异就丧失了其组织力。现在，它变成了积聚财物和妥帖服务的事情，用霍布斯引人注目的表述，目的是“永远保证满足[我们]未来欲望的途径”。现在，正是富人的机会，或者如果你愿意，是数人的机会，因为这般积聚，没有比体现在股份公司中的资本主义制度更有效的工具了。你会想起，这是亚里士多德定义的城邦的寡头理念——偏颇的、党派性的——不过只是在一定程度上。此等寡头城邦在民主的历程中，以资本主义的形式有效地成功了。这种工业的寡头制本身并没有与一种特定的政治框架密不可分：其自然的行动领域是世界、世界市场。当然，作为民主应有之义的结果，这类寡头制无视出身的特权。它的成员包括了有一技之长的任何人，只要市场需要这种技能。

因此，在时下的制度中，民主逾越了城邦——我指的是民族——的界限。在这无限制的民主中：每个人和其他任何人都类似，平等胜利了。但是，寡头制同样已经溢出了城邦或民族的界限，而不平等在这竞争中胜利，在那里我们为了成为那种我们赞赏的人，预备要付出的代价没有极限。简言之，所有人都是平等的，而每个人都有其价格。

那么，问题并不真正是社会太平等，到了其中不再有差别的程度——即使此类“右派”的批评不是没有理由；也不是社会太不平等——即使此类“左派”的批评同样不是没有理由。问题毋宁是，这种平等和这种不平等在两项并行的确证中展示，它们覆盖了整个人类世界，但是从未交汇，或者可以说越来越少交汇了，因为它们越来越逾越了任何可能有意义的对话的框架——那严格的政治框架。我会对此略作总结。

我们所有人今天生活在一个双重且悖谬的挑战中：尽可能地平等，越平等，越相似；尽可能地不平等，获取越多，越“有价值”。现在，这两类人性模式（我使用斯宾诺莎的说法并非没有理由）不再拥有一个能够将它们以良好比例混合起来的政治结构——一种形式和一种政体。它们只是在个人主体中混合，正如我刚才所言，此类主体经常受到挑战要同样展现平等和不同等的标记。我们时代的英雄既是有同情心的又是有竞争力的。要有同情心但也要有竞争力，要有竞争力但也要有同情心：我们便是在这样的双重命令下奋力前行。

现在，此等命令的压力造就了一种真正完整或者至少是一种充分定义了的人的类型，从而赋予时下的民主人性以一种形式或者一种面相了吗？大多数较早的人的类型依赖于他们想要改变的社会分层。他们的道德性情同时是对一种社会地位的提炼和矫正。主人被教育要成就伟大，受到正义或人性的矫正，成为应该且有能力统治的贵族，甚至能够变成宽宏大度之人。仆从被教育要服从，得到自尊的锤炼，成为应该且有能力参与统治的公民，甚至能够变成公正之人或有德之人。这些评注过于简洁了。我想说的是，只是通过明显地考虑彼此，平等和不平等才一起进入我们道德存在的构造中，方式有二：通过反对彼来定义此，通过彼使得此得以矫正。后来，平等和不平等脱离了这种互为条件，由此得到了无条件的确认：它们对作为整全的人的存在提出要求，一个作为同一的原则，另一个作为区分的原则。个体确实从成为主人或仆从的必然性中解放出来，从数人与多人之间折磨人的对立中解放出来，却受到了无边际的平等与无极限的不平等之间苦痛的对立之撕扯。

II

罗马的奥秘

4

罗马和希腊人

我们的探究因政治形式问题而起，并且萦绕此一问题。古代世界两类主要的政治形式（亦是两类母体形式），系城邦和帝国。它们是母体形式，不过也呈现为冰火两极之势：城邦是自由躁竞生活的狭小框架；帝国是一人之下太平生活的辽阔天地。不可能径直从一类形式过渡到另一类，此一点显而易见。在希腊世界，如果亚历山大的帝国“承继”城邦而来，那它确非源自雅典、斯巴达这两个处于支配地位的城邦或者底比斯中的任何一个，而是诞自马其顿的“部落君主国”（tribal monarchy）。此外，它们不会径直从一类变换至另一类，这一点乃是一项普遍法则，是政治形式的物理学定律。我们有着切身的例子，即欧洲本身：现代民族国家并非孕自中世纪城邦，而是源自此类奇特的政治体，即由欧洲独有的政治操盘手——“基督教君主”——缔造的民族君主国（national monarchy）。与欧洲历史经验类似，希腊经验表明，政治形式真正是形式；换言之，如果它们的确各有其自身的起源，那么它们并非一个过程的瞬间或者面相；它们凭借自身而存在，而从一类到另一类，没有连续性，只有断裂。现在，出现了此类法则或者定律的一个例外，一个独一无二的例子，一类政治形式径直自己转变为另一类政治形式，一个城邦径直自己转变为一个帝国。在罗马，或者从罗马开始，并且以罗马之名，一类真正独特的政治现象显现出来，我敢断言，是与政治本体论自身相悖的一类现象，可谓城邦和帝国这两类相反的母体形式之实在的、直接的连续和贯通。

为何罗马也是从一个城邦开始，发展却迥异于希腊？此问题是历史学家必然遇到的，但是罕有政治科学将其作为一项主题，哪怕它触及了政治秩序的根基问题。雅典的动力和罗马的之间差异何在？这是我们需要提出的问题。

雅典和罗马

为了“比较政治物理学”的探究，我们可以从一种极具揭示意义的评论现象开始：尽管可怕的灾难在罗马历史中如影随形，罗马却经年累月地享受着巨大的荣耀，反之，尽管雅典的哲学家和艺术家煊赫无比，雅典却从未被视为值得模仿的政治对象，甚至在十九世纪之前也非敬仰的对象。此种不平等的对待，我们在如下文献中发现了尤其明瞭的阐述，即展现且论证了现代共和制根基的《联邦党人文集》。[1]

我们翻到汉密尔顿撰写的《联邦党人文集》第9篇，阅读第一段：

1 《联邦党人文集》为纽约的投票人呈献全新的合众国宪法，以激发他们批准它。参看 Alexander Hamilton, John Jay, and James Madison, *The Federalist Papers* (New York: Penguin, 1987)。

> 一个牢固的联邦，对于各州的和平与自由是非常重要的，因为它是分裂和叛乱的障碍。在阅读希腊和意大利一些小共和国的历史时，对于一直使它们不安的骚动，以及使它们永远摇摆于暴政和无政府状态这两个极端之间连续不断的革命，没有恐怖和厌恶的感觉是不可能的。如果它们显示出偶然的平静，那只不过是接着而来的狂风暴雨的暂时对照。假如时常出现幸福的间歇，我们看到时还是有惋惜之感，因为想到我们眼前的愉快景色不久就会被暴乱和激烈党争的巨浪所淹没。假如在幽暗中有时放射出瞬息的光芒，当这些转瞬即逝的光彩使我们眼花缭乱时，同时也使我们悲叹，政府的弊病会使这些光辉的才能和崇高的天赋走上邪路，黯然失色，而这些产生它们的幸福土壤已经得到应有的歌颂。[2]

这里的政治判断毫不含糊："永远摇摆于暴政和无政府状态这两个极端之间。"

我接着援引麦迪逊撰写的《联邦党人文集》第10篇："这样来看问题，可以得出结论说：一种纯粹形式的民主制——这里我指的是由少数公民亲自组织和管理政府的社会——不能制止派别斗争的危害。"[3]

---

2 Ibid., no. 9.［参看《联邦党人文集》，程逢如等译，商务印书馆，2009年，第40页。］

3 Ibid., no. 10.［前引书，第48页。］

没救了！稍后，麦迪逊解释说，多亏了政治代议制，我们得以矫正本无法矫正的民主弊端："共和制，我是指采用代议制的治理而言，情形就不同了，它能保证我们正在寻求的矫正工作。"他还揭示了共和制与纯粹民主制——我们毋宁称为直接民主制——的区别："民主制和共和制的两大区别是：第一，后者的政府委托给由其余公民选举出来的少数公民；第二，后者所能管辖的公民人数较多，国土范围也比较大。"[4]

我们不能在此处详细阐述代议制政府*这*一伟大的现代政治发明的非常有趣的问题。我们继续雅典和罗马之间的比较。我们看到，汉密尔顿不曾在"希腊和意大利的一些小共和国"中涵盖罗马。这未必是他对罗马有诸多同情，在《联邦党人文集》第6篇中，他说罗马"从未餍足于残杀和征服"。[5]但是，罗马毫无疑问构成了一则不同事例，因为，在《联邦党人文集》第34篇分析了罗马政制一个显而易见的致命缺陷——事实上，立法权存在于代表相反利益的两个独立立法机构，Comitia Centuriata（百人团会议）和Comitia Tributa（部族会议）——之后，汉密尔顿总结道："然而这两个立法机关同时存在很长时期，罗马共和国达到了人类伟大的最高峰。"无论有什么错误或者罪恶，罗马并非不重要。

如若我们试图就国父们对罗马的评鉴提供稍许更为完整的看法，就需要援引可能是麦迪逊撰写的《联邦党人文集》第63篇，该篇致

4 Ibid.［前引书，第49页。］

5 Ibid., no. 6.［前引书，第26页。］

力于证实元老院的益处。

我们的意旨并非过多地重述现代最聪慧的共和论者秉持的关于罗马的见解，而是评断他们对于作为一个政治体的雅典的贬低。我们当然不能满足于此类见解，尽管其可能是权威的。我们不能满足于认为：类似雅典这样的城邦就是党争的猎物，并且永远摇摆于暴政和无政府之间。这也是不精确的，正如我在第一部分给予的标示所足以表明的。对于雅典在政治上是什么，我们需要形成更为准确的观念。无需些许地涉足历史陈述，我们必须尝试恢复雅典历史的动力机制。如此，我们会获得比较的专门术语，那会允许我们更好地把握罗马自身的、独一无二的政治发展之所是。

雅典和罗马有诸多共同之处，都是独立的城邦，亦是自由的共和国。它们最大的共同之处是什么——什么品质，什么特征？如柏拉图指出的，“每一个［城邦］都是非常多的城邦，而非一个城邦……无论如何，存在两个，彼此争斗，一个是穷人的，一个是富人的”。[6]用现代术语，我们会说，在雅典和罗马，运动的原则是阶级冲突，或者阶级斗争。不过，此等斗争在两类情形中呈现出迥然不同的形式。让我们首先在此视野中思考雅典历史。

雅典政治历史之最具启发性的钩沉，对于我们的目的也最具启示的，可在亚里士多德的《雅典政制》中找到。在留传给我们的文本中（此著的开篇遗失了），亚里士多德的阐发自梭伦开始。他告诉

6 Plato, *Republic*, trans. Allan Bloom (New York: Basic Books, 1968), 422e, 100.

我们，梭伦“第一个成为平民（tou dèmou prostatès）的领袖”。[7]在他引入改革之前，贵族平民之间存在着纷争。政体，èpoliteïa，实质上是寡头制的：穷人，连同他们的妻儿，是富人的奴隶或者农奴——edouleuon。用亚里士多德引人注目的术语来说，“他们可谓不名一文（oudenos...metechontes）”。[8]不必奇怪的是，平民反抗贵族，而纷争变得暴烈。最终，这两派通过共同协商，推选梭伦作为调停人和执政官，并将国家（State），tèn politeïan，托付于他。在这一切发生时，他创作了一首诗—— 一首“挽歌”——论及其母邦的状况，亚里士多德说，置身其中，“他为了两派与两派为战”。[9]

就我们的目的而言，详细探讨亚里士多德的阐释没有必要。我仅说几点。亚里士多德评论说，梭伦“常常为内争（stasis）而责难富有者”。[10]稍后，在评价对梭伦的指控时——简单说就是他被控“搞内幕交易”——亚里士多德说，“同情平民者的说法是较为可靠的”。[11]而且，他列举了一系列民主法令，那是梭伦为减轻平民痛苦而颁布的。最为著名的无疑是取消债务（seisachtheïa）。在强调梭伦宪法最具民主特征时，亚里士多德特意提到了向陪审法庭申诉的权利，因为，他说，当平民在法庭中主宰了投票，他们就成了国家的主人——“kurios tès

7 Aristotle, *Constitution of Athens, in Aristotle's Constitution of Athens and Related Texts,* trans. Kurt Von Fritz and Ernst Kapp (New York: Hafner Library of Classics, 1974). 2.2-3, 69.

8 Ibid.

9 Ibid., 5.2, 72.

10 Ibid., 5.3,73.［亚里士多德《雅典政制》，日知等译，商务印书馆，2010年，第9页。］

11 Ibid., 6.3,73.［前引书，第10页。］

politeïas"[12]。梭伦最独有的特征寓于这一事实：他既是平民的领袖，也是平民和富人或贵族之间不偏不倚的仲裁者或调停人。基于此，他赋予雅典此后全部政治历史的音调——主音调。自那时之后，雅典向着民主的方向迈进，换言之，是越来越民主化的民主，其最优秀的公民矢志于数人之要求与多人之要求间的公正裁决。罗马将治理同样的一群人——富人、穷人，还有他们的纷争——以一种不同的方式，而且首要的是，他们将以完全不同的运动推动自身。

对梭伦改革后雅典发展之记述的主音调可从源自 dèmos 这一名词而来的形容词和动词窥得堂奥，比如动词 dèmagôgein，而最具启发性的形态是形容词 dèmotikos——"民众的"（popular）——的比较级或者最高级。胜利者总是那更加 dèmotikos 之人。亚里士多德随后描绘了庇西特拉图如何在雅典引入了僭政，这是记述的第二个关节点。僭主和僭政在希腊政治经验和反思中显然是非常复杂的，这些术语中包含了极为多样的政治现象。众所周知，希腊哲学家对僭主和僭主式人物的心理怀有极大兴趣，尤其是柏拉图。[13]悲剧诗人同样对此兴味盎然，柏拉图却对他们指责有加，因为"他们[为]僭政唱赞歌"。[14]

---

12 Ibid., 9.1-2, 77.［前引书，第13页。］

13 柏拉图在《理想国》第9卷开篇探析了僭主式人物的心理。在前一卷的终篇，他描绘了僭主的源起："因此，显而易见……一位僭主自然而然地长成时，他是从领袖（leadership）的根茎中发芽的，而且唯有此处。"（565d1-2）接着他自问道："从领袖向僭主转变的开端是什么?"这里我们感兴趣的是政治纪年。柏拉图谈及的僭政随着民主而来——它是非理性欲望之解放的最后阶段，此种解放意味着行动者灵魂的彻底被奴役。亚里士多德于庇西特拉图的例子所研究的僭政先于民主而出现。由于僭主的灵魂依然受到"抑制"，比起他，后来的僭越差远了，哪怕标志着僭政的某些道具已然轮廓分明（比如僭主私人卫队的成型）。

14 Ibid., 568b7-8, 247.

这里没必要深究对希腊哲人关系重大的哲学与诗歌之争。我认为我们可以用索福克勒斯的如下诗句来概括关于僭政的“希腊视角”：“僭越滋长了僭主（hubris phuteueï turannon）。”[15]这一概括并不轻率。然而，真正说来，庇西特拉图似乎并非本性就是极为“僭越的”。他运用了僭主的技艺，并且尽力在某些方面使其成为“古典的”，没有让自己成为一个真正的僭主式人物。无论如何，亚里士多德强调，庇西特拉图处理雅典国政“是温和的……而且更像宪制统治，而非僭政”。他甚至“仁慈（philanthrôpos）温厚，对待犯法的人尤其宽大”，[16]以至于流传着这样的一个说法，庇西特拉图的僭政是黄金时代，[17]因为当他的子辈继承他时，僭政变得越来越暴烈。

这里我们需要关注的是，尽管庇西特拉图在其僭主生涯之初招致了梭伦的敌意，后者曾让雅典人警戒他的僭主意图，但总体而言，他践行了这位立法者颁布且着手实施的政纲，换言之，一种温和的方案，旨在某种不偏不倚——“赢得包括贵族和平民的多数的赞同”[18]——还有基于此种理由而蕴涵的一种民主音调。为了领会希腊僭政的政治意蕴，我们可以将其与现代国家对照。这二者之间，至少存在着一种功能上的相似。在两类情形下，它皆事关在多人与数人之间引入某种调停，而且凭借消除阶级冲突导致的瘫痪，由此开启了一种真正政治的或公共的行动的可能性。举例言之，庇西特拉图启动各式

15 Sophocles, *Oedipus the King*, in *The Three Theban Plays*, trans. Robert Fagles (New York: Penguin, 1984), 873, 209.

16 Aristotle, *Constitution of Athens*, 16.2, 83. [《雅典政制》，第21页。]

17 参看 ibid., 16.7, 84。

18 Ibid., 16.9, 85.

各样的“公共工程”。当然，在两类情形下，调停都伴随着极端的摇摆不定。古代僭主和现代国家一样，能够游走于至善与至恶之间，能够成为几乎神圣的仁善者——l’ État providence，就像法语所说的福利国家——或者相反，成为毁灭性的魔鬼（尼采极为精彩地将现代国家描绘为“最冷血的恶魔”）。僭政是希腊城邦民主化的手段或者方法，正如现代国家是欧洲身份平等的手段一样。伴随这种平等化或民主化，在两类情形下，都出现了某种去政治化：国家和僭主一样倾向于垄断公共行动，将公民遣回私人事务中。亚里士多德解释说，庇西特拉图借钱给穷人，以便他们能够在自己的农场谋稻粱：由此，他们就不会在城市中度日，相反，将会散居在整个疆域之内；而且，由于安闲舒适，又埋头于自己的事务，他们对于操心共同事务既没有强烈的欲望，也没那个闲情逸致。[19]

亚里士多德随后描述了在克里斯提尼改革后，雅典政制如何变得比梭伦时期“民主更甚”；在马拉松战役后，平民现在对于自己的权力信心满满，如何第一次使用了陶片放逐法，在与波斯人的战争后，城邦如何取得了巨大的进步，伴随着民主的进展，变得越来越强大；阿里斯提德斯（Aristides）如何——亚里士多德再次强调城邦不断增长的自信，甚至是大胆——劝告雅典人攫取“[海洋]领导权”，抛弃城邦安居的田园——他们将以此这种方式谋生，“有的人服兵役，有的人当守卫军，还有其他人从事公社事情；这样，他们就可以保持

19 Ibid., 16.3-4, 84.

领导地位”。[20]一旦他们听从了此类劝告，攫取了帝国，他们就开始despotikôterôs（蛮横地）对待同盟——仿佛他们成了主人。

如此，在我们眼前浮现出了雅典政治发展的弧或者环。在梭伦赋予我曾提及的主音调之后，在僭主庇西特拉图开始实施取悦平民的公共行动之后，平民变得更强大、更大胆。平民在城邦中变得更强大的同时，整个城邦对外也变得更强大，堪为其他城邦的“霸主”。庇西特拉图谋求使其离开城市在外操劳的平民，最终被阿里斯提德斯请回安居在城市，为的是担任帝国或者毋宁是“霸权”的政治和军事职位。

对亚里士多德记述的最后一点评论。他表明，伯里克利去世之后，情形变得相当糟糕，因为，平民首次推选了一位在上层中名声欠佳的领袖，此君没有赢得上层的尊重。[21]他指的当然是克里昂(Cleon)，还进一步描绘了此君糟糕透顶的行为举止。他还迅速回顾了相继指引雅典人的值得尊重的领袖：“梭伦是第一个，也是最早的平民领袖，第二个是庇西特拉图，二者都属于贵族血统。在僭政被推翻以后，领袖是来自高贵的阿克门尼德（Alcmeonidae）家族的克里斯提尼……此后，桑提波斯（Xanthippus）是平民的领袖，而米提亚德（Miltiades）是贵族的领袖。接着是阿里斯提德斯和地米斯托克利[22]。在他们之后是厄斐阿尔忒斯(Ephialtes)……接着伯里克利成为大众的领袖。”[23]亚里士多德在此为我们提供了雅典历史从梭伦到伯里克利，我倾向于称为

20 Ibid., 24.1-2,94. [《雅典政制》，第33页。]

21 参看 ibid., 28.1, 98。

22 是平民的领袖。

23 Ibid., 28.2, 98. [《雅典政制》，第37页。]

“圣贤轴心”（axis of good）的东西。这一轴心是由几乎未曾中断的平民领袖构成的。赋予雅典政治发展之内涵、路径和动力的东西，在于平民逐步增长的权力，这归功于一系列的才俊之辈支持他们，指引他们。

如若我们现在转向罗马历史，我们必定注意到没有此等东西。如我先前所言，罗马历史的**构成因素**（elements）与雅典的极为相似。在两类情形中，人们都会发现多人和数人，他们的纷争，还有那些卓越之辈，有些是平民派的领袖，其他一些是贵族派的领袖。此外，人们还能断言，在罗马，平民（即 plebeians）的主张，供给了集体运动的能量。不过，人们不能将罗马历史轴心描述为一系列由 plebeians 的贵族领袖构成的。[24]除了马略（Marius）——此君的政治才具平平，此外他也不属于贵族——人们几乎可以断言，凯撒是他们中的第一个，也是最后一个，而那时，罗马共和国正处于水深火热之中。阶级冲突在雅典和罗马呈现完全不同的面相。如果有人想用寥寥几句概述此一

24　普鲁塔克在《比传》中，将瓦勒留斯·普布利科拉（Valerius Publicola）与梭伦平行对照：“梭伦虽然事实上清楚庇西特拉图野心勃勃，仍旧没有能够加以抑制，拱手让他在立国初期篡夺政权；相较之下普布利科拉推翻并且瓦解了一个强大的君主政体，长期坚持不懈，事情获得彻底的解决；因此除了彼此的德性不相上下之外，普布利科拉的目标也与梭伦大同小异，只是靠着机运和权力使他获得更大的成效。” Plutarch, *The Lives of the Noble Grecians and Romans*, trans. John Dryden, rev. Arthur Hugh Clough (New York: Modern Library, 1932), 132. 这里的平行对照显然是刻意为之。僭主庇西特拉图与僭主塔克文几乎没什么相似之处。事实上，比起塔克文来，他与梭伦更相似。无可否认，梭伦和普布利科拉的共同之处是，他们都是民众的领袖和僭主的敌人。但是，普布利科拉更为勇敢无畏或者有英雄气概，而非节制温和。梭伦的中立裁判对他是陌生的。在平行比照结束之际，普鲁塔克强调了他们各自对待僭主的态度的不同之处。

差异，人们可以说，在雅典，平民逐渐增长的权力受到灿若群星的、整体上系贵族出身的平民领袖的**指引**，反之，在罗马，它受到了一个贵族机构即元老院的**控制**，换言之，既利用又制衡，这在雅典找不到类似之物。

在黄金链条被伯里克利之死和斯巴达在伯罗奔尼撒战争中的旗开得胜斩断之后，民主化的雅典步入了衰颓的过程，这一点确定无疑，尽管也有算得上强劲且持久的努力试图恢复其影响和力量。不过，就算它必须承受马其顿君主国的统治——用皮埃尔·雷维克（Pierre Lévêque）的术语来说，后者在众希腊城邦之上叠加了（superimposed）某类“联邦”——它也从未改变形式。它依然是城邦。罗马的命运全然不同。共和国尽管因为残酷的内争而遍体鳞伤，但并没有破釜沉舟从事一项新的志业，或者毋宁是寻求扩张，不过呈现为一种全新的形式，帝国形式。

雅典，尽管有着令人痛楚的历史，尽管政体的改变、内政和外交环境的更变引发了巨大的形变，作为一个有生命的实体，作为一个保留雅典之名的永恒“整体”，却从未停止作为一个城邦。此外，如果雅典“发明了政治”，那么它赋予这一奇异的活动以政治形式之名——polis，而它就是这种形式的典范——因为这一活动之呈现本质上与此种形式相关联，甚至在其权力巅峰之际，那时它对爱琴海的大部分地区行使相当严格的支配，此种支配远远超出了其疆域界限，雅典依然是一个城邦。作为海洋帝国执牛耳者，雅典城邦自身从未转变为雅典帝国。它的行为是帝国的，或者帝国主义的，但其形式依然是“城邦的”或者“政治的”。

亚里士多德对政治生活非常完备且精致的阐释完全与城邦相关。它整个地在城邦的界限中进行。如我在本书开篇引入政治形式的概念时所言，亚里士多德并没有忽略其他人类联合的形式的存在。[25]他不曾忽略此一事实：波斯人生活在极为不同的状况下。然而，人们不会情愿说，对他而言，波斯人生活在另外的政治形式中，因为在大王的治下，政治生活不可能适宜地成长。我对“政治形式”这一术语的使用，不会得到他的赞同。极其意味深长的是，在亚里士多德对政治事务穷天彻地的研究中，他对正在亚历山大清晰可见的指引下蔚然成型的新政治形式未置一词。亚里士多德，无所不知，无所不晓，似乎对于就在他眼皮底下兴起的庞大希腊帝国无动于衷、不予置评。我已经说过，亚里士多德对此沉默不言令人非常迷惑。我们所能辩说的是，此种沉默至少意味着亚里士多德的某种困惑，也可能是某种决绝的敌意，这涉及一种政治形式，它将政治机体的疆域无限地衍伸，并且同样无限地扩增公民的数量，虽然公民这个术语是不恰当的，因为他们从此以后必然要在一位僭主式的主的权势下，遵从希腊和蛮族的混合风俗。[26]

25　参看本书第1章。

26　普鲁塔克在他的论著《亚历山大的命运或德性》中称赞了亚历山大，因为其将野蛮人与希腊人平等对待，这与亚里士多德的论断相反。亚里士多德可能会回答说，它在奴役方面是平等的，考虑到亚历山大要求希腊人像野蛮人一样“屈服”。

理解凯撒

罗马的独一无二不仅寓于这一事实，即在同一名称下，它的兴旺起初是作为一个战士共和国（warrior republic），随后是作为一个巨大的帝国，还在于后者由前者孕育而来。共和城邦的自我毁灭某种意义上是帝国耸身显现的缘由。就罗马而言，极端的腐化并非意味着死亡或者终结，而是引入一种前所未有的变形。雅典耗尽了自身，然而，罗马可谓完全自我重生。极端腐化唯有在罗马并非致命的，此一事实作为一种现象，不仅有悖于政治的本体论，正如我之前所言，而且甚至 tout court（完全）有悖于本体论。在罗马，死亡并非致命的。

如果城邦转变或者变形为帝国是“罗马问题”的核心，那么，此一问题聚集或者集中在尤利乌斯·凯撒身上——此君变得不止是且不像是一位罗马公民，他如人们所想象的那样超卓、显赫，却并不曾攫取王冠，那是为他提供的，而且显然也是他觊觎已久的。虽然“错过了”王冠，他却缔造了一类新的君主制，不仅因为他是罗马帝国真正的缔造者，而且因为他给一类前所未见的现象赋以他的名号——“凯撒主义”。什么是凯撒主义？它是一种承继（follows）不再能够自治的共和制而来的君主制。“承继”是这里的重要词语。通常，就事物的惯常次序而言，共和制随君主制而来：在希腊和罗马俱是此般情形；在欧洲大多数国家亦是如此，肇始于法兰西。凯撒主义，在法兰西和罗马一样——在希腊不为人知——是承继共和制而来的君主制，而那共和制是承继王制而来。一个新的历史序列被添加进来，这是希腊经验所告阙如的。

如果人们思考帝国和凯撒主义或者凯撒主义引入的帝国这种“罗马”现象，还有欧洲君主制，其中统治者是“王国中的皇帝”（emperor in the realm），那么人们会认为，“罗马”促成了此等君主制经验，或者使其成为可能，仅由一人治理的经验，无论好坏，对于希腊城邦一直都是异质的，甚至对希腊世界来说也是如此，尽管其有亚历山大帝国。人们可以说，希腊城邦的界限就是其君主制经验的有限性。

希腊政治经验的界限同样是希腊政治科学的界限吗？在我们的探究初始，我曾直言，这一问题会伴随我们始终。如果经验为科学提供了内容以及所谓的缘起，那么科学最终寻求阐述每一可能的经验，并且由此使得自身脱离最初的经验，否则的话，科学的概念将失去其意义。如此，人们可以主张，在城邦经验之确然有限的基础上，希腊政治科学详尽阐述了政治现象，这种阐释齐备到可说是刨根究底。此外，人们能够争辩说，如果政治现象是在城邦的框架中，依据政体之差异——人们可以对此进行详尽的划分——才具体化和展开自身，那么城邦的经验可被认为是“有限的”。如果城邦是政治的原初形式，那么它以某种方式包含了政治的全部。表面上的新现象（事实上也是新的），比如凯撒主义，或者所有这些被归在“罗马”标题之下的更为普遍的现象，无论如何依然也能被希腊政治科学所解释，如果它不曾明确地将其纳入考虑，那是因为它不曾遭遇那些现象后来所呈现的典型形式，但它提供了满意地解释它们的所有元素。如果事实如此，那么我们的探究就是无益之举，因为“罗马”就没有命名任何全新的政治现象，任何不曾被希腊政治科学识别且阐释的现象。现在，在我们探究的这个节点上，我们的假定正是“罗马”命名了前所未有的政治现象。为了使得这前所未有的特征显现出来，我们必须驻足于亚里士多德阐发的希腊城邦经验，一种完整的经验或者一种完整系列的经验，其中政治现象“政治化”（politicization）以及“民主化”（democratization）得以展现的方式，我敢说完美无缺。如此，我们的疑惑就是：就算“罗马”似乎给我们提供了完全独一无二的演变事例，我们并不知道是否更深入的考察将会证实此一印象。此种不确定性是我们探究之自由及其结果有效性的先决条件。

为了切入这一主题，最佳方式是让这样一位作者直陈心迹，他一点都不曾体验到我刚才提及的不确定性，而且决绝地断言，希腊政治科学确是穷尽一切的，因此，“罗马”不曾命名任何全新的政治现象。我指的是列奥·施特劳斯。

列奥·施特劳斯在任何地方都不曾总括地，或者依据这一术语涵盖的政治现象领域来阐述“罗马”问题。不过，他非常直接地并且非常清晰地阐述了一种特别的政治现象，那很难不被称为“罗马”，因为其的确涉及“凯撒主义”。他对此的阐述是在回复埃里克·沃格林的语境中，后者在评论施特劳斯的著作《论僭政》、色诺芬关于僭政的对话时，认为僭政的古典概念太过狭隘，因为它不能容纳名为凯撒主义的现象。[27]在我强调纪年的重要性之际，我已经勾勒了沃格林的论点，尽管他本人不曾使用凯撒主义这一术语。施特劳斯将其概述如

27　参看 Leo Strauss, *On Tyranny* (Ithaca, NY: Cornell University Press, 1968), 190。亦参看 *Faith and Political Philosophy: The Correspondence between Leo Strauss and Eric Voegelin: 1934-1964,* trans. and ed. Peter Emberley and Barry Cooper (Columbia: University of Missouri Press, 2004)。[列奥·施特劳斯《论僭政》，华夏出版社，第194页。]

下：当我们说某一政体是僭政的时，我们暗含的意思是，"宪制"政府是替代此一僭政之切实可行的解决途径；但凯撒主义只是在"共和宪制秩序最终崩溃"以后才出现的；因此，凯撒主义，或者"后宪制"（postconstitutional）统治，不能作为古典意义上的僭政的一个分支来理解。在这样概述了沃格林的论点后，施特劳斯补充了一句，完美阐释了这一问题的术语："没有理由去驳斥名副其实的凯撒主义不是僭政的见解，但这并不证明如下结论，即凯撒主义根据古典政治哲学是无法理解的；凯撒主义仍然是古代经典所理解的那种绝对君主制的一个分支。"[28]

为什么名副其实的凯撒主义并非僭政，其理由是足够清晰的："如果处于一种'共和宪制秩序'完全崩溃了的既定状态，如果在可见的将来完全没有恢复它的合理预期，那种持久的绝对统治本身就不能理所应当地被谴责；因此，它是根本不同于僭政体制。"[29]每当凯撒主义是最不坏的（the least bad）可行解决途径，它也因此是最佳的解决途径。依照同一尺度，它是"好的"，而人们从不会这样评价僭政。

此种绝对统治（基于形势原则上是好的），能够由一位好的统治者以良好的方式践行，在此情形下，我们正在面对的是一位"君王"凯撒；或者由一位拙劣的统治者以糟糕的方式践行，那么我们正在面对的就是真正的僭主凯撒。在涉及最早使用凯撒之名的尤利乌斯·凯撒时，施特劳斯提到了科卢乔·萨卢塔蒂（Coluccio Salutati）针对指

28 Strauss, *On Tyranny,* 191.［前引书，第194页。］

29 Ibid.［前引书，第194页。］

责凯撒是一个僭主所做的辩护。[30]这里吸引施特劳斯的不是凯撒的实情，而是萨卢塔蒂的辩辞，他说，那“在所有的基本点上都是以古典精神来理解的”。[31]如果诉诸古典政治哲学原则能够证实凯撒并非僭主，那还有什么更好的证明——“与沃格林的论点相反”，“在凯撒主义与僭政之间的区分完美适用于古典框架”？[32]

然而，人们能够在古典原则的基础上阐明凯撒主义和僭政的区别，这一点不足以证实此种阐述或解释是有效的，或者它就是最佳的。施特劳斯在这一点上所证明的全部乃是，存在或者能够轻易地构想对这一区分的合理的（plausible）或者可辩护的（defensible）古典解释。但是，它就比沃格林提出的现代概念更好，亦即更真吗？正如施特劳斯本人非常贴切地所说的：“如此问题就出现了：是时下的概念还是古典的概念更充分。”[33]

施特劳斯辨识出时下概念也是沃格林的概念的两则涵义，这在施特劳斯看来孕育自十九世纪的历史主义。首先，沃格林看来相信“‘宪制的状况’和‘后宪制的状况’之间的差别，要比好国王或好凯撒与坏国王或坏凯撒之间的差别更为根本。但是，好与坏之间的差别

30 施特劳斯可能暗指 *De tyranno*（1400）。参看 Thierry Solm *Fallaitil tuer César? L'argumentation politque de Dante à Machiavel* (Paris: Dalloz-Sirey, 2005), 314ff.［参看前引书，第195页。］

31 参看 Thierry Solm *Fallaitil tuer César?*, 314：“萨卢塔蒂在论著中的核心论证是，凯撒既不是因无权力而产生（ex defectu tituli）的僭主，也不是因执行而产生（ex parte exercitii）的僭主；因为这个原因，对他的谋杀乃是犯罪，更为严重的在于，他的权力彼时已然因应了罗马帝国的形势。”［前引书，第195页。］

32 Strauss, *On Tyranny*, 191.［前引书，第194页。］

33 Ibid.［前引书，第195页。］

不是所有实践的或政治的区分中最根本的吗?"[34]其次，沃格林看来相信"'后宪制的'统治本质上(per se)并不劣于'宪制的'统治。但是，'后宪制的'统治不是通过必然性或者如沃格林所说的'历史必然性'才得到辩护的?而这种必然性本质上不是劣于高贵的或者因其自身之故而值得选择的东西吗?必然性是个托词：由必然性证明的东西是需要托词的"。[35]施特劳斯接着将凯撒主义与人民的腐败联系起来："它预先假定了公民德性或公共精神的衰落，如果不是灭绝的话，而它必然使这种状态持久化。凯撒主义属于堕落的社会，它滋生于社会的堕落。凯撒主义是公正的，而僭政是不公正的。不过，凯撒主义仅在该得的惩罚是公正的这一意义上是公正的。正像该得的惩罚一样，它也很难说是因其自身之故而值得选择的……认识到凯撒主义的这一低层次，远比认识到在某些情形下凯撒主义是必然的、因此是合法的，要重要得多(再说一遍，凯撒主义不可能与应受凯撒主义惩罚的社会相分离)。"[36]

施特劳斯的论辩令人大为感佩。它迫使我们严格地区分两种见解，那是我们现代人尤其易于混淆的：善(高贵、公正)的见解和必然性的见解。基于某些难以厘清的原因(现在去探究它们是无益的)，我们不得不让自己信服，人类历史遵从一种法则，其中新颖(novelty)与必然性(necessity)不可分离。继之而来的——比如，帝国继共和国而来——是既新颖又必然，且因其具有这两重性质，而是善好的。

34 Ibid.[前引书，第195页。]
35 Ibid.[前引书，第195页。]
36 Ibid., 192.[前引书，第196页。]

我们由此易于与凯撒一起反对加图，对于此君，施特劳斯在我略过未引的一句话中这样说："加图拒绝正视他的时代的要求，因为他太清楚地看到了这种要求的堕落且继续堕落的特征。"[37]无论凯撒的功绩是什么，在我们的偏爱中存在某种堕落且继续堕落的东西。

不过，根据施特劳斯，古典科学的见解与加图的见解并不等同。它并不只是为高贵辩护。它知道如何为必然性腾出空间，即看清事实真相是什么，一种糟糕的必然性。那么，如施特劳斯自己认识到的那样，为什么古代经典对于"后宪制的"统治几乎完全不置一词呢？施特劳斯的答案是："强调这一事实——即如果共同利益要求变革，那么，以绝对统治替代宪制统治就是公正的——意味着给已经建立的宪制秩序的绝对神圣投下疑云，意味着鼓励一些危险之人混淆问题，造成共同利益要求建立他们的绝对统治的事态。凯撒主义之合法性的真实学说是一种危险的学说。凯撒主义和僭政之间的真实区分对于普通的政治用途来说太精巧了。人们最好让自己对这一区分保持无知，视潜在的凯撒为一个潜在的僭主。"[38]

由此，古代经典真确地掌握了凯撒主义的原则，却拒绝阐发其真实的概念，施特劳斯总结了他对其原因的解释。"古代经典如果想做的话，可以轻易地阐述凯撒主义的或者后期王政的理论，但是它们并不想这样做。"[39]

如我所言，这些辩解之辞令人感佩，然而问题依然存在。高度

37　Ibid.［前引书，第195页。］

38　Ibid.［前引书，第196页。］

39　Ibid., 192-193.［前引书，第196页。］

的政治审慎促使古代经典几乎完全对凯撒主义的现象抱持沉默，这点很好理解。施特劳斯以令人信服的方式表明，希腊人有能力把握和阐述凯撒主义与僭政之间的区别或差异。但是，人们可以清楚看到凯撒主义与僭政之间的差异——必然恶（就其本身而言是相对的善，故意的恶）在实践上的差异——却不用清晰地或者无论如何，不用完整地看清凯撒主义作为一种政治现象是什么。我曾引述施特劳斯在开始讨论沃格林时给出的凯撒主义的政治定义："凯撒主义仍然是古代经典所理解的那种绝对君主制的一个分支。"这一定义是完全合理的，但是，它依然是非常一般化或者抽象的。谁会否认凯撒主义是君主制这个属中的某个种呢？复杂性是显而易见的，在希腊政治科学的重大概念中，君主制涵盖最广，包含了最突兀的含义颠倒。简言之，君主制能够合宜地命名最差的和最好的政体。因此，为了领会罗马独有的含义，我们就得再次去思考希腊，更确切地说，去探究君主制的古典概念。在向亚里士多德征询了雅典民主历史后，我们需要简短地征询他对希腊政治经验中君主制位置的评判。

君主制在希腊

亚里士多德在其政体的分类中，将三类好政体——王制（kingship）、贵族制（aristocracy）、共和制（polity）——与它们的三类"变体"相对，那是三类坏政体：僭主制（tyranny）、寡头制（oligarchy）、民主制（democracy）。[40]实际上，如亚里士多德接着所解释的，大多数当时的城邦都是寡头制和民主制的混合或者拼接，因为，如我们清楚认识到的，城邦由于数人与多人之间的冲突主张而动荡不已。没有明智的调停，数人与多人之间的战争造就了僭主。因此，理解政治生活最平常且最有用的概念是民主制、寡头制和僭主制的概念。

关于王制，亚里士多德说了些什么呢？它看起来在他描绘的图景中占据了较大的位置，其中，他辨识出不少于五种形式的王制：[41]

1. 拉哥尼亚王制，属于世袭的军事指挥终身制。

2. 某些野蛮民族的王制，人们可以说，那实际上是传统的僭主制。亚里士多德解释说，“因为野蛮人在其禀性上比希腊人更具奴性（那些在亚洲的野蛮人比在欧洲的野蛮人更具奴性），因此，他们忍受主子的统治而不起来反叛”。[42]这是一种世袭僭主制，由于涉入其中的人群的禀性，对这种制度本身是没有经验的。

3. 那些被称为艾修尼德人（aisymnetès）的王制：这些人是由敌对党派为了结束内部纷争而指派的。他们掌握了绝对的权力，不用向任何人负责。亚里士多德将此类王制形容为公举僭主制。[43]

40 参看 Aristotle, *The Politics*, trans. Carnes Lord (Chicago: University of Chicago Press, 1985), 1279a22-b10。［亚里士多德《政治学》，吴寿彭译，商务印书馆，1983年，第132—133页。］

41 参看 ibid., 1284b35-1285b33。［前引书，第157—161页。］

42 Ibid., 1285a19-22, 109。［前引书，第159页。］

43 参看 ibid., 1285a31-32。［前引书，第159—160页。］

4.“英雄时代”的王制，同时包括了号令臣属、世袭以及遵照法律。[44]

5. 一个单独之人是所有事物统治者的王制——pantôn kurios（全权君主）——如同每个人和每个城邦都是其共同事务的统治者。[45]国王在王国中类似于父亲或主人在家庭中。

此一分类颇具误导性，竟然有两类“王制”实际上毋宁是某种特别的僭主制。事实上，亚里士多德立刻补充说，“根本上，只有两类王制必须从详研究……其他的大多介于这两类之间”。这两类极端的王制支撑着君王制度（royal regimes）的拱，它们是什么呢？其一是拉哥尼亚王制，另一个是绝对王制（absolute kingship）。

第一类严格地说并非王制，因为它严格地说不是一类政体，毋宁只是一项立法规定：stratègos（统帅）职位在所有政体中都可存在。于是，亚里士多德说，它可以搁置不论。[46]

另一种，对立的一种——王制，相反是真正的政体。亚里士多德讨论得最详尽，其阐释明显疑问重重。它将两个尤其令人为难且棘手的问题搅在了一起。

一个问题是探询城邦如何面对那德性超越其他所有人的个体之人；[47]另一个问题是探询是否最好法律的统治就比最好之人的统治更值

44 参看 ibid., 1285b5。[前引书，第160页。]

45 参看 ibid., 1285b29-30。[前引书，第161页。]

46 参看 ibid., 1286a1-5。[前引书，第162页。]

47 参看 ibid., 1288a15-17和1284b25-34。[前引书，第163页。]

得选择。[48]

关于第一个问题，亚里士多德的回答似乎毫不含糊：绝对权力应该赋予如此一个优越之人——或者优越世系。[49]亚里士多德的这一论断，直接将政治秩序与自然秩序联结起来，将政治等级（“谁统治?”）与自然等级连接起来，而且赋予绝对主权以本体论的基础，此一论断影响深远；在后来欧洲“君主制的”历史上，它被演绎出千般姿态。由于它似乎脱离了任何政治背景，也能在任何背景中去主张，此论断在一种完全脱离希腊背景的政治和神学背景中更容易得到严肃对待。但是，这般严肃地对待此一论断恰当吗？提到了宙斯就已经暗示了此论断的修辞性质。[50]

为了将辩诘的术语陈述得更恰当，让我们考察第二个问题：是否最好法律的统治比最好之人的统治更可取。我们立刻要说明，恰是亚里士多德提出这个问题的事实就表明，他对于第一个问题的回答不满意。那么他如何回答第二个问题呢?

反对法律统治的论据，以及同样地，赞同人——更不要说最好之人即国王——的统治的论据是，法律只能订立一些普遍规则，对于具体情境则束手无策。[51]的确如此，不过，另一方面，那些统治者随意支配之际也不可缺少此类普遍的规则。[52]如此，没有法律人们将一事无成。法律的德性是其缺乏所有的激情，而每一个人的灵魂必然包含了激情。

48 参看 ibid., 1287b20-22。［前引书，第162页。］

49 参看 ibid., 1288a29。

50 参看 ibid., 1284b30-31。

51 参看 ibid., 1286a10-11。

52 参看 ibid., 1286a16-17。

因此，人的统治的优越性是它能够考虑具体情境；而法律统治的优越性是它对激情的免疫。[53]于是人们不得不将人的统治——或者最好之人的统治——与法律统治混合或者结合在一起。

所有这一切依然很笼统。让我们更细致地来审视。的确，法律不能处理具体情境的细节。但是，一个人就更擅长做这些吗？当然不是。[54]那么，该如何做呢？法律会给予执法者在此类事务上的一种特别教导，并且训练他们裁判、处理"最公正的意见"遗漏未曾裁断的事务。[55]通过这种方式，法律借助于人——受过良好教育的统治者——矫正法律的缺陷。

因此，在实践中，"他们［都是］汇聚一处，审断、会商、判决，而判例本身都涉及具体事务"。[56]思考此种有效的解决途径允许我们更为自由地考察"最好之人"呈现的情形，因为，尽管公民大会的所有成员都是个体的——相比而言，比最好之人的功绩可能逊色不少——但城邦是由许多这样的人构成的，正如许多人出资筹办的宴席胜过一人办的宴席，一众人等在许多事例上比一人的裁断更好，无论此君系何人。[57]这里出现了一种论证（在《政治学》的好几处都可见到）令我们吃惊，因为它不仅有着明显的民主特征，而且此一特征显得如

53 亚里士多德在稍后处说："谁说应该由法律遂行其统治，这就有如说，唯独神祇和理智可以行使统治，至于谁说应该让一个个人来统治，这就在政治中混入了兽性的因素。常人既不能完全消除兽欲，虽最好的贤达也未免有热忱，这就往往在执政的时候引起偏向。法律恰恰正是免除一切情欲影响的理智的体现。" Ibid., 1287a28-32, 114.

54 参看 ibid., 1287a23-25。

55 Ibid., 1287a25-27, 114. 这是雅典陪审团遵行的誓言之辞。

56 Ibid., 1286a26-28, 111.

57 参看 ibid., 1286a29-31。

此极端，以至于一位现代民主人士也会犹豫着不去支持，甚至会拒斥它。[58]此“民主论证”的性质和含义需要界定。它并非教条的，譬如假定政治的公正就是由多数的意志所决定。它本质上或内在地是一政治论证，我的意思是，它不仅是一则针对政治事务的论证，而且它的要领以及可以说，它的生命都效仿了我们的政治境况。它揭示了数量的权力（power of number），更确切地说是人类复数性近乎无可阻挡的力量，这种复数性是我们政治境况的典型特征。无论一位个体之人是多么卓越——和许多现代民主人士不同，亚里士多德认为，在人和人之间存在着巨大的自然差异——他的优越性是在一个密集的人群中自我展示的。那是如下之人构成的“群”，他们无须特别的优秀，但不是没有才能或者天赋，他们共同建立了城邦，在某些方面集聚此类特性和天赋，达到这样的程度：胜过卓越之人的判断。人们可以看到，亚里士多德的民主判断与卢梭平等主义的道德判断毫不相干，根据后者，不具特殊禀性之人的良知是最好的甚或是不会犯错的善恶判官。它多少可在这一谚语中找到印证或者表达，即“众人先生（Monsieur Everybody）较伏尔泰先生才智更胜一筹”。

探寻此一论证的所有衍生结论没有意义，不过，让我们留意其中一则，那与我们的关切息息相关。那个在原则上独自统治的人并非不受数量法则（law of number）或者复数之人的权力的影响：“因为实际上，君主为自己创造了诸多耳目，还有手足；那些对他们本人及其统治友善之人，他们使其成为共治者。如果他们不是朋友，他们就不会

58　现代民主论证诉诸民众的意志——其善意——而非他们的判断。

与君主的意图一致行事，但是，如果他们是他及其统治的朋友，朋友是相似和平等之人，因此，如果他假定这些人应该统治，他[必然]假定那些相似和平等之人同样应该统治。”[59]

如果数量此前的逻辑是“民主化”，那么这里则是“贵族化”。无论对王制的论证（royal argument）和对王者（the One）的论证具备什么样的抽象效力，王者的权力、王制的权力在其两项限定之下都服从复数的政治境况，一个限定是多人集聚其德性之时，在某些方面会胜过最好之人的德性，另一个限定是国王的友爱会衍伸至数人中间，这些数人会变成多个与国王平等的人。因此，显而易见的是，绝对王制，这个亚里士多德的分类中留下来的有效存在的唯一王制，最终在亚里士多德探索的希腊政治经验中，没有自己的质料（substance）。绝对王制概念之必要就在于提供数量金字塔——一人、数人和多人——的顶峰，让我们的政治境况条理化，并且让我们理解它。与民主制、寡头制和僭主制，甚至贵族制和共和制不同，它并没有命名一种可能成为现实的政治政体。

不过，你接着就会说，难道在亚里士多德看来，希腊全然忽略了王制？果真如此的话，那么它的名称自何而来，它又是对什么加以命名？不，希腊并没有全然忽视王制政体（kingly regime）。如果我们返回至我们开始的地方，就会看到亚里士多德提到过一种王制，我们尚没有对其加以任何评论，即第四种，“英雄时代”的王制，它同时包含着号令臣属、世袭以及遵照法律。那是希腊世界唯一实际存在的王

59 Aristotle, *Politics*, 1287b29-35, 112.

制。让我们更为确切地思考它，尽管亚里士多德对它一带而过。

此王制属于城邦生活的开端处。它无疑以德性的优越为基础，不过却是一类非常有限的优越性，因为它是由此类小社群中卓越之人的缺乏造成的。人们忍不住要说，在人类发展的这些原始阶段，一丁点的体格或者道德禀赋——高贵的面庞、长长的头发、战斗的勇气以及和平时期的慷慨——足以使得一个人胜任王。亚里士多德暗示，某类推选，无论如何某类选择最好之人的“贵族式”程序巩固了此类原始王制：王是一位恩主，谁最能为善或者建功，就会被拥戴为王。[60]

因此，此类有限的王制建立在一个弱小的人类联合基础上，“人丁”稀少。不过，当出现许多德性相类之人时，“他们就不再容忍［王制］，而是寻求共同之物，建立共和政体”。[61]可以看到，英雄时代的此类王制没有自身的连贯性：只要社群中的能人之辈变得多起来——这是那里存在的最自然的趋向——他们就会抛弃依靠城邦的平庸获取优势的“王”。

因此，亚里士多德用几句非常简单的话就概括了城邦的宪制历史——政体的历史。贪婪之滋长导致了寡头制。随后寡头制自身变形为僭主制。最终，僭主制为民主制铺平了道路。最后这一转变是如何发生的？亚里士多德暗示是因为其卑鄙的贪婪，治者群体萎缩了，由此使得大众更加强大。随着后者的反叛，民主制兴起。[62]这一极为凝练的描述揭示了政治变革、城邦政体变革的全部动力和简明之处。这

60 “他们选择诸王是因为其善举，某些优异之人的恩泽。” Ibid., 1286b10-11, 112.

61 Ibid., 1286b11-13, 112.

62 参看 ibid., 1286b14-20。

一原则是复数的竞争，数人和多人之间的竞争，数人自然而然地趋于减少，多人变得更多。在此描述中，王者，绝非政治和人类秩序三原则的构成之一，而是数人的界限。用恰当的政治术语来说，王制和僭主制只是寡头制的两类模型——其一是古代的或英雄时代的；其一是后来的、堕落时代的。因此，在亚里士多德对城邦的分析中，**就没有**王者政体（regime of the One）。

无论如何，“现在所发生的是城邦已经变得更为辽阔，或许除了民主制之外其他任何政体都不容易出现”。[63]这一最终评论的涵义是什么？它似乎相当程度地限制了我们政治选择的范围。这里亚里士多屈从于必然性的威势了吗，正如现代人毫不迟疑所做的那样？我们还记得列奥·施特劳斯的论断：好政体与坏政体之间的差别是所有实践或政治区分中最根本性的，由此，就与沃格林看起来所想的相反，比宪政制度与后宪政制度之间的区别更为根本。对必然之所是的思考决不能遮蔽对善之所是的思索，对于我们来说，后者必须一直是优先的。难道在这里，亚里士多德不是赋予前者优越性吗？难道他不是在向我们解释说民主制——根据他的分类，这是一种坏的政体——总体上是他那时的希腊城邦唯一可适用的吗？这会暗示，也是在说，与施特劳斯的论断相反，对于唤醒某种政体的必然性特征，古典政治科学并非那般缄默不语，这种政体如果不是完全坏的，那无论如何要比完

63 Ibid., 1286b20-22, 112.

全好的政体逊色。[64]不管怎样，在我看来，亚里士多德的评论（不曾暗示对于善恶之别的丝毫轻蔑），蕴涵着对于必然性的一种不同于施特劳斯暗示的那种“作为公正惩罚的必然性”的理解。尽管简要，亚里士多德概括了城邦的自然历史：作为一个政治形式的城邦的发展，其在数量和才赋上的成长，一种自然而然的成长，可以说必然导致某种状态：民主政体是唯一可能的政体。此政体根据民众的品质可能或好或坏，但它必然是一种多人的政体。如果民众极为腐化，它将是一类非常糟糕的民主制。亚里士多德在任何地方都不曾暗示后者可能导致——更谈不上说它必然会导致——“凯撒主义的”政体，哪怕他曾经指出，作为此类坏民主制的替代，一种僭主制可能兴起。[65]所有他的暗示都指向同一路径：健康或堕落的民主制是城邦的最终政体，其“自然历史”的终结，或者其历史的自然终结。这是意味深长的：民主制今时享有“政体”的属名——昔日被称为 dèmokratia（民主制）的东西今日被称为 politeïa（政体）。[66]凭借此一最终政体，城邦成为其所能是之全部。其所有可能性都实现了。一种“凯撒主义”的未来是无法想象的，因为无法想象真正的革新——在这一术语的强烈意义上

64 在第5卷，亚里士多德研究了从一种政体导向另一种政体的“变化”，以及由此而来的保存每一政体的最佳途径，包括僭政。施特劳斯同时说到，古人展示了极大的节制，马基雅维利展示的那种现象对他们来说是未知的。即使如此，人们也必须补充说，面对“政治必然性”，亚里士多德无论如何都未曾展示特别的温和。

65 “王制在今日业已过时；现世有些称王称孤的政体毋宁都是僭政。这是因为王制是基于公意的统治，君王执掌着邦国的要政，而［今时］各国既然盛倡平等，这样杰出而足能担当王室尊荣的人物几乎已经不可复得了。因此，［人们］一般都不会同意谁来做他们的王上；要是有人凭借机诈或武力把个人统治强加于众人，就会立即被指斥为僭政。”Aristotle, *Politics*, 1313a3-10, 173.

66 参看 ibid., 1297b24-25。

是没有未来的。如此一种革新会预设政治形式本身的变形，而我们知道，亚里士多德远没有探索此等可能性，而是铺陈理由，认定其严格意义上是“无法想象的”。

因此，施特劳斯关于善之实践优越性的论点，尽管本身完全令人信服，却被他拿来与一个关于政治的理论命题或者观点紧紧地连接在一起，该命题认为，理解政治可归结为理解政治政体以及回答哪种政体的问题。然而，这一论点或命题是不充分的，因为，我敢说，这些可能确实是好的或坏的政体并非全部以同样的方式存在。如果它们均等地受制于一般形势（circumstances），那么它们不均等地依赖于一种形势（a circumstance），那不只是形势，因为它很大程度上决定了有可能的政体的数量和性质，即政治形式。正如我们刚才所见，王制在城邦形式中就没有位置，除了在城邦存在的早期阶段——“王制的”（kingly）诸术语就来源于那里。因此，事情就不仅是将一类政体放在善的天平上衡量，而且是领会其与政治形式的关联。无论人们可能多么渴望不要把亚里士多德的政治科学缩减至或者归属在希腊经验的界限中，但我相信，如果他们这样做，是不忠实于他的路径的：抽离关于王制政体的几则极端抽象论断，以便提炼一种独立于政治形式（王制在其中有，或者如发生的，没有其位置）的王制科学。

孟德斯鸠对亚里士多德的批评

如我在第一章的探究中所言，希腊政治科学在希腊经验的界限中，更恰当地说是在希腊对于严格意义的君主制的忽视中发现了自己的界限。对此的觉察在某类现代政治科学的发展中扮演了重大角色，即凭借着反对古代政治科学（主要是亚里士多德的），把自己理解为现代的那种政治科学。孟德斯鸠可谓此类政治科学的集大成者，因为他既以最宏阔、最明晰的方式呈现了自由主义的学说，又为很晚时期被称为社会科学的东西展示了范例，提供了工具，在社会科学那里，政治被理解为与其他变量（比如气候或宗教）同等的一个变量。孟德斯鸠将古代政治科学圈定在城邦的界限之内而使其名誉扫地。他的这种做法体现在两层意义上，其一是将其描绘为城邦生活境况的一个简单映射，[67]其二是强调它不能领会现代欧洲独有的政治现象，即君主制。君主制的希腊经验对于希腊人来说太过贫乏，不可能产生那种统治的完备理念。现在我会展开第一章简扼指出的。

孟德斯鸠分配了不少于四节的篇幅给希腊和希腊思想中的君主制问题，这四节处于关键位置，因为那是在紧接着对英格兰宪法的论述之后。[68]这四节中的第一节标题是，“为什么古人没有清楚的君主制概念”（II.8）。接下来一节的标题是，“亚里士多德的思考方式”。这

67 “生活在平民统治下的希腊政治人物明白，德性的力量是唯一支持他们的力量。” Montesquieu, *The Spirit of the Laws*, trans. Anne M. Cohler, Basia Carolyn Miller, and Harold Samuel Stone (Cambridge: Cambridge University Press, 2010), 3.3, 22.

68 更确切地说，那些论述和这一章之间仅仅隔着题为“我们所熟悉的君主政体”（117）的短篇。

个标题看起来没有任何不敬之处，不过它是整部著作中包含一位哲人名字的唯一一节。这一节的开篇如下："亚里士多德在处理君主制时的局促清晰可见。"接着他评论了我们在《政治学》中读到的篇章。随后的一节篇幅短小，标题是"其他政治家的思考方式"，人们会说，这与前面的一节区分开来，只是为了孤立亚里士多德，并且突出孟德斯鸠对他的批评。这四节最后一节的标题是"论希腊英雄时代的国王"。孟德斯鸠接受了亚里士多德提出的原理："这是亚里士多德所说的五类君主制中的一类，也是唯一可能产生君主宪制（monarchical constitution）理念的一类。不过此种宪制的构造与我们今天的君主制的结构背道而驰。"关键的论断是"在英雄时代国王的统治中，三种权力的分配很不恰当"。[69]民众拥有立法权，国王执掌行政权和司法权。孟德斯鸠解释说：

> 在享有立法权的自由的人们当中，在被闭塞于一个城市——其中一切可憎之物变得更为可憎——的人们当中，杰出的立法应该懂得把司法权放置在恰当的地方。如果把司法权放在已经拥有行政权的人手中，这是再坏不过的。从那时起，君主成为可怕的人。但同时，由于君主没有立法权，君主又不能保卫自己，免受立法权的侵犯。因此，君主的权力太多而又不足。
>
> 希腊人还没有发现，君主真正的职能是任命审判官，

69　孟德斯鸠参考了普鲁塔克的《忒修斯传》以及修昔底德的第1卷。

而不是自己当审判官。相反的政策使得单人统治令人不能容忍。所有这些国王都被驱逐了。

不去考虑三种权力的分配，那对于孟德斯鸠来说是决定性的，我会仅集中思考一处注解："在被闭塞于一个城市——其中一切可憎之物变得更为可憎——的人们当中。"政治物理学或许如同宪制问题一样重要。一座城邦这样的大小使得国王必然是可憎的，由此统治权力必然是脆弱的。君主制作为一类政治政体只能在特定大小的政治体中得以展现，而且是在一个比城邦更为广阔的政治形式中。对于此种比城邦更广阔的政治形式，亚里士多德既未让我们知晓，甚至也未让我们有任何猜想。人们可以想象，在某种希腊未知的环境下，君主制政体，随着自身的发展、仿佛要实现其全部的发展，以某种方式孕育了能够让它栖居的政治形式，即民族。

最后一言。紧接着我刚才评论的关于希腊的四节，孟德斯鸠将第二卷剩下的篇幅留给了罗马政治史。我将仅仅阅读第12节的开篇，这是留给罗马的这些章节的第一节，标题是"罗马国王的统治及其三权的分配"："罗马国王的统治与希腊英雄时代国王的统治有些关联。基于其一般性的缺陷，它像它们一样消亡了，尽管在其自身以及某些特殊的本性上，它是非常好的。"人们看到，罗马的开端类似于希腊城邦的开端。它的国王并非我们所理解的那种含义的君主国首领，他们内在于一种寡头式的政体中，他们的王位是服从于推选的。如此，他们恰当地属于亚里士多德的政治科学。我已经强调过，而且决不能忘记的是，罗马的开端与希腊相同，而且阶级冲突的动力原则、数人和多人之间的相互竞逐，在二者的情形中都是一样的。那么，这是如何可能的：在一个自然倾向总体上是变得更加民众化的民众共和国，单独一人的权力、君主的权力最终会在其中兴起，可以说，这样的权力是它闻所未闻的，而且君主所体现的原则是它根深蒂固的、无法抚平的仇恨的对象？如我们所见，当城邦的运动原则是拒绝每种被认为“可憎的”优越性时，一位公民——凯撒——和其同等之人的那种裂痕是如何扩大的？

凯撒的友爱

我们记得亚里士多德解释说，城邦的发展始于原始的或“英雄式的”王制，由于在数量和才赋上同时增长的公民“不再能够忍受”国王，因此，他们寻求“某些共同之物”，并且建立共和政体、“polity”。因此，数量、平等和共同善（common good）之间存在一种内在的联系。不过，这里人们需要注意：无法忍受国王权力的“数量”当然是“小数字”。国王的优越性对于这些数人的荣耀来说是可憎的。因此，他们会合意——密谋——将其驱逐。

不久，或者一段时间以后，“多人”随着他们在数量和才赋上的增长，将会以“数人”对待国王的方式来对待这些数人。因为，轮到他们发现数人的优越性是“可憎的”。或许他们不会驱逐那些数人，但至少会缩减他们的权力、贬低他们的荣耀。这便是共和政体获取公民友爱的努力。相应地，亚里士多德在《尼各马可伦理学》中说到，

“友爱和公正”在民主制中比在僭主制中扮演着重要很多的角色，因为在很多共同事务上，公民处处都是平等的。[70]

这里值得关注的是复数的友爱。即使民主制是为公民友爱开拓了最广阔范围的政体，此一友爱通常也依然不能跨越“阶级屏障”。一般说来，穷人和富人不是友人。在这点上，人们最期盼的是建立在功利基础上的友爱。[71]因此，尽管一个民主的共和国要求所有公民之间的友爱，实际上此等友爱是由两类截然不同的友爱构成，它们彼此并不友爱。这一处境开启了这样一种可能性，一个阶级或另一个阶级的成员与自身阶级决裂，以便与敌对阶级交友，并以此种方式获得相对于他那个阶级出身的对手的决定性优势。基于显而易见的理由，这种可能性实际上仅仅为那“数人”的某个成员开放，因而此人变成了一个煽动家。[72]于是，在一个有着民主倾向的共和政体下的城邦中，最重要的变数（parameter）或许就是数人之间的“友爱状态”。对于有着些许才赋和野心的寡头来说，存在某种持久的诱惑，即通过寻求平民的支持来为自己铺路，而他的同僚们是耻于从那里寻求支持的。这样的一个寡头所能实现的，当然依赖于机运、他的才能，同样还有一个因素，那很难衡量，我会以下述问题来描绘它：作为他的友人的平等之辈愿意赐予他多大程度的优越性，或者他能从他们那里攫取多少？那就变成了这样一个问题：平等者之间的友爱能够接受什么程度的不

70 Aristotle, *Nicomachean Ethics*, trans. Joe Sachs (Newburyport, MA: Focus, 2002), 1161b8-10, 158.

71 Ibid., 1159b12-13, 154.

72 亚里士多德区分了面向群众的普通寡头制和面向寡头群体本身的寡头制（参看*Politics*,1305b23-27）。

平等。从人的角度看，“凯撒问题”的一个最为有趣的方面是友爱之间的融洽问题，不平等者之间的友爱或友人的不平等问题。

那就让我们迅速地思考一下友爱的机理或者构成。亚里士多德评论说，平等在友爱中比在公正中更为根本。事实上，一旦某种相当大的差异在友人中间出现，不管是基于德性、恶、财富或者其他什么，他们都会不再是朋友，甚至也不期望是朋友。[73]亚里士多德对于所有这一切没那么多愁善感。如果你最好的朋友自少年或高中或参军时，变得比你富裕很多或贫穷很多，或者变得渊博了很多，诸如此类，你可能会对你们那纯真的友爱说再见，而且你甚至不会希望它继续维持。即使这一论述伤害了我们美好的感情，我们依然极为理解这一点。因此，我们对于亚里士多德紧接着附加的评论感到吃惊，他说这一点最明显地体现在诸神身上，因为他们在每一类善的方面都有着最大的优越。[74]

这意味着什么？这里为什么提到诸神？亚里士多德的意思是说我们不可能与神为友，因为他们是如此地高于我们？这个论断看起来是合理的。此外，它的有效性并不限于异教哲学家们的诸神，这些神在天庭中逍遥快活，对人间事务无动于衷。《圣经》的上帝由于其“博爱”（philanthropy）与异教诸神迥然有异，在他与他的理性造物之间，友爱是可能的。不过这并不违背亚里士多德在这里所说的。对于犹太教还有基督教来说都一样，人类是不能凭借其自身力量成为上帝的朋

73 Aristotle, *Nicomachean Ethics*, 1158b33-35, 152.

74 Ibid., 1158b35-36, 152.

友的。对于此类友爱，上帝必须主动且“俯就”。用基督教的术语来说，只有上帝的恩典才能跨越人类本性与上帝“本性”——“超本性”（supernature）之间的无限距离。

尽管如此，亚里士多德这样的论断看起来与神学没有太多关系。他进一步说：“从这里也产生了一个疑问：或许朋友并不希望他们的朋友得到最大的善，例如成为神。因为这样他们将不再拥有朋友，将失去某种善，既然朋友是善。因此，如果一个朋友**为了朋友自身**希望朋友得到善是美好的说法，那么，朋友就需要仍然是其之所是的那种人。”[75]难道在这里亚里士多德不是太曲笔了吗？或者他不是在通过非常迂回的方式得出一个极其浅显的结论吗？如果我们**为了朋友自身**——这是友爱的定义——而希望我们的朋友拥有全部类型的善，我们显然假定他将依然是他之所是；否则的话，关于什么是**他**的善的观念就不会有确定的或者稳定的参照标准。我们怎么可能期望我们的朋友不再需要朋友？于是，亚里士多德提到的难题可以通过这样的说法来解决，即我们期待给我们朋友的善，必须与其本性和生活环境保持一致。

另一方面，我们的朋友成为神的欲望并非完全荒谬。如果希望我们的朋友可能成为神并且不再需要朋友——因为神是自足的——看起来的确是悖谬的，那么，在考虑自身时掺杂此种愿望并非荒谬。如果我们的朋友成了神或臻于神圣状态，那对我来说好极了，因为那时他强太多，有助于我——当然假设他是一位“博爱的”神。此外，没有

75 Ibid., 1159a5-10, 152-153.

必要去设想，在我对朋友的热情中，我明显地或刻意地想着我自己的好处。我爱他，而且简单地说，我希望他会变得越来越惹人爱。

不过谁曾经当真期盼他的朋友成为神或一位神？对此，人们必定回答说：在我们的私人生活中或作为一个私人，可能从来没有，但是作为一个公民，在公共生活中又如何呢？无论如何，存在着一个有着重大后果的政治时段，其时不仅公民希望他们中的一个人，他们最拥戴的那个人成为神，而且那被拥戴的公民确实成了神。这并非意指：这个公民事实上成为不朽的——不朽属于诸神——因为他死后统治了世界。[76]亚里士多德对于这一独一无二的时段不可能晓得任何东西，那发生在三个世纪之后，而且看起来与他那令人信服的友爱分析是相悖的。或者更为恰当地说，亚里士多德通过将问题简化为荒谬的方式，所设想的极端且“疑难的”情形，成为了现实。我所说的当然是作为罗马帝国之奠基事业的凯撒之死和被奉为神。

西塞罗的困惑

这种独一无二地将一位公民提升到他的平等者之上，预先假设了城邦形式相当的修正。因为这样的一种提升要成为可能，其底座——

76　西塞罗说，尽管他已去世，城邦依然会更为谦逊地服从他。参看 *De officiis*, trans. Walter Miller, Loeb Classical Library (Cambridge, MA: Harvard University Press, 1975), 2.7, 191。“Civitas ac paret cum maxime mortuo.”

即城邦本身——必须首先相当地扩展到能够支撑此种提升。[77]我敢断言，这底座的表面范围必须与新君主的高度相匹配。狭小的城邦，“其中一切可憎之物变得更为可憎”，不得不经历如此一种扩展和形变，如此一种膨胀，以至于爱与恨的法则、激情的神秘作用，被彻底地修正了。

城邦此等膨胀的后果，在稍前于帝国制度化的“凯撒”时期，得到了最好的展现。政治和道德秩序变得模糊，或者说不确定要更好。人们能够在一本拉丁哲学大作中辨识出此种模糊或不确定性，那真正是欧洲道德史上最有影响的著作之一，一部在彻底失序的时代恰恰致力于整理道德和政治景观的著作。我指的是西塞罗的 *De officiis*（《论责任》）。

这部作品的来龙去脉既具戏剧性又令人悲悯。安东尼的仇恨如附骨之疽——很快他就会逮捕他——西塞罗在生命的最后几个月，过起了流离的生活。彼时他的儿子正在雅典研习哲学，他为他创作了这部道德哲学的鸿篇巨制。他将自己表现得像是追随斯多葛派的某人，但不是盲从的方式。事实上，他频繁地纠正帕那提乌斯（Panaetius），此君是他的主要参照。这一封长长的“父亲致儿子的信”当然同样是说给普通罗马人的。在第二卷的开篇，西塞罗径直将此著的创作与政治形势联系起来：

77　参看莎士比亚《尤利乌斯·凯撒》，act I, sc. 2, ll. 135-137：“他像一个巨人似的跨越这狭隘的世界，我们这些渺小的凡人在他粗大的两腿下行走。”

只要国家还掌握在它所信赖的那些人手里，我就竭尽全力为它效力和着想。但是现在一切都在一个暴君的绝对控制之下，我不再有任何参与国家管理或行使职权的机会，而且最终我还失去了曾一直和我一起为国效劳并享有很高地位的那些朋友。在这种情况下，我并没有悲痛欲绝，万念俱灰……因为我的脑子不可能完全闲滞不用，所以我想，我从青年时代起就读过大量思想家的论著，现在转而研究哲学也许是我忘忧解闷的最佳办法……因此，处于现在这种灾难深重的逆境中，我认为自己相对来说还是比较幸运的——我可以把我们同胞完全不熟悉却很值得知晓的那些东西写出来。[78]

我这里的意图并非研究西塞罗道德教诲的内容，亦非研究他熔铸几股相异传统的方式，这些传统全都以某种方式溯源到斯多葛派。引起我们关注的是道德哲学与政治框架之间的关联。如我刚才所言，随着城邦的膨胀，政治和道德事物的秩序变得模糊或不确定，这在《论责任》中是如何展现的呢？

首先，它展现在西塞罗于第1卷第17节以某种颇为模糊的方式描绘不同 gradus societatis hominum（人类亲疏关系等级）之间的联系。什么是“人类亲疏关系等级”——人们可以说，社会亲密关系的等级——并非不确定。西塞罗的列举包括从作为整体的人类到亲密的家

78　Cicero, *De officiis*, 2.1-2，169-171.[《西塞罗三论》，徐奕春译，商务印书馆，2003年，第166—167页。]

庭圈子，包括民族、城邦、友谊等。随之而来的问题与归类这些不同等级、将它们安置于我们尊奉的阶梯中的方式有关。亚里士多德的回答确切无疑。对他而言，城邦的目的在于最高善，因此也涵盖了其他明显附属于它的社群。[79]不过，在西塞罗的 exposé（陈述）中，事情显然就没那么清晰了。诚然，他总结说："所有这些社会关系中间，没有什么比起将我们每一个人联系在一起的我们的 respublica（共和国）更加重要、更加亲密的了。"[80]但是，它为什么是这样？任何地方都不曾给出一个清晰的辩护，要么就是归结为这样一句："我们的祖国包含了我们所有的爱。"[81]某些表述暗示血缘关系比公民关系更为亲密——"更密切的社会联系存在于亲属之间"——而且，"家庭"（domus）是"公民政府的基础，宛如**共和国**的苗床"。[82]下面的评论并非对西塞罗的不敬：这些模糊的阐述无法比肩亚里士多德在《政治学》开篇对于家庭和城邦之关联的简洁分析。西塞罗的确如他应做的那样，赞颂了有德人士间友爱的优异，[83]但是，对于友爱和不同政治政体之间存在的复杂关联，他未置一词。

由此，在亚里士多德的描绘中呈现得如此清晰的不同人类联合之间的差异和勾连，在西塞罗的陈述中模糊了、弱化了或暗淡了。图景变得平面化，同时也混乱不清。走上舞台的乃是一种包容性的概念，其中差异逐渐被吸收并且消失不见。"整个人类的同伴关系（universi

79 参看 Aristotle, *Politics*, 1.1。

80 Cicero, *De officiis*, 1.17, 59.

81 Ibid., 61.

82 Ibid., 57.

83 Ibid., 59.

generis humani societas)”是古典希腊哲学所不知晓的一种概念。为了寻求人类社群与社会的自然原则，西塞罗在“整个人类的同伴关系”中看到了第一原则。[84]此类社会的连结——vinculum——是“理性和言辞，它凭借着教导、求知的过程，还有交流、讨论和思考的过程，将人类连接在一起，并且使他们联合在一类自然的社会中（naturali quadam societate）”。[85]稍后，在第一卷将近收尾之处总结一系列善行的规则时，西塞罗写道：“毋庸细说，总而言之，我们有责任尊重、保护和维持存在于人类所有成员之间的那种融洽友好的关系。”[86]这些表述让我们兴奋的是令人钦佩地预言了我们自己的信念——人类统一体（human unity）的现代概念。这种情绪是非常合情理的，不过对于我们的探究来说，比起预言现代概念更为重要的是，这些表述中暗含着与古典希腊概念的决裂。[87]让我们在这里驻足片刻。

我刚才使用的“人类统一体”这个术语总体上是模棱两可的。如我经常强调的，古典希腊哲学非常明确地断言了人类物种（human species）的统一性——而且，更为明确地是，它发明了物种这个概念，一般意义上的物种概念和特殊意义上的人类物种概念。人类是一种理性动物——拥有 logos 的动物。罗马人接受并且认可了这一定义，将 logos 转译为 ratio et oratio（理性与言辞），正如西塞罗在这里所做的。

---

84 Ibid., 1.16, 52-54.

85 Ibid., 1.17, 55.

86 Ibid., 1.41, 153.

87 与希腊对蛮人的拒斥相对，罗马对外来事物秉持开放态度，对于这一点的明确赞赏可以参看 Claudia Moatti, *La Raison de Rome: Naissance de l'esprit critique à la fin de la République* (Paris: Seuil, 1997)。

罗马人和希腊人的差异存在于铭记以及（最重要的）产生了这一特别差异的框架中。亚里士多德以某种方式将理性动物等同于政治动物，一种生活在城邦，亦即一种确定的政治形式中的动物。当然，那些不是生活在严格意义的城邦，而是在部落或帝国中的人类，同样属于这个物种，尽管他们毫无疑问不是那么娴于交际的，因为他们所在的框架并不利于他们 logos 的展开。不过，无一例外，言辞和理性在一个社群中勃然而兴，这个社群是实在的，因此也是独特的，它可以看得见、被命名，由此可以说是摸得着的。在西塞罗那里，处于其中的某种不确定性预示了我们自己的怀疑：ratio et oratio 是在这样一个框架中发展起来的，这个框架由人类（humanity）自身作为人类种族（human race）的普遍社会所构成？或者它们能够凭借自身而发展，独立于任何既定的政治框架，在此情形中，人类可以是理性动物而无须是政治动物？从所谓的本体论视角来看，这是一个有趣的问题，不过政治上它是一个没有意义的问题。不可能像思考一种政治形式那样思考人类（humanity）。在两种情形下，作为 ratio et oratio（理性与言辞）的人类行为都会变得将其自身与任何政治形式脱离，就像与任何政治政体脱离一样。它不再限定于一种实际被确定的**政治**秩序，而是在一种后来将会被称为**文明**的秩序，或者是在西塞罗本人那时所称的“人类种族的普遍社会”中。Ratio et oratio（理性与言辞）独立于任何具体的政治操演（political operation）；它们为一种普遍的道德服务，与政治形式和政体脱离开来，由此也适用于所有政治政体和形式、所有的政治境况，适用于最小城邦中的公民，也适用于罗马的皇帝。

西塞罗在《论责任》中表达这一道德的方式日后将成为最有影响

的，但他并非此一道德的原创者。正如我已经注明的，它属于“斯多葛主义”，一类歧异且复杂的学说汇纂，它在容纳了极其专业的哲学原理的同时，也表现出模糊或变幻不定的特征，这经常导致难以肯定地判断是否某一学说论点、某一细微之处或某一论断受到斯多葛派的启发。我敢断言，斯多葛学说的此种弹性与脱离城邦的希腊化文明的弹性相应，与罗马城邦（具有扩张的能力，其秘密我们依然不知晓）的弹性相应。因此，在公元前二世纪中叶，帕那提乌斯加入了“西庇阿的圈子”，斯多葛主义激励或者护佑了罗马共和国的精英，此后，它在公元二世纪时，随着马库斯·奥勒留一起攀登至帝国的王座。[88]

简言之，在城邦之间的差异变得暗淡的地方，在它们的自足和不可穿透性逐渐消退的地方，jus gentium（万国法）——这个术语本身来自西塞罗——的重要性和可信度逐渐增长。什么是“万国法”（law of nations）？它几乎承载着无穷的含义。[89]万国法并非单纯地或者主要地意指国际法——国家之间的法律——而是更一般地意指所有文明人群共享的原则和仪轨汇纂（比如“条约必须被遵守”原则）。[90]这些多种多样的涵义具有的共同之处是：万国法这样的法律忽略了政治实体内在与外在方面的差别，[91]或者涵盖了这两个方面。

88　参看 Montesquieu, *The Spirit of the Laws*, 24.10。

89　参看 D. Alland 在 *Dictonnaire de philosophie politiques* 发表的文章，ed. P. Raynaud and S. Rials (Paris: PUF, 1996)。

90　国际法（international law）那时会是如此构想的万国法（law of nations）的主要分支。

91　克吕希波斯（Chrysippus）的此一看法得到了西塞罗的赞同：“个体之人与整个人种之间的联系构成了一类市民法（civil law），这是人的本性。”参看 Cicero, *De finibus bonorum et malorum*, trans. R. Rachham (Cambridge, MA: Harvard University Press, 1961). 3.67, 287。

罗马所独有的

我并不想暗示罗马不知道界限的概念。提到pomoerium（城界）和limes（城墙）就足够了。[92]但是，他们的经验不久就使得civitas（共和国）的界限变得模糊。罗马通过将被征服者转变为盟友、随之变为公民而得以扩张，使用此种方式，伴随着疆土扩张而来的是多种多样且等级分明的人的身份。在帝国的前夜，罗马人依然会说到他们的civitas，这个civitas的扩展和膨胀是巨大的，几乎是骇人听闻的。罗马质体（substance）的这种灵活性、适应性、顺应性，与希腊城邦质体的，尤其是雅典的那种坚硬和致密，形成了鲜明的对照。雅典自身具有的理念以一种非常有表现力的方式集中体现在本土性（autochthony）的概念中。[93]相反，罗马来自彼处（elsewhere）：埃涅阿斯自特洛伊而来，建立了（拉维尼姆）；他的儿子阿斯卡尼奥斯（Ascanius）建立Alba（阿尔巴），罗马就是自此而来；而与此同时，罗马又来自无名之地（nowhere），因为罗慕路斯（Romulus）与雷穆斯（Remus）想要离开阿尔巴：

92 “罗慕路斯……开始建造他的城市……首先，他们挖出一道圆形的深壕，位置大约就是现在的公共会场（Comitium）或市民会议（Court of Assembly），进入这个地点要举行庄严的仪式，将所有作物的头一批收成投到壕内，这是表示丰收的习俗或出于自然的需要；最后，每个人将故乡带来的一块泥土，全部丢进去混杂在一起。这个深壕他们称为Mundus，和天堂有相同的名字；然后以这点为中心，将整个城市包容在一个圆周之内……他们用这条标线来描述城墙的状况，因为向内收缩的关系，称其为波墨里乌姆（Pomoerium），也就是波斯特穆汝姆（postmurum），即城墙后或城墙边。” Plutarch, “Romulus,” in *The Lives of the Noble Grecians and Romans,* 31.

93 这是苏格拉底在《理想国》中推荐的“高贵谎言”，414d。

他们决定独立生活，要在幼年时代受到抚养的地方建立一座城市。这样使得他们的离开有非常体面的理由；尽管或许是出于现实的需要，像这样一个由奴隶和亡命之徒所汇集的团体，就是解散也无处可以投身，如果不这样做只有与他们一起生活在别处。阿尔巴的居民不认为这些亡命之徒值得收留且吸纳成为与他们一样的市民，这显然是因为女人问题，抢女人并非出于放纵所为，而是出于必需，因为他们凭借善意得不到妻子。而他们确实对这样抢来的女人表示了不同一般的尊重和敬意。

等到城市兴建以后没有过多久，他们公开宣布要设置一个圣所，用来庇护所有的逃亡人员，他们将它称为阿昔利乌斯（Asylaeus）神庙。任何人在此地都可以获得接纳和保护，绝对不会将他们遣送回去，无论是从主人家中逃走的奴仆，还是欠下债务无力清偿的可怜虫，甚至是落在官员手里的谋杀犯。[94]

雅典的本土性理念暗示雅典城邦可以说一直就在那里，而罗马起源的纪事，无论是传说的还是历史的，都强调它孕育于无：那些缔造了罗马的人是无名者；我们会说，他们是被弃者。这座城邦的建立

94 Plutarch, "Romulus," 29-30. 亦参看："不过一开始，［罗慕路斯］并不是通过迁移或者扩大现有城市，而是通过兴建一个新城市，来获得自己的土地、乡村、王国、妻子、孩子和亲戚。这样做的时候，他没有杀死或者伤害任何人，而是把恩典赐给那些需要家园和房舍、愿意编组社区成为市民的人。" Plutarch, "The Comparison of Romulus with Theseus," in *The Lives of the Noble Grecians and Romans*, 48.

是没有城邦归属的。李维重申了这依然没有根据的主张："自邻近民族中逃出来寻求庇护的所有乌合之众，有些是自由人，有些是奴隶，他们所有人要求的不过是一个新的开始。"[95]寻求某些新事物（avida novarum rerum）的混合人群，这是某种扩张和无限制之未来的内核。

当罗马逐渐充分地认识自身之际，也就是说，当它能够将自身的经验与希腊经验比照之际，它将自身理解为一种人群集聚、联合或联盟的过程，这个过程的起点正如其成长一样，是可以被理性认知的，因为那属于开化了的时代。[96]相较于希腊，它是后来者并且是"次生的"（secondary），这一事实变成了罗马的优势。[97]除了这一可谓认识上的优越性之外，罗马还具有一种政治优越性："相比之下，我们的共和国不是一个人的天才塑造的，而是很多人的；不是在一代人的时间中，而是历经许多世代。"[98]我们现在更好地理解了为什么西塞罗在涉及不同的"人类亲疏关系等级"之间的关系，以及人类"理性与言辞"最具决定性的框架时，似乎容忍的诸多模糊之处。罗马作为一个城邦不太像雅典或斯巴达那样，而是一个人群联合的动态过程，一个永无休止地拓展城邦形式之界限且最终消除其界限的过程。

此种界限之消除对于政治生活的内容和定义有着不可忽视的影响。当共同体的形式变得模糊之际，共同利益的形式消失了。当公民共享的东西变得不具有确定性时，公民身份就弱化到了改变内涵

95 Livy, *The History of Rome* , trans. Aubrey de Selincourt (London: Penguin, 2002), 1.8, 40.

96 参看 Cicero, *De republica, On the Commonwealth and The laws,* ed. James E. G. Zetzel (Cambridge: Cambridge University Press, 1999), 2.10。

97 西塞罗强调，罗慕路斯比荷马晚很多。参看 *De republica*, 2.10。参看本书第6章。

98 Ibid., 2.1, 33.［参看王焕生译本，第129页。］

的地步。的确，公民的形象在《论责任》中实际上是缺席的。这不仅仅是因为一切都已只受一人支配，同样是因为，西塞罗在对理想政治秩序的勾勒中，将既是一体又是二元的公民——有时治人，有时治于人——替换为政务官与私人。政务官在擢升，与此同时私人在降低，或更恰当地说，公民被缩减为私人个体的身份。就前者而言，“一名政务官特别要铭记于心的是，他代表国家（se gerere personam civitatis），他的责任是维护国家的荣誉和尊严，执行法律，使所有人都享受到法律赋予他们的权利，并且记住所有这一切都是国家托付给他的神圣职责”。[99]政务官的角色，或者无论如何其荣耀的增长，与城邦具体存在的萎缩相对应，后者不再集合为一个可见的整体，不再在场（present），而必须被政务官所**代表**（represented）。在有界限的城邦中，政务官仅仅是城邦的治理部分，而在扩张的或膨胀的城邦中，部分与整体失去了它们的交互现实性（mutal actuality），需要第三项的中介。这第三项，雅典和早期罗马皆不知晓，是persona civitatis（国家人格）。我们会说，城邦已经变成了一个“道德人”（moral person）。这一变形允许将城邦托付于政务官的肩膀，他后来也扛起了城邦。

国家人格的抽象意味着丧失了城邦机体（civic body）的质料（substance）。好公民首先被定义为privatus，即“简单的公民”，他在人们的期望中只是与公民同伴平等地生活在一起。就与公共事务关系的融洽而言，对公民的期望是献身于和平及正派。至少可以说，这

99　Cicero, *De officiis*, 1.31, 127.［参看《西塞罗三论》，第147页。］

些都是模糊的术语。无论如何，它们并没有表达一种积极的公民身份概念。

由此，在我看来，西塞罗的用语中的一切都表明了政治重心朝着政务官的转移，后者作为城邦“人格”的承载者，是公民信任的对象。他们凭什么信任他呢？他们相信他维护共和国的尊严，拥护法律，还jura discribere——赋予每个人自身的权利。西塞罗在这里提出了一种对于共和国统治的新理解，作为公民信任的对象，它细致地维护着他们的权利。这难道不是对于现代国家的勾勒吗？后者超越于社会之上，并且与它分离开来，作为回报，赋予社会每个成员自身的权利。

此种和睦的更好辩护体现在，西塞罗和现代人一样，将政治机构的目的或目标与财产保护紧密地联系在一起。他严厉地谴责了菲利浦斯（Philippus）——此君在担任plebs（平民）的护民官期间，曾提出土地方案，旨在平均财产——随后写道：“建立respublicae（共和国家）和civitates（自治政府）的主要目的就在于保护个人的财产权。因为，虽然是通过自然的指引，人们才聚居在一起而形成社会，但他们寻求城邦的保护则是希望保护自己的财产。”[100]当然，这一句话不曾包含西塞罗的全部政治哲学，不过人们不会看不到它给真正的共同利益没有留下多少空间。自然的因果律，它的社会化或者集聚性的推力(aggregative thrust)，完成了对什么是自身所有的情绪 / 意见(sentiment)的激活。

对什么是自身所有的执着，对特殊（the particular）的执着，在西

100　Ibid., 2.21, 249.［前引书，第202页。］

塞罗采纳了帕那提乌斯的一则主张时就可以发现。他写道："我们还必须认识到，自然似乎赋予我们两种品质（duae personae）：一种是普遍的，它起因于这样一个事实，即我们都有理性和那种使我们凌驾于动物之上的优越性……另一种品质是分配给各个人的特殊的。"[101]由此，自然赋予我们两种人格：一种 persona communis（普遍人格），这是我们的理性本性，所有人都具备；还有一种 persona singulis tributa（特殊人格），一种特殊的或个别的人格，那是我们的个体本性，我们的个体特性。这里引人注目的是西塞罗在多大程度上坚持这第二种人格。亚里士多德赋予我们无比精致的工具，来分析并且清晰呈现每个人全部范围的善恶特征，却不曾展示对于特殊性本身的明显兴趣，与之不同，西塞罗将特殊性作为自己的论题。亚里士多德研究了人，他们的善德与恶行使得他们彼此的确清晰有别，但是，此类善德和恶行皆是那共同本性的诸多表现——性情，西塞罗基于多样性自身的缘故来思考它；他使得个体特殊性从共同本性中脱离出来，正如两种人格之间的区分所展示的那样。在曾经是本性及其有德的或邪恶的"性情"的地方，现在则是两类"人格"。

西塞罗首先提到，人们在 corporibus（身体禀赋）方面有着巨大的差异，不过他立刻补充说，"就性格而言，更是五花八门"。[102]他带领我们迅速地游览了名人——罗马人和希腊人——的画廊，都是用寥寥几句，有时仅仅是只言片语，刻画了莱利乌斯（Laelius）、西庇阿、

101 Ibid., 1.30, 109.［前引书，第139页。］

102 Ibid.

苏格拉底、伯里克利、地米斯托克利、梭伦等。这里让西塞罗感兴趣的并非这些特殊人物的的特殊性，而是一般而言的特殊现象，我敢这样断言。个体本性（individual nature），正如本性的其他面相一样，仍然是本性，产生了对我们而言的另外一类规则。我们决不会违背我们的共同或普遍本性（“contra universam naturam”），相反只是保存它，如果这是确然无疑的，那么另一方面，我们必须遵循我们自己的独有本性（“propriam nostram sequamur”）。[103]独有本性提供了一种并不缺乏正当性的规则，它也不比包含在共同或者普遍本性中的权威性更少。西塞罗甚至暗示前者的权威要更胜于后者的。即使其他的 studia（事业）要 graviora atque meliora（更加重要），我们仍然应该以我们独有本性的准绳或标准（“nostrae naturae regula”）来衡量或评估我们的行为。[104]诚然，西塞罗即刻补充的这些阐释之辞倾向于将这些论题证成为明智的论断：好高骛远没有什么好处，或者更细致些，如果人的行事方式与其个体本性相悖或龃颃（“nihil decet invita Minerva”），那么他的行为就不可能具备适宜性。不过，这些阐释之辞不能掩饰被置于其中的替换之跨度大。人类行为的规则从此以后更多地源自个体本性，而非源自共同本性。

事实上，在随后的几行中，通过个体生命历程中的一贯性（coherence），西塞罗看起来的确界定了行为的适宜性——decorum。[105]他把一个人生命中的行为与说一门语言相比：正如我们必须说自己的

103 Ibid., 1.31, 113.

104 Ibid.［参看《论义务》，王焕生译，中国政法大学出版社，1999年，第109页。］

105 Ibid., 113-115.

母语，免得就像有些人讲话中老是夹杂些希腊字，把自己弄得滑稽可笑，因此我们决不能把任何异质的东西引入自己的行为或者全部生命当中。[106]内在的一贯性、忠诚于一个人生命中的独特性，倾向于替代遵从共同的人类本性及其目的。

再一次地，这里对西塞罗的主张的解释方式容易模糊其意旨。不过，紧接着提供的事例证实了已经进行着的替代之跨度大：加图的例子表明个体本性的差异是如此有影响力，以至在同样的情形中，自杀可能对一个人是义务，但对其他人不是。[107]那么加图的事例如何能够证实自杀因行动者的特性可以是一项义务，或相反会被判定是一项罪恶呢？西塞罗强调说，同等事业中加图的同僚们没有自杀，而是向凯撒投诚，他还补充说，如果他们放弃了自己的生命，公共舆论会谴责他们。为什么会有这双重标准？为什么会钦佩加图的自杀却可能谴责凯撒其他敌手假想的自杀呢？我相信，西塞罗的回答必定令我们吃惊不已。他说，其他人的生活本来就不那么一丝不苟，而加图本性中就具有 incredibilis gravitas（不可思议的端庄），而且他还始终如一地发扬光大自己的这种本性。相应地，如此一位君子与其仰僭主鼻息，不如杀身成仁。[108]一桩由最严格的公民德性、由公共或者共同事物的最崇高理念激发的行动，对于西塞罗来说，在一种个体特征的极端特殊性中存在着真正的辩护理由，这确实是奇特的。西塞罗并不急于将加图行为的准则一般化：他并不属于与加图并肩而战的最后几人之列，

106 Ibid., 115.［参看《西塞罗三论》，第141页。］

107 Ibid.

108 Ibid.

因为他向凯撒投诚了，接受了看僭主的脸色。但是，一起行为的规则如何可能是绝对个体化的呢？西塞罗将加图的公民德性简化为他的个体特征、他独有的本性，这有什么样的政治含义呢？

我认为，加图的德性是根据某种已经变得“理论化”的政治观角，在一种已经消失的政治框架中践行的。由于加图的德性所依赖的政治形式、政体和“伦理实质”（ethical substance）正处于消解的过程中，它不可能达成自己的目标。也因此它返回至这样的行动者（agent），其表现出了极端的、甚至过度的特殊性——亦即一种超越了现实处境，但也与现实处境没有了关联的德性。寻求成为典范公民的德性，被规定为个体的或者怪异的表现。或许西塞罗畏惧不得不模仿加图，但重要的事实在于加图是无法被模仿的，因为德性仿效的框架已然消逝，因为事实上加图的行为已然是对真正公民德性的模仿了。共和国“伦理实质”的消解一方面解放了人的普遍性，一种被抽象地说成是理性的或合理的人类本性，另一方面善和恶看上去成为完全是个人的品性。

人们可以看到，最微妙的道德问题，甚至还有最艰涩的本体问题（比如个体性的状态）是与政治形式问题联系在一起的。人作为纯粹的道德行动者，以及人作为纯粹的独特性、纯粹的个体性，这两类现象在我们看来是在其自身中或者凭借其自身给定的，也就是被决定的，但如果我们依据罗马经验来判断，就会显示它们事实上是衍生现象。它们从何衍生而来？它们从最初的政治形式、原初的共和国的膨胀以及最终从它们的解体中衍生而来，后者我们已经粗略地描绘过了。就我们的理解而言，可以迅即被确定的是，我们的政治理性发觉——再说一次，也就是普遍道德行动者和独特个体之间的分离——是由一种现已失去的具体普遍性（concrete universal）的分裂产生的，此种具体普遍性就是公民。在这种意义上，道德行动者以及个体的抽象证据都是直接来自他们那贫乏的现实，而这种贫乏作为一种缺陷反过来是自政治形式的膨胀中产生。

如果这些思考有着些许说服力，它意味着某种“从古代向现代的转变”早在罗马共和时期结束之际就已经发生了。一种植根于共同事物之政治统治的共和秩序，让位于不久会成为帝国的秩序，后者根植于对特殊财产和权利的法律保护。正如亚历山大·科耶夫在对《精神现象学》评注时说的：“希腊的战士变成了罗马的资产者，后者不再是异教徒意义上的公民了。那时国家也有‘权’（=合理的可能性）忽视他。非战士的伪公民，唯一在乎的是他们的私人财产（特殊性），并且忽视普遍性，任凭职业士兵和他们的领袖（皇帝）摆布。此等领袖、暴君自己也会把国家视为他的**私人财产**（以及他的家族的私人财产）。”[109]

当然，在皇帝支配下的罗马资产者依然与自由选择其代表的法国或英国资产者相距甚远。但是，他们有着足够多的相同之处，尤其是《论责任》中西塞罗式的政治秩序概念与自由主义的国家功能概念之间有着足够多的共同之处，足以提出两种“现代性”、走向现代的两种方式，亦即变成个体的两种方式之间的关系问题。

---

109 Alexandre Kojève, *Introduction à la lecture de Hegel* (Paris: Gallimard, 1947), 116. Quote trans. Marc LePain.

西塞罗时刻

由西塞罗在《论责任》中完成的对政治秩序的重新定义，看起来证实了我们对列奥·施特劳斯在《论僭政》中的论点的保留态度。凯撒主义不能简单地被理解为是绝对君主制的一个分支。凯撒时刻可以合理地被称为西塞罗时刻，用某种方式重新定义了政治秩序，它决然地远离古代公民秩序、希腊的或罗马的公民秩序。“担负着城邦人格”的政务官，其职责是分配给每个人他（她）的权利，尤其是保护财产，因为正是为了保护他们自己的利益，人们才汇聚于城市，这样的政务官是政治秩序中一种前所未有的角色。人们可以说，希腊政治哲学拥有所有的工具来构想此等新的角色，这或许是真实的，哪怕 persona civitatis（国家人格）在希腊没有对等之物，但核心的要点是：在希腊经验中，政治秩序一直都是某一既定具体社群的秩序，某种共同事物的积极操演（active operation），不可能是某种功能定义（functional definition）的对象，就像西塞罗提出的那样。

西塞罗时刻并不局限于我们正在思考的这一段时期，即西塞罗生命的最后年月。它只是被帝国的登场暂时且不完全地终结了。正如上面所引科耶夫的篇章暗示的，帝国政体（imperial regime）使得君主私人化的程度不亚于臣民。无论取得了多大的历史成功——这成功或许首先源自它依然怀有的城邦活力（civic energies）—— 一种内在的弱点影响着罗马帝国的形式。它远不能满足原初的城邦经验所唤醒的愿望。在这种意义上，我所称呼的西塞罗时刻一直持续、延续到欧洲政治生活最终产生了其具体的政治形式，即民族国家为止。西塞罗时刻的特征是一种未确定的具体政治形式；可以说，界定其内涵的是那具体政治形式的未确定特征，以及在此种形式缺失的情形下构想共同生活规则的需求。在这一意义上，我们所称的文艺复兴时期乃西塞罗时刻的顶峰，并且准备好了其退场。

毫无疑问，蒙田是此一背景下最有趣的作家之一。我没有理会蒙田在其《随笔集》第1卷第40章"论西塞罗"中对西塞罗本人的评价，而是尝试直接切入将漫长的西塞罗时刻的开端和终结连接起来的问题。它就包含在西塞罗对加图的评价内容中。

如我们所见，西塞罗将加图的自杀作为这样一则行为的示例，即在人的 incredibilis gravitas（不可思议的端庄），亦即在他的 propria natura（独有本性）中寻找到合理理由的行为。我曾说过，行为规则对西塞罗来说，常常不再寓居于人的本性及其普遍品质之中，而是在个体本性及其独特品质中。现在，这是蒙田拿过来并且在其《随笔集》中发挥的一个论题，他更是明确地论及我们曾经读到的西塞罗的篇章。这个论题是"主导脾性"（ruling pattern）："只要想想我们自身经验中的此类印迹。如果聆听自己，就没人不会在自己那里发现一种完全是他自己的脾性，一种主导脾性，那会抗拒教育，抗拒一切相反的激情引起的风暴。就我而言，我不曾感到太多突然的冲击；我几乎总是处于适当的位置，就像笨重且懒惰的躯体。我若不在家，也总是离得很近。"[110]

作为西塞罗眼中有着异常的个体本性的范例，加图在《随笔集》

110 Montaigne, "Of Repentance," in *Essays, in The Complete Works,* trans. Donald M. Frame (New York: Alfred A. Knopf, 2003), 3.2, 746. [参看《蒙田随笔全集》，马振骋译，上海书店出版社，2009年，第3卷，第21页。]

中扮演着重要的角色。加图的事例让蒙田极为着迷：“大自然选择他作为真正的模范，展示人的德性和坚贞会达到什么程度。”[111]在某种意义上，加图对蒙田而言所代表的与他对西塞罗而言所代表的正相反或对立，普遍的或一般的德性替代了个体性格。加图是德性**本身**。因此，正是通过细致地审视加图，蒙田发现且阐释了德性问题，既有其令人钦佩的性质，同样也有其模棱两可之处。我将自己限定在那对于我们的目的来说不可或缺的内容上。

蒙田丝毫也不怀疑加图的德性内在地有着令人钦佩的性质。加图甚至是他独排世人恶议而为之辩护的古人的典范：“当今的大多数才俊，都故作聪明要给古人的高风亮节抹黑，加以卑鄙的说明，编造无聊的事因缘由。”[112]不过，加图德性的某些方面使他产生了迷惑或者让他有所保留。苏格拉底的“心灵活动是自然的、世俗的”，比较而言，加图的“气度远在一般人之上；……大家总觉他高高在上，目中无人”。[113]对我们而言，更为重要的是在加图和他的同代人之间、他的行动与行动的环境之间的鸿沟：“加图的德性强健有力，远高于同时代的标准；对于这样一个劳心治人、致力于公共服务的人，可以认为，他的德性是正直的，如果够不上不正直，至少也是徒劳且不合时宜的。”[114]加图的德性，的确令人钦佩，确实在某种程度上是远高于他那个时代的风纪标准的，但至少是“徒劳的”、过时的——“不合

111 Ibid., “Of Cato the Younger,” 1.37, 207.［前引书，第1卷，第212页。］

112 Ibid., 206.［前引书，第1卷，第211页。］

113 Ibid., “Of Physiognomy,” 3.12, 965.［前引书，第3卷，第242—245页。］

114 Ibid., “Of Vanity,” 3.9, 922.［前引书，第3卷，第198页。］

时宜”——最坏情形则是“不正直的”，因为，一种公民德性，由于其极端正义，不能有效地矫正困扰着城邦的不正义，这样的公民德性有什么用呢？[115]用我们的话来说，不管怎样，用“存在主义者”的语言来说，人们会认为，在加图的德性中有着“作伪”（inauthenticity）的痕迹。加图为之而牺牲自己的公共事物**不再存在了**。这是非常**美的**——而这也是诗人们赞颂加图的理由[116]——但在什么意义上，它是公正的？

补充说明：蒙田的保留与加图的德性有关，亦即与最卓越的德性、道德德性本身有关。难道纯粹的道德德性——与任何特殊的政治社群相分离，与任何具体的政治善好相分离——不是实际上包含着某种对不存在的共同体和公共事物的献身？这样的道德行动者，即出于纯粹地尊重法律而服从法律，难道不曾将加图所示范的方式或性情推到极致吗？的确，正如加图的献身激发了诗人的热情，内心的道德律和头顶的星空，根据康德，在我们的内心唤起的赞叹和敬畏日新月异、不断增长。[117]这般理解的道德律是非常美的，甚至是崇高的。但是，这一法则在什么意义上是公正的呢？既然它乃是与任何具体社群的善绝对分离的。这个问题对于康德来说合情合理，以至于他自己被迫假定我们属于一个理性王国，在那里，我们可以期望德性将会伴随着幸福。如果加图为一个已经不再存在的共和国献身，那么，根据康

115 蒙田在前面几行写道：“不去做他不可能做到的事，他就不对了吗？”Ibid., 921.［前引书，第3卷，第198页。］

116 参看 Ibid., 1.37, 207。［前引书，第1卷，第213页。］

117 参看 Kant, *Critique of Practical Reason*, trans. Lewis White Beck (New York: Liberal Arts Press, 1956), 166。

德，服从道德律的道德行动者是在为一个已不存在，但将在他死后存在（他希望如此，或在此岸，或在彼岸）的共和国而献身，因为历史服从进步法则。

让我们回到蒙田。在更确切地看清他是如何面对我所称呼的西塞罗时刻之前，应该注意到的是，他在自己同时代的处境与西塞罗和凯撒时代的处境之间确立了一种对应关系："善并不必然继恶之后而来；另一种恶可能会接踵而至，而且变得更糟。比如凯撒的凶手所做的事，共和国陷入那样的情形，他们有理由为其擅断专行感到后悔。此后直到我们这个时代，许多人也有相同遭遇。我同时代的法国就可说说这些事。"[118]蒙田在这里并没有局限于比较这两段以大动乱为标志的历史时期，也没有局限于使人想起这些人，他们有时着力改善处境却只是弄得更糟。他察觉到一种奇特的现象，其中存在着某些本质上模糊的东西，不过，他着力表达其可怕且令人惊奇的力量。在叙说"[他的]国家当前的社会风纪"迫使他离开家乡、远足旅行之后，并且在强调"历经长期的内战"，他和邻居都已经"变老了……国家则千疮百孔，说实在的，它能够继续维持也算奇迹"之后，他说道："最后，从我们的例子可以看出，人类社会不计什么代价都是自行凝聚与联结。不论将他们放在什么地盘上，他们推推搡搡、挤来挤去，最后排得整齐有序，就像把互不相连的物体胡乱放进一只口袋里，它们自会相互衔接组合，经常比精心安排的还要妥帖。"[119]这是蒙田的社会物理

118 Montaigne, "Of Vanity," in *Essays,* 3.9, 889. [《蒙田随笔全集》，第3卷，第166页。]

119 Ibid., 886-887. [前引书，第164页。]

学（social physics）：将人们联结在一起的必然性在发挥作用，使得他们喜欢在秩序和无序之间作出的对比很大程度上变得徒劳。蒙田行文不远即写道：

> 人因彼此需要而和解，而聚合。这种偶然的结合随后经过法律而固定下来；因为有的法律虽然非常严酷，实非出自人性的主张，然而它们却与柏拉图和亚里士多德所能制订的法律同样有生命力与长寿。确实，所有关于某种统治的描述都是精心虚构的，荒谬可笑，难以付诸实施。关于最佳形式的社会、最具约束力的规章制度的这些大争论，旷日持久，只适合我们锻炼头脑。[120]

"论虚空"一章总体上与《君主论》的第15章相对应。[121]它包含着对以政体，亦即最佳政体问题为旨归的希腊政治哲学最彻底的，也可说是最令人困扰的批判。

如果这是人类秩序的根基，那么它对于有德性之人的可能出路有着非常重要的后果。因为政治形式的模糊不定或者膨胀，因为政治政体在决定上的软弱无力，德性相当程度地丧失了发现自身含义并且在其中践行的框架。如果没有了践行的场域，更确切地说，如果行动的框架和氛围不是"引领者"（conductors），如果人类社会的原始无序夺

120 Ibid., 887.［前引书，第164页。］
121 参看本书第5章。

去了德性在其中得以显现的光芒，那么人们如何才能行事正派呢？寻求蒙田对这一问题的回答并非我们所关注的。我只是想表明，以此种方式提出的这个问题，有助于澄清蒙田所提建议的矛盾，那建言自然而然让人产生疑惑：一方面"约束我们生活中的身外之物"，[122] "把[自我]从各个方面解放出来"；另一方面，要锻造友谊："没有什么比感情和友爱真正是我们的自由意志本身的产物了。"[123]挣脱所有家庭或国家的"自愿束缚"的枷锁，以求铸造友谊的纽带、"自愿自由"的纽带，是蒙田遵循和鼓励的路径。这挣脱中有着无情甚至残暴之处；而对友爱则报以热情。这些特征会清晰且连贯地呈现出来，如果我们记得加图示例的"类型"的话。一方面，自由立基于毅然去献身的性情："筹谋死亡就是筹谋自由。谁习得了死亡，谁就习得了不被奴役。死亡的学问使我们超越任何束缚与强制。"[124]另一方面，作为"自愿自由"之产物的友爱包含着一类联合，这一联合将自身与更为广阔的社会分离且隔绝起来，在这个联合中，两个成员彼此拥有完美共谋者之间的信任。简言之，在位于人类秩序底座的无序中，道德光芒是由此类个体的或私人的团体（republic）提供的，那是人们准备献身的团体，而德性在类似于团体共谋（republican conspiracy）的友爱中找到了其完全的实现。

人们可以看到蒙田如何清晰阐释了西塞罗时刻。不可能将德性置

122 Montaigne, "Of the Education of Children," in *Essays*, 1.26, 142.［《蒙田随笔全集》，第1卷，第143页，有改动。］

123 Ibid., "Of Friendship," 1.28, 166.［前引书，第1卷，第169页。］

124 Ibid., "That to Philosophize is to Learn to Die," 1.20, 73.［前引书，第1卷，第76页。］

于一个不再能够孕育德性的政治秩序中。不再有 ratio et oratio（理性与言辞）可在其中展开的公共空间了。蒙田得出了此一事实的所有后果，并且以最慎思、最充分也是最激进的方式做了回答。我并非借此暗示蒙田的著作是由政治、宗教和社会背景决定和（可以这么说）书写的。如果这是实情，那我们就会拥有很多个蒙田，如同在那“支离破碎的”世纪会有众多作家一样。相反，蒙田的独一无二寓于这一事实，即一方面他能够以举世无双的敏锐察觉到时下的特征，那是他与同时代人正在经历的，另一方面还详细制定了一种文学和政治密不可分的战略，这战略如此无所畏惧、有创造力，以至于他形成了一种前所未闻的言说形式，为这除了弑杀的刺耳声之外一无所有的世界带来了疗治。他如何做到这一点的呢？

一方面，蒙田激烈地质疑 ratio 问题，即这种为人所接受的定义，人是理性的、政治的动物，理性的是因为其是政治动物，政治的是因为其是理性动物。此等论辩只是滋长了宗教和政治党派的浮夸，而它们反过来又煽动起内战。蒙田展示了所有能够被集结的装备最精良、种类最多样的修辞和分析武器，反对人类理性，反对各各不同的人类浮夸。另一方面，在这种对于 ratio 的抨击中，另外一类的、全新的 ratio 破壳而出。Oratio（言辞）决然地，甚至可以说正式地变成了**私人的**。但是，凭借其畛域、影响和变化，它堪与匹敌甚至超越了最为人所接受、最声名显赫的公共 oratio。《随笔集》的私密说服力（private eloquence）与西塞罗的公共说服力（public eloquence）一较高低，并且替代了它。正是在题为“论西塞罗”的一章中，蒙田以尖锐的、最无畏的方式表达了《随笔集》的谋划和雄心。[125]《随笔集》是被马可・福马罗利（Marc Fumaroli）称为“灵魂论坛之雄辩”得以孕育和展示的一处空间。蒙田“不是作为一位语法家或一位诗人或一位法学家”，而是“作为米歇尔·德·蒙田”[126]，对他的每一个读者进行直接的私人谈话，邀请所有的读者，以他们正在阅读的随笔为起点，进而产生“无数的随笔”。[127]当它扩散、增长并且获得影响力时，这种私人的交流开启了一类必定被认为是公共的空间，那相当贴切地被命名为“文字共和国”的新空间。《随笔集》自最黑暗的无序中，缔造了某种“言辞城邦”，它与柏拉图的城邦大相径庭，不过，它不久会在所有欧洲人中间传播其教化的力量，这些人寻求教导，亦即寻求走出这崩溃的社会，在那里，人们“推推搡搡、挤来挤去，最后排得整齐有序，就像把互不相连的物体胡乱放进一只口袋里”。[128]

此一新教育的主要内容为何？它严格地排除并且指责宗教和政治的新颖。蒙田不曾寻求真正的宗教秩序或公正的政治秩序的标准。我们并非由完好结实的一块布料制成，足以依照那样的标准裁量自身，基于此，那个标准就不过是我们假想中的一个发明。不过，如果我们没有通向秩序原则、良好的政治或宗教统治原则的路径，如果对我们来说没有“最佳政体”，我们仍然能在蒙田所称的“人类境况”或“我们的自然境况”中寻找到某种治理（rule）。这既不是一项事实，因为

125 Ibid., 1.40.

126 Ibid., 3.2, 741.

127 Ibid., 1.40, 224.

128 Ibid., “Of Vanity,” 3.9, 887.

实际上基于假定的缘故（out of presumption），我们从不曾停止背弃它、努力逃避它；也不是一种理想，类似于我们要对之行注目礼的古代德性，因为正相反，“对我们境况的记忆”必然阻止我们自己被任何声名显赫的理想吸引过去。“我们的境况”是某种颤动的视域，但我们决不能忽视它，是某种摆动的平面，但我们必须在上面落座，与此同时，我们几乎无可抑制地被诱导着去构想一种清晰且宏大的理念，或者一种坚不可摧的根基，在那光芒之中，或在那根基之上，我们将会造就伟大的机械——“超人类的”机械——那会讨好我们的假定。私人的 oratio，基于现在能够雄辩滔滔的灵魂论坛（interior forum）的说服力，同时也是公共的，唤醒并且激发了人的“自我意识”。我们各各不同的宏伟政治或宗教制度——古代城邦和基督教会是两类最纯粹或强大的形式——被替之以如下情形的逐步扩展：反思、自嘲、对我们优越性的怀疑、以人性之名对人性的批判、以人类境况之名对人类风纪和趋向的批判。

让我回到自己曾提出的一般论断。西塞罗时代与蒙田时代之间延续着一段长长的——极其漫长的——“西塞罗时刻”。从头到尾，形势已经大大地改变，政治反思的框架，以及某种程度上政治行动的框架，本质上都保持静止不变。我们的先辈上下求索政治秩序，徘徊在帝国与城邦、帝国法——如果你愿意，也可称为 *corpus juris civilis*（《民法大全》）——与共和德性、共和国的私人化与加图的献身之间。这一论断并不具备太充分的合理性，因为它对于这些世纪特有的现象沉默不语、忽略不计，即教会的力量或权威，还有基督教道德的传播。在无限延长了的西塞罗时刻，剔除长达十五个世纪的基督教，会有什么收获?

无论这样的表述可能有多么地不恰当，它并非掩盖甚或低估基督教的影响力。不止如此，人们能够察觉到，在“基督教国王”这个形象身上，民族国家的政治形式开始成型，它将承继帝国而来。但是，教会的力量或权威，基督教仪式、道德、形象及主题的无处不在，绝不能向我们掩饰这一点：基督教，还有基督教教义或学说，历经这些所谓的基督教世纪，在政治筹思（political elaboration）中扮演的只是一个非常虚弱的角色。借助政治筹思，我同时来解释政治行动、制度建设以及以操演方式来支撑此类行动或建设的话语（discourse）。操演性话语（operational discourse）作为言辞，在任何情形下皆是说服或劝服的方式，合理地证成要做这个而不是那个，要选择可供选择的这一个而非那一个，倾向这种政体而不是另一种，诸如此类。政治哲学就是此等操演性话语，或者它如果不是简化为此等操演性话语的话，也能够培育或引导它们。法律不是作为一项技术而是作为法的原则、裁判传统，同样也能孕育一种操演性话语，哪怕它的路径要比政治哲学的狭窄些。政治史，包含构成其内容的记述和分析，还有总结教训的格言，同样也是操演性话语的一类渊源，不过它们本身就足以成为此类话语是少之又少，因为它们需要政治哲学或法律使其得以实现。在我们说到的这些个世纪期间，正是古代政治哲学、法律（尤其是罗马法）、政治史（尤其是罗马的政治史），提供了那些主角们政治论辩的本质要点。不是“基督教”、基督教神学。此种情形的理由简单又有说服力：没有基督教“政治神学”。基督教话语，表达的无论是什么论题，都非政治操演性的。它允许凭之来证成做这个而非那个，要选择可供选择的这一个而非那一个，倾向这种政体而不是另一种，既非理性，也非启示（revealed Word），而是从政治哲学、法律和政治史中抽离出来的本质论断，这正是最权威的神学家们所做的，比如托马斯·阿奎那。在“基督教世纪”最常被引用的“权威文句”可能是圣保罗的话了，“在上有权柄的，人人当顺服他”（《罗马书》13:1）。同时显而易见的是，它没有任何确定的政治内涵。其政治意蕴有赖于环境。当保罗对其加以阐述时，无论其意图是什么，这常被引用的文句从不会具有“构成性的”（formative）政治角色。除此之外，还可轻松引用同样权威的截然相反的文句：“顺从神，而不顺从人，是应当的。”（《使徒行传》5:29）这文句的意蕴同样依赖于环境，而且它同样缺乏“构成性的”政治内涵。基督教话语有其自身的模式和操演领域，而且一直有效地在其组织的社群中辨识基督教会——它在本体论上与政治社群是分离开的，即使在政治上与它们混在一起。

5

现代人眼中的罗马

马基雅维利与新罗马规划

政治思想最终如何能够变成操演性的？它如何从帝国与城邦的泥淖中脱身出来？这是现代政治哲学的历史，至少是**第一波**现代政治哲学的历史，后者自秩序之缺乏出发，寻求缔造政治秩序。第二波——在我们的探究之始，我就强调过此中的差别——开始于一类特殊的现代政治经验，更确切地说开始于它从中得出了政治后果的一类特殊的现代政治经验。第一波旨在锻造一种政治工具，它是普遍的，亦即能够在所有环境下缔造秩序。这种工具，我们十分熟悉，就是现代国家。第二波现代政治哲学反映了一类特殊的现代政治经验，它不再是秩序之缺乏，或者如同第一波中的某种极端无序，而是相反，是一种新类型的秩序，因为它并非产生自、无论如何不是直接产生自政治机构或者政治命令，而是源自社会自身成员的行动，一种内在于后来被恰当地称为社会中的秩序，对此，我们知道，第二波现代政治哲学将其命名为**商业**（commerce）。我们在这里的兴趣涉及第一波现代政治哲学，不过，可以明确的是，如果两波哲学或现代哲学表达开始于相反的经验——第一类情形中是无序，第二类情形中是有序——那么，在这两类情形中，它们都不曾自某种实证的政治经验中获取支撑。充其量第二波开始于这样一类经验，它有益地修正了政治生活的境况，首要的是统治的境况。

那就让我们思考第一波现代政治哲学，它有三个伟大时刻，对应于马基雅维利、霍布斯和洛克。他们皆切切在心的是以一种新的政治工具缔造一类稳固且合理的政治秩序。霍布斯阐述了此类工具的目的，辨识了其来源，并且描述了其本性以及主要部分之间的相互影响。洛克不曾对整体秩序加以修正，而是主要凭借添加一种新装置完善了它。但是，他们的前辈马基雅维利做了什么呢？无须自命要在这寥寥几句中总括马基雅维利著作的内涵和玄旨，人们可以说，把他当作作为一种制度的现代国家的倡导者乃是时代错乱，但是，无论如何马基雅维利矢志于为锻造新政治工具——无论这工具应该呈现什么形式——创设条件，以便阐发某些基本原理，涉及我所称的操演性话语，他本人称之为“有效真理”（effectual truth）。

每一类结构坚固的政治秩序包含着一种操演性话语，这种话语包含着某种内在的多样性。就雅典而言，历史学家和哲学家着手并且定义了城邦自身的话语，那本身就是操演性的。至于罗马，如我们后面所见，[1]西塞罗寻求介于加图和凯撒之间的、通向一种新颖的共和国元首制的路径，那除了在**共和国**的卷轴之上就不可能存在。现代政治

1　参看本书第6章。

哲学不可能以城邦的意见作为起点，因为就没有城邦，或者如我曾说的，存在着太多的城邦，每一个都有其意见和话语，无论是共和的、帝国的还是基督教的。那么现代的任务就是筹思一话语以缔造它所谈及的秩序，既然不可能参照既存的秩序（它除了无序别无所是），这一话语便以某种方式模仿普遍政治秩序的缔造。现代人不是从某一**特殊的**或**具体的**政治形式和政治政体开始，就像柏拉图，尤其是亚里士多德从希腊城邦和民主制开始，而是不得不以一种**普遍的**政治秩序为目标；换言之，他们不得不通过辨识所有奠基时刻共有的是什么而走向政治奠基——他们不得不**模仿一种普遍的奠基**。这正是马基雅维利所做的。

这些评论虽然简短，却帮助我们在重读《君主论》第15章时有了某些新的领悟，我在本著的开篇中就引用过这部作品。马基雅维利以**真理**反对**想象**："许多人曾经幻想那些从来没有人见过或者知道在实际上存在过的共和国和君主国。"[2]柏拉图或亚里士多德是马基雅维利在这里想起的那 molti（许多人）中最早的，无疑他们的"最佳政体"从来没有人看见过或者知道存在过。不过，这个最佳政体的设想或阐述——"想象"——是开始于希腊人看见且知道的现实政体。这里确切被想象的是那"最佳的"，也就是说，"是什么"与"最好是什么"之间的差异或距离。马基雅维利批评其是"想象的"乃是因为现实中的东西不曾提供某种政治秩序可让人们寻求加以"改善"。对他而言，

2 Niccolò Machiavelli, *The Prince*, 2nd ed., trans. Harvey C. Mansfield (Chicago: University of Chicago Press, 1998), ch. 15, 61. [参看《君主论》，第73页。]

事情并非从某一现实政治秩序出发构想那最佳的，而是构想……什么、从什么出发？“有效的真理”？但当不再有任何现实政治秩序时，是关于什么现实政治秩序的呢？过去的政治秩序？比如罗马的？是，但人们如何能够“看见并且知道”过去的政治秩序——当我们所知道的更多是人们，首先是时下之人所想象的而非“有效真理”时？“径直走向有效真理”就是去寻求政治秩序的起因，[3]“看见并且知道”它在被人们的想象改变之前的样子。再一次：怎么做？

让我们略微思考《论李维》第3卷第1章，在那里，马基雅维利的路径可以得到最好的理解。

如我所强调的，马基雅维利不能从某一具体的政治秩序开始。他必须从关于“尘世之事”（worldly things）的最普遍的论断开始抵达政治现实。他是这样开始的：“尘世间的一切，皆有其寿限，这一点千真万确。”[4]接着他在简单的机体与混合的机体之间做了区分，并且试图着重谈论后者，“比如共和国和教派”。既然不能从某一可靠的具体政治秩序出发，马基雅维利就从最普遍的论断开始，接着进行逐次的区分。[5]使用这种方法，他不会遗漏有什么不曾考虑（事物要么是这样，要么是那样）。这样的一种程序包括了或者看起来包括了整个现实。用我们的术语，人们会说这制造了一种强烈的“科学”印象。

在接下来的几行中，这一印象加深了，在那里，马基雅维利论及

3 Ibid.

4 Niccolò Machiavelli, *Discourses on Livy*, trans. Harvey C. Mansfield and Nathan Tarcov (Chicago: University of Chicago Press, 1996), 209.［参看《论李维》，冯克利译，上海世纪出版集团，2005年，第309页。］

5 亦参看《君主论》第1章的开始。

了“一切教派、共和国和王国的初创时期”。他强调了穷尽一切。他不仅从起源（“初创时期”）开始，而且他呈现出来的最普遍准则就是人们必须回到起源。为什么？因为起源之中必然具有某种善好的东西（“in sé qualche bontà”）。马基雅维利不曾打破传统本体论，后者假定存在（being）和善好（goodness）是可转化的，不过他赋予其最狭隘的解释：如果某一事物开始存在，经历了 primo augumento（最初的生长），那么其中必然有某种善好，教派和共和国的“最初名声”就与此相应。马基雅维利提出了一种缩减至最小程度的本体论，可以说是某种“薄弱的本体论”。

那么在共和国的情形中，人们如何回到起源呢？马基雅维利再次凭借区分而前行：“或是通过外部事件，或通过内在的审慎。”外部事件的一个例子是某一次战争胜利，它彻底革新了所有的制度（“tutti gli ordini”）。内在审慎的一个例子是“某一法律”或“某一贤达”。不过，在明确这样的法律可能是什么或这样的贤达可能做什么之前，“外部事件”的实效，或者“内在审慎”同样可能造成的实效，需要加以界定。此等实效就是一起生活在任何政治秩序中的人群 si riconoschino——检省自身。一次 battitura estrinseca（外部的打击），比如一次入侵或者一次战败，迫使人们仔细查看自身，亦即立刻评估他们的处境或者犯下的错误、实施的改革，诸如此类。人们可以说这导致了政治自反性（political reflexivity）。

什么类型的法律能够产生此种实效？马基雅维利回答说，在罗马就是“防范人们的野心和傲慢的”所有法律。不过，法律还不够；它们需要人。它们需要得以实施、产生实效、“由一位公民的德性”

注入活力，“此君面对那些违法乱纪者的势力，也能果敢地予以处决”。[6]“处决”（execution）在这里需要仔细对待，因为马基雅维利接着列举了好些具有极佳效果的著名处决：布鲁图斯儿子之死、十位执政官之死、麦利乌斯（Melius）之死、曼里乌斯·卡皮托利努斯（Manlius Capitolinus）之死、曼里乌斯·托克图斯（Manlius Torquatus）儿子之死，等等。

把共和国拉回起源的另一种方式是凭借具有威名且堪为典范之人的简朴德性，好人乐于效法他，而恶人羞于过着与他相悖的生活。马基雅维利接着提到了赫拉提乌斯·科卢斯（Horatius Cocles）、斯开沃拉（Scaevola）、法伯里希乌斯（Fabricius）、两位德希（Decii）、瑞古路斯（Regulus）以及“其他一些人”。这些非凡的典范之人在罗马产生了与处决“几乎相同的效果”。马基雅维利提到的最后一位典范之人是加图，在发现罗马城已经大面积腐败时，他无法以自己的垂范让公民改邪归正。

无须再进一步阐释这一章，可以发现的是，马基雅维利不时模糊“外部事件”与“内在审慎”间的区分，比如他说人们“经常通过这些外部事件或者内在审慎来检省自身”是必要的。关键的是实效，那是相同的或者几乎是相同的——实效，也就是防止腐化的政治自省（self-knowledge）。此等反省的起因显而易见，在处决的情形中，是恐惧（paura），在 esempli rari e virtuosi（非凡德性之典范）的情形中，是敬畏，是那被引向献身的敬畏。这样的敬畏是某种样式的恐惧，这

---

6 Machiavelli, *Discourses on Livy*, 210.［参看《论李维》，第310页。］

样说有些过了，但恐惧是其构成因素之一。

我们在这一章可以看到，马基雅维利使得罗马经验承受了多么有力且精细的萃取。当古代哲学，同样很大程度上还有古代历史学家，还在描述和分析古代政体以及多种政体的衍变和更替时，马基雅维利在这政体多样性背后寻找某种精神的东西，或者某种源泉，或者某种政治的法则，仿佛普遍的政治在抽离了与政体相应的多样的政治生命之后，并不是变得贫乏，而是相反，包含着政治事物中最具体的内容；仿佛政治秩序的开端，任何秩序的开端，并未与这种发展了的、具体化了的秩序分裂，或者并未在其中消失，而是继续伴随着它，甚至就是它的真理，是这种秩序必须不断回到那里的真理。

我刚才提到了普遍的政治、普遍的政治秩序，我也尝试表明，马基雅维利有着较古代哲学家更为普遍的，且在那个意义上或在我们眼中也更"科学"的路径。与此同时，他并没有留给我们很多普遍的概念——这一次要逊于古代哲学家——而是通过混杂的历史人物和事件来贯彻他的意图。他在我们心中激起对概念或者一系列概念的渴望，那会赋予马基雅维利所发现的内容以一种综括的阐述。他在我们心中激起了这种渴望，让那暗含或者隐藏在《君主论》和《论李维》中的科学变得清晰明白。

让我们尝试满足这种渴望，不过我们下面要说的存在这样的危险：把马基雅维利的意图相当程度上扁平化或干枯化了。因为人们总是野心勃勃且傲慢无礼，所以他们是桀骜不驯的。由此，我们正在寻找的，我们为了缔造秩序或某种程度的秩序而寻求的手段，乃是在所有环境或无论什么环境下造就服从的方式。说马基雅维利邀请我们阐发一类**服从的科学**（science of obedience）并为我们做好了准备，这无疑简化了马基雅维利的教导，不过这种简化是他本人激起的渴望。无论如何，此一科学将由托马斯·霍布斯这般地予以阐发。

霍布斯或告别共和

马基雅维利从迫人服从的人开始，或者从其野心是迫人服从的人（即君主）开始。在这种意义上，他保存甚至强化了治人者与治于人者间的区分，那对希腊人来说是本质的区分。霍布斯从臣服者开始，那被迫服从或服从是其义务的人，即英格兰臣民。英格兰内战使其强烈地意识到了服从的困难：

> 因为谁能成为君主制下的好臣民呢？其原则从君主制的故人那里得来，比如西塞罗、塞涅卡、加图和其他罗马政治家，还有雅典的亚里士多德，此辈除了将君王视为狼和其他野蛮的动物之外，很少谈及他们。你或许认为好臣民是这样的一个人，除了良好的自然心智以外，不需要知晓什么他对于统治者承担着的义务，以及统治者有什么权利命令他，但是，事情并不止于此。因为，那是一门科学，奠基于确切且清晰的原则之上，可以通过深入、细致的研

究而习得，或可从深入研究过的巨匠那里习得。[7]

从臣民开始而非从君主开始，蕴涵着一个决定性的简化。使得马基雅维利式的科学如此诱人的东西——使它既诱人又诋毁不断的东西——使它有瑕疵又难以驾驭。特别是，它引入了一种不恰当但又是根本性的区分：君主和其他人之间、拥有 virtù（德性）之人和缺乏 virtù 之人间的区分。凭借着从臣民开始，从最普遍的条件开始，霍布斯没有必要考虑这一区分。那对他来说就不存在。他能够严肃地构想，能够亲自允许一种真正普遍的科学，也就是说，一种真正科学的东西。

从臣民（即其义务就是服从之人）开始，实际上就是从那不服从或倾向于不服从之人开始。如果他自愿服从，政治秩序就不会有问题。由此，霍布斯从人类不服从之原初事实开始，从他所谓“无法无天之人的放纵状态”开始。由此，他从人类**境况**开始，这一境况独立于政治环境，居于每一种政治形式的底层，也居于每一种政治政体的底层，不过它提出了问题，对此的解决之道是一种新的政治秩序。

在提炼某种无涉政治或非政治的自然状态概念时，霍布斯重新界定了政治的涵义。对希腊人而言，如我不断强调的，人的自然状态是政治的。政治问题在某种程度上与人的问题是重叠的。由此，描述人的世界就是描述展现出来的多样性的政治生活——多种多样的政体。

7 Thomas Hobbes, *Behemoth, or the Long Parliament*, bk. 4, ed. Ferdinand Tönnies (Chicago: University of Chicago Press, 1990), 158-159.

政治哲学的任务首先是**描述**，绝不是**演绎**。与此相对，霍布斯通过抽取、通过充分地阐释不再具有任何政治性质的人的自然状态，赋予政治某种新的涵义，一种功能或者手段。[8]政治秩序是人的问题的解决方案或者解决手段。政治秩序不再成为问题，因为它是人的问题的**解决方案**——一个明显的、无论如何毫不含糊的解决方案，前提是问题被正确地抓住。于是人与人之间的秩序完全得自政治命令（political command）。相应地，政治哲学家的任务就不是描述如其所是的政治生活（那就是描述糟糕的解决方案），而是一旦抓住问题就去演绎或者推演好的解决方案。政治哲学家的任务不是描述政体的多样性，而是得出主权统一的必然性。

将会出现的反对意见是，演绎出来的秩序是无法严格坚持的，因为主权作为其解决的那个问题首先必须得到充分的描述。然而，看不出来霍布斯的描述是最充分的。蒙田有着与霍布斯相同的内战体验。不过，如我们所见，他给出了完全不同的基本人类境况的描述，超越了很大程度上虚幻的政体多样性："总而言之，从我们的例子可以看出，人类社会不计什么代价都是自行凝聚与联结。"或者还有："人因彼此需要而和解，而聚合。"[9]蒙田勾勒的图景看起来更逼真些。谁曾经看到过界定霍布斯自然状态的"每个人对每个人的战争"？尽管如此，霍布斯构想的国家、霍布斯的解决方案最终胜出了。之所以如此，毫无疑问是因为他对那个问题的描述更充分。

---

8 如我们在第4章看到的，这在西塞罗那里就埋下了种子。

9 Michel de Montaigne, "Of Vanity," in *Essays*, 3.9, in *The Complete Works*, trans. Donald M. Frame (New York: Alfred A. Knopf, 2003), 887.

蒙田没有看到或者没有说出的是，那令他印象如此深刻的联合是建立在解体的原则之上。人们更为亲近是因为他们彼此逃避。需要聚合了他们，但自然分离了他们。辨明那自然状态要求一种科学，比健全的心智所停留的表面看得更深入。[10]它要求一种穿透至“行动的微小开端”的科学，那是肉眼看不到的。[11]在此一科学基础上建立的国家，将会在下面这一真实性上触动人类：他们避免了乱糟糟的联合体的虚幻秩序。

有可能更为精确地界定蒙田与霍布斯之分歧的关键吗？

人之联合对于蒙田来说是大多数人的自愿束缚，会被某些人的自愿自由——友爱——所缓和，或者毋宁是隐形地被打断。并不存在无可置辩的方式产生“对我们境况的记忆”，此等觉醒如同每个人的本性、德性和体验一样是偶然的（蒙田和路德一样，提倡某种“改革”）。相反，霍布斯认为，每个人自然而然地走向此类“自我意识”，可以说，自然状态迫使其进入其中。假想导致了战争，而战争的惨状促使人们放弃这种假想，无论如何放弃依据此等假想而行动。每个人只要体验了自身不服从的后果，就会要求某种主权，那能够击退每个人的野心，并且挫败每个人的傲慢，包括他自己。

与蒙田相关联的“操演性”进步是清晰明白的。[12]自此以后，没有必要去友爱共和国或友好共谋中寻求庇护，以便逃避人之假想的后

10　参看 Hobbes, *Behemoth*, 158-159。

11　Thomas Hobbes, *Leviathan*, ed. Michael Oakeshott (New York: Collier, 1962), 47.

12　我已经提及与马基雅维利相关的进步。凡需要利用“外部和内部事件”的地方，现在就会存在效果可以预见的手段，一种可以依赖的手段。

果。而在国家的保护下，人们将能够加入某些圈子或会社，在那里，天真的自负（innocent vanity）被赋予完全的自由。大多数人的自愿束缚与寥寥数人的自愿自由之间的区分，让位于全体一致的或任何情况下普遍的自愿服从。

并不确定蒙田会愉快地接受这种解决方案。服从即使是在自愿的时候，也不是自由。并不确定他会与国家步调一致，哪怕在其一生中，他是王党派的，那是他自由选择的。更为深刻的是，他会犹豫着不愿拥护国家的伪饰（artifice），它温柔地以死亡威胁我们，却严重限制了我们体验的范围，这个体验包括了我们的死亡恐惧体验，或者就是以死亡恐惧体验为出发点的——死亡现在对我们而言，除了国家的终极惩罚之外，就没有其他含义了。主权国家通过窄化体验的状态从而歪曲了它们。可以说，它将我们置于一类持续不断但低层次的张力中。

列奥·施特劳斯描绘了霍布斯的革新，后者凭此建立了现代政治哲学，上述评论有助于我们重读列奥·施特劳斯使用的术语："所以，霍布斯的政治哲学有别于柏拉图的政治哲学，在于对后者来说，精确意味着标准不受扭曲的可靠性，对前者来说，精确意味着无条件的可行性，任何情况下的可行性，极端情势下的可行性。"[13]因此，对标准可行性的关心通过限定它而歪曲了对标准自身的寻求："对可行性的

13 Leo Strauss, *The Political Philosophy of Hobbes: Its Basis and Its Genesis* (Chicago: University of Chicago Press, 1966 [1952]), 151.[参看《霍布斯的政治哲学》，申彤译，译林出版社，2001年，第182页。]

尊重从一开始就决定了要探究这样的规范。”[14]不过，“无条件的可行性”意指什么？无论如何，对霍布斯而言，这蕴涵着那无法抗拒的目的：压制傲慢或假想，由此将本应有的自我意识——对我们境况的意识——普遍化或一般化。简言之，如果标准不适用，那就没有标准。政治伪饰——国家——为我们的境况设置了恰当的视角；它设置了平等的平台。标准只能通过无可抗拒的国家权力的实效来界定。

通过此种方式的推衍，霍布斯如施特劳斯所责备的那样，取消了国家目的这一根本问题吗？他满足于想当然地接受一种共同的意见吗？[15]无论如何，需要补充说，此等“不计任何代价的和平”包含或体现了一则新标准，这一标准由此乃是本应有的自我意识，就像国家“不计任何代价”吓阻了灵魂通向假想的初始运动。

我需要在这里重述我关于蒙田所说的。蒙田不曾寻求真正宗教或公正政治秩序的标准，因为我们并非由足够完美的、坚固的材质构成的，可以凭借那样的标准来评判自身。无论如何，“柏拉图式的”标准对我们而言定位太高，以至于不能辨明它们，更不要说适用它们了：我们是“无知的暗探，没有司法权的法官，闹剧的小丑”。[16]还有，在把我们自身提升至那个标准的努力中，我们遗忘了我们的境况。因此，霍布斯——他至少分享了蒙田反对柏拉图式的诊断——说，识别此等境况的绝对义务必须确立。因此，在我看来，施特劳斯在断言对可行性的追求从一开始决定了对规范的探究时，遗漏了某些内容。那

14 Ibid., 150.［前引书，第181页。］

15 “对他而言，国家的目的当然系和平之事，亦即无计任何代价的和平。” Ibid., 152.

16 Montaigne, “Of Vanity,” in *Essays*, 3.9, 932.［《蒙田随笔全集》，第3卷，第209页。］

种说法无疑并非错误，但是，追求和探究是发生在一个更高层级或新类型的规范的视域之内，那是自我意识的规范或标准。只有当主权国家意识到规范时，规范才存在。作为主权不仅意味着它能在所有情形下都能维持和平，而且它允许人们驻留在他们人性的平台上，寓居于他们的“境况”中。

孟德斯鸠所说的罗马悲剧

让我们回到罗马，恰当地说，回到西塞罗和凯撒时刻。为此，让我们借助孟德斯鸠，迅速地回顾从起源到此一时刻的罗马历史之弧，或者更确切地说，让我们尝试体验其张力。

从一开始，所有事物都使得罗马和罗马人注视着外部：“罗马这个城市没有商业，又几乎没有工业。每个人要是想发财致富，除了打劫之外，没有其他的办法。”[17]

驱逐国王导致执政官的数量迅速扩大，这激起了狂暴的野心：“罗马把国王赶跑之后，就建立了每年选举执政官的制度。这一点也是使它变得极其强大的原因。每个国王在他的一生里都有野心勃勃的时期，但在这之后就会是纵情于其他享乐，甚至是懒散的时期。然而共和国的领袖是年年更换的，他们总是想在他们的任职期间成就赫赫功

17 Montesquieu, *Considerations on the Causes of the Greatness of the Romans and Their Decline*, trans. David Lowenthal (Ithaca, NY: Cornell University Press, 1968), 27. [参看《罗马盛衰原因论》，姚玲译，商务印书馆，1995年，第4页。]

业以便重新当选，因此他们每时每刻都不放松表现自己的雄心；他们劝说元老院建议人民发动战争，他们每天都向人民指出新的敌人。”[18]

于是，从一开始，“罗马……在一个很小的圈圈之内，施行了将对整个世界如此致命的美德”。[19]同样从一开始，“罗马的扩张”与其“自由”之间就表现出强大的关联。

罗马的自由并不是没有混乱，因为它建立在贵族和平民的纷争基础上。不过此一“等级之争”没有阻止其在征服时的共谋与合作：“战争从一开始便把全体的利益结合为一体……在法律统治之下的罗马，人民容许元老院领导国家大事。”[20]而且，元老院服从“这样一个不变的规则，即任何阶层或任何高级官职的特权都不如保存共和国这件事重要”。[21]

因此，在罗马，个人野心与集体野心之间存在着连贯性和一致性，在其他地方是找不到的。这一点在凯旋中尤其显而易见：“为了争夺公民、妇女和土地，罗慕路斯和他的继承者几乎永远是和他们的邻人作战的。他们每次回城都要带着从被征服的民族那里得来的战利品；这就是捆成一束束的麦子和畜群，这些战利品会给城市居民带来巨大的欢乐。这就是凯旋的起源：凯旋在后来也正是这座城市所以变得伟大的主要原因。”[22]

罗马历史的主音符到此为止。如我已经指出的，变调之际是“社

---

18 Ibid., 26-27. [前引书，第4页。]
19 Ibid., 29. [前引书，第6页。]
20 Ibid., 45. [前引书，第16—17页。]
21 Ibid., 85. [前引书，第45—46页。]
22 Ibid., 24. [前引书，第1页。]

会战争”时刻，这尤其令我们感兴趣，那时，罗马城必须超越自己的局限，可以说，它扩展到了内外混同的地步。孟德斯鸠是这样描述那个时刻的：

> 如果说帝国的伟大毁掉了共和国，则城市的伟大毁掉共和国的程度并不更少。
>
> 罗马在意大利各民族的支援下征服了全世界，它在不同的时期把不同的特权给予了这些民族。这些民族的大部分从一开头就不很关心取得罗马人的公民权……但是，当这个权利变成代表世界主权的权利，如果一个人不是罗马的公民就什么都不是，而且有了这个头衔就等于有了一切的时候，意大利各民族就决定，要是不能成为罗马公民，就毋宁死掉；在不能用阴谋或是请求达到目的的时候，他们就诉诸武力……罗马不得不对说起来正是他们征服全世界时的左右手作战，因此罗马的处境便十分危险了。它眼看就要退回自己的城里去：它同意把人们如此期望取得的这种权利给予还没有中止对它表示忠诚的同盟者。此后罗马就逐步把这种权利给了所有的人。[23]

这转变的后果重大且是灾难性的；它们预示了“罗马的毁灭”：

23 Ibid., 92.［前引书，第49—50页。］

> 从那个时候开始，罗马就不再是像过去那样的一个城市：在过去的罗马城里，人民是被一种同样的精神，对自由的一种同样的爱，对暴政的一种同样的憎恨所鼓舞的……意大利各民族成为罗马的公民以后，每一个城市便表现了它自己的特色，表现了它所关心的特殊利益，表现了它对某一个强大的保护者的依赖。**思想不集中的城市不再形成一个统一的整体；**而且既然人们不过是由于一种特殊的法律拟制才成为罗马公民的，人们便不再有同样的高级官吏、同样的城墙、同样的神、同样的庙宇、同样的坟墓，因此人们就不再用和先前相同的眼光看待罗马，人们也不再像以前那样地爱自己的祖国，对罗马的依恋之情也不复存在了。[24]

这种新的处境决定了与马略和苏拉之名连在一起的战争的性质："除去两个领袖的嫉妒、野心和酷行之外，每个罗马人也都疯狂了；新的公民和老的公民相互间不再看成是属于同一个共和国的成员，他们进行的是这样一个战争，一个特殊的战争，它既是内战，又是对外的战争。"[25]

在此一膨胀且撕裂的城市中，政治光学（political optics）的法则改变了，不仅是因为这一公民团体的构成被改变了，而且是因为公民

24 Ibid., 92-93, 强调部分系作者所加。［前引书，第50页，稍有改动。］

25 Ibid., 101.［前引书，第55页。］

与领袖之间的关系经历了深刻的转变。先前，公民在高级官吏，甚至在凯旋归来的执政官那里主要看到的是共和国。从现在开始，他们只看到了领袖，野心勃勃，与他们的人格和个性密不可分：

> 罗马的法律贤明地把公共权力分配给许多高级官吏，这些官吏相互之间起支持、制止和限制的作用。既然他们每个人的权力都是有限的，因而每一个公民都可以取得这样的职位。而人民看到许多人一个挨着一个地担任同一个职务，但对他们之中的任何一个人都不习惯。但正是在这个时候，共和国的制度改变了。最有势力的公民们使人民把一些非常的任务付托给他们。这样的做法就消灭了人民和高级官吏的权力，并使得一个人或几个人能够把全部国家大事掌握到自己手里。[26]

“过分的偏爱”现在“给了一位公民”;“人民的爱戴”以“集于”“唯一公民”而告终。

这样的卓越公民哪怕执掌了高级官吏的职权，也不再是一名高级官吏了，公民对他而言不再是他的公民同伴了。至于罗马城，他轻易地吸纳了敌人的性情和举止：“苏拉进入罗马的时候，和他进入雅典的时候是完完全全一样的：他适用了同样的国家法”；[27]“凯撒在渡过

26 Ibid. [前引书，第56页。]

27 Ibid., 136. [前引书，第79页。]

卢比孔河时使罗马感到的恐怖正同当初汉尼拔在坎尼一役以后使罗马感到的恐怖一样”。[28]

总结前述的分析，人们可以说城邦的扩张导致了共和国无可避免的毁灭：城邦综合为一体的因素，即它联结在一起，并使之各归其位成为一幅风景（或者一个机体更恰当）的因素分离了，变得彼此见外了、异质了，到了这样的程度：公民们此后被他们的领袖或者毋宁是他们的主人对待的方式，如同他们自己曾经对待被他们征服的敌人一般。决定性的关联不再是城邦和它的敌人之间的，而是新的主人和他的臣民之间的，前者对后者掌握生杀大权，也可随心所欲地饶恕。处境要求一种新的政体，同时也是一种新的政治形式。城邦已经失去了它的形式、它的自然形式，正在等待着一种新的形式。

内在和外在混合了。将军从城邦获得授权，但是远离城邦，而且很长时间与他的军队形影不离，他独自蔚然成势，不再是一名高级官吏，而是一位君主，也可说是一尊天神。[29]他象征着城邦的权力，现在城邦腐化了，变成了他的禁脔：“没有人比承继一个共和国的君主的权力更加专制了：因为他拥有人民的全部权力，后者已无能对自身施加限制。”[30]这一评论证实了施特劳斯关于凯撒主义的论点忽略了某些重要内容。他将凯撒主义定义为一类政体——绝对君主制——尽管

28 Ibid., 106. [前引书，第59页。]

29 参看Shakespeare, *Julius Caesar*, Act I, Scene 2, II. 115-116, 135ff。[参看《莎士比亚全集》，朱生豪等译，人民出版社，2010年，第5卷，第11页。]

30 Montesquieu, *Considerations*, 138. [《罗马盛衰原因论》，第82页。]

本身是没有什么疑问的，但完全不曾考虑这一事实，即如我们所看到的，此类君主制是继共和国而出现，以及这一事实，即它在其起源和成熟形式上，是一种政治形式变成另一种而导致的结果，它构造自身是凭借继承了不再能够自我统治的旧形式的力量。

此转变之巨大，使得凯撒的所作所为不能受到大义凛然的责难：必须有人倾注心力来为这一转变求实定名，此一转变之发生是凭借最终为这种政治形式赋予一位无可争议的主人，而这种政治形式正需要一位主人才得以圆满。

不过，奇特的是，孟德斯鸠既赞同共和国的必然终结，又谴责“凯撒的罪恶”。[31]如果某人终结了共和国是必然的，那么凯撒不能因为践行了这一点而罪大恶极。无论如何，孟德斯鸠写道：“最后，共和国还是被消灭了；而在这一点上，不应该责备某些个别人物的野心，应该责怪的是人——此种造物掌握了权力，就想觊觎更多的权力；正是因为他已经有了许多，所以就贪求全部。如果凯撒和庞培像加图那样思考，其他的人也会像凯撒和庞培那样思考；而注定要灭亡的共和国就会经别人的手而被拖入深渊了。”[32]

不仅在凯撒的罪恶中存在某种必然性，而且对其罪恶的惩罚——凯撒被刺也呈现出必然的性质：

> 凯撒想要保卫自己的生命是非常困难的：大部分的阴

31 Ibid., III. [前引书，第64页。]

32 Ibid., 107-108. [前引书，第61页。]

谋者都是他的同党或是受了他很多恩惠的人……他们的处境越好，他们也就开始越发强烈地感到一种共同的不幸……

其次，还有一种在希腊和意大利的一切共和国中确定下来的国家法，一种意见：它把杀死篡夺国家最高权力的人的行动看成是一种美德。在罗马，特别是在赶跑了国王以后，明确地制订了这一类的法律，这也都是有例可循的：共和国把武器交给每一位公民，为此授他以高级官吏的权力并承认他是自身的保卫者。[33]

是的，但共和国的衰落和凯撒的被刺这两种必然性或者近似必然性无法并行不悖，它们不那么容易兼容：如果共和国的法律是如此“谨严”，共和国的先例是如此“深入人心”，那么很难理解共和国如何就是这样“注定要消亡的”。

我们的疑惑并不止于此。在刚刚为凯撒的被刺辩护之后，孟德斯鸠就解释说，刺杀没有什么效果，而这也是必然的：“要把共和国恢复起来已经不可能了，因此人们先前从来没有看见过的事情发生了；再也没有暴君，可是自由也没有了，因为使共和国毁灭掉的那些原因一直都存在着。”[34]如果实情如此，那么当凶手反抗僭政没有效果时，人们如何能够称赞僭主的被刺呢——而且那僭主并不缺乏“节制”？看起来，孟德斯鸠既想强调那一历史过程——共和国的毁灭——的必

33 Ibid., 109-110. [前引书，第63页。]

34 Ibid., 113. [前引书，第64页。]

然性，又想保留共和国的道德音调。

我们不能停留于此。第12章“论凯撒死后罗马的情况”以确认我刚提到的必然性开始，却走向一个完全不同的方向：孟德斯鸠现在想要确证，在凯撒死亡之后，事情可能走向另外一端。他重申了阴谋者的错误。关于西塞罗，屋大维利用了他的“虚荣”。关于布鲁图斯和卡西乌斯：“布鲁图斯和卡西乌斯由于一种不可饶恕的轻率而自杀了。读到他们一生中的这个阶段，人们不能不为这样就放弃的共和国感到惋惜。”[35]如果共和国是以这种方式被放弃的，那么这意味着它依然存在着。涉及加图的论断最令人吃惊：“我以为，如果给共和国保留着加图的话，事态发展的方向就会完全不同了。”[36]花了两章着重强调了历史过程的必然性或无可避免性之后，孟德斯鸠非常严肃地断言，加图如果没有牺牲他的性命，如果他为共和国而“保存”自身，本可能拯救共和国。在寻常的看法中，正是此君的死亡无可置疑地证实了所有共和国希望的终结——如果加图对共和国绝望了，如何还能存有希望？现在，孟德斯鸠不仅反对寻常的看法，而且与他在前面一章中如此决然肯定的看法相悖：“如果凯撒和庞培像加图那样思考，其他的人也就会像凯撒和庞培那样思考；而注定要灭亡的共和国就会经别人的手而被拖入深渊了。”[37]

无论如何，在共和国末期，有关必然性和自由或可能性各自所扮角色的不确定性，把我们引向一个更为令人困惑的问题，因为它与

35 Ibid., 117. [前引书，第67页。]
36 Ibid., 116. [前引书，第66页。]
37 Ibid., 108. [前引书，第61页。]

共和德性本身有关。看起来正是这种德性鼓舞着布鲁图斯和卡西乌斯“由于一种不可饶恕的轻率”而自杀，导致了共和国的最终失败。不过，或许布鲁图斯和卡西乌斯缺乏完美的德性；或许他们是因无度或变节而犯罪？这一解释不适用于加图，此君是完美德性的象征，不仅对于共和传统如此，而且对于孟德斯鸠本人也是如此，正如他在将西塞罗和加图对照时所表明的。然而，如我们所见，孟德斯鸠以为“如果给共和国保留着加图的话，事态发展的方向就会完全不同了”。他献出了生命，这样做让他没有“为共和国保存自身”，他放弃了它。简言之，他遗弃了它。在他断言加图本能够拯救垂死的共和国的同一个句子中，孟德斯鸠宣称他是一个遗弃者。总而言之，他责备他爱自己胜过共和国。然而，人们会觉察到，孟德斯鸠完全不是针对加图。他探讨了共和德性的模棱两可，那是罗马伟大的原因，也是共和主义者最终失败的原因。

《罗马盛衰原因论》的这些篇章，还有其他一些，总体上将读者的注意力放在了据说其中包含着的理论革新，亦即一种历史因果性理论的概要。自此以后，历史学家的目标不再是描绘典范性的行为，而是解释必然性的过程。然而，如果我们更为细致地阅读文本，正如我们正在尝试做的那样，我们就会注意到，这一理论革新尽管毫无疑问是真实的，却与涉及共和德性的一个新疑难密切相关。罗马史变得更具必然性一定程度上与罗马德性变得更成问题相关。我们理解历史的方式依赖于我们理解加图之德性的方式。我们需要再次回到加图之谜或者难题，正如其在《罗马盛衰原因论》中表现出的那样。

罗马德性在那里表现轻率。由于共和国的领袖们率尔杀身成仁，亦使得共和国的大厦急遽倾覆。这里起作用的与其说是一种进程的必然性，毋宁是说一种悲剧的必然性，实际上是一种双重悲剧："布鲁图斯和卡西乌斯由于一种不可饶恕的轻率而自杀了。读到他们一生中的这个阶段，人们不能不为这样就放弃的共和国感到惋惜。在悲剧结束的时候，加图也自杀了。这两个人的死就好像是开始了这个悲剧似的。"[38]

这时，孟德斯鸠停下来反思"罗马人中间如此普遍的自杀习惯"。不过，在解读这些反思之前，思考孟德斯鸠在第12章结尾处删去的几行是有益的。在手稿和1734年第一版的几份抄本中，人们读到了这样的话："确定无疑的是，人们比起先前变得更少自由，更缺乏勇气，更不愿投身于伟大的事业，那时，人们凭借手中掌握的权力，能够在任何时刻逃离所有他人的权力。"[39]根据审查者的命令，在装帧完成的本子中，这两句被禁止发表。人们可以说，审查者，虽然其唯一关心的是宗教和道德的正统观念，却为孟德斯鸠提供了文学上的帮助。的确，被禁止发表的这一段的语调与其余的陈述呈现出截然不同的对照。这一段以男子气概的自信表达了我将称为共和正统（republican orthodoxy）的内容：古代希腊人和罗马人生活的道德要旨——自由、勇气、伟大——比基督教现代人的要高上一筹，因为古人可以展示所有他们男子气概的德性，不会受到敌视力量的宗教对这

38　加图不曾"抛弃"共和国，但他也不曾为它"保存"自身。[前引书，第67页。]

39　Montesquieu, *Considerations*, 118. 一则注释做了如下补充："如果查理一世、如果詹姆斯二世生活在一种允许他们自杀的宗教中，他们就不会必然要去经历：一人那般的死亡，另一人那般的生存。"

些德性的束缚或颠覆。然而，在第12章结尾的其他部分，孟德斯鸠表现了一种完全不同的语调。它透露出一种令人极为困惑的模棱两可：

> 在罗马人中间自杀的习惯之所以如此普遍，人们可以举出许多原因来：鼓励这样做的斯多葛学派；凯旋和奴隶制度的确立，使许多大人物认为自己不应在失败之后苟且偷生；受到控诉的人在自杀时所得的利益，因为用这样的办法，他可以避免受到可耻的和财产充公的宣判；对荣誉的一种特殊理解，也许这比今天迫使我们因为一个手势或一句话而杀死自己朋友的情况要明智些；最后，这是表现英雄气概的大好时机，因为任何人都可以在他所愿意的地点，结束他在世界上所表演的那一出戏。[40]

孟德斯鸠精通法语，不可能忽略这一点：说“表现英雄气概的大好时机（une grande commodité pour l' héroïsme）”会引起某种疑惑。什么是一种适宜的或合宜的英雄气概？

如若我们还有犹疑之处，孟德斯鸠在后面两段为我们做了澄清。不仅提到了罗马自杀的“便宜”（facility），而且提到了它的“极大便宜”，他揭示了其构成因素：“人们还可补充实施此类行为的一种极大便宜。当灵魂完全被它打算要履行的行动所占据，被决定它的动机所

40 Ibid., 117.［前引书，第67—68页，略有改动。］

占据，被它要躲避的危险所占据，它实际上看不到死亡，因为激情只使它感觉，却完全没有去看。”[41]罗马德性，英雄的德性，现在表现为盲目激情的行为，这种盲目导致“极大便宜”地实施行动。共和国的德性怎么了？

人们不能怀疑孟德斯鸠在这里是即兴发挥。在作为这一章收尾的下一段落，他在自爱（self-love）的私密本性和矛盾作用中，寻找适宜的自杀或合宜的英雄气概这一奇怪现象的最终解释：“自爱，对自我保存的爱，是以这样多的方式出现，并且依照这样相互矛盾的原则来行事，以致它竟然使我们为了爱自己的存在而牺牲自己的存在；我们竟然这样尊重自己，那就是我们由于一种自然的和朦胧的本能而同意结束自己的生命，这种本能使我们爱自己甚于爱自己的生命。”[42]人们可以看到，罗马悲剧，当其源头得以阐明之时，极为类似于喜剧，在那里自爱变成了自身的敌人，在那里英雄杀死了自己，因为他爱自己太甚，在那里行动的公共动机是行动者未曾意识到的私密动机的结果。抛开布鲁图斯和卡西乌斯不论，如果加图杀身成仁是爱自己胜于爱共和国，这是悲剧吗？或者它不更应是喜剧吗？无论如何，孟德斯鸠的惋惜不是针对英雄，而是共和国本身：“读到［布鲁图斯和卡西乌斯］一生中的这个阶段，我们不能不为这样就放弃的共和国感到惋惜。”[43]

孟德斯鸠为共和国惋惜。共和国是真正的悲剧英雄，而非加图，

41 Ibid.［前引书，第68页，有改动。］
42 Ibid., 117-118.［前引书，第68页，略有改动。］
43 Ibid., 117.［前引书，第67页。］

更不是布鲁图斯或卡西乌斯。罗马史是一出悲剧。或者孟德斯鸠的说法更恰当些，它乃是接连上演的两出悲剧，一出以加图之死告终，另一出“在某种意义上”开始于布鲁图斯和卡西乌斯的死亡。位于第一出的终结和第二出的开始之间的是尤利乌斯·凯撒的胜利和被刺。凯撒的命运并非悲剧性的，因为他的罪恶应得那一惩罚。而且，他以另一种方式避开了悲剧，因为最终他凭借流芳百世和名垂千古而避开了死亡。

罗马是真正的悲剧英雄。同样的论断并不适用于雅典或斯巴达，哪怕展示了“悲剧命运”的伯罗奔尼撒战争内在于雅典的大胆无畏中。使得罗马成为其所是的悲剧居于何处？

人们必须不断返回到那膨胀或者撕裂的城邦。罗马冲破自身并且超越自身，远远超越了其自然的界限，所有城邦的自然界限。它在此等努力和尝试中几乎消亡——这是第一出悲剧。它没有消亡但改变了形式。腐化了的城邦自身转变为一个帝国，那将消亡于更严重的腐化，而这是第二出悲剧。

不过，这两出合二为一，成为单独的悲剧，因为那前后相继的两种形式非常紧密地连在一起。从共和到帝国的连续性某种程度上是表面的或虚饰的，正如当时奥古斯都虚饰般地保留了共和形式。不过它也是真实且实质性的。某种意义上，帝国式的僭政源自共和国权力、共和国施诸自身的权力之宽泛与绝对，因为“皇帝们的权柄……是罗马一切高级官吏职位的综合”。[44]我已经引述了孟德斯鸠关于此

44 Ibid., 146.［前引书，第87页。］

问题最为意义深长的篇章："没有人比承继一个共和国的君主的权力更加专制了：因为他拥有人民的全部权力，后者已无能对自身施加限制。"[45]即使在最糟糕的情形中，帝国也更类似于共和制而非君主制："在这个世纪里人们称为罗马帝国的东西不过是一种不正规的共和国罢了。这种共和国有点像阿尔及利亚的贵族政体，在那里军队拥有统治大权，决定立废被称为代（dey）的长官。可能这是一个相当普遍的规则，即军事统治在某些方面与其说是君主制的，毋宁说是共和制的。"[46]

从城邦到帝国的"共和性质的"连续性，首先存在于罗马人从未停下欣然赴死的步伐这一事实。在这个意义上，罗马的伟大和苦难有着相同的原因或者源泉：对死亡的蔑视。基督教将通过禁止杀戮，尤其是禁止自杀来攻击这种对死亡的蔑视。欧洲人无论付出什么样的努力重获罗马的自由、勇气和伟大，都从未成功地恢复罗马的情操（sentiments）。最深刻的或最耀眼的思想如同最暴烈的行动一样，同等地无甚作用。什么阻止了我们，不，什么阻止着我们再次成为罗马人？

45 Ibid., 138.［前引书，第82页。］

46 Ibid., 152.［前引书，第92页。］

6

西塞罗的探究

我们正在思索罗马的独特性，思索使其从城邦走向帝国的变迁。孟德斯鸠只是让我们意识到，这一变形不仅是政治的人类谜题，也是道德的。此种有些迷惑或难解的感觉，不是历史间隔的结果。对罗马人自己而言，那正发生在他们身上的是他们试图寻求阐释的一个谜，他们智识的严谨和热情远比我们习惯认为的要更胜一筹。如果我们认真对待他们中最智慧之人的探究，我们即可对此加以估量，现代人对待这些智慧之辈是俯就式的，那是不公正的，尤其是从他们身上排除了通向罗马经验的非常引人注目的路径。我们已然与他打过照面了，我要说的当然是西塞罗。

西塞罗的中介

我们知道，西塞罗以让罗马人能够接受的方式，将希腊哲学系统性地并且可以说是正式地引入了罗马。[1]他的中介者角色排除了任何真正的哲学原创性，而西塞罗尽管一向虚荣，却也不曾如此主张。[2]但如我们所见，这并不排除为了把罗马的环境考虑在内，西塞罗不得不修正来自希腊的教诲，有时还是实质性地。[3]不过，这一点并非我们此处要关注的。

恰是他的哲学缺乏原创性，才是我们要关注的，人们可以说，因为那正是构成他的立场之原创性的内容。他是这样的人，即寻求别处的光芒来照亮尚没有展示其自身清晰性的经验。具体而言，就是通过模仿柏拉图的对话，或者也许是遗失的亚里士多德的对话，[4]他试图领会罗马政治经验的奥义。*De oratore*（《论演说家》）回应 *Gorgias*（《高尔吉亚篇》）和 *Phaedrus*（《斐德罗篇》），正如 *De republica*（《国家篇》）和 *De legibus*（《法律篇》）自然是回应柏拉图的《理想国》和《法律篇》。前两部对话——第三部似乎不曾完成——被认为都发生在某一确切并且戏剧性的政治背景中：《论演说家》是在公元前91年，恰在"社会战争"爆发之前；《国家篇》是在公元前129年，正值一场政治危机期间，那时西庇阿正在领导保守派的行动反对他的表兄提比略·格拉古制订的土地法，后者在四年前当选了护民官。在伴随这一立法而来的混乱中，格拉古被一群人刺死，那是由西庇阿的另外一个

---

1 卢克莱修是另一位主要作家，他的风格不同，用拉丁韵文呈现伊壁鸠鲁的学说。

2 "我的哲学与逍遥学派相差不是很大。" Cicero, *De officiis*, trans. Walter Miller, Loeb Classical Library (Cambridge, MA: Harvard University Press, 1975), 1.2, 191；"大体上我追随 [帕那提乌斯]——只有稍许修正"。Ibid., 3.2, 7, 277.

3 参看本书第5章。

4 无论如何，这是用拉丁文撰写的最早对话。

亲戚西庇阿·纳西卡领导的。格拉古当选护民官被西塞罗和大多数他的同代人视为罗马政治生活堕落的开始，后来变得越来越糟，直到内战爆发。会谈将西庇阿表现为唯一有能力矫正、修复形势的公民，不过在会谈举行仅仅几天后，历史中的西庇阿就突然神秘地死亡了。

那我们就来解读《国家篇》或者它的残篇吧。严格说来，对话以一种引人入胜的方式开始于西庇阿和他的侄子图伯罗间的交谈，后者想要谈论当日已经传到元老院的关于第二个太阳的奇闻。[5]如何解释这一现象？西庇阿没有尝试回答，他表示这些问题不是他真正喜欢的——不像他的朋友帕那提乌斯，此君“对于那些我们几乎不能猜度其性质的事物言之凿凿，似乎他曾亲眼看见过它们，甚或亲手触摸过”。[6]西庇阿更中意苏格拉底的方式，后者放弃了对自然的探究，似乎那超越了人类理性的界限，或者像是与人类生活没有关系。图伯罗对于苏格拉底路径的这种解释提出了质疑，紧接而来的是关于苏格拉底和柏拉图的高深交谈。我们可以忽略对话的细节，不过这一会谈引入了这部作品的主旨之一——西塞罗自己在序言中已经道明——那就是理论生活或哲学生活与实践生活或政治生活的相对地位或价值。西塞罗知道如何悬置他的立场，因为刚说过对这些科学问题不感兴趣的西庇阿，不久会展示他如何与他的朋友鲁提里乌斯在努曼提亚城内讨论这些问题。

5 参看 Cicero, *De republica, On the Commonwealth and the Laws,* ed. James E. G. Zetzel (Cambridge: Cambridge University Press, 1999), 1.10。幻日是由大气层上方的悬浮冰晶引起的光线折射造成的大气现象。这一现象出现在公元前129年，被回溯性地认为是宣告了西庇阿的死亡。[参看西塞罗《国家篇 法律篇》，沈叔平、苏力译，商务印书馆，1999年，第19页。]

6 Ibid., p. 8.[前引书，第20页。]

讨论的开始，菲卢斯——他会在第3卷为怀疑学派的立场辩护——重述了斯多葛派关于城邦与世界之关联的看法：我们的寓所（domus）并不是被我们的城墙所围住的那个，而是整个宇宙，诸神将其赋予我们作为乡土和国家，并与他们分享。[7]无法确定这些论断是否应该按照字面来理解，不过凭借其纯粹的美，它们向我们提出了这样的问题，在整全（the whole）之内城邦的位置、人类世界的位置，以及由此还有政治关注与超然探究之间的关联。这些问题的某个方面涉及如下二者之间的关联，即通过超然探究而获得的知识，与全心从事实践事务之人的生活，后者完全生活在城邦**内部**（within）——简言之，他们是普通的公民，"民众"。这种超然的知识在什么程度上能够且应该致力于普通生活、人民生活的提升呢？用我们的语言，我们会说对话中的某些参与者显然是启蒙的信徒。西庇阿提供了开明领袖的两个例子——一个是罗马的，另一个是希腊的——使得因为罕见的天文现象而恐惧的士兵平静下来。他们通过冷静地解释此种现象让士兵平静下来。在罗马将军加卢斯的例子中，那是一次月食现象；希腊的例子则是伯里克利，那是一次日食现象。据说，伯里克利解释了自己从阿那克萨戈拉那里学到的，他曾聆听其讲道（cujus auditor fuerat），因此，通过理性地解释此种现象，让民众从恐惧中解放出来。[8]由此，伯里克利凭借着自身作为阿那克萨戈拉的超然科学与烦扰且恐惧的士兵之间的中介者，为太阳变暗的原因投去了理性光芒。很难再

7 Ibid., 1.19, 10.［前引书，第22页。］

8 Ibid., 1.25, 12.［前引书，第26页。］

找到一个更为引人注目的“开明政治”的例子了。

人们不会看不出，罗马士兵因为月食而惊恐，希腊士兵因为日食而惊恐。还能有比这更优雅的暗示：如同月亮从太阳中获得光芒，罗马人从希腊人获得光芒？[9]

凭借希腊人的光芒而生活，对于罗马人来说意味着要从这种光芒中获益，正如在前面的例子中，那种光芒完全是有益的，不过也有可能受制于这种光芒，因为存在这样的环境，在那里光芒可能是讨厌的，甚至是危险的。或许希腊的光芒一方面无可置疑地完善或提升了罗马生活，但另一方面损害或败坏了它。

无论如何，这种光芒是如此强大，以至于它照亮了罗马自身的起源，因为通过推演恩尼乌斯记载的最近日食，[10]人们确定了七月诺奈日（nones）的日食，那与罗慕路斯去世之际发生的日食现象重合一致。因为正是由于这一日食罗慕路斯才得享神位，人们就可明白这一光芒触及了罗马起源中最隐秘和最神圣的东西。难题涉及所有暴露于启蒙之下的政治体：人们如何保持有益于尊重起源，从而有益于爱国主义的模糊性，同时又欢迎来自其他地方，尤其来自另一政治体的光芒？人们如何消除非理性的恐惧（religio et metus），同时又保持对法律的尊重和对祖国的热爱，后者并不能说是全然理性的？

莱利乌斯，一位博学且聪慧的公民——他被冠之以 sapiens（智者）的名号——在日常生活（domi）中，西庇阿对他尊重有加，把他置于

9　菲卢斯更为直接地记述了加卢斯如何在阿基米德亲自制造的一个球体的帮助下研习天文学。

10　在我而言，并不能确知这就是那让伯里克利的士兵惊恐的同一日食。

人群的正中，此君随后对谈话转移了主题表达了他的不满之意。他不愿自己被西庇阿的天文学和科学热情裹挟其中。不过，在考察莱利乌斯的干预之前，我们需要暂时关注西庇阿非常精彩的推衍，那与我们的主题没有直接的关联，但我们不能不置一词忽略过去。那是在人类事务之上的某种崇高，可以被解读为支持理论生活优越于实践或政治生活的辩护：

> 一个观察过这些神界王国的人会认为人类事业中有什么是辉煌的？或者一个知道什么是不朽的人会认为人类事业中有什么是常存的？或者一个看出地球多么微小——首先是地球整体，然后是人类居住的那部分——的人会认为人类事业中有什么是辉煌的？我们只占有地球的很小一部分，并且不为许多民族所知晓：我们依然希望我们的声名能够展翅翱翔、广为传扬？一个人习惯于不把田地、房屋、牲畜和无数的金银视为"财富"、称为"财富"，因为在他看来，这些东西给人的乐趣微不足道，它们的益处微乎其微，对它们的所有权是不可靠的，因为经常是最恶劣的人拥有无法计量的财物——这样的人该被认为是多么幸福啊！只有这样的人才真正能够有权要求那些东西归他所有，不是根据罗马公民权，而是根据贤哲的权利；不是根据公民契约，而是根据共同的自然法，那自然法禁止任何财物属于任何不知道如何利用它、使用它的人。这样的人将军事统率和执政官权力视为必要（necessary）之物，而非可欲（desirable）

之物，获得这些职权必须是为了履行责任，而不是为了奖赏或荣誉。[11]

这些精致的辞句采纳了希腊的对照，一方面是表面的财富和真正的财富，另一方面是必要之物和可欲之物，这里的对照导致了显而易见地偏爱沉思生活而非政治生活。值得注意的是自然法（lex naturae）概念的出现，它将会拥有漫长且复杂的未来。它是这样的法律：对所有的人都是共同的，而不是针对他们中的某些人；保存财产或者毋宁是财物处分，为的是少数有能力利用它们的聪慧之人。这两个表面上冲突的特征协力剔除了这一自然法的任何（至少是直接的）政治或社会相关性。我们记得，在《论责任》中，西塞罗将保护人们自身财富的欲望认定为城邦制度的起源："建立 respublicae（共和国家）和 civitates（自治政府）的主要目的就在于保护个人的财产权。因为，虽然是通过自然的指引，人们才聚居在一起而形成社会，但他们寻求城邦的保护则是希望保护自己的财产。"[12]将这两段放置一处，第一段来自《国家篇》，第二段来自《论责任》，可以让我们衡量影响着西塞罗的自然和自然法概念的复杂性或者不确定性。[13]

11 Ibid., 1.26-27, 13.[参看《国家篇 法律篇》，第27—28页；《论共和国》，王焕生译，上海人民出版社，2006年，第57、59页。]

12 Cicero, *De officiis*, 2.21, 249. 参看本书第5章。[参看《西塞罗三论》，第202页。]

13 对于自然法（the law of nature）的两处阐释并不简单地是最具体与最普遍的对照：它们也是相互补充的，表现为一处涉及所谓低于政治的（subpolitical），另一处涉及所谓超越政治的（metapolitical）。

希腊之名，罗马之实

让我们关注莱利乌斯的干预，他被西庇阿崇高的想法冒犯了，甚至以赫拉克勒斯之名发誓。我说过，莱利乌斯作为一位公民，其判断力是令人敬服的，西庇阿把他安排在人群的正中。下面是他如何反驳西庇阿的天象宏论的，他没有直接对西庇阿说，而是对着图伯罗这个年轻人：

> 你询问西庇阿的是天象问题，而我认为更应该研究的却是那些就摆在我们面前的问题。请问，为什么卢修斯·艾米利乌斯·保卢斯之孙，一个出身于这一家族的最显贵的支系，并且出生在我们这样一个光辉的共和国的人，在他叔父西庇阿在场的情况下，询问的竟然是怎样可以看见两个太阳，而不是询问为什么在一国之内有两个元老院和几乎可以说是两个人民？要知道，提比略·格拉古之死和在此之前他作为护民官的所有行为，已经把一个人民分成两部分。[14]

人民看见或认为他们看见了第二个太阳，这在政治环境如此紧迫之际有什么重要的呢？莱利乌斯继续说道，天文学不会让我们更优越或更幸福，而我们有一个统一的元老院和一个统一的人民却是可能的，如果不是这样，那我们就深陷困境。莱利乌斯竭力让他的对谈者

14 Cicero, *De republica*, 1.31, 15.［参看《论共和国》王焕生译本，第65页。］

以一种对城邦有益的方式来利用他们的闲暇时间，请求西庇阿解释在他看来什么是最优越的城邦秩序（“optimum statum civitatis”）。[15]

让一位作为 princeps civitatis（第一公民）的人来谈论共和国主题是适宜的。[16]这是明智的会谈——每个人都尽擅其长，人们不会问一个鞋匠要食谱，莱利乌斯还补充了另一个因素，说西庇阿堪当此任不止是源自其独一无二的经历：西庇阿经常同帕那提乌斯和波利比乌斯谈论这些问题，此二人或许是最精通政治事务的希腊人。[17]因此，西庇阿经常是在同最卓越的希腊人谈论典型的希腊问题：什么是最佳的政治政体？

在回应莱利乌斯时，西庇阿证实，没有什么比像一位艺匠那样从事最伟大的技艺（“in maxima arte”）让他更切切在心了。说起希腊贤哲，西庇阿坦承了他的困惑：在稔熟希腊的概念与忠于罗马的实情之间，他有些分裂：“尽管我对最伟大、最聪慧的希腊人就这一问题的著述并不满意，但我也不敢认为自己的看法比他们的更完善。”[18]

在某些我们可称之为方法论的考量之后，在坚称人的天然社会性（natural sociability）之后，西庇阿以希腊的方式，抨击了那个典型的

15 Ibid., 1.33, 16.［参看前引书，第69页。］

16 *Priniceps civitatis:* Zetzel 的版本将这个术语翻译为“共和国的领袖”；我的建议是“第一公民”。西塞罗赋予伯里克利第一身份（principal status）是有据可循的：“Pericles princeps consilii publici fuit.”（*De oratore*, trans. E. W. Sutton, Cambridge: Harvard University Press, 1.216, 152.）Princeps Senatus：监察官写在名册中的第一人，他是第一位发表看法的。从奥古斯都开始，Princeps 指代皇帝（emperor），因为奥古斯都以元老院摄政王（prince of the senate）的名义将所有的权力集于自己手中。

17 Cicero, *De republica,* 1.34, 16.［《论共和国》王焕生译本，第69页。］

18 Ibid., 1.36, 16.［参看前引书，第71页。］

希腊问题，清点了诸政体。如果任何共和国为了长久存在下去必须由某种审议机构（consilio quodam）来治理，那么这一 primum consilium（原始审议）可以被分配至唯独一人，此人由此成为国王（rex），而 respublica（共和国）成为王国（regnum）；或者分配至一些挑选的个人，在这种情形下，城邦据说是由贵族意志（optimatium arbitrio）来治理；或者最后，分配至作为整体的人民，那时城邦就是民众的（popularis）。[19]在西庇阿看来，这些没有一个是最优的，但是，如果它们保留了把人们锻造为一个政治体成员而将他们联结起来的那种纽带（illud vinculum），就是可以接受的。在我看来，这种论断在亚里士多德那里是找不到的。亚里士多德不会分离出我们称之为社会纽带或者公民纽带的概念，哪怕这种抽象的概念包含在具体的友爱（philia）概念中。[20]

然而，这些可容忍的政体每一个都缺少了某些重要的东西：即使是在一位像居鲁士这样非常公正且英明的国王治下，那一政治体的其他成员也不会参与作出决议或制订法律；即使马赛（Marseille），罗马

19 Ibid., 1.42, 19.［前引书，第79页。］

20 亚里士多德只在生理学的语境中使用 desmos（纽带），其含义是“韧带”（ligament）或者“绷带”（ligature）。在《政治学》中不曾使用过，在《尼各马可伦理学》（1131a 8）中只使用过一次，其一般的含义是“束缚”（imprisonment）。柏拉图使用这个术语要频繁得多，不过多数时间其一般的含义是“羁绊”（shackles）。在《政治家篇》中，柏拉图提到了 anthrôpinous desmous（310a 7），即“人类纽带”（human bonds），其中婚姻占有显赫的位置。在《普罗泰戈拉篇》中提到了 desmoï philias（322c 3），即“友谊纽带”。在《法律篇》中，人们读到 desmoï pasès politeïas（793b 4），即每一种政体都带有的纽带，意指祖辈的习俗或者不成文的法律。在我看来，亚里士多德是所有政治作家中使用抽象或者一般术语最有保留的：在他看来，philia，是一个具体的名称，依据政体而有着更为具体的含义。人们可以在洛克非常普遍的用语——“市民社会的纽带”——中发现“现代抽象”的某种表达。

的一个臣属城邦，受到其第一公民公正的治理，那里的民众依然处于类似奴役的情形中；还有在雅典，历经了战神山议事会（Areopagus）的压迫之后，一切事务都依民众的法令和决议而进行，由此，城邦失去了秩序和美，因为尊严的等级不再清晰。[21]

除了这些无可避免的、内在的瑕疵之外，所有这些尚可容忍的良好政体，都易于迅速地滑向其相应的堕落政体。居鲁士的王制可以迅速地转变为法拉里斯（Phalaris）的僭政；马赛良好的寡头治理是如此接近于雅典的三十僭主制；而在雅典，人民的权力转变为民众的疯狂和恣意。这时，抄本中断了，不过似乎西庇阿随后让人想起，从变成了民众的恣意的民主制开始，党派的僭政是如何兴起的，无论是寡头式的、民众式的，还是一人式的。

使用更为一般且更为科学的术语，西庇阿指出，政治体中由此存在着引人注目的轮回以及类似循环的变化和改变。[22]认识它们属于哲人之事，但是预见到即将发生的轮回并且稳稳地掌握舵柄，属于一位伟大的公民和近乎神圣的人物的事情。在这对于一门政治和历史科学的建议中，有着比在希腊人那里可能发现的更为自信的预见能力。

随后的内容更引人关注。除了我们考察过的三类政体之外，还存在着第四类共和国。这是值得最大称赞的一类；它源自其他三类的混合重组。[23]第四类重组或者混合政体的提及，是通过 itaque（因此）这个词而与政体演变的提起有了关联。那三类纯粹的政体惯于频繁地改

---

21 Cicero, *De republica,* 1.43, 19.［《论共和国》王焕生译本，第81页。］

22 Ibid., 1.45, 20.［前引书，第83页。］

23 Ibid., 1.35, 20.

变：这是为什么必须赋予第四类优先性的原因，人们可以认为，作为其他三类的混合体，它不太会发生那样的变更，因此就允诺了长期稳定的希望。

我们顺便要说到，此等对于政体变化的念兹在兹是这样一种情感，它在现代欧洲人的意识中比起在古人那里要更为淡薄一些，这一点我们并非不知晓。此一事实的原因之一自然是，欧洲生活的变迁是在一个比城邦更少承受突然政体变化的政治形式之内的，即民族（nation）。因为其数量（疆土、人口）和质量（它所庇护的非政治行为比城邦多很多），民族提供了某种"粘合性"，降低了变化的节奏。就算欧洲的民族经历过迅速，甚至是野蛮的变化（革命）时期，但长期而言，欧洲民族比希腊城邦要稳固得多，从漫长的君主制时期走向了漫长的民主制时期。借助于混合政体的概念来思考欧洲政治史是富于启发的。但是这一概念确切的涵义何在？

混合政体的概念

让我们转向波利比乌斯——西庇阿便是和他或者他在场之际讨论了这些问题——此君提供了混合政体的经典描述。

波利比乌斯的《历史》流传给我们的是严重残缺不全的本子，在第6卷，他首次采纳了亚里士多德式的政体分类，有时还用不同的术语来命名它们[24]："于是，我们的观点应该是存在六种宪制（constitution）——三类普遍承认的，我刚才提到了[25]，还有三类与它们共生共长的：僭主制、寡头制和暴民制或暴民统治。"[26]接着他描述了从一人统治或者君主制开始，政体如何从一类转变为另一类。用更粗疏的笔锋来勾勒，那一进程大致运行如下：良好的单纯政体堕落为罪恶的形式，原因在于新的一代，比如国王的后辈把他们的恩惠视为理所当然，并且沉溺于他们的欲望，由此激起了反叛，而后者又产生了新的单纯政体，而那又会依次经历相同的改变和同样的命运。政治的动态是从王制到暴民制，后者会重新造就"一位君主式的主人"。

波利比乌斯从他的分析中得出如下结论："这就是宪制的循环，是统治制度发展、变形以及重新开始的自然路径。深刻领悟了这一理论，在预言未来什么时候会发生某些宪制变化时，可能没有能力未卜先知，但是只要他的判断没有被敌意或愤怒所扭曲，对于一种制度已经成长或衰落至什么阶段，或者它接着会经历什么样的转变，人们就会很少犯错误。"[27]

这里表述的思想与柏拉图和亚里士多德的思想对照时，能够打动人的只能是其概要和机械的特征，这一简洁的政治科学助长了我们的某种自信，表现在预测政治演化的能力方面，而这是柏拉图和亚

24 看起来他没有途径直接接触亚里士多德的文本。

25 王制、贵族制和民主制。

26 Polybius, *The Histories*, trans. Robin Waterfield (Oxford: Oxford University Press, 2010), 6.4, 373.［参看波里比阿《罗马帝国的崛起》，翁嘉声译，社会科学文献出版社，2013年，第396页。］

27 Ibid., 6.9, 378.［前引书，第402页。引文与中译本内容相差较大，依据引文有改动。］

里士多德的原初政治科学不想辩护的，甚或要排除的。是波利比乌斯在智识上的僵化，使得他产生了历史演化之确切知识的幻象，俨然他的政治科学相对于柏拉图和亚里士多德的而言，是所谓科学主义（scientism）的东西相对于真正的科学精神（scientific spirit），还是罗马经验不同于希腊经验，开启了一门实际上能够未卜先知的政治史科学的可能性？这是波利比乌斯的低劣，抑或罗马的优越？无论如何，正是在波利比乌斯的文本中，历史科学的理念和当下时刻或时代的权威（authority）的理念第一次共同确立了："在罗马宪制这个例子上，这一理论赋予我们最好的机会去理解其形成、发展、全盛，并且预测其未来的反转和衰落。因为，如我不久前所说的，罗马宪制提供了这样一种制度的绝佳范例，其形成和发展总是自然而然的，其衰落由此同样符合自然法则。后面会有机会详述这一理念。"[28]

无论谁掌握了历史科学，都能够奉其为行动指南。政体循环的科学，使得预见单纯政体的更替成为可能，难道实际上不会产生终结变化或者至少相当程度减缓变化的混合政体的概念吗？至少这是波利比乌斯归于莱喀古的担当：

> 莱喀古理解我一直在讨论的这一自然过程的残酷无情，并且意识到了任何政治制度如果是未混合的、单一的，会是多么地不稳固……作为一项预防措施，莱喀古制订的宪制不是单纯的、单一的，他结合了最好统治制度的所有优点

28 Ibid.［前引书，第402页，有较大改动。］

和与众不同的特征，以便防止任何一种制度的成长超越这一边界，即堕落至共生共长的邪恶状态。他想要每一制度的力量都是受到其他制度的制衡，以便于在任何地方、任何时间都不会让任何制度起决定性作用，或者盖过其他制度……其结果是，由莱喀古如此构造的宪制维护了斯巴达的自主独立，超过历史记载的其他任何地方。莱喀古利用理性计算的能力，预见了这些制度中每一类的本性如何决定了其开端和结局；他制订了宪制，无须自不幸中习得教训。[29]

人们可能不会把波利比乌斯的话当真，并将如此有洞察力的天赋归于莱喀古，但是，他必然会认识到，我们在这里第一次拥有了权力平衡、制衡之宪制原则的清晰阐述。

不过，罗马人的情形如何呢？波利比乌斯回答说："而在罗马人的情形中，纵然结果相同，他们为自己创造了同样类型的政体，不过这根本不是理性的结果，而是许多斗争和考验的结果。他们凭借从自己的挫折中习得的知识，从而作出最优的选择，这使得他们能够获得与莱喀古同样的结果，并且使得他们的统治制度成为今世最优的。"[30]

因此，正是经验——考验和失误，罗马人的经验智慧——获得了与希腊天才奠基人造就的同样结果，或者还更胜一筹。这同样是波利比乌斯，刻板的波利比乌斯最早提供给我们的。自政治科学的阐述以

29 Ibid., 6.10, 378-379. [前引书，第402—403页，有较大改动。]
30 Ibid., 379. [前引书，第403页。]

来第一次，缺乏科学的经验看起来如同科学一样渊博，无论如何与科学一样明智。人们几乎可以说，对于始自苏格拉底哲学的欧洲智识生命，罗马的影响在于历史、历史性知识，凭借其对真理的把握，第一次与哲学比肩。

无论如何，在波利比乌斯看来，罗马宪制在汉尼拔战争时期臻于至善。下文展现了这一宪制的完全成熟："罗马宪制具有三个基础性的构件——也就是我前面提到的三类制度。它们中的每一个在所有事物的组织和安排上得到了如此均衡且恰当的利用，以至于哪怕是土生土长的罗马人都难以肯定地断言，他们的宪制本质上是贵族制的、民主制的还是君主制的。这并不奇怪：这样的宪制表现为君主制的（或王制的）、贵族制的或民主制的，依赖于人们是否将注意力集中在执政官的权力、元老院的权力或者平民的权力。"[31]

在更为精细地描述了此一宪制运行的不同部分之后，波利比乌斯总结道：

> 于是，在相当程度上，罗马宪制的三个组成部分的任何一个能够对其他两个构成伤害或帮助。这使得所有这三部分构成的政体对于出现的每种处境都能恰当地因应，而这也正是使得它成为可设想的最佳统治制度的东西。举例说来，当来自外部力量的普遍威胁迫使三个阶层协力合作，国家便获得了非同寻常的能力：首先，既然每个人都会争相

31 Ibid., 6.11, 380.［前引书，第404页。］

设法与那紧急情况做斗争，每个人在其公共能力和私人能力上展开合作，完成手边的任务，那么不存在无法解决的意外事件；其次，决议的做出和执行都极为迅捷。这赋予罗马国家典型的特征：它是无可抗拒的，并达成了其为自己设定的所有目标。[32]

需要注意，在这一描述中两个看起来相悖的特性结合在一起了，它们在任何情形下都是难于调和的：一方面是基础的完美平衡，另一方面是获取最大可能能量的能力。

这便是西庇阿在《国家篇》中对此予以重述或者确证的波利比乌斯的混合政体理论，它也会在欧洲历史中很长时期得到广泛承认。这一理论在什么程度上是原创的？论者都更为迫切地强调古典希腊哲学中与之近似或者预示了它的内容，因为波利比乌斯的智识能力如此明显地低于柏拉图或亚里士多德。就被认为是一位政治哲学家或政治科学家而言，波利比乌斯看起来不过是一位追随者。这种印象没有错。但是，必须非常仔细地看到，波利比乌斯并没有与其伟大的先辈一样述说相同的事物。让我们对亚里士多德《政治学》中的某些相关篇章加以审视。

在第2卷中，我们读到如下内容："的确有些思想家认为最优政体应该是所有政体的混合物，因此他们就推崇斯巴达的制度。他们中的有些人断言，那是寡头制、君主制和民主制的混合体，可称之为君王

32 Ibid., Bk. 6.18, 384.［前引书，第409页。］

统治（kingship monarchy）、元老的寡头统治，还认为它凭借监察官的力量得以民主地运行，因为监察官是自民众而来。”[33]

由此，有一点是毫无疑问的：波利比乌斯的混合政体理论中没有什么新意，就像斯巴达宪制的例子所表明的。它可以追溯到亚里士多德的同时代人。[34]不过，那并不是亚里士多德自己的理论。

亚里士多德对于斯巴达政体有何论断？他经常提到它，而且一般还很严苛。我会让自己限制在与我们的主题相关的内容。斯巴达政体，与几乎所有的政体一样，是一种混合体或混杂物或组合体，但是混合了什么？混合了民主制与德性。[35]至于君主制的部分，什么也没说。

稍后处我们读到：“一个民主制和寡头制的良好混合体的界定原则是，对于同一个政治体而言，它应该是既可以称为民主制的，也可以称为寡头制的……这正是出现在斯巴达政体中的情形。”[36]我们还记得波利比乌斯表达的内容，即一位罗马公民不可能肯定地判断罗马宪制最终是贵族制的、民主制的还是君主制的。这些陈述之间的相似性也显现出其不同之处：这里亚里士多德同样不曾提及君主制部分，而

33 Aristotle, *The Politics*, trans. Carnes Lord (Chicago: University of Chicago Press, 1985), 1265b33-40, 66.［参看《政治学》，第66页，引文与中译文相差较大。］

34 即使语境是讨论柏拉图的《法律篇》，那里要考虑的也不是柏拉图。的确，在《法律篇》第3卷中，雅典陌生人与他的斯巴达对话者说话时表明，斯巴达宪制的缔造是从王权开始，不久王权就被分割，接着被长老（the elders）的同等权力所限制，而后者反过来又被监察官的权力所限制，监察官制度近似于通过抽签获得的权力（691d-692d）。这一极为凝练的陈述算不上是对斯巴达政体的描绘或分析。

35 参看 Aristotle, *Politics,* 1293b17-18。［参看《政治学》，第197页。］

36 Ibid., 1294b14-19, 131-132.［前引书，第201页。］

他在别处说，君主制从一开始就被分隔，并且随后被缩减了。[37]

这些迹象证实了我们从别处知晓的东西。对于亚里士多德而言，诸城邦的政体的确是一混合体或混杂物，但本质上混合了两种因素或成分：民主制和寡头制。我们在前面已经非常确切地看到，亚里士多德在展示了五种类型的王制系列后，继续解释说，只会对两种加以探究：一种是斯巴达王制，那与其说是一种王制，不如说是一种终身将军的职权，它可以在所有的政体中存在；另一种是最优秀之人或世系的绝对王制，那更像是一种理论假设，而不是现实的政治制度。[38]简言之，唯一真实的王制存在于往昔，即英雄时代的王制，那时，一位世系的首领被承认为王，是作为对其仁善的奖赏。孟德斯鸠所言不谬："亚里士多德在处理君主制时的局促清晰可见。"[39]不过，如我们曾强调的，此种"局促"并非基于这位哲人理解力的任何缺陷，而是基于希腊政治经验的诸局限，或毋宁是此种经验的独一局限（single limit）："如果古人……无法获得君主制的正确观念"，那是因为他们不曾具备此类政体的真实经验，而对于孟德斯鸠来说，这类政体与现代欧洲独有的政治形式就是同一个事物。我敢断言，希腊人的原初政治经验是完完全全共和的。

与亚里士多德不同，波利比乌斯的混合政体赋予君主制在混合体中至少与其他两种单纯政体同等的位置，它难道不是自公元前二

37　参看 ibid., 1313a25-30。［前引书，第291页。］

38　参看本书第4章。

39　Montesquieu, *The Spirit of the Laws, trans*. Anne M. Cohler, Basia Carolyn Miller, and Harold Samuel Stone (Cambridge: Cambridge University Press, 1989), 11.9, 168.［参看《论法的精神》，第167页。］

世纪以来罗马经验之君主制演化的表征或者转译吗？回答这个问题是重要的，但又是困难的。波利比乌斯本人的回答可能是否定的，因为，他在斯巴达的源头看到了那已经现身的相同政体。此外，就两位罗马执政官行使职权的方式而言，也看不出他们如何就比两位斯巴达国王具备任何更多“君主制的”因素。然而，罗马统治的版图是斯巴达的统治所不能比拟的，那必然将军事指挥官放在了一个前所未有的位置上：他当然首先为罗马服务，但是，那意味着现在他的见解必须包含整个地中海世界。[40]西庇阿·埃米里亚努斯（Scipio Aemilianus），波利比乌斯的朋友和弟子，是那 princeps reipublicae（第一公民），当他摧毁迦太基或努曼提亚时，他象征着古代战争的难以和解（implacability），而当他与其友人谈话时，一种在历史中寻求出路的新哲学努力已经成为普遍性的了。

一种罗马哲学？

让我们回到《国家篇》。西庇阿刚说过，值得最大称赞的政体是混合政体。莱利乌斯回答说，他非常清楚西庇阿关于这一点的看法，他经常听他说起。简言之，他不想再听到任何关于混合政体的内容

40 Polybius, *Histories*, 6. 50, 407：“如果某人有着比这更大的野心——如果有人认为成为世界级的领袖，拥有辽阔的疆域和帝国，成为所有人的世界的核心和焦点，是更为美妙和高贵的事情——那么他必须承认，斯巴达宪制是有缺陷的，而罗马宪制才高出一筹、更有活力。”

了。让他感兴趣的是弄明白西庇阿认为三种单纯政体中哪一种是最优的。这时，抄本出现了残缺。

文本恢复时，西庇阿正在陈述民主制辩护者的见解。自由有着自己的 domicilium（家园），除了平民掌握至高权力（summa potestas）的那种外，它不可能寓居于其他政体。没有什么比自由更美好，但如果不平等，自由亦将不再。[41]

不过，这里有着此等民主制辩护的最有趣一面。民主制的提出是从对于这一事实的充分理解中自然演绎出来的，即法律是公民社会（“civilis societatis vinculum”）的纽带，而且存在或者应该存在基于法律的平等权利（“jus legis aequale”）。[42]这里对于民主制的理解偏离了希腊的理解和经验。它较少是政治的，而是法律的或社会的。它是自人类社会性的事实演绎而来，自公民秩序（civil order）及其包含的身份平等这一事实演绎而来。

随后的内容有大量的残缺。赞同贵族制的辩护可能被省略了。莱利乌斯又一次询问西庇阿更赞同这三种单纯政体中的哪一种。西庇阿重复了他对混合政体的偏爱。不过，如果他一定要三选一的话，那会是君主制。文本又一次残缺。看起来提到了国王的准父亲角色。不过，西庇阿很快就重述了选择的困难。莱利乌斯紧追不放：余下的讨论都聚焦于对这一问题的回答。西庇阿接着说道：“那我们应该模仿

41　在《理想国》第8卷中，柏拉图强调了民主生活的极端怡人之处。民主是“一种甜蜜的政体，没有统治者，而且多姿多彩”（558c）。*The Republic*, trans. Allan Bloom (New York: Basic Books, 1968), 236.

42　参看 Cicero, *De republica*, 1.49, 21。

阿拉托斯：他认为在谈论重大事务之时，人们必须从朱庇特开始。”这一论断让莱利乌斯大为不解：“为什么从朱庇特开始？这一主题与阿拉托斯的诗歌有什么相似之处呢？”对此，西庇阿回答说：“仅仅是因为从这一位神开始是合适的，所有的博学之人或非博学之人都一直认为，他是所有的天神和凡人的唯一的王。”[43]莱利乌斯变得更加困惑了。西庇阿的回答在我看来并非十分清晰。他提供了一个二选一：要么是共和国的领袖（“a principibus rerumpublicarum”）发明了天上有唯一王（“rex unus in caelo”）的观念，在这种情形下，存在着这样非常权威的看法和所有这些证人，来证实所有的民族都同意这一事实，即国王是最卓越的，以至于他们相信所有的天神都服从于唯一的王的意志；要么，如果关于众神的这些观念是源自无知的谬误，那么人们必须聆听那些博学之人的老师，他们凭借对于宇宙的深彻研究，理解了整个世界是由一种智慧来统治的（这里抄本中断了）。下面是我如何理解这一篇章的：要么朱庇特是智者的一项政治发明，每个人都笃信不疑，要么朱庇特是无知或迷信的虚构，但已由博学之人矫正，他们已经理解自然只是被一种原则所统治。在两种假设下，王制的理由都被极大地强化了，尽管是通过不同的路径。

无论如何，西庇阿关于王制的论述与他关于贵族制和民主制的论证大相径庭，后者是完完全全政治的。这里的论证显然是超政治的，在文本中断之时采纳的是宇宙论的取向。呈现出来的某些内容又一次引导我们偏离了希腊经验。

43 Ibid., 1.55-56, 24.

莱利乌斯请求西庇阿从云端高处下来，去思考更为具体和贴近的现实。西庇阿谦和地回答道："如果你愿意，莱利乌斯，我给你举几个证人，既非十分远古的，也非全然的蛮族人。"对此，莱利乌斯告诉他，"这正是我想要的"。[44]

对王制的思考从天空带回到了地上，而且不只是地上，还是罗马本身。西庇阿更为确切地说了什么呢？西庇阿说，罗马没有王的时期不超过四百年，这对于一个城邦来说不算长；就算第一位国王罗慕路斯，统治时期也只是在六百年前：即使他也不算太古。西庇阿有意将王制拉得与现在更为接近些。西塞罗在这里与亚里士多德的《政治学》相背而行，后者，如我们所记起的，将王制推回到那遥远的开端，"英雄时代"。[45]对西庇阿而言，王制不属于一个与现在截然不同的时代。

随后的内容倾向于证实我们的解释。西庇阿问道："告诉我，罗慕路斯统治过蛮族吗？"莱利乌斯说："如果希腊人所言不虚，所有的人要么是希腊人，要么是蛮族人，那么我想他肯定统治过蛮族。但如果我们使用习俗的而非语言的标准，那么我认为，希腊人也像罗马人一样，是蛮族。"[46]

西庇阿并不想在这个主题上停留，尽管是他提出这个问题的。在我们所关切的内容中，我们审视的不是民族，而是智识发展。西庇阿返回到了他们交谈的起点，作出如下结论："如果那些富有智慧且相

44 Ibid., 1.58, 25.［《论共和国》王焕生译本，第99页。］

45 莱利乌斯补充说，罗慕路斯生活的时代，希腊已经开始衰落了。

46 Cicero, *De republica*, 1.58, 25.［《论共和国》王焕生译本，第101页。］

当新近的人都希望有国王，那么我便拥有了一些既不古老，也不愚昧和野蛮的证人。”[47]

于是，论证的进展倾向于确立王制不属于，无论如何并不必然属于野蛮时代。我敢断言，西庇阿在莱利乌斯的协助下，将君王政体（royal regime）从遥远过去的晦暗和野蛮中拯救出来，并且使其成为开明的现在和未来的一个合法因素。人们禁不住认为，这两位对话人——总体上是西庇阿——努力祛除将近四百年来附着在王制身上的恶名。

我会更为迅捷地处理随后的部分。莱利乌斯要求的是论据而非证人。西庇阿让他求助于他的内在感觉、他的灵魂中所发生的或者他希望灵魂所是的样子作为论据。莱利乌斯立刻明白了，他期望着他的灵魂应该受到君主般或者国王般的支配，他的灵魂的最优异部分，即consilium（智慧），应该独自驾驭激情。于是，西庇阿就问他为何对于共和国（commonwealth）必须抱持什么看法还犹豫不决呢。如果权威不是唯一的，那就不再有任何权威。[48]

莱利乌斯非常机智地回应道，他想知道一人统治和数人统治之间的区别是什么，如果那数人统治是公正的话。在政治秩序和灵魂秩序之间类比的论证是可以被推翻的：为什么灵魂的优异就不是诸官能（faculties）的一种公正贵族制的优异呢？

西庇阿没有回答这一异议。他现在诉诸莱利乌斯的家庭和社会经

47 Ibid. [前引书，第101页。]

48 Ibid., p. 26. [前引书，第105页。]

验。不论是在他的乡村庄园还是他的城市府邸，他将其事务的监督只托付给一位监管者。而他也是独自掌管他的整个“家庭”的。[49]那他为什么不同意在共和国中也是一样的，仅由一人来统治，如果他是公正的、最优异的？

看起来赞同王制的论证有意避开政治秩序，立基于某种类比，即宇宙的、精神的、家庭的类比。

然而，西庇阿随后引入了一项政治论证，与君王政体的终结、驱逐骄傲的塔克文（Tarquin）有关，这是顺理成章的，因为他一开始就提到过。不过，这一次的论证是模棱两可的。一方面，西庇阿解释说，罗马人对于王制的憎恨实际上是由于某一个体之人，即塔克文的品性造成，此人无休止的傲慢使得国王之名变得为人民所憎恶。[50]在这一部分的结尾，他总结道，因为一位国王的不义之举，整个国家的体制都被摧毁了。[51]这一特殊的意外事件似乎没有伤及这类政体的普遍功绩。但是，另一方面，对于王制衰落之偶然性的重视，把注意力吸引到此一政体的脆弱性。[52]

西庇阿由此总结了这一部分探究的结果。如果在他的眼中，君王政体比起其他两种单纯政体远远更受到青睐，那么这三种原初的统治

49 Ibid., 1.61, 27.［前引书，第108页。］

50 Ibid., 1.62, 27.［前引书，第107页。］

51 Ibid., 1.64, 28.［前引书，第111页。］

52 在稍后处，西庇阿说，关于王权，最初的并且后果是最确定的（“prima et certissima mutatio”）变化，出现于国王变得不公正时；于是，这种政体立刻遭受了致命的打击；统治者变成了僭主，它是最恶劣的政体，即使它是最接近最优秀政体的（“deterrimum genus, et finitimum optimo”）。

形式混合且达成均衡的政体理应比王制更受青睐。[53]这一混合政体包含了平等或公平（aequabilitas）和稳定（firmitudo），以至于不会陷入混乱，至少首要人物避免了巨大的邪恶。当每个公民都被稳固地安置在自己的层级时，就没有发生巨变的理由。[54]

第一卷结束之际，西庇阿表达了某种担心，如果他继续这样的方式，他的言辞更像是一位正在传道的教师的谈话，而非一位参与者共同去探讨。因此，现在他选定了某一领域，在那里他和他的友人平等对话：他将述及代代传承下来的罗马政体，阐释此种政体是什么，以及它乃是最佳政体。由此，他就得以完成在谈话开始他承担的任务，即探究统治的最佳形式（"de optimo civitatis statu"），他将援引我们的共和国范例（"exemplum nostrae reipublicae"）作为试金石来完成这个任务。

莱利乌斯热切地赞成这个计划。他赞扬了西庇阿独一无二的品质，如果这个最佳政体存在的话，那么西庇阿就是其第一流的人物（但在这次会谈时还并非如此），而且唯有此君才能提供关于未来的有益建议，凭借着消除威胁这个城邦的两次恐惧，他已在为其未来绸缪。[55]

由此，在第二卷中，西庇阿将会阐释"我们的共和国"。他采纳了他的老师加图经常表述的理念，阐释为什么罗马的政体（"nostrae civitatis status"）优越于所有其他城邦的政体。在其他城邦，政体一

53 Cicero, *De republica*, 1.69, 31.[《论共和国》王焕生译本，第119页。]

54 Ibid.[前引书，第119页。]

55 Ibid., 1.71, 32.[前引书，第121、123页。]

般都是由单独一位立法者筑造的，比如克里特的米诺斯，或者斯巴达的莱喀古。但是在罗马，共和国不是由一个人的天才塑造的，而是许多公民的，也不是在一世的时间内，而是历经许多世代。[56]

斯巴达由单独一人缔造，罗马由许多人（multi）“筑成”，如果这二者之间的对比泾渭分明的话，那么雅典的例子看起来是模棱两可的或者居间的。西庇阿提到了一系列的雅典立法者：忒修斯、德拉古、梭伦、克里斯提尼，随后还有 multi alii（其他诸人），最后还有法勒隆的得墨特里奥斯（Demetrius of Phalerum）。人们必然要问雅典是更近似于斯巴达还是罗马。如果人们遵循那比较的准则——创建者的数量——那么雅典似乎更近似于罗马。与此同时，人们不可能避免这样的印象，即西庇阿有意将雅典与斯巴达并置一处。雅典经历了诸多变化和革命，由此使其产生了许多的创建者，如果你乐意，可说是许多的莱喀古，但是此等数量之大乃是一个缺陷。我敢断言，雅典的 multi（诸多）劣于一人，而罗马的 multi（诸多）优于一人。其暗含之意乃是雅典系失败的斯巴达，而罗马优于斯巴达。希腊城邦总是大大地有赖于德性，尤其是其领袖、立法者和改革者的审慎。罗马根据某种智慧而成长，可以断言，那智慧依赖个体德性，不过又涵盖了它们，因为城邦这些德性更为重大。

罗马的典范——新奇且典范——在于它展示了个体德性的局限。根据西庇阿的叙述，加图解释说，从来没有一个天才是如此非凡，以至于能够无所不知，所有的天才也不会在同一时间汇聚一处，预知所

56 Ibid., 2.2, 33.［前引书，第129页。］

有偶然之事，而无须经年累月积得的实践经验。[57]

因此，人们必须将老加图归为自发秩序理论和哈耶克理念的最初构想者之一，即社会秩序的运转建立在巨量的信息基础上，那是任何一位个体之人或个人群体所不能掌握的，尽管他们在人们的想象中兼具热忱和才赋。

另外一则理念注定在未来大放异彩，它是前一理念的样式或最初形式，是这样的“保守”理念，即在经验和岁月中、在历经沧桑中包含着高等的智慧。[58]

西庇阿、加图，甚至西塞罗都不是人们乐意将其与精神革命（spiritual revolution）连在一起的人物。然而，人与城邦之间的希腊和谐在这里得到了彻底修正。就希腊人而言，个体公民事实上依赖于城邦，可谓城邦的等价物，因为城邦反过来也依赖于他们，依赖于他们的守戒和遵从。这种等价会呈现出精神的含义，在苏格拉底这个人物身上悖论地变得明白可见，此君对待雅典，如同对待一位个体谈话者，会对它有诸多责备之辞。在罗马，公民与城邦之间的相互依赖是松散的，而城邦确实变得比人更伟大，其结果是，城邦的智慧要胜过其最卓越之人的智慧。

因此，对于最佳政体的严格意义的罗马探求必然采取与希腊探求完全不同的路径。不是向前、向上寻求——善好和最佳的理念——它首先是向后，在时间的深处寻求起源。加图曾撰写过名为《起源》的

57　Ibid.［前引书，第129页。］

58　这里对于罗马持久性的主张与较早前将当下时期与王制时期联结起来的努力背道而行。这是历史权威的模棱两可和待价而沽：时段随意地缩短或者延长。

一部历史著作。西庇阿说，这是他为什么像加图一样将会返回到罗马民族源头的原因。他会更容易达成其盼望的目标，条件是他展示了共和国的诞生、发展、成熟，变成一个强大且枝繁叶茂的政治机体，而非像柏拉图笔下的苏格拉底臆造某种共和国。[59]

最后的这些话听起来就像是对马基雅维利的某种令人惊讶的清晰预知，那是他在《君主论》第15章对自己所要求的，我们常常引用它："可是，因为我的目的是写一些东西，即对于那些通晓它的人是有用的东西，我觉得最好论述一下事物在实际上的真实情况，而不是论述事物的想象方面。许多人曾经幻想那些从来没有人见过或者知道在实际上存在过的共和国或君主国。"[60]因此，对于希腊哲学"理想主义"的批评在罗马就兴起了，远在激烈地构建现代政治哲学的基础之前，如我们所知，后者想成为"现实主义者"。

这种"过度阐释"述说了一些本不具有此等哲学含义的话吗？无论如何，西庇阿哲学方法的新颖及其包含的与希腊路径的决裂得到更进一步强调。事实上莱利乌斯说："我们看到你引入了一种新的分析，那是在希腊人的著作中找不到的。"[61]因此，他是在批评柏拉图：这一伟大之人，所有作家中最伟大的，选定了自己的一块领域，在上面建造一座城邦以符合他的理念。那可能是高贵的城邦，但与人们的生活和习俗完全不相符。[62]紧接着，他清楚地提及亚里士多

59 Cicero, *De republica*, 2.3, 34. [《论共和国》王焕生译本，第129页。]

60 Niccolò Machiavelli, *The Prince*, 2nd ed., trans. Harvey C. Mansfield (Chicago: University of Chicago Press, 1998), 61. [《君主论》，第73页。]

61 Cicero, *De republica*, 2.21, 39. [《论共和国》王焕生译本，第147页。]

62 Ibid. [前引书，第147页。]

德和他的学派，此辈的确描述了各式各样的政体，但不曾提供给我们确切的模型。[63]

人们可以说，莱利乌斯责备柏拉图太理想主义了，而亚里士多德太经验主义了。这一对相反的批评提供了西庇阿路径的钥匙，后者大体上将这两种方法综合在一起。[64]通过聚焦于罗马共和国的典范事例，西庇阿综合了柏拉图式的理想主义和亚里士多德式的经验主义，并且通过其中一个来矫正另外一个。明智讲述的罗马共和国历史，必定提供希腊人在政治哲学中寻求的取向（orientation）。

诉诸历史

西庇阿所做的历史描述的状况（status）远不是那么清晰。他没有忽视历史事实和传说故事之间的区别，因为在追忆了关于罗慕路斯的某些口传之后，他说：我们现在从传说进入历史事实（“a fabulis ad facta”）。[65]然而，他的“罗马历史”与我们所认为的这些术语的涵义

63 Ibid., 2.22, 39.［前引书，第147页。中译文与此处的引文有较大出入，造成完全相反的理解。］

64 莱利乌斯称赞西庇阿，因为他的言辞没有天马行空，而是一直依赖于唯一的一个共和国。柏拉图式的理想主义和亚里士多德式的经验主义有着某些相似之处：自由地探寻，那可能显得天马行空（“oratio vagans”）。柏拉图的概念超越了现实的政体，而亚里士多德的探寻从一个向另外一个自由且无限地滑行。西庇阿的路径依赖于、固定于一个现实的对象。可以说，它遵从对象的发端，遵从其力量和权威。罗马将别样的“超越的”柏拉图概念带回尘世，固定在地面，并且限定于自身，让别样的“天马行空的”亚里士多德探寻“停驻不移”。参看 ibid., 2.22, 39。

65 参看 ibid., 2.4, 34。［《论共和国》王焕生译本，第131页。］

相差甚远。它乃是事实和故事或杜撰的明智混合物。西庇阿非常谨慎地为自己保留了或多或少的柏拉图的自由。[66]在这个意义上，西塞罗的《国家篇》更近似于——正如标题所恰当暗示的——柏拉图的《理想国》，而不是《雅典政制》或者亚里士多德的《政治学》，甚至修昔底德的《历史》。

我们略探究竟。

西庇阿断言罗慕路斯为罗马选址展示出了非同寻常的先见之明：一条水面宽阔、流入大海的河流的岸边，这种方式可以既从海洋获益同时又避免了其缺陷。他明白，临海位置对于志在久远和帝国而建立的城邦是不适宜的。滨海城邦会陷于动荡和腐化，正如迦太基和科林斯的命运所昭示的。他补充说，“我所说的有关科林斯的或许也适用于整个希腊”。[67]西庇阿寻求对希腊事物的某种不容辩驳的猛烈抨击，此一抨击这里可以说直抵希腊之存在，我敢说，希腊受到的责难是其缺乏存在：“岛屿当然被海洋环抱，而他们城邦的制度和风俗与海岛一同漂浮不定。”[68]

西庇阿提到的罗慕路斯第一项伟大的政治举措是抢夺萨宾女人。

> 为了巩固新建立的城邦，他做出了一个新奇但在某种程度上不太文明的决定，不过就其有助于繁荣自己的王国和

66　西庇阿在合适的时机就会“柏拉图化”。莱利乌斯说：“你将城邦坐落之地的所有特性归于罗慕路斯有意为之的筹划，那实际上是机遇或必然性的结果。” Ibid., 2.11, 39.

67　Ibid., 2.8, 35.[《论共和国》王焕生译本，第135页。]

68　Ibid.[前引书，第135页。]

人民而言，这个决定展示了有远见的伟大之人的特征：当出身高贵的萨宾少女们前来罗马参加娱乐，参加在竞技场举行的年度第一次谷神节时，他命令掳掠那些少女，把她们嫁给著名的家族。萨宾人因此对罗马人发起战争，战斗结果变化不定，胜负难分，这时罗慕路斯同萨宾人的国王提图斯·塔提乌斯（Titus Tatius）签订协议，被掳的那些少女也出面请求。按照协约，罗慕路斯接受萨宾人加入自己的城邦，共同举行祭祀，与他们的国王联合执政。[69]

西庇阿在这里尽可能地掩饰了此一过程的野蛮，对此李维会提供一个完整很多的记述。[70]而另一方面，他强调在罗马形成的这一决定事件中发生作用的非同寻常的联合力量。萨宾女人自身在他们的父亲与丈夫之间调停；战争的缘由成了和平的原则。在简要叙述这一事件的总结性语句中，*adscire*、*communicare*、*sociare* 三个动词表达了加入、和同和联合的行为。对李维而言，他不会隐瞒此一并合的不平等性质。[71]

关于萨宾事件的最后评断。它展示了私利和公益是如何转换的，更恰当地说，展示了从某些私人激情中产生什么样的幸运政治后果。看起来，正是这一特征将罗马与雅典区分开来，或许与一般的希腊城

69 Ibid., 2.12-13, 36-37.[前引书，第139、141页。]

70 参看 Livy, *The History of Rome*, trans. Aubrey de Selincourt (London: Penguin, 2002), 1.9。

71 “两个城邦联合于一个治理之下，而罗马掌握了权柄。（Regnum consociant: imperium omne conferunt Romam.）” Livy, *The History of Rome,* 1.13, 46.

邦区分开来。[72]

在萨宾国王塔提乌斯去世后，所有权力重归罗慕路斯。他随后更多依仗元老们的威望和智慧（“partum auctoritas consiliumque”）。[73]李维揭示了罗慕路斯的僭主特性，[74]与他相反，西庇阿/西塞罗处处表露出这样的迹象，暗示这位非凡的人物对于个人权势兴趣不大：一旦他不再与塔提乌斯共掌权柄，就即刻更多地与元老们分享权力，那是他召集的元老院雏形或者非正式元老院。因此，从一开始，从其创建之际，罗马政体看起来是王制的，倾向于混合形式。在这一意义上，它近似于斯巴达政体。罗慕路斯“发现并采取了不久前莱喀古在斯巴达发现的方略：如果能使所有最具责任感的公民的威望与国王的绝对统治结合起来，那么国王的专权就能够更好地管理和统治国家”。[75]

接着，西庇阿强调，罗慕路斯最早采行占卜的习俗，罗马人将其保留了下来，这大大地有益于共和国。除此之外，他划分了平民，由杰出的公民来保护，如他后来所表明的，这是一项非常有益的举措。

最后的评断涉及罗慕路斯的刑罚政策。他维护秩序是通过确立用羊和牛来偿还的处罚，而不是借助暴力和虐待。通过强调罗慕路斯设立的刑罚的仁慈和温和，西塞罗表明，即使是最初的罗马人也远不是

72 参看 Montesquieu, *The Spirit of the Laws,* 11.15及12.21。

73 Cicero, *De republica,* 2.14, 37. [《论共和国》王焕生译本，第141页。]

74 参看 Livy, *The History of Rome*, 1.14-15。罗慕路斯或许并非真想分享权力；他取悦平民远多于贵族；他深受士兵的欢迎，而且他不仅在战争时期有私人卫队，和平时期也有。

75 Cicero, *De republica,* 2.15, 37. 如果罗慕路斯的立法如同不久前莱喀古在斯巴达的所为，那么，我敢断言，这将会证实，罗马从一开始就像得到最好治理的希腊城邦一样在同一个级别上进行角逐。[参看《论共和国》王焕生译本，第141、143页。]

野蛮人，而且罗马可以说生来就是开化的。

随后的段落以及西塞罗 / 西庇阿苦心经营的奇特论辩，我已经提到了。[76]他将罗马史镶嵌在希腊的纪年中，更确切地是在希腊启蒙的纪年中，完全忽略了去了解这样的问题：在罗慕路斯的时代，希腊启蒙是否在拉丁地区大大地扩展开来。荷马生活在罗慕路斯很久之前，看起来这一事实足以保证后者属于希腊的启蒙时代。

关于罗慕路斯死亡和神化的论证是离奇地悖常，或者夸张地巧妙，除非西塞罗刻意想要使其正相反对并且自我驳斥。它归结起来是这样的。在一个启蒙的时代，那时野蛮时代的杜撰癖好已经消失很长时间，然而，罗马人依然信服一位纯朴农夫的证词。元老们想要消除那可憎的猜忌，即他们导致了罗慕路斯的死亡，从而怂恿这位农夫宣称，在现在称为奎里努斯的山上，他曾看见过罗慕路斯。核心的记述如下：罗慕路斯的智慧和德性的力量如此之大，以至于人们对普罗库卢斯·尤利乌斯（Proclus Julius）这样一位农夫讲的故事都深信不疑，这个故事如果是关于某个其他有死之人的，人们早在许多世纪以前就已经不信了。[77]因此，如果我对这一论断理解没错的话，在启蒙的时代，人们相信不可思议的关于罗慕路斯之死的演义，这一事实是非凡

76 参看本书第4章。

77 Cicero, *De republica*, 2.20, 39. [《论共和国》王焕生译本，第147页。]

功绩的证据。最终，fabula（传说）揭示了 facta（事实），而非隐藏了它们。[78]

在罗慕路斯死亡或升天之后，元老院试图让共和国无须国王自己统治。民众不答应，他们怀念罗慕路斯，不断要求国王治理。于是，这些 patres（元老）或 principes（显贵）聪慧地构想了某种新奇的、其他民族闻所未闻的混合方式(combination)。他们建立了空位摄政王。[79] 直到新的国王宣布之前，城邦并不是没有国王，但是，这暂时的国王又不会留任太久，以免眷恋权势的私欲得逞或者掌握了保持权势的途径。事实上，摄政王的"当政"只有五天的时间，由元老们一一接续担任。因此，摄政王的制度留有时间荐选一位新国王。如果我们理解正确的话，罗马的革新是荐选国王的制度。[80]西塞罗不无自豪地强调，

78 卢梭赋予此一理念极佳的阐述："这就是在一切时代里使得各民族的父老们都要求助于上天的干预，并以他们固有的智慧来敬仰神明的缘故了，为的就是要使人民遵守国家法也像遵守自然法一样，并且在认识到人的形成和城邦的形成是由于同一个权力的时候，使人民能够自由地服从并能够驯服地承担起公共福祉的羁轭。这种超乎俗人们的能力之外的崇高的道理，也就是立法者所以要把自己的决定托之于神道设教的道理，为的是好让神圣的权威来约束那些为人类的深思熟虑所无法感动的人们。但是并不是人人都可以代神明立言，也不是当他自称是神明的代言人时，他便能为人们所相信。唯有立法者的伟大的灵魂，才是足以证明自己使命的真正奇迹。" Jean-Jacques Rousseau, *On the Social Contract*, trans. Judith R. Masters (New York: St. Martin ' s, 1978), 2.7, 69-70.［此一注释中的引文参看《社会契约论》，李平沤译，商务印书馆，2011年，第54页。］

79 参看 Cicero, *De republica*, 2.12。李维对此事件有相当不同的阐释。他不会提及 patres（元老）在没有国王的情形下的任何行动。尽管他们意见分歧，但都要求君主政体，因为不曾有人品尝过自由的甜蜜——"in variis voluntatibus regnari tamen omnes volebant, libertatis dulcedine nondum experta"（Livy, *History of Rome*, 1.17.）。［参看《论共和国》王焕生译本，第149页。］

80 努马和他之后的图鲁斯·霍斯提里乌斯、安库斯·马尔提乌斯类似，并不满足于被选为王：他让库利亚法授予自己统治权。这些国王是真正共和的。

在那个时代，这一依然新生的民族就已经掌握了斯巴达的莱喀古不曾得到的东西，后者认为国王不应该被选举，只能凭借他是赫拉克勒斯的后裔而得到纯粹的承认或接受。因此，最初的罗马人，尽管粗野，却不曾让自己迷恋王位权势的排场，而是重视国王的德性和智慧。

罗马民族甚至已经开化到了这样的程度，他们忽略了自身的国族性，经由元老们的赞成，欢迎一位外族之人成为他们的国王。[81]他们让一位来自库雷斯的萨宾人登上王位，因为这个人，即努马·蓬皮利乌斯（Numa Pompilius），在德行和智慧方面声名远扬。[82]

作为罗慕路斯制度的结果，罗马人满怀求战的欲望，鉴于此，新国王判定，他们在这方面需要些许矫正。他把罗慕路斯征讨而来的土地分给了他们，并且鼓励他们耕作，以一种较劫掠更好的方式来获取他们所需求的。他让对安宁与和平的热爱在他们心中生根。通过宗教典仪，他缓和了嗜战之习惯和欲望所点燃的精神。他还创设了集市、竞技比赛和各种类型的集会。简言之，通过所有这些制度，他使那因

81 “Praetermissis suis civibus, regem alienigenam, patribus auctoribus, sibiipse populus adscivit.” Cicero, *De republica*, 2.25, 40. 动词 adscire（加入）的重复强调了罗马在其初长成之际的吸纳和同化力量。

82 根据普鲁塔克，努马作为提图斯·塔提乌斯的女婿，被委任统治是因为达成的协议规定一位萨宾国王继承罗马国王，反之亦然。

渴望战争而变得残暴和野蛮的灵魂恢复了人道和温和。[83]

在此节点，曼尼里乌斯插入一个问题：努马国王是毕达哥拉斯的亲传弟子，或者至少是毕达哥拉斯学派的，这个传说是真的吗？西庇阿愤怒地回复说，这整个故事完全是谎言，它不仅是杜撰，而且是愚蠢又荒谬的杜撰；事实上，这些谎言是无法容忍的！为什么高贵的西庇阿突然发怒呢？他苦口婆心并且有理有据地解释道，毕达哥拉斯是在努马去世一百四十年后才涉足意大利的，那是在高傲的塔克文统治的第四年，亦即第六十二个奥林匹克周期期间。让曼尼里乌斯恼火的是，如此严重的谬误长期以来竟为人们深信不疑。他首先变得释然和满足："我可以欣慰地承认，我们不是靠海外舶来的学问，而是靠本地固有的德性变得富有教养。"[84]这种自傲之表达极易理解，但是它的隐含论断与西庇阿不久前所说的几乎无法相容，既然罗慕路斯时代是荷马和莱喀古之后的启蒙时代，这就假定了希腊的影响早在罗马开端之际就存在了。

83　西塞罗和李维呈现努马宗教方略的方式有些不同。西塞罗强调了仪式的繁复，仪式一丝不苟但花费较少，而李维强调将对敌人的恐惧转变为对众神的恐惧：任何外部危险的缺乏都有扰乱心灵的危险，对于敌人的恐惧和军事训练目前为止都曾抑制了这一点；因此，在所有其他举措之先，他想要于灵魂中植入一种情绪——畏惧众神，对于在那时无知且依然粗鲁的人群是全能的神。参看 Livy, *History of Rome*, 1.19。然而，在第21章，李维的描述稍许不同，有些马基雅维利的意思。罗马在努马治下，对众神的恐惧变成了热切的，甚至是痴迷的虔诚，到了这样的的程度：对誓言的敬重替代了对作为治理原则的法律惩罚的极端恐惧（参看 ibid., 1.21）。你瞧，相邻的族群，在那时以前，在罗马看到的是一处营地，而不是城邦，而今就聚居在他们中间，对于惯常的和平是一种搅扰，逐渐开始尊重罗马，以至于认为攻击一个虔诚崇奉众神的族群是亵渎（参看 ibid., 1.21）。贼人的庇护地已经变成了神圣的族群。[有关西塞罗的论述参看《论共和国》王焕生译本，第153页。]

84　Cicero, *De republica*, 2.29, 41. [《论共和国》王焕生译本，第155页。]

事实上，西庇阿立刻巧妙地纠正了他的朋友。人们必须思考罗马共和国的进步，以及凭借什么样的自然发展达成其完美的状态；然后，人们就会看到罗马人知晓如何使得自其他地方移植而来的制度变得比它们在出身之地更为优异。[85]接着，西庇阿表明，罗马人提升了他们从希腊人那里接受来的东西，这是他们的 consilium（智慧）和 disciplina（风纪）的证明，他坦诚，可理解为命运也不为难他们。

我们会顺带提及努马·蓬皮利乌斯的继承者、国王中的勇士图鲁斯·霍斯提里乌斯（Tullus Hostilius）。不过，图鲁斯取得的极为有意义的业绩是创立了宣战的法律。此项革新本身是非常恰当的，他为其赋予了祭司团（Fetiales）在宗教上的批准（“sanxit feciali religione”），以至于任何未经宣示的战争都被视为不正义的、不虔诚的。[86]

在图鲁斯·霍斯提里乌斯之后，我们来到安库斯·马尔提乌斯（Ancus Martius），努马的外孙，同样通过 lex curiata（库利亚法）将 imperium（统治权）授予自身。又一次我们看到了联合行为，这一次是指向拉丁人："adscivit eos in civitatem(把他们吸纳为公民)." 可以说，西塞罗只是简略提及了这位国王，在这里他评论说，“罗马历史是模

85 Ibid., 2.30, 42.［前引书，第155页。］

86 Ibid., 2.31, 42. 李维将祭司制度归于图鲁斯·霍斯提里乌斯的继任者，即安库斯·马尔提乌斯。祭司团由三十名成员组成。程序要求派遣由祭司组成的使节团（在他们的领袖，pater patratus 的领导下）赴受到质疑的国家，要求因其错误行为进行赔偿。潜在的敌对方有三十三天的时间考虑这一要求。如果没有回复，会派遣另一个使节团确定此等态度的不公正性质。然后，自公元前五世纪以来有平民进入的元老院决定开战。为了宣战，祭司团来到敌人边界，在那里，领袖掷下一支带血的长矛。参看 D. Alland and S. Rials, eds., *Dctionnaire de la culture juridique* (Paris: Presses Universitaires de France, 2003), 771。［前引书，第157页。］

糊不清的”。因为，尽管我们知道安库斯的母亲，但并不知道他的父亲。要我说的话，坚持罗马历史起源的模糊性是为突然出现的光明做铺垫：“这时，由于某种教育的移植，城邦突然看起来变得比以前富有教养。”移植的比喻说明了外来影响造成的深刻改变。另外一则比喻说明了其广度与速度：“从希腊流入城邦的不是教育和学识的涓涓小溪，而是宽阔河流。”[87]

希腊文化的洪流具有政治后果，也有最初的政治缘由。安库斯·马尔提乌斯的继承者事实上是一位希腊移民得马拉托斯（Demaratus）的儿子，由于这位移民才有了移植的成功。得马拉托斯是一位科林斯富翁，凭借他的荣誉、威望和财富，轻松地成为其故邦的一等公民，由于无法忍受基普赛罗斯（Cypselus）的僭政，他带着大量财富移居到埃特鲁里亚最富庶的城邦塔克文尼（Tarquinii）。在那里，他被接纳为公民，并且与一位塔克文尼女子结婚，生了两个儿子。他按照希腊的方式教会儿子各种技艺。一个儿子在罗马被赐予公民权，由于其友善和学识，他与国王安库斯走得很近，以至于被认为是一切事务的参与者，而且几乎是共掌王权。在安库斯去世之后，他被民众一致选举为国王，被称为卢基乌斯·塔克文（Lucius Tarquinius），那是他放弃自己希腊名字之后的用名。

的确，西塞罗讲述了一则非常有启迪意义的故事，就罗马民族而言，毫无疑问他们丢弃了国族的优先性，一致选举一位移民作为他们的国王，此人因其 humanitas（友善）和 doctrina（学识）而声名卓著，

87 Cicero, *De republica,* 2.34, 43.[《论共和国》王焕生译本，第159页。]

而且他的父亲还曾逃避僭政，在意大利寻求避难。到此刻为止，罗马王制（kingship）与我们借这个名称所意指的内容没有类似之处。

西塞罗论述卢基乌斯·塔克文荣登王位的部分传到我们已经不完整了，将其与李维的记述相对照是有趣的。看起来，有一处不同——不过，或许西塞罗在遗失的断片中论述了其生涯的这一方面——是李维强调了得马拉托斯的儿媳塔娜奎尔的角色，此女身份高贵，无法接受婚姻让自己天生的身份降级。埃特鲁里亚人实际上鄙视她的夫君，原因是其外族出身。因此，她放弃了对故国天生的爱恋，并且为了保证丈夫荣誉加身，决意——正是她采取主动——离开塔克文尼。人们忍不住会说，在分析塔娜奎尔的动机时，李维确立了某种在埃特鲁里亚城邦与罗马之间的对比，那不可避免地让人想起在旧欧洲（自身历史的囚禁者）与美利坚合众国（那里一切皆有可能）之间的对照。罗马是塔娜奎尔的美利坚。身处一个新的民族，"那里所有的晋升来得极为快捷，而且凭借真才实学，对于一个向上且野心勃勃的人来说，有的是机会"。[88]

另一处不同与第一处有关，乃是李维主张那一事件中的"埃特鲁里亚因素"，如果我可以这么称呼的话。对于那个将会成为卢基乌斯·塔克文的人，李维提供了其埃特鲁里亚的名字，即卢库莫（Lucumo），并且为天空中的征兆留下了空间，对于这些征兆，塔娜奎尔知晓如何去谕示。而西塞罗似乎小心翼翼地抹去了任何埃特鲁里亚影响罗马的痕迹。人们可能认为，他优先强调希腊技艺和科学的影

---

88 "In novo populo, ubi onmis repentina atque ex virtute nobilitas sit, futurum locus forti ac strenuo viro." Livy, *History of Rome*, 1.34, 73.

响，而不是埃特鲁里亚神谕的。

因此，卢库莫聪明地利用其财富和能力，如我们从西塞罗那里已经了解到的，与国王走得很近，到了这样的程度：在公共和私人、民事和军事事务中共掌权柄。不过，他如何继承王位的呢？国王在遗嘱中任命他作为他孩子们的监护人。首先，他把国王的孩子们派遣出去参加狩猎聚会。接着他张扬地投身于一场竞选活动。传统上认为，他是第一个既采用竞选谋求王权，又发表演讲赢得平民投票的。可以想象，他说他是多么好的一个罗马人，尽管是外族人。他这么说并非撒谎。相应地，他以压倒性优势当选。确实，绝大多数的民众要求他来统治。[89]

让我们回到西塞罗。塔克文是第一个发表演讲赢得平民投票的，继承他的是塞尔维乌斯·图利乌斯（Servius Tullius），传统上认为，此君第一个未经民众授命继承了王位。他是塔克文的一个奴隶生下的，而且可能就是国王自己的种，接受了最好的希腊教育。西塞罗迅速地追忆塞尔维乌斯·图利乌斯并非完全平坦的登基之路。安库斯的儿子们已经杀死了塔克文，塞尔维乌斯让人们相信塔克文只是受了伤，表现出了赢得人心的善意，宣称他根据塔克文的命令进行治理。没有让元老院插手，塔克文刚被埋葬后，他就向民众致意，请求登上王位，借助库利亚法授予自己统治权。塞尔维乌斯·图利乌斯开始了统治，没有公民的正式批准，但得到了他们的支持和同意。[90]毫无疑问，西

89 Ibid., 1.35, 74.

90 Cicero, *De republica*, 2.38, 44.［《论共和国》王焕生译本，第165页。］

塞罗尽可能地缓和了塞尔维乌斯·图利乌斯登上王位的僭越方面。如某些评论者所认为的，这是因为他对塞尔维乌斯登上王位的不赞成，由他对一般归于塞尔维乌斯的新宪制的赞成加以平衡了吗？[91]

无论如何，塞尔维乌斯·图利乌斯是那个构造了罗马政治机体的人，方式是将全部人群划分为六个等级——每一个等级相应地划分为“百人团”——依据是财产，以此种方式，投票权不曾倾向于大众，而是倾向于富人，这是在共和国中必须一直遵循的预备措施，目的是最多的人口不掌握最大的权力。由于投票是从最富裕的等级和百人团开始举行的，在向低等公民征询之前，民众的投票多数通常已经达成。通过这样一个建立共识的政体，多数人既没有被排除在投票之外，那会显得傲慢，也没有过分强大，那会是危险的。[92]这样，没有人被完全剥夺了表决权；而那些最关心国家处于最佳可能状态的人在表决中发挥最大的作用。[93]

由于高傲的塔克文，革命的巨轮开始转动。

91　李维对此一事件的描述迥然不同。他在这里同样赋予塔克文一个关键角色，并且为埃特鲁里亚人珍视的“征兆”留下了相当大的空间。他的结论强调或者无论如何呈现出就职之僭主性质：得到士兵卫队支持的塞尔维乌斯，第一个当上国王，却不曾由平民推选，只是得到了元老院的同意（*History of Rome*, 1.41）。西塞罗和李维在这一点上南辕北辙：前者主张塞尔维乌斯没有询问元老，而后者认为他得到了元老院的支持。

92　参看 Cicero, *De republica*, 2.22, 45。[《论共和国》王焕生译本，第167页。]

93　李维对于塞尔维乌斯·图利乌斯建立普查根基的（census-based）政体的分析和评价看起来与西塞罗的非常相似。对于这位历史学家而言，塞尔维乌斯在后人的眼中就是城邦所有差别和阶层的建立者，基于此，各类荣耀、财富之间的差别得以确立（Livy, *History of Rome,* 1.42）。李维进一步写道：“作为所有人的平等权利的成年男子选举权被废除了，那是自罗慕路斯的时代就已经取得的，而且逐步被取代了。这具有了如下的效果：名义上赋予每个人投票权，而实际上却将所有的权利留在了骑士和第一阶层之人的手中。”（ibid., 1.43, 83.）

在此关键时刻发生了什么？这里存在某种悲剧因素，因为塔克文，背负着作为最优异国王的谋杀者的污点，缺乏清晰的良知（或者，他没有完备的心智——“integra mente non erat”）。[94]由于害怕自己的罪行招来惩罚，他就想让别人害怕他。依仗着胜利和财富，他滥用暴力，不能控制自己的习性或亲属的贪欲。塔克文的长子强暴了卢克瑞提娅（Lucretia），后者自尽了。随后，一位才能和德性超群的人，布鲁图斯（L. Brutus），让他的公民同伴们摆脱了这不公正的残暴奴役的羁轭。尽管他是一位没有担任公职的公民，却维护了整个共和国；他在这个城邦中第一次表明，当事关保卫公民的自由时，没有人是一个无职责的个体。[95]在关于萨宾人事件的结果时，我们曾经提到私人情感（affects）在罗马扮演的角色，以及在这个城邦，它们如何以某种方式转化为公共情绪（sentiments），而且造成公共情感。西塞罗在回忆之际提及的、随后要阐述的“在其他任何共和国都找不到相似”[96]的令人钦佩的特征，或许正是“私人倡议”（private initiatives）在罗马政治中的角色。

随后西塞罗重提第1卷关于塔克文的经历对于一般王制政体的意义的讨论，这一政体的特征表现在此一事实，即它是一种优秀的政体，但容易因为一位个体之人的过失变成最恶劣的。西塞罗指出，与罗马人不同，希腊人有两个术语来区分好国王与坏国王，他们把后者

94　在这里，李维又将首要的角色赋予妻子，塔克文这个时候的妻子图里娅（Tullia），是塞尔维乌斯·图利乌斯的女儿；而且他注意到了这一事件的“悲剧”特征。参看 ibid., 1.46-47。

95　Cicero, *De republica,* 2.46, 47.[《论共和国》王焕生译本，第173页。]

96　Ibid., 2.42, 46.[前引书，第169页。]

称为僭主。[97]人们忍不住会觉得，他在这里指出希腊人高出一筹，他们使用了两个不同的术语来命名确实完全不同的两个事物。然而，我认为，他的意图正相反。Rex[国王] 这个术语的模糊性对应着政体本身的模糊特征、脆弱和不稳定。因为任何国王都可能变成僭主，在罗马人拒绝区分国王和僭主中，在罗马人对于国王名称——nomen regium——之危险声望无可动摇的不信任中，存在着某种高超的审慎。[98]

随后的论述引人注目："让我们举与此人（这个僭主）相反的另一个人，善良、智慧，而且深知城邦的利益和尊严，犹如共和国的监护人和管理者（quasi tutor et procurator reipublicae）；事实上，那是对任何一位城邦引路人和舵手的称呼。你要确保识别这样的人；他是那种能够用其智慧和行动保护城邦的人。而由于这个称呼目前为止在我们的谈话中尚未涉及，在随后的谈话中我们会经常谈到这样一类人……"[99]抄本中的残缺在这里尤其令人遗憾，因为看起来西塞罗正要提出一项政治命题。不管怎样，论证发生了有些令人吃惊的转变。西塞罗 / 西庇阿已经强调了王权的脆弱以及与国王名称之声望相连的危险。人们如何能够保证对国王僭政（kingly tyranny）的国王补救（kingly

97 在我看来，西塞罗和柏拉图在他们对僭主的描述中，侧重方面有所不同。柏拉图强调灵魂的无序、僭主欲望的无限制特征，而西塞罗则强调僭主表现出来的人类纽带的断裂，后者希望与他的公民同伴甚至与整个人类没有共同法律的纽带，没有人类本性的联结。Ibid., 2.48, 48.

98 在莱喀古和罗慕路斯的混合政体中，"国王的武力、权势和声名起着显著主导的作用。" Ibid., 2.50, 48.

99 Ibid., 2.51, 49.[《论共和国》王焕生译本，第179页。]

remedy）不会比那邪恶更糟呢？你要确保识别这样的人。又一次：如何？识别 tutor et procurator reipublicae（共和国的监护人和管理者）的技艺可能会在随后几卷中展开，不过，显而易见的是，不信任王制本身的需要，与相信必定矫正僭政恶行之国王个体的要求之间存在着紧张。如果王制政体是那种很容易自身转变为其相反面的政体，那么人们如何能够对僭政的另一面怀有信任呢？

因此，关于共和国“护卫者”（protector）的西塞罗学说是什么，是不可能阐述得精确恰当而又自信满满的。当西塞罗镇压了喀提林（Catiline）的阴谋叛乱时，人们可能认为西塞罗本人就是这样的护卫者。在此一情形中，这样的人物是纯洁无瑕的共和主义者。西塞罗同时赋予这一人物国王的特征，那显露出了奥古斯都式元首统治的外观。对我们而言，当西塞罗总括性地说凭借单独一个人就能导致非正义，而凭借单独一个人又能恢复正义时，这一思想具有某种超政治的（metapolitical）意味。[100]当人类联合依然在城邦、帝国以及我刚才暗示的基督教会中上下求索时，共和国护卫者这样的人物就极有可能是罗马政治秩序不确定性的忠实翻版。

在我所称谓的西塞罗时刻结束之际，马基雅维利某种程度上恢复了西塞罗勾勒的这个人物，并且重新思考其可能性，以便使其最终发挥功效。十五个世纪之后，同样的探究将被重新拾起或延续，不过，

100 “这就如罪是从一人入了世界，死又是从罪来的，于是死就临到众人，因为众人都犯了罪……如此说来，因一次的过犯，众人都被定罪；照样，因一次的义行，众人也就被称义，得生命了。因一人的悖逆，众人成为罪人；照样，因一人的顺从，众人也成为义了。” Romans 5:12-19, Revised Standard Version.

这一次罗马的不确定性将会被转变成政治秩序和行动的前所未有的确定性。

西塞罗和马基雅维利

我们已经相当详尽地回顾了马基雅维利在《论李维》第3卷第1章如何阐释教派或共和国必须经常回到自己的源头。[101]这种现象的发生要么凭借外部事件，要么凭借内在审慎。外部事件可能是一次军事挫败。如此一种灾难迫使人们思考他们的处境。他们也在某种内部变故之后重新调整他们的见解，那可能源自一则法律或者一位优异之人，后者的行为足可树立典范、成就懿行。无论如何，法律惩罚需要凭借一位公民的德性发生作用，此人勇敢无畏地执行惩罚，反对违法者的势力。如我们所知，马基雅维利称赞的这些esecuzioni（执行）事实上最经常的乃是死刑，凭借其非同寻常的特性，它们在公民的心中唤醒恐惧——因为不再恐惧的公民必然破坏法纪。

没有什么迹象表明，西塞罗设想过共和国的护卫者会诉诸马基雅维利推荐的恐惧惩罚，哪怕他本人相当迅捷地处置了喀提林的帮凶。无论如何，他赞扬了布鲁图斯，马基雅维利称此人为罗马自由之父，在“叙述和谈论”那些使得罗马走向伟大的才俊时，便是从他开始的。

101　参看本书第5章。

西塞罗强调，布鲁图斯是一位 privatus[102]——私人个体，而马基雅维利谈到了使得罗马走向伟大的特殊个体（uomini particulari）。[103]西塞罗和马基雅维利事实上都强调了我们曾称为的“私人倡议”在罗马政治中的奠基性作用——用马基雅维利的术语是“众多良好结果”。

无论如何，马基雅维利对于西塞罗描述或者勾勒的此类拯救性人

---

102 相反，李维表明，在由卢克瑞提娅被强暴引发的危机时期，布鲁图斯担任着高级官职（magistracy），因为他是骑士的领袖（Tribune），也就是国王私人卫队的头领（*History of Rome*, 1.59）。李维可能更接近历史真相，而这并非西塞罗的主要旨趣，如我们之前注意到的。在第2卷的开始，李维在塔克文和他的先行者之间做了严格区分。他补充说：“无疑，布鲁图斯因推翻高傲的国王而获得如此巨大的荣誉，但若是他太仓促地屈从于对自由的激情，推翻先前的国王们中某位国王的统治，那么他的行为将会给国家带来最大的伤害。人们只需想想在早期这些日子，平民是什么样子—— 一群流浪者，大部分是逃犯和难民——问问如果他们突然发现自己在不受侵犯的地区受到保护，享有着即使不是充分的政治权利也是完全的行动自由，那会发生什么。在这样的情境下，不受王权的拘束，毫无疑问，他们将会在民主政治的狂涛巨浪中启航，随着流俗意见的狂风而摇摆不定，在任何真正意义的共同体有时间长成之前与城邦中的统治阶层争夺权力，而他们甚至就不属于那城邦（in aliena urbe）。那种情感，唯一真正的爱国主义源自内心（animos eorum consociasset），且要慢慢育成：它建立在对家庭的尊敬和对土地的热爱的基础上。”西塞罗和李维一样，同样只将责难对准了塔克文，后者的统治是罗马史的转折点。不过，西塞罗强调了王制内在的或本质的脆弱，王制是“独夫之恶”的猎物，而李维追溯了自由的历史，或者更贴切地说，他将自由的前史与信史区分开来。最初的国王造就了最初的联合，那是不能被称为自由或不自由的。随后，确切说来，僭主 - 国王通过反动的方式促成了自由。更恰当地说：

a. 对早期国王的恐惧使得生来寻求宥恕（impunity）的人变得文雅或者人性化。

b. 在社会成员最终接受了确定秩序的时候，僭主 - 国王及其同僚们却寻求宥恕。布鲁图斯驱逐了国王，并且惩罚了作恶者，首当其冲的是国王的儿子们。自由，首先奠基于铸就亲情纽带——pignera liberorum（a 阶段），由这些相同纽带的牺牲加以认可。

c. 那么什么是共和式自由？它是对第二类或文雅宥恕有可能或有威胁的惩罚。

103 罗马独有的乃是私人政治倡议，拯救自由的 privatus，不像雅典，后者的特征是平民领袖的倡议以及他作为仲裁者的角色。在罗马，不存在平民的领袖同时也是城邦的领袖。是元老院或者权重的元老们执掌统治，并且确定统治的基调。不过，个人倡议（比如加图反对西庇阿）对于促动或者增强公民们对于一位太受欢迎的公民的戒心是必要的。这种戒心是否有任何基础无关紧要：它的效果良好。

物提供了有趣的解释。他将此类 alter oppositus——即僭主的反面，其行事与僭主相反——描绘为一种能够震慑潜在僭主和所有违法者的个体。他是一类奇特的人物，混合了私人和公共、僭政的反面和某些类似僭政的东西。人们会有这样的印象，马基雅维利最终为西塞罗在共和国受到潜在僭主攻击之际心中所想的内容提供了锋利的刀刃；还有，为了最终走出西塞罗时刻，他使得西塞罗本人最初锻造成形的一件武器可堪使用。

我们将会观察到混合政体类似的转变，西塞罗担心这种政体不会像其构造法则使其看上去的那样稳固，而马基雅维利会释放出这种政体的有益的不均衡性。

在第2卷的后面部分，西塞罗一直通过事例来引出混合政体是如何运行的及其优点是什么，展现了维持均衡或者良好混合的困难："然而，天性本身（natura rerum ipsa）要求，作为民众从君主制中解放出来的结果，他们应该为自己声索更多的权利……此等变迁或许并非完全理性的，但是共和国的本性经常战胜理性。"[104]此一提议在主张贵族制或寡头制的论证中是恰当的，无论如何在赞同为数不多有才且审慎、理性之人的论证中是如此，多人因为其天性或者处境，被排除在理性这一品质之外。与此同时，就其本身而言，它表明政治生活本身是与理性相抵牾的，那源自这一事实，即那些卫护其权利的人自然而

104 Cicero, *De republica*, 2.57, 51. natura rerum 即 natura rerum publicarum，这演绎得有点远，不过在宽泛的意义上，它也是"事物天性"（nature of things），是"自然的天性"（nature of nature），也可说是"物理的"（physics）的天性，因为人和物一样都有其自身的运动促动前行，而人经常越出适于停步之处。[《论共和国》王焕生译本，第187页。]

然地倾向于超出其权利之外。这当然是混合政体——主张平衡彼此敌对之声索的政体——的最佳辩护，不过也是其脆弱性的理由。在努力为每个人的权利留出空间时，每个人都受到鼓动去超出其权利。

有可能避免这个结果吗，这一“政治事物的天性”——如卢梭大略说到的，那使得政治制度不可或缺的理由使得其滥用无可避免？但是，放弃对平衡的寻求不是放弃对正义的全部关切，不是让政治事物本身遭受危险吗？马基雅维利将在某种政治路径中寻求出路，不是防止或反对不平衡，而是接受它，由着它，不是放任共和国灭亡，而是赋予其一种新颖的动力，这种动力特意接受不平衡本身，为的是掌控承载着它的运动，进而凭借更坚毅地与它同步前行而更好地掌控它。

马基雅维利是第一个这样的政治作家：质疑那使得混合政体可欲的平衡和稳定，是否真是共和国要追求的善。在他的眼中，有着其独特性和价值的罗马经验表明，从不平衡（某种不平衡）和不稳定（某种不稳定）中能够期盼更好的结果。他在《论李维》第1卷第6章中极佳地阐释了其思考。

马基雅维利区分了两类主要的政治行为，第一类以斯巴达和威尼斯作为示例，第二类以罗马为示例。斯巴达和威尼斯是封闭的城邦，它们的统治在早期是“稳固且封闭的”。那些后来加入城邦的人（不是很多，因为城邦并不友好）无论如何既没有理由也没有可能招致麻烦——没有理由，因为他们不曾被剥夺什么；没有可能，因为他们受到制约并且位处边缘。这样的共和国是稳固的，但它几乎不能持续扩张，正如斯巴达和威尼斯的例子所表明的那样。相应地，对于这样的城邦，制定禁止其扩张的宪法或法律是有益的。马基雅维利继续说：

“我确定无疑地相信，若能以这种方式在事物之间取得平衡，就会有最佳的政治生活，城邦得享真正的安宁。”人们明白，马基雅维利原则上并没有质疑平衡和静止那令人中意的品质。在此一意义上，他这里并不曾质疑古代的目标。不过他立刻补充说：“然而，人间事变动无常，总有兴衰荣枯；许多事情纵使没有理性的指导，却有必然性促你完成。”尤其必然性可能导致扩张（ad ampliare）。如果城邦已然如此组织有序，无须扩张就能维持自身，那么扩张的必然性会带来它的毁灭。结论是：“职是之故，我以为，既然人们无法保持事物之间的平衡，也无法恰当地保持中庸之道，那么在为共和国创立制度时，就必须看重更加荣耀的方面，在设立制度时假定，必然之势肯定引导它进行扩张，如此方可保持它已经获取的东西。”因此“应当采行罗马的制度，而不是另一些共和国的制度”。[105]

扩张的必要性可能由许多偶然事件引发，不过，它根本上依赖于不可能在进攻和防卫之间作出严格的区分，或者说不可能采取一种纯粹的防卫姿态：“即使它［共和国］不干涉别人，也会受到别人的干涉；而一旦受到干涉，扩张的愿望和必要性也会随之而出现。”[106]在对此没有意识的情形下，人们从防卫转向进攻，从获取的必要转向获取的欲望。除去事物本身的趋向之外，外在的偶然事件形成获取的必要，还有内在的趋向使得人们从获取的必要转向意愿。人们明白为什么“遵循罗马的制度”是更加荣耀的方面：因为这是遵照本性而行动，也就

105 Niccolò Machiavelli, *Discourses on Livy, trans*. Harvey C. Mansfield and Nathan Tarcov (Chicago: University of Chicago Press, 1998), 1.6, 23.［《论李维》，第64页。］

106 Ibid., 2.19, 173.［前引书，第263页。］

是遵照人类事物的趋向；人们不会让自己被那看起来理性的欲望——静止或安宁的幻象——迷惑或者阻挠。《君主论》第15章谈到的想象共和国是静止的共和国，停驻于一个平衡点，那是不可能维持的，因为它必然上升或下坠。“事物的有效真理”首先或最终乃是人类事物必然且无休止的运动，对此人们必须有能力给予充分的回应。

有志于运动之道就是为帝国而筹谋。筹谋帝国就是养成人口众多且枕戈待旦的民族。现在，一旦养成这样一个民族，它就有能力维护其自由，反对数人的压迫。这里我们看到了马基雅维利最重要的原理之一，此一原理将帝国和已经可以称为民主的东西联结起来：“你若想做到人多势众，兵戈随身，足以创立伟大的帝国，那么你也会使他们获得一种品质，那就是你无法按一己方式加以治理。”[107]

我们返回到开始的地方，回到西塞罗的主张：“然而，天性本身要求，作为民众从君主制中解放出来的结果，他们应该为自己声索更多的权利……此等变迁或许并非完全理性的，但是共和国的本性经常战胜理性。”西塞罗不赞同民众的激情，将其起源归于事物的本性、共和国的本性，借此勾勒了对寡头秩序以及他亦推荐过的混合政体的批评，马基雅维利从这一批评中得出的结论是：不要去谴责民众的过度，人们应该将其理解为对那种欲望的反制，那种刺激大人物们压迫他们的欲望。恰当地说，在没有黄金分割之地，在中庸之道不可能精确保持之地，不可能存在过度，因为人们从“不足”转到“太甚”，没有能力停驻于那个转折点，或察觉到那一点，那或许就不存在——

107　Ibid., 1.6, 21-22.［前引书，第63页。］

一个想象的中点。当然，政治代理人——“君主”——不会让他自己与民众的激情随波逐流，而是依赖他们让自己远离数人，并以此种方式创造 vivere libero（自由生存）的必要空间。

静止与运动

这些评论促使我们返回到一个与政治哲学概念密切相关的问题，即政治的，或者更确切地说，政治判断的基准（criteria）问题。我曾引用并且评论过列奥·施特劳斯的一段文字，它概述霍布斯的革新，以及霍布斯第一次所展示的现代政治哲学的原则和动力：“所以，霍布斯的政治哲学有别于柏拉图的政治哲学，在于对后者来说，精确意味着标准不受扭曲的可靠性，对前者来说，精确意味着无条件的可行性，任何情况下的可行性，极端情势下的可行性。”[108]寻求绝对可行的准则意味着什么？如我们所见，它意味着寻求这样的准则，即能够产生无可抗拒的效能或者以无可抗拒的效能运行。最终，对于霍布斯而言，它意味着构造这样的主权者，他凭借其过度的权力能够压制傲慢——任何政治体的任何成员的过度——的任何表现。

严格说来，马基雅维利并非在寻求一项新的准则。相反，他察觉到了所有被接受的准则的失败或者缺陷。它们装作看不见的运动比它

108 Leo Strauss, *The Political Philosophy of Hobbes: Its Basis and Its Genesis* (Chicago: University of Chicago Press,1966 [1952]), 151. 参看本书第5章。[参看《霍布斯的政治哲学》，第182页。]

们本身更为强大。“事物的有效真理”就是人类事务之无可抑制的运动。如我们所见，马基雅维利以一种令人注目的方式将“有效真理”与真正的政治生活（“vero vivere politico”）和城邦的真正安宁（“vera quiete d’una città”）区分开来。因此，马基雅维利某种程度上辨识出了旨在静止的共和国的古代准则、混合政体的准则的正当性——“真理”。他贴切地将这类古代准则标识为中庸之道（“via del mezzo”）。问题在于，这类准则——如此令人渴望的平衡——阻止我们看清人类事物上下浮沉，却不能保持某个平衡点，它们总是运动的。相应地，人们不得不改变其观察的角度。不是向上注视，注视想象的共和国或君主国，其静止状态使得沉思如此令人惬意；人们必须向下俯视，无论如何聚焦于人类事物的运动本身，抵御理想的诱惑，即静止的诱惑。

马基雅维利建议我们去模仿他所称谓的“罗马秩序”（Roman order）时，他最终在做什么？他将运动本身——运动的可能和必要——树立为权威。自相矛盾地——与“所有作家”的见解相反——运动本身就是准则。不过，这如何可能？相反，一项准则、一项基准、一项标准不是某种必然不变且静止的东西吗？一种变化的标准是什么样？马基雅维利如此地无所畏惧，以至于他恰当地借助所有的方式努力使得运动本身看起来像是准则，无论如何是超过其他一切应该首先被考虑的东西。恰是他的思考的那种激进性，阻止他被严肃地视为一位哲学家：他的“理念”何在？

马基雅维利使得我们可以更好地看清霍布斯所完成的。后者阐发了一项确切的准则——因此是一项静止的准则——并不阻止运动。主权者的法律仅仅是阻止公民彼此妨碍。主权者占据了这一静止的权势之位，维护着社会成员的自由运动。

马基雅维利和古人的区别是，对于古人来说是理性界限的东西，即逃脱（eludes）了理性的运动，对马基雅维利（以及他之后的现代人）来说，成了一种更有雄心的或者更坚毅无畏的理性必须把握的主要事实。[109]

人们不由自主地注意到在此一转变与一个世纪后物理学中发生的转变之间的关联，后者抛弃了最终原因和各得其所（proper place）的观念，并且将运动法则的发现视为其主要任务。就马基雅维利而言，年代学当然排除了设想新物理学对他的政治学有着任何影响，但这一点对霍布斯而言则是可能的。由此，必须承认的是，是一位政治作家——马基雅维利——第一个将不趋向于任何静止的运动放在了关注的中心，那是一种纯粹的运动。这并非意味着现代科学革命自马基雅维利引发的政治和道德变革而来，而是说它帮助我们衡量后者是如何地激进——不仅是如何激进，还有其特征是多么地神秘难解。

我并不掌握此一谜题的钥匙，但是我认为，人们必须强调罗马经验的作用，一种未完成且未终结的经验，等待着被阐释，并且被有意识地、深思熟虑地重新接受。马基雅维利旨在激励我们“遵循罗马秩序”，不是复刻它，而是重新接受，去延伸且扩展罗马在人类力量的运动中开启的那新颖的安排。罗马是产生力量和运动的伟大引擎。罗

109 Montesquieu, *The Spirit of the Laws*, 11.8, 167-168：“一个征服民族的政体的败坏，竟形成了人类当时所能想象到的最优良的政体，真叫人惊奇。”

马科学是人类力量科学的一部分——那构成性、初始性的部分。

马基雅维利的继承者将有能力遗忘罗马，甚至反对它，[110]前提是阐发——借助在这里无甚要紧的新物理学的帮助——生命自身作为运动的科学。“生命自身不过是运动。”[111]英国人的心理学会将人类生命描绘为没有目标的永无休止的竞赛，[112]或者是永无休止的逃避。[113]它会把权力的观念和权力的渴望置于最前列。后者确证并且涵盖了马基雅维利对从mantenere（保有）向acquistare（获取）滑动或倾斜的分析。[114]权力的观念当然与自由的观念是不可分的；权力和自由是运动的两个面相或表达。对于现代政治哲学以及一般的政治而言，自由就是运动的自由，是被想象为运动的人类生命的自由，是被理解为某种“运动数值”（quantity of motion）的人类个体的自由。

与传统的自由意志不同，此类自由并非必然性的反面。处于自由中的或得以自由的运动总体上是一种必然的运动。自由基准的有效性是由必然性的力量来保证的。由于运动不可能停止，它必然是处于自由中的。这里存在着同时代的解放的模糊性。为什么它“不允许禁

110 参看 Thomas Hobbes, *Behemoth, or the Long Parliament,* ed. Ferdinand Tönnies (Chicago: University of Chicago Press, 1990), bk. 4, 158-159。

111 Thomas Hobbes, *Leviathan*, ed. Michael Oakeshott (New York: Collier, 1962), 55.

112 参看 Thomas Hobbes, *Elements of law,* ed. Ferdinand Tönnies (New York: Barnes & Noble, 1969) part I, ch. 9, par. 21, 47。

113 “欲望是被祸害所激动的一种逃避的倾向。” John Locke, *An Essay concerning Human Understanding* (New York: Dover, 1959), 2.21, par. 73, I, 367. [参看约翰·洛克《人类理解论》，关文运译，商务印书馆，1983年，第253页。]

114 “如果不能获取更多，他也不能保证他提供的那些权力和手段就能过得很好。” Hobbes, *Leviathan,* ch. II. 亦参看孟德斯鸠：“但由于人类一个由来已久的缺点，取得保民官职位以便自卫的平民却利用它们来进攻。” *Considerations*, ch. 8, 84.

止”（forbidden to forbid）？是因为自由本身本质上是善的，抑或是因为禁止自由实际上就是**不可能的**？斯宾诺莎或培尔（Bayle）使用了后一论辩来为意见自由辩护。人类对于他们的思想没有支配的权力；他们不能强迫自己，因此也不能被强迫相信这个或那个。思想自由依赖于我们思想的必然性。悖谬的或者讽刺的是，褊狭时代（illiberal times）的“不宽容”预设了我们的自由：它预先认定我们的思想依赖于我们自由形成的禀性（dispositions）。

那么我们的政治政体，所有这些发展的继承者或者毋宁是产物，是如何呈现自身呢？我们的“最佳政体”，我们的“混合政体”现在不是由稳固的平衡来界定，而是相反，由自由运动的能力来界定。古典混合政体的标志是倾向于静止；我们的混合政体则是向着运动开放。

我们的混合政体与古典混合政体**并不相似**，因为混合政体的两极、两个最重要的界定因素已然**在政治上不可见了**。曾经存在着数人和多人；[115]现在则是“普遍的公民”，这就是“全体”。崭露的、可见的、在政治上确立的，乃是全体公民都是同等自由的，自由地参与立法，并且依其意愿主张他们的独立。

与此同时，我们当然不可能避免这样的必要性，即设立些许关

115 Karl Marx, *On the Jewish Question* (1844)：“既然非占有者已经成了占有者的立法者，那么私有财产岂不是在观念上被废除了吗？财产资格限制是承认私有财产的最后一个政治形式。” *The Marx-Engels Reader*, ed. Robert C. Tucker(New York: Norton,1972),31. [《马克思恩格斯全集》第三卷，人民出版社，2002年，第171页。]

卡、建立某种平衡：**制约与平衡，权力的分配或分立**。新政体中的“权力”与旧政体中的“部件”是迥然不同的，哪怕主要的权力在数量上还是两项。曾经有的是数人和多人，现在则是执法者和立法者。新的权力与旧的部件并不相称，因为它们是从社会中**抽离而来**。

但是，在我们的政体希望促进的运动，与彼此“制约”的权力所确立的平衡甚或静止之间，不会存在矛盾吗？孟德斯鸠写道：“这三种权力[立法权在这里被划分成两部分]本应形成静止或怠惰状态。不过，事物必然的运动迫使它们前进，因此它们就不能不齐步前进了。”[116]孟德斯鸠这里以某种假装的无视转移了一种相当有分量的反对；他以某种夸大了的轻而易举解决了政治物理学中一个非常困难的问题。平衡和运动如何可能同时存在——最自由的和最迅捷的运动如何可能？孟德斯鸠唤回了“事物必然的运动”，《论法的精神》的全部意图便是分析制度和禀性复杂的相互作用，这一作用使得我们现代政体未必会出现的（improbable）、奇妙的稳定与运动之混合成为可能。[117]无论如何对他而言，事物必然的运动毋宁会导致专制。

如果权力的分立与平衡没有导致静止，那不是因为事物必然的运动，而是因为权力——作为权力聚合的国家（State）——与社会分离。主权国家足够地稳定、坚固，并且高于社会，能够留出社会成员的自由——laissez-faire（自由放任），laissez-passer（通行无阻）。

正是因为这种自由，借助这种自由之中介，古典混合政体的两

116 Montesquieu, *The Spirit of the Laws*, 11.6, 164.[《论法的精神》，第164页。]

117 美利坚生活中异乎寻常的快速运动依赖于美利坚宪制异乎寻常的稳定性。

个部件在现代政体中恢复了它们的存在和相互作用——即数人与多人，阶层冲突重新成为首要问题。于是，正义的讨论自然又汇入亚里士多德开启的论证路线：“人们都同意，分配的公正要基于某种配得（worth），但他们所说的并不是同一种东西。民主制的支持者认为是自由公民身份，寡头制的支持者说是财富，另外还有高贵的出身，而贵族制的支持者说是德性。”[118]

与希腊城邦的不同之处在于，一方面是多人能够凭借国家使他们的份额得以确保或者增加，另一方面是数人能够利用自由来投入且获取，这同样得到了国家的保证，进而变得富裕、“不平等”，如他们所愿和能力所及。

并非只有国家（State）的中介或者国家与公民社会的分离才阻止了我们政体中的富人和穷人动手互殴，如他们在古代城邦经常所为。罗马能够历经混合政体不断出现的不平衡而长久存活，是因为疆土的扩张使民众的需求得以满足，如西塞罗向我们解释的，基于国王被废除而唤醒的欲望得以满足。我们的混合政体在历经阶层斗争之后，甚至在殖民帝国——根据列宁主义者或者罗马的解释，它提供了混合政体在毁灭自己之前最后的喘息之机——之后是如何存活下来的呢？我们对答案心知肚明：如果我们的混合政体不曾衰落（尽管它一直都不平衡），那是因为它不曾停止追逐“增长”，从而使得多人的需求多多少少得以满足，且无须杀死或劫持富人，甚至还让富人变得更富。增

118　Aristotle, *Nicomachean Ethics*, trans. Terence Irwin (Indianapolis: Hackett, 1999), 5.6, 1131a25-29, 71. [《尼各马可伦理学》，商务印书馆，第135页。]

长是阻止我们政体衰落的竞赛。

对自然的开采并没有让我们从政治中解放出来；它不曾让我们从人的统治跳转到事物的管理，如同圣西门主义者（Saint-Simonians）曾期望的那样。正是我们的政体本身，以其创造性的不平衡，强迫我们并使得我们能够改造自然。

孟德斯鸠在总结他所谓的罗马人的“体制”时写道：“他们如同破坏者一般行事，为的是看起来不像征服者。”[119]对我们而言，我们一直从事于越来越具有破坏性的对自然的征服，不仅为了看起来不像征服者，而且也为了不是（其他民族的）征服者。但是，当我们的力量的聚集和动员是整个现代发展的源泉，是这新罗马——起初是运动中的欧洲，现在是运动中的人类——的源泉时，我们如何能够**消解**（demobilize）这力量呢？

119 Montesquieu, *The Spirit of the Laws*, 21.12, 380.

III

帝国、教会、民族

7

对异教的批判

政治的和宗教的

在《思想录》中，帕斯卡尔写道：

如果我们太年轻，我们就判断不好；如果太年老，也一样。

如果我们想得不够，或者如果我们想得太多，我们就会顽固不化，我们就会因而头脑发昏。

如果我们完成了自己的作品之后仓促之间加以考察，我们对它就一心还是先入为主的成见；如果是时间太长之后，我们又再也钻不进去了。

站得太远或是太近来观看绘画，也是这样。仅仅有一个不可分之点才是恰当的位置。

其余的则不是太近，就是太远，不是太高，就是太低。在绘画艺术上，透视学规定了这样的一个点。然而在真理上、在道德上，如何来规定这样一个点呢？[1]

然而在真理上、在道德上，如何来规定这样一个点呢？当帕斯卡尔写下我们刚才所读的内容时，城邦已经消失很久了，一起消失的还有看待城邦的“视点”，那也是城邦的“视点”，它可以使人类事物作为一个整体被看待，因此有着令人艳羡的清晰度。帕斯卡尔所评论的视点之缺乏，或者视点之不确定、模糊，相当程度上源自这一事实：新城邦（和看待新城邦）的视点，被添加了可见城邦（和看待可见城邦）的视点、严格意义的政治秩序（和看待这一秩序）的视点。基督教提出的新城邦、上帝之城是不可见的，它的法律和道德与可见城邦的是完全不同的，有时是相反的。孟德斯鸠描述了基督教引起的古代城邦某些方面的变化，寥寥几句描述了本质之处：

> 古代多数的人民生活于以品德为原则的政府之下；当品德具有全部力量的时候，人们做了一些我们今天再也看不见的事情。那些事情使我们渺小的心灵感到惊骇。
>
> 古人的教育还有一点优于现今的教育，就是他们的教育从没有被人否认过。爱巴米农达斯（Epaminondas）在晚年所说、所听、所见、所做的事情和他幼年开始受教育时并无差别。

1 Blaise Pascal, *Pensées*, rev. ed., trans. A. J. Krailsheimer (Harmondsworth: Penguin, 1995), no. 21, 5-6.[帕斯卡尔《思想录》，何兆武译，商务印书馆，1995年，第170页。]

> 今天我们所受的是三种不同或矛盾的教育，即父亲的教育、师长的教育和社会的教育。社会教育对我们所说的，把父亲和师长所教的思想全部推翻。这多少是由于我们今天的宗教义务和社会义务截然不同，这种事情古人是不晓得的。[2]

帕斯卡尔的疑惑和孟德斯鸠的诊断都要牢记在心，这一点很重要。并不能肯定地说我们已经真正地克服了前者，因为并不能确定我们的处境与作为孟德斯鸠诊断对象的处境已经变得完全不同了。不过并不缺乏尝试。人们可以说，至少自十三世纪或者十四世纪初，自但丁的《君主国》以来，欧洲就一直在寻求人的生活的统一，以求克服基督教导致的分离。这并非我个人的历史阐释。它是欧洲历史的主题，尤其是现代国家构造的泉源。看看霍布斯，他在同一时期与帕斯卡尔相似，强调在人世定位（orienting）自身、发现看待它的透视点的困难之处。不过，帕斯卡尔仅仅表达了他的疑惑，而霍布斯确诊了一种具体的病症，并寻求治疗之道："世界上有世俗政府和性灵政府只不过是为了使人眼花缭乱、认不清其合法主权者而搞出来的两个名词而已。"[3]

在基督教世界中，人们看重影是因为他们暴露在两重权力之下。

---

2 Montesquieu, *The Spirit of the Laws*, trans. Anne M. Cohler, Basia Carolyn Miller, and Harold Samuel Stone (Cambridge: Cambridge University Press, 1989), 4.4, 35. [《论法的精神》(上)，第33-34页。]

3 Thomas Hobbes, *Leviathan*, ed. Michael Oakeshott (New York: Collier Books), 340. [霍布斯，《利维坦》，黎思复等译，商务印书馆，1985年，第374页。]

为了结束这种复视，两重权力必须被缩减为一个统一体，其方式是将主权赋予世俗权力，唯一能够真正地、合法地成为权力的那个。正如卢梭将会说的："在所有的基督教作家中，哲学家霍布斯是唯一能很好地看出了这种弊病及其补救方法的人，他竟敢于提议把鹰的两个头重新结合在一起，并完全重建政治的统一，因为没有政治的统一，无论是国家还是政府就永远不会很好地组织起来。"[4]

实际上，欧洲政治机体组织自身最终听从了卢梭的意愿，遵循了霍布斯的规划。病症最终找到了治疗之道。

然而，事情并非那般简单，就像一种疾病痊愈或一个问题解决了那般简单。毫无疑问，主要为了解决问题，霍布斯倾向于简化问题，方式是将其仅仅厘定为一个权力问题。正在腐化或者无论如何正在败落的人世的二重性或者分立，源于世俗权力与性灵权力的二重性。压制这种二重性，借此，人世或者人的生活的统一得以重建。不过，人世是否屈从于这种几何的或者算术的处置？

首先，我们论及的是什么类型的统一？它不是重建的古代城邦，也不是爱巴米农达斯的世界的统一。不像希腊的统一是**既定的**（given），这里的统一是由一种建制**缔造的**（produced），即主权国家，它专门负责来缔造统一。只提及一个问题，这类新统一的缔造产生了一种新的分离，即国家与未来所称谓的市民社会之间的分离，其方式是赋予后面这个旧词以新的涵义。欧洲人并没有结束"看重影"。再

4 Jean-Jacques Rousseau, *On the Social Contract*, trans. Judith R. Masters (New York: St. Martin's, 1978), 4.4, 127.［《社会契约论》，第172页。］

一次地，他们不知道自己身处何方；他们“迷失了”，不过是以一种新的方式。马克思——“青年”马克思——以最尖锐的方式描绘了这种新的分离：“在政治国家真正形成的地方，人不仅在思想中，在意识中，而且在现实中，在生活中，都过着双重的生活——天国的生活和尘世的生活。前一种是政治共同体中的生活，在这个共同体中，人把自己看作**社会存在物**（communal being）；后一种是市民社会中的生活，在这个社会中，人作为**私人**进行活动。”[5]

对我们而言，马克思的分析中特别有趣的地方在于，他并不局限于指出一种新的分离，现代政治生活就是围绕这一分离而组织的，而是以一种让人想起先前分离的术语刻画了它：“政治国家和市民社会的关系，正像天国对尘世的关系一样，也是唯灵论的。政治国家和市民社会也处于同样的对立之中，它用以克服后者的方式也与宗教克服尘世局限性的方式相同，就是说，它同样不得不重新承认市民社会，恢复市民社会，服从市民社会的统治。”[6]

因此，新的分离凭借着替代先前的分离，并且以某种方式重复了它而克服了它。不过，马克思并不认为新的分离比起旧的来更能让人忍受。人民不会停步，直到他们建立一类这样的联合为止，他们参与其中，没有分离或异化。人们可以说，马克思延续了霍布斯曾做过的：在他发现分离的地方，他想要缔造统一。在关于缔造这种统一的

5 Karl Marx, *On the Jewish Question*, In *The Marx-Engels Reader*, ed. Robert C. Tucker (New York: W. W. Norton, 1972), 32.[《马克思恩格斯全集》第三卷，人民出版社，2002年，第172—173页。]

6 Ibid.

工具的概念方面，他没有霍布斯那么幸运。主权国家在驯化性灵权力时展示了令人影响深刻的效果，然而，工人的政治组织共产党并没有成功地统一政治国家和市民社会，除非采纳欺骗、暴力形式的极权政体。无论马克思主义的命运如何，这样的事实——即我们的政治和社会生活继续围绕着这一分离而组织（马克思以如此引人注目的方式描绘了这一分离），而它也没有停止折磨我们，哪怕我们已经放弃克服它的努力——表明，旧的分离不只是一桩古老的事或过去的事，相反它依然在我们政治存在的深层发生作用。

如我已经表明的，最初的问题不能被简单地缩减为一个权力问题，即使现代政治解决方案无可置疑的实效之原理，就存在于依据权力理解政治生活。不过，如果依据权力对政治生活的阐释，通过某种权力结构——主权权力、平衡、权力分配或分立，等等——预示、准备并且促进了政治问题的解决方案，那么，这一对现象的机械理解就蕴涵着一种简化，这种简化需要对其加以评估。如我们所见，现代作家当中，孟德斯鸠在促使我们将政治生活，尤其是自由政体的生活构想为权力机制方面贡献最多，但他本人在描绘那影响了现代或基督教民族的内在分离时，从未使用过“权力”这一字眼。他论及了不同的或相反的教育、与其他理念相悖的理念、与其他奉献（commitments）相反的奉献。所有这些无疑受到了霍布斯式重建——将合法权力的独占交给了世俗或现世国家——的影响，但是，政治的转变并没有取消教育、理念和奉献的内在分离，相反，它预设了它们。它只是以阻止或限制其直接的政治后果为旨归。

分离继续存在，不过，灵魂的双重奉献的展现各自都受到了阻碍，而且不久其生机就窒息了，分离几乎无法辨认出来，而观察者可能认为宗教引起的分离属于过去时了。重要的是注意到，现代国家几乎同等地压制了灵魂的两类歧异的运动：它不仅严格地限制了宗教信念和感情的公共表达——宗教由此本质上乃是一件私事——还使得并且是刻意使得“古代自由”、以及公民奉献的直接表达成为不可能：公民只能通过他们的代表来行动。由此，现代国家立足于对人类最强大的两类感情的压制，至少是抑制：一方面对于此世的热情关切，表现为积极参与公共事务，另一方面是对永恒和无限的热烈关切，表现为另一个世界的设想和加入信念群体。如我所说，随着灵魂的这两类根本的运动被压制或抑制，灵魂不再能够识别自身，因此，观察者得出结论说，我们已经进入了一个后公民的（postcivic）和后基督教的时代。

或许他们是对的，因为公民激情和宗教感情的萎靡不振看起来毫无疑问，至少在欧洲是如此。然而，不应该忘记的是，虽然了解社会的工具在扩增，统计技巧在不断完善，我们的社会还是非常难以观察的，而且可能是曾经存在的最晦涩难解的，原因就在于我指出的结构——政治政体：某些基本感情的表达受到了系统性的压制或抑制。因此，灵魂的状态，如果我们可以使用这个术语的话，是尤其成问题的（debatable）。描述、分析灵魂状态的最精致工具，在我们这样的国家传统上是文学。但是，文学同样受到了弥漫于社会生活以及个人生活中的那种胆怯和无力的影响。人们唯有哀惋那样的时代，彼时，文学直接抵近社会生活私密的新陈代谢，并且以最敏锐的方式刻画析解它。

现代政体的肇端就是或者尤其是这样的，而我们的政治机体采用的形式，便是从那时一直持续到今天。我所称谓的灵魂的胆怯或无力那时被清晰地察觉到了，而这种清晰性我们已经变得没有能力做到了。人们能够理解，清晰地把握一种以晦涩或模糊著称的现象时，存在着某种内在的困难。夏多布里昂用一种令人难忘的方式、以“激情的模糊性”[7]之名描绘了它。在其 *Génie du christianisme*（《基督教的真谛》）中，他用非常简短的一节做了论述，标题就是“激情的模糊性”，这一节最初是用来引介名为“勒内”的故事的，那个故事阐释并且展现了这一节所包含的理念。让我们将这个故事放在一边，专注于那抽象的或普遍的描绘：

> 还要谈谈灵魂的状态，我们觉得它还没有引起足够的重视：它先于激情的发展，那时，我们的官能充满朝气、积极奋进、全面但却封闭，灵魂仅仅运用于自身，既没有目的也没有对象。人类越是进入文明，激情的这一模糊性状态就愈加严重；因为那时一些极其可悲的事情发生了：我们亲眼所见的许多例子和论述人类及其情感的大量书籍使人变得没有经验却聪明伶俐……想象力是丰富多彩而奇妙的；生存却是贫乏枯燥而令人失望的。我们揣着一颗饱满的心居住在一个空虚的世界中。[8]

7 “全部的现代文学都源自激情的模糊性这一发现。” Charles du Bos, *Approximations* (Paris: Fayard, [1922] 1965), 412.

8 François-René de Chateaubriand, *Génie de christianisme*, (Paris: Calmann-Lévy, 1868) part II, book 3, chapter 9, 291. Quote trans. Marc A. LePain。[参看《夏多布里昂精选集》，许钧编选，山东文艺出版社，2000年，第263页。]

夏多布里昂的风格无疑不是当代社会学家的风格，不过，我们在这一描绘中不难辨认出自己，这一描绘旨在成为科学的——夏多布里昂心系的是“观察”一种“灵魂的状态”，或者至少是将这一描绘与我们自己的经验联系起来。我会限定于强调其最引人注目的特征。

正在考察的现象将个体的年轻与文明的古老连在了一起；它影响了古老文明的年轻个体。这或许是“年轻”——在我们今天赋予这个术语的意义上——第一次成为集体处境的一个决定性因素或者参数。正是年轻特有的状态和感情标示了全部的共同生活，这个年轻被理解为官能的成熟，但是这些官能尚没有找到其对象。正如夏多布里昂所明白暗示的，这当然包括了被理解为性成熟（尚没有确立如我们今天所说的“持久关系”）的年轻。这种欲望的、空虚的年轻面对着充斥其想象的大量书籍和事例。为年轻所引起的充满欲望的空虚，又加入了由诸参照点的膨胀所引发的疑惑。人们可以看到，被混杂的“文化参考物”浸透了的幼稚想象，并不等待同时代的交流方式使其效果切实可感。充满欲望且空虚的心灵、被无数影像和疑惑所窒息的想象力——所有这一切的结果是无力，或者毋宁是精力转向了自身：“心灵转向自身，自寻烦恼，百无聊赖，用尽力气却觉得于事无补。”[9]

夏多布里昂接着解释说：“古代人不怎么了解这种内心的忧虑，不了解因骚动但受到抑制的激情而产生的这种痛苦：伟大的政治生活、体育竞技和演武、古罗马广场讨论的事务和民众事务，这些填补了他们的时间，不给内心的烦恼留下丝毫空间。”由此，夏多布里

9 Ibid.

昂奏响了一支曲子的第一个和弦，邦雅曼·贡斯当不久之后就会合奏这支曲子，他会将自己的名字与其联系在一起。古代人的生活，作为行动的生活，是在行动这个术语的充分意义上的，还包含着相应的幸福，并不晓得现代人的生活的不确定性，后者更多的是一种“反思”生活，包括了而且首要的就是他们建立在“代表”基础上的政治生活。

对于夏多布里昂试图描绘的灵魂状态，其他两个因素也有贡献：其一是男人参与了“女人社交”，“她们使得我们男人的品质变成优柔寡断”；其二是基督教的影响。就后者而言，它不是指作为教会的基督教，那神圣的制度，生机勃勃的基督教，而是基督教的一种折射，[10]一种情感的折射，表现形式是某种对于“尘世事物的厌恶”，一种“忧伤的印象”，甚至于一种“愤世嫉俗的色调”。这些情绪使得有了这般体验的灵魂成为“人群中的陌生者”。夏多布里昂这一节的总结语如下：“于是我们看到这应受谴责的忧郁的出现，它产生于没有对象的、在孤独之心中衰竭自身的激情。”

我们是夏多布里昂所说的这种“应受谴责的忧郁”的猎物吗？事实似乎更甚于此，因为对我们来说，没有什么是真正“应受谴责的”[11]。不过，即使在夏多布里昂和我们之间，灵魂可能已经改变了色调，但它们的“状态”依然是由相同的因素所决定的，亦即由两类主要“对象”的缺失所决定的，即“伟大的政治生活”和不胆怯的宗教生活；由于它们的缺失或者毋宁是由于它们表现出的生活可能性的堕

10 基督教不再是其生机勃勃时候的样子，而是其虚弱状态，退化为投射在人的尘世生活中的阴影。

11 我们最经常听到的一则禁令是“不要有罪恶感”！

落轨迹，人们觉得没有能力拥抱或者忘怀生活。个体脑海里同等地萦绕着广场讨论和与世隔绝，没有能力献身城邦，也没有能力皈依宗教，这种在道德上固化了他们的分离，很久之前曾被政治克服，现在不再像对于夏多布里昂和贡斯当那样明显地令人痛苦了。我们的麻木，或者我们痛苦——只是不安——的迟钝，是将我们与“浪漫主义作家”区分开来的东西。[12]在浪漫主义作家因为不能选择和行动而判定自己“应受谴责”的地方，我们声称我们选择（亦即不选择）的无限制“权利”。基于某种屈尊，还夹杂着妒忌，我们将行动留给那依然充满激情的人。

最后这一串评论的意图不是提供对于我们的政治、道德或精神处境的描绘，而只是要表明，即使由霍布斯阐发、由卢梭推荐的“治疗”有效地治愈了两类权力分离的“恶”，它毋宁是遮掩了而不是解决了存在于此一分离之根基处的问题，两类权力的分离也是两座城邦的分离。

目前为止，我只是部分地描绘了一种政治安排，这一安排通过遮掩两座城邦之分离的问题，减轻了两类权力之分离的伤害。我仅仅思考了由独占合法权力的主权国家完成的集合体（collective body）统一——这实际上是统一的最初时刻，用统一来开端是是恰当的——而将第二时刻放在一边，即双重性和分离的时刻，教会和国家、宗教和

12 浪漫主义作家通过他们的“诗歌”、他们的“格调”寻求使一个他们痛苦地体验到祛魅了的世界重新具有魅力。我们不认为这种恢复是可能的。我们对于浪漫主义作家感到失望或者沮丧。

政治分立的时刻。主权国家的统一，再加上教会和国家的分立，对我们而言是两座城邦问题的完整解决之道。然而，先前的评论让我们意识到一个困难：由于主权国家严格地限定了宗教信念和感情的公共表达，教会分立于国家之外的自由，虽然是真实的（genuine）自由，同时将会成为从属于国家之内的自由，或者更具体些，是独立却受到国家威胁的自由。因此，分立的概念本身有着某些误导之处，某种程度上，教会或者宗教社团的地位一般而言是由其在政治结构中的位置所决定的：宗教社团某种意义上确实与国家分立，但在结构中是由国家主权所决定的。教会和国家绝无相同的地位。

分立政体尽管有很多优点，也存在这种缺陷，即其内部的宗教社团的本性必然是极为模糊的。它的注意力主要集中在个体及其权利，这是世俗、中立的国家要保证的。教会的矛盾处境、那“不可能的处境”——独立又从属——没有被察觉到，无疑也没有被觉得是个问题，因为，这看起来是主导我们政治秩序之原则的逻辑结果：国家的目标、raison d’être（存在理由）就是保证个体的权利和自由，包括意见自由，而宗教自由是意见自由的应有之义。教会之自由又从属，是下面这一原则的双重后果：成为基督徒是自由的，但绝不允许他们将其看法强加于别人，不是基督徒也是他们的自由。所有这一切运行良好，但潜在于那一结构中的视角乃是，教会、宗教社团是具有这样那样意见的个体的集合。然而这是国家的视角，无论如何是国家对于教会的主张，而不是教会对于自身的主张。教会并不把自己当作一个无所不包的社会中众多的社团之一（这个社会的“多元主义”是国家保证和维护的），而是当作一个完整社会（complete society），它本质上有着自己的原则，它的目标比起其他任何社群的目标都无限重要，它把自身视为 *respublica perfecta*（完美共和国），其独立不仅仅是功能性的，而是本体论的，因此不能从属于任何其他的权威或制度，包括世俗国家。在这个意义上，教会从属于主权国家是一种表象，教会认同或被迫认同它，但这模糊了其作为一个完整社会的真正本性。

补充如下一点是重要的：由主权国家造成的模糊化影响的并非只有教会。它还涉及政治社会本身，尽管是以其他的方式。国家使得它过于像个体的集合，这些个体由国家保证其权利。在某种意义上，国家与民族分立——抽离了，正如它与教会分立一样。证据就是，一个大部分是基督徒的民族可以被一个纯粹世俗的国家所统治。

国家是现代政治的伟大工具，原因在于它安顿了（orders）个体，亦即它确立了建立在个体基础上的政治秩序；国家同样也是我们理解自身的巨大障碍，原因在于它掩饰或者扭曲了由个体组成的集合体，即“城邦”（cities）。它将自身横在我们和我们自身之间；它阻碍同时又调停我们与我们作为其一部分的城邦——教会和民族——之间的联系。

希腊城邦是直接政治性的。作为具体的社群，它直接治理自身，无需国家，甚至无需政府，只需执政官。它凭借自身就足以成为一（one），用不着、甚至没有一**个**（one）国家或政府的观念。

在欧洲历史进程中，对于外在、抽象统一的需求变得不断强烈，并且越来越具有决定性，此二者是国家之统一的两项特征。[13]欧洲政

13　这源自城邦的具体统一之无可阻挡的消失。我们在第二部分中曾经看到，西塞罗在《国家篇》中如何寻求一种有能力恢复公民秩序的国王形象——princeps（第一人）。

治史的导向是严格意义上的君主制的胜利。不过，只要 ancien régime（旧制度）或“封建制度”持续，国家就不曾成功地让自身完全与社会脱离或者抽离。[14]

人们必须等到法国大革命——我们暂且把英国史和美国史放在一边——才能等到马克思所说的完美政治国家（“der vollendete politische Staat”）现身，等到政治国家实现其真正的发展（“seine wahre Ausbildung”）。这是一片新天地。它带来了一个视角，与任何具体社群的视角都不相同，因为它安顿个体而不是社群，或者说它通过安顿个体来安顿社群。尽管从来不乏对于国家的批评，但对这一分立的激进性及其影响的程度只是偶有衡量，因为虽然它是抽象的，但看起来最终与一个具体的社群、民族的社群融合了。今时，随着某种欧洲政治代理机构的兴起，人们看到，国家的视角明显地与民族的视角相脱离，事实上与任何集体视角都相脱离了。正因如此，我们可以有些嫉妒地看待那触发霍布斯努力思考的分离处境，在十八世纪它还触发了卢梭愤怒的声调。我敢断言，我们的认识状态或者社会知识状态远不能令人满意。克服最初分离的努力引发了新的分离，而且自身变成了一种分立原则，这种原则已经扩散至生活的所有方面。国家成为所有社群的中介——教会、民族、阶级、家庭。所有它们的统一者同时也是其中每一个的分离者，它们每一个的视角现在都在自身的视角与国家的视角之间分离。使得我们的生活外在地更有序化并且更容易的东西，同样使得我们的自我认知越来越困难。

14 人们可以说，王权——它总是具体的——的终结，是君主制确立的必要条件。

分离、统一、再分离，这非常复杂的交互作用是欧洲和西方所独有的，在决定性的程度上，是由一个人类联合的出现引发，那是一种前所未有的社会：教会。重新把握这一社会的最初性质是重要的，在如此多、如此深刻的变形之后，这一社会今天变得隐约可见又模糊难辨。我们这里是被对政治事物的兴趣所促动，而非对宗教的兴趣。我们着手进行的任务，目的在于就教会这一非常特殊的社会的情形，把握那独立于国家视角（或个体视角，都一样）的政治秩序，由此如其所是地去理解这个政治的或宗教的联合，或者以此作为起点，而不是将其当作主张其利益或意见的个体之总和。[15]

不过，当我们提出一个在某些方面与宗教有关，或者在某种程度涉及宗教的问题时，对我们而言，立刻就会浮现政治和宗教的必然的**分立**，似乎这是显而易见的。分立的好处是明显的。在下面这个意义上，它是一则实践真理，即对我们而言将政治与宗教分立的政体是一种好政体。在下面这个意义上，它又是一则理论真理，即对我们而言，政治和宗教是“天然分立的事物”。[16]

让我们暂时将注意力集中在这一自明的真理上。我们拥有清晰且独特的分立理念，但是相比之下，分立的事物却是模糊的。什么是政治的？什么是宗教的？事实上我们没有提出这个问题。我们知道分立它们是好的，因为它们天然就是分立的，或者无论如何，我们并不关心更准确地了解其性质。

15　在这个意义上，我们是忠诚于社会学的最初期望的。

16　Montesquieu, *The Spirit of the Laws*, 19.21, 321.［参看《论法的精神》(上)，第317页。］

人们可以看到我们仔细解释过的陷阱，而我们必然会坠入其中。我们并没有察觉到我们的感知、我们的“智力”之残缺或者不平衡的性质，因为它看起来与理性自身的运动（即去区分，从而分立）是重合的。可以说，理性在数量上由二组成：它辨认出两个事物是不同的，或者一个包含着另一个；它区别结果与原因，诸如此类。区分和分立满足了理性，而满足了的理性走不远。分立的概念满足了我们无意走得更远的理性。因此，政治与宗教必然分立的观念使得我们的理性与政治分立，也与宗教分立：基于此，它们不可能成为需要被思考的事物。

当要思考时会发生什么，我们寻求理解的对象，是一个无视分立的政治宗教或神学政治的处境或政体吗？由于我们以分立、分立的自明真理作为出发点来思考，我们将有必要通过取消分立来描绘或界定这一处境、这一政体。我们将有必要通过**混合**（confusion）政治和宗教来界定它。对我们而言，无视分立的这些人“混合了……那天然分立的事物”。他们犯了智识上的错误，而我们没犯。由此，分立原则展示了其威力：它促成了分立的我们与混合的他们之间的分立——我顺便要说，正如贝矶（Péguy）所强调的，现代分析理性的原则将我们与“所有先前的人文科学”分立开来，我要补充一点，也与西方之外的所有人文科学分立开来。这种优越感，即我适才提及的分立的增长逐步植入我们中间，显然并没有鼓舞我们更为仔细地去研究这一由如此“混合”标示着的处境和政体。

然而，哪怕就算我们稍稍扩展我们的探寻，我们也会遭遇某种困难。为什么他者——“祖先”和“异国人”——会将**天性**分立的事物混合呢？分立的自明真理阻碍我们辨认出我们的肯定（affirmation）中看上去几乎不合理、无论如何是非常模糊的特征。将天性分立的事物混合，人们必须真正地刻意为之。为什么？如何做？其困难在分立的伟大思想家孟德斯鸠那里，以一种引人注目的方式呈现，在分立这个术语的每一种意义上——分析的和制度的。他写道："由此，只有特殊的制度……将天性分立的事物混合。"[17]他在这个背景中给出的例子主要是斯巴达人和中国人。然而这种情形是有很多人，尤其是有很多世界——非常不同的世界：有着最高政治威望的希腊城邦早期世界；欧洲之外拥有最伟大的古物、财富和权力的世界。仅仅提到"将天性分立的事物混合"的"特殊制度"，是用一根极细的绳子承载极沉的负荷。

不过，让我们更为细致地看孟德斯鸠如何描绘这些"将天性分立的事物混合"的"特殊制度"，尤其看他如何描绘希腊城邦。我们面对两种描绘或形象，它们相差不止以万里计。一方面，如我们所见，有着"从不矛盾的"爱巴米农达斯的教育，他"在晚年时所说、所听、所见、所做的事情和他幼年开始受教育时并无差别"[18]。这里我们得到了这样的一种印象：完美的统一、连贯、安详、幸福。另一方面，有着孟德斯鸠对于莱喀古行为的描述："莱喀古把偷窃和公道的精神，把最苦的奴役和极端的自由，把最残酷的感情和最大的宽和混合起来，这样便使他的城市获得了巩固。他似乎剥夺了这个城市一切

17 Ibid.［见前引。］

18 Ibid., 4.4, 35.［见前引，第34页。］

的财富、艺术、商业、金钱和围墙；一个人有野心，但没有致富的希望，有天然的感情，但不是儿子、丈夫和父亲；节制本身被从节操中移除。斯巴达就是通过这些道路获致强盛与显赫的。”[19]

说莱喀古“将天性分立的事物混合”或者他混合了“所有的德性”太过于轻描淡写了：如果我们验证这幅图像，那么它是将天性相悖的事物强行扭结在一起。同一个现象，围绕着爱巴米农达斯之名呈现出愉快统一和连贯的形象，环绕着莱喀古则换成了暴力、刻意悖谬和怪异的形象。不仅这两幅形象不协调，而且它们之间的差异彰明昭著。分立的力量发挥作用，并且强行施加于那并不分立而是混合的城邦形象上：统一、安详，同时又暴力、尖锐地悖谬。

如果我们将分立逻辑贯彻到底，那会导致对象的某种破坏，对象分裂成了无法协调的形象。不可避免的分析性破坏（analytical destruction）如何才能够避免呢？

孟德斯鸠的出发点是分立，这是现代政治的、科学的安排。在这一安排之外，无论是什么，他都界定为混合或者暴力。这种界定是以一种终结探究的方式来研究对象。清晰的分立观念径直将我们带到模糊的事物跟前，并把我们遗弃在那里。这并非我们可以理解希腊城邦或者任何城邦的方式，我们需要另辟蹊径。

某种诱惑或者轻松的方式是采纳相反的路线，完全对立于分裂且挤压对象的分析路径，而以一种明显的、断然的综合路径确认对象的壮观统一。这是严格意义的“反动的”诱惑，轻松的出路。就我们

19 Ibid., 4.6, 36-37.［前引书，第35页。］

关心的情形而言，它是由这样的说法构成的：城邦绝非一种混合的或者暴力的统一体，而是相反的一个“美丽的整体”。这里与分析理性所说的相反——这一次，对象是美丽的——不过它还是在说同样的东西：城邦是一个由其要素“融合”（fused）而成的总体。分析理性以及对于分析理性的抗议都说了或者表达了相同的东西，即城邦是抵触分析理性的。不过，分析理性暴力地穿透城邦，展示了其暴力，而“反动的”抗议暴力地抵制分析理性，凭借着城邦不可触及的整体性来反对它。

因此，核心要点是从一开始就避免分析的暴力。就我们关心的情形而言，这意味着避免自明的分立的暴力。我们需要从无视分立的城邦开始，不要认为此等“无视”是一种缺陷或者它掩盖了混合及暴力。这是避免“自我中心”的唯一方式。为了避免分立的自明特征，我们需要的不是从政治与宗教“混合”的城邦开始，而是从既是政治的又是宗教的城邦开始，从既是政治共同体又是宗教共同体的城邦开始。这依然是古代城邦，但不是当作阻碍或压制本应存在的分立的城邦，而是当作一个政治和宗教无法区分的共同体。如果我们从作为不可分立的政治和宗教共同体的古代城邦开始——其中众神是城邦的众神，我们注意到分析理性在那里看到了清晰的分立理念——那么我们必然会遇到模糊的共同体概念。如果我们称之为政治和宗教的东西表现为共同体现象的两种面相，那么我们就开始避开了分析理性给我们划定的二者择一——要么分立，要么暴力的混合，而且我们就能够设想同等可能的或同等“自然的”构造（configuration），即一方面政治共同体和宗教共同体并没有被区分，另一方面它们又是分立的。我们的路径所暗示的唯一假设是我们的共同体本性的弹性，这看起来至少是一个合理的假设。

我不会再去讨论古代城邦。在第一部分我已经详细地探讨过了。我这里的关切是表明分析理性所能达致的极限，并且开启另外的视野。当然，这同样假定古代城邦作为一种典范，政治共同体的典范，不可分地是一个宗教共同体，因为众神乃城邦之众神。

这里立刻会产生某种模糊性。当两种共同体没有作区分，当它们是同一个，这种情形意味着政治共同体也是宗教共同体呢，还是宗教共同体也是政治共同体？人们可能说，这归结起来是同样的事情，因为在两种情形下，二者是相同的。不过，这同一性能够以两种不同的方式来看待，它构成了一种逻辑的或概念的差别。当然，这些思考不能与历史经验相分离，后者给予我们这两种逻辑可能性的真实例子。古代城邦——其中众神是城邦的众神——是第一类型的例子。对于第二类型——其中宗教共同体也是政治共同体——在欧洲地中海地区、基督教和伊斯兰教兴起前，事实上只有一个例子：被定义为上帝之民的犹太人共同体。

在犹太人的经验中，民族成为一个民族，被塑造为一个民族，凭借的是唯一的神（the one God）之慈爱的、远大的安排——天意。如果在希腊经验中，政治共同体处于显著位置，而神有许多（事实上，他们的数目是无限的），那么在犹太经验中，上帝，作为唯一的神且唯一的真神，是首先要考虑的，而且正是作为上帝这种唯一性的后果，这个民族、他的民族才是独一的，亦即“拣选的”或者“挑选的”。

它是在“各族”中挑选的。[20]由于它是各族中独一无二的，它通过“托拉的篱笆”——托拉，即将这个民族隔离开来并且要求他们隔离的律法——与其他各族隔离开来。

这些评论极为简略，不过我们立刻看到基督教的主张与犹太人的有共同之处：作为团契的宗教联合是独一真神主动的结果，他寻求与人类订立契约，结果是形成了一个独一无二的共同体，与其他所有共同体都不同，尤其与无数的政治机体不同。在这个意义上，或者在这个程度上，基督教团契是按照犹太人的模式形成的。差别在于，基督教团契并没有组成一个于无数民族中明显被划定的民族，而是相反试图包含所有的民族——当保罗放弃犹太会堂而成为一个基督徒时，他使得自己成为“各族的使徒”。教会的确是有形的，不过它也是更为无形的：如奥古斯丁所强调的，某些显然是外来的，甚至迫害教会的人，会列于被挑选者行列，在这个意义上已经无形地属于教会了；有些显然参与圣事的人会列于被摒弃者行列，在这个意义上已经无形地背弃教会了。[21]在无数民族有形的多元性背后，存在着一种无形的双重性，由爱自身驱动的人和由爱上帝驱动的人的双重性：“两类爱创造了两座城邦：人间城邦是由达到了漠视上帝程度的自爱所创造，天上城邦是由到了漠视自我程度的爱上帝所创造。”[22]在无数民族有形的多元性背后，本质上存在两座城邦，人间城邦和天上城邦，人的城邦

20 参看《出埃及记》15:13-18和19:2-8。

21 奥古斯丁非常有可能首先想到的是保罗。

22 Augustine, *The City of God*, trans. Henry Bettenson (Harmondsworth: Penguin, 1972), 14, 28, 593.［《上帝之城》(中)，吴飞译，上海三联书店，2008年，第226页。］

和上帝的城邦。这两座城邦构成了奥古斯丁伟大论著的主题。

奥古斯丁的《上帝之城》

我略微地提及了基督教与犹太经验的共同之处，即上帝与人之间一项密切甚至亲密的契约的理念，也提及了它们如何不同。犹太民族热心于将自身与各族隔离开来，而教会热心于使他们皈依。现在，基督教的规划（project），如果我们可以这样说的话，在这样一个世界展开，其中“各族”——所有或几乎所有的民族——都已经在政治上统一于罗马帝国的框架，如此，基督教会尽管漠视或鄙视“尘世”，却发现自己因为其传教行动，极其依赖于一种特殊的、甚至独一无二的、真正非同寻常的、完全此世的政治发展，即罗马帝国的确立。

对于奥古斯丁这位罗马帝国的公民来说，帝国的价值和含义的问题，以及更为一般的罗马经验的问题，居于《上帝之城》的核心位置。可以说，在这部论著中，奥古斯丁辨识基督教经验的含义是通过与罗马经验的一种持续性对照完成的，对于后者他也竭力加以描绘。这第二个方面几乎和第一个方面同样令我们感兴趣，因为正如我们在第二部分详尽看到的，罗马经验之含义的问题是所有问题中最困难的之一。正像我所强调的，我们缺乏一门“罗马科学”，具备我们掌握的其他政治科学的牢固原则和清晰轮廓；所谓的其他政治科学，再重复一次，就是希腊政治科学——希腊城邦及其政体的科学——和现代政治科学，后者基本上是作为人权保障者的现代国家的科学。这一“罗马科学”首先会提供从城邦向帝国转变的解释。在讨论列奥·施特劳斯的论点时，我们已经非常明白，这一转变不能单纯地被理解为一种政体的变化。[23]奥古斯丁在着手撰述《上帝之城》时，阐释这样一门科学并不在他的计划之内。然而，基于我们稍后会更细致思考的理由，他的计划要求他从整体上、从罗慕路斯到基督教会来思考罗马经验。[24]如果我们认真思考其中政治分析的内容，他之所为某种程度上是对这门科学的一份贡献。此外，根据其核心目标来看，此一所为产生了一件对我们而言新颖的、特别有趣的事情，因为奥古斯丁描绘了这样一种人类联合，既不是城邦也不是帝国，而是被其自身的原则所驱动，是整全且自足的，亦即教会。在我们的视角中，我们会说，借着对上帝之城的描绘，奥古斯丁赋予我们一种新颖的、独一无二的政治形式，那可能是古代和现代政治科学都没能充分领会的。

由此，我们被促使从有些不寻常的角度来思考教会，它是作为一个政治的联合——这里使用的形容词不是在其微弱的或比喻的意义上，而是强烈的、充分的意义上。马上，[illegible]连串意蕴深长的政治形式——“罗马系列”——呈现在我们眼前：城邦、帝国、教会。城邦的特征是联合的强度（intensity），帝国的特征是其广度。教会就其自身而言，则寻求建立一种比城邦更有强度、更为亲密的联合，而且同时也比帝国更广阔。我们不是要思考教会此等主张的有效性——真实性。教会引起我们兴趣的地方是其作为一种新颖的人类联合、一种新

23 参看本书第4章。

24 我要立刻补充说，奥古斯丁没有将基督教教会理解成“罗马的”，因为相反，他的意图是将基督教会与其他任何人类联合严格地区分开来，甚至是在本体论上分立开来。

奇的政治形式。这一形式在奥古斯丁的《上帝之城》中得到最广泛的、精确的讨论。

促成撰写《上帝之城》的契机是众所周知的。公元410年8月24日，阿拉里克的西哥特人在长期恐吓、围攻之后进入罗马，大肆劫掠三日，接着又蹂躏了其他地方。这出“罗马沦陷”并非重大的政治事件，因为皇帝霍诺里乌斯（Honorius）和他的人马几年前就退到拉文纳了。而且，这最终只是一个插曲，帝国也继续存在。然而，其象征性的影响在罗马世界内部是巨大的，在那些更远离罗马的地区是尤其悖谬性的，正如圣哲罗姆的作品所见证的，那时他已经到伯利恒退隐。首先，这一事件促进了如下论辩的尖锐化和明朗化，即新时代、*tempora christiana*（基督教时代）之于罗马——这个最辉煌且最完整的、最卓越的人类联合——的命运的意蕴、影响和后果。我们记得，四世纪初，君士坦丁已经在帝国范围内认可基督教（通过313年的米兰敕令），而到这个世纪末，狄奥多西已经支持教会，用奥古斯丁的话来说，“通过公正的、慈悲的立法反对不敬上帝”。[25]410年的“罗马沦陷”提出了更尖锐的问题，关于基督教在政治上的胜利带来的政治影响问题。有指责认为，新确立的宗教解除了罗马的武装。[26]正是在这一背景下，奥古斯丁着手撰写其伟大的著作。

为了充分地回应基督教的敌人，奥古斯丁不得不揭示新宗教完

25 Augustine, *The City of God*, 5.26, 223. 参看 *La cité de Dieu* 的导论中罗列的反对异教崇拜越来越严厉的措施，见 Oeuvres de saint Augustin, vol. 33 (Tournoi: Desclée de Brouwer, 1959), 176-178。

26 有一些事例参看 *La cité de Dieu*, 17-18。

备、真实的含义。他一开始就思考基督教对旧城邦的影响，尝试表明它们是善的而不是恶的，不过，他唯有在一定程度上接受了旧城邦的视角才能这样做。另一方面，他必须接着表明新宗教不仅引起罗马生活和习俗的调整，而且还真正产生了一座新城邦，其原则或源泉是极为独特的，与旧罗马的不同。当人们阅读《上帝之城》尤其第1卷的时候，决不能无视这一点：奥古斯丁在那里着手的是特别困难的事业，即在旧城邦的法庭前为新城邦辩护，同时还建立了新城邦的法庭，其法律和原则与旧城邦的截然不同，甚至与它们相对立。他传唤新城邦在旧法庭面前现身，同时建立了审判旧城邦的法庭。奥古斯丁让我们看到——在一幅非常大的屏幕上，我敢说——任何关于政治的基督教表达之内在的、或许无法克服的困难。

这里非常简要地勾勒《上帝之城》的谋篇：

卷1—5——驳斥这些人：他们认为崇拜异教众神是人类事物兴旺繁盛的必要条件，还有他们解释说当前的苦难是由于这种崇拜的禁止所导致。

卷6—10——驳斥这些人：他们为崇拜异教众神辩护不是为了此世，而是考虑到来生。

卷11—14——双城的起源。

卷15—18——它们的进步和发展。

卷19—22——双城的终极目的以及天上城邦的胜利。

公允地对待《上帝之城》的第1卷并不容易。对对手的抨击看上去夸张、过分、冗长。人们忍不住要说，奥古斯丁就是在堆砌辞藻。然而，我们需要考虑下述事实。

无论我们是不是基督教徒，还有就算我们非常敌视基督教，我们都没有认真地对待异教。我所说的异教意指有着无数男神、女神的异教徒的宗教。我们中间的“新异教徒”，这些庆祝至日（solstice）、围着篝火起舞的人，数量上的确很少。位于对历史的现代描绘之根基处的进步主义，迫使我们无可奈何地认为，基督教对异教的胜利代表了一种“历史的前进”，基督教一神论是“优于”多神教的，要么因为它构成了真正的宗教，要么因为它更理性，并且老早地就为现代从所有宗教中解放出来做好了准备。大众的、起着实际作用的异教引不起我们的兴趣，我们易于低估它在奥古斯丁时代抵抗、“反弹”的力量。仅仅因为无数的小神让我们厌烦并不意味着，他们对于奥古斯丁的同时代人来说就不甚重要了。通过细致地思考他们的神，甚至嘲笑他们，奥古斯丁是在认真地对待他的同时代人。

我们还需要开启想象力，尝试亲身重新体验那政治背景。罗马沦陷于蛮族之手，这对于罗马人来说是耻辱的失败，一起出现的还有惯常紧随失败而来的悲惨、暴力行为。在这种处境下，总会有一个问题被热切地争辩：谁对这一失败负有责任？最歧异的论争在交锋，很少考虑真实性，甚至最初级的可能性。在这些遭受失败的人看来，最流行的论据、对于责任问题最具说服力的回答，经常是他们被人从后面捅了刀子。面对这一处境，答复有时是可憎或者荒谬的指控，使得一个人着手冗长的、繁琐的回应，面对着各色各样的论争，涵盖了从最野蛮的，甚至是粗俗的，到最精密的。如果我们将这些因素考虑在内，如果我们真正认真地对待政治背景，我们就更少倾向于觉得奥古斯丁的论辩乏味或者冗长，也会更乐于仔细地阅读他。

如果有人认为，将410年的罗马受劫等同于重大失败，夸大了此一事件的意义，那么他们只不过是要说，随着基督教替代异教成为帝国的宗教，罗马经历了政体的非常重要的变化。政治阶层的某些成员，如果我可以这样说的话，相信这一变化导致了罗马政治机体的虚弱和堕落。针对他们，奥古斯丁想要表明，这一变化相反带来了进步和改善。于是问题就在于是否 *tempora christiana*（基督教时代）要比先前的时期更好。前言（praefatio）是高度政治的：奥古斯丁的关切是为一座城、上帝之城**辩护**，反对那些“认为自己的神祇高于这个城的创建者”的人们。奥古斯丁强调他的任务的难处是“使人信服权力的傲慢和谦虚的美德”。这个城邦的王和创建者（“rex et conditor civitatis hujus”）已经在他的选民的圣经中揭示了其含义和目标：“神阻挡骄傲的人，赐恩给谦卑的人。”现在，人间的城邦，尤其是那最傲慢的人间城邦，喜欢攫取这个目标、这个意图为己所用，并且到处夸耀；罗马将这般特殊的志业归于自身：“使屈服者得宽恕，使傲慢者颠仆。”人们能够体会说服这些傲慢城邦的任务的难处，这些城邦将驯服傲慢者归为自身的使命。人间城邦的外在力量和内在虚弱就在它被想要去支配的激情（libido dominandi）所支配。

论辩首先或者特别涉及罗马受劫期间出现的残酷行为。奥古斯丁愤怒的是，有些人由于基督教所鼓励的新的仁慈才逃离死亡，却将这座城遭遇的苦难归于基督教：“很多劫后余生之人现在指责这基督教时代，认为基督要为这座城遭受的灾祸负责。”[27]这些不幸的确是真实的，但它们属于战争的习俗：mos bellorum（战争习惯），consuetudo bellorum（战争习俗）。这里没什么新东西。新东西是残暴的野蛮人，**背离了战争的习俗**，宽恕了大批的罗马居民，原因在于尊重以基督之名圣化的大批避难所的豁免权。这必须归于基督教时代。战争法在别处所允许的，在这些圣殿或圣地是被禁止的。

奥古斯丁想要证实，这种对避难所的尊重是人类历史上完全没有先例的事情。他以罗马文献为根据，极为细致地阅读它们。他引述《埃涅阿斯纪》，让人想起希腊人对于特洛伊的神殿和祭坛没有丝毫尊重。这使得他可以将指控抛回给他的对手：异教神没有能力保护特洛伊。密涅瓦的雕像也在其护卫者被希腊人杀死后给掳走。密涅瓦受到崇拜为的是她会保护国家及其公民，然而她甚至都无力保护她自己的护卫者。[28]于是，罗马将自身的命运托付于“被征服的诸神”。更为明智的是，不要相信如果罗马的神在此之前不曾消失就会避免这场最近的灾难，而要相信如果罗马不曾竭尽所能来保护他们的话，这些神很早之前就已经消失了。通过引用维吉尔，奥古斯丁诉诸最伟大的拉丁诗人的权威。不过，当所有人都知道诗人经常扯谎时，就算是最伟大的诗人能有什么权威来裁决事实问题呢？奥古斯丁认为，一个如此不讨罗马喜欢的故事——城邦将“被征服的诸神”作为他们的保护神——不可能是编造的；因此，维吉尔是有信服力的。当拉丁诗人们

27　Augustine, *The City of God*, 1.1, 6.［奥古斯丁《上帝之城》(上)，吴飞译，上海三联书店，2007年，第7页。］

28　Ibid., 1.2, 8.［前引书，第8页。］

使人忆起这些事实的时候，他们并非扯谎之人，而是真诚之人，真理迫使他们确认这些。[29]

为了证实城邦受劫时不尊重避难所的普遍特征，奥古斯丁并不满意诗人的证据，即使他自维吉尔开始，并且最为详细地对待他，毫无疑问因为维吉尔之名拥有最高权威。他还动用了历史学家，特别是萨鲁斯特（Sallust），[30]还有李维，不过没有提他的名字。毫无疑问，他的眼光不会放弃重新审视；如果罗马历史学家精确地记述了无数城邦的被掳，并且刻意使人忆起能够被看到的罗马仁慈行为，却丝毫没有提及神殿的不可亵渎，这是因为这样的尊重在那个时代是完全不为人所知的，因为它有悖于或者异于战争习俗。罗马刚刚发生的证实了一种新的习惯（mos novus），“某种焕然一新的东西”。[31]这一变化必须归于“基督教时代”。

神意的证成

奥古斯丁的思考代表了在一个困难重重的门类（genre）中最初的努力之一，对于这个领域，历史学家和社会学家，追随神学家或者与他们一道，也会作出贡献：检视基督教对人的生活的影响。众所周知，这类检视会导致众作家得出迥然不同的结论，而且有时是相悖

29 参看 ibid., 1.3, 9。[前引书，第10页。]
30 参看 ibid., 1.5, 11。[前引书，第11页。]
31 Ibid., 1.7, 12. [前引书，第13页。]

的。这里首先引起我们关注的是基督教的观点。下面这种情形是非常自然的：一位像奥古斯丁这样的基督教作家判定这些影响是积极的，并且将注意力引向对基督教带来的“事物面向”之愉快的修正。应该提到的是，奥古斯丁这里是在**回应**一项指控。新变化毋宁是对基督教的辩护，而不是阐释。一种宣称并且带来真正善的宗教怎么可能不会改进人类的生活呢？然而，在这一要点上，某种困难产生了，而奥古斯丁的视角可让我们清晰地把握它。基督教带来的改善只能是间接的，因为其意图不是为尘世引进一种新宗教，进而改进这个世界，而是将人们引入一座新城邦，以便净化他们。我们谈及的人类生活的改善，只能涉及位于双城之接合或者交汇处的不确定状态的地带。如果基督徒能够合理地期望看到间接的积极结果，他们也不会惊诧于不时注意到间接的消极结果：凭借它所带来的善以搅扰人间城邦的邪恶机能，基督教易于妨碍那邪恶城邦所能产生的好结果。好的、坏的结果有时可能是同一现象呈现出来的两个相反又不可分离的方面。比如，对马基雅维利来说，“我们的宗教”导致的风俗的衰弱势必造成公民德性的衰弱，以及由此而来的共同生活状态的堕落。

让我们回到奥古斯丁的文本，他借着强调基督教造成了“战争习俗”的衰弱无力，完成了他的任务的最初部分，现在他面临着内在于他已然开始实施的领域中的困难，那就是神意的证成。[32]他已经严厉地斥责了异教的这些忘恩负义之人，他们在将自己的平安归因于基督教的同时，也将罗马的沦陷归咎于基督教。不过，支持这一宗教的论

32 “基督教时代”的出现显然是神意的一种尤其明显的展示。

辩立刻转变为使其面对如下疑问的论辩："为什么神圣的悲悯甚至会扩展到那些不虔诚和忘恩负义的人呢？"奥古斯丁回答道："神意……已经决定将这些世俗的好处和世俗的坏处同等地施与好人和坏人，因为眼见心怀歹意的人也在享受好事物，那这些东西就不应该太过急切地贪求；因为显而易见好人也经常遭受那些坏处的折磨，那这些东西就不应该被可耻地避开。"[33]人们可以说，如果上帝在涉及所谓世俗的好处和坏处时，不曾平等地或者近乎平等地对待好人和坏人，那么甚至好人也会被鼓动着过度地贪求好处，并且极度地恐惧坏处。这一论辩相当地限制了神意能够带给人类运数（lot）的明显改进的程度：如果上帝过于显见地公正，他会过于显见地奖励公正之人，由此，通过使他们过度地迷恋这些好处——那是如此显见、如此确定奖励正义的——就会冒着腐化他们的危险。正是在涉及世俗的好处和坏处时以同样的方式对待好人和坏人，上帝才是公正的，或者使得正义成为可能，因为，正是凭借着获得世俗好处和坏处的方式，人们才变得好或者坏，公正或者不公正："重要的是受苦者的本性，而不是所受之苦的本性。"[34]如果这个世界是"过于公正的"，那么正义概念将丧失其意义。

接下来的一节完成并且改变了论辩。公正与不公正之间的区别——这居于责难神意之路径的根基处——被保留下来，但得到了更为细致的审视。不但这些过着最值得赞赏的生活的人并非没有瑕疵，

33 Augustine, *The City of God*, 1.8, 13.［《上帝之城》第13—14页。］

34 Ibid., 14.［前引书，第14页。］

而且更确切地说，他们没有去教导或警告或——如同他们有时应该做的那样——指责并纠正那些为非作歹之人。[35]人们可能说，抱怨神意或向神意抱怨的好人就是在请求它践行正义，其践行首先应该降临于他们身上；他们消极地抱怨某些人的不义，而他们本应积极去纠正这些人。

为什么这种消极性不仅体现在“那些结了婚的软弱之人身上，他们有了孩子或者想有孩子，他们是居室和家庭的主人”，而且也体现在“那些有着更高生活标准的人身上”？[36]这植根于某种怠惰，还有恐惧，即惧怕冒犯了那些能够夺走财物造成伤害的人，公正的人对这些财物的使用正当而且无辜，但多了些贪婪，而非适宜有度。[37]因此，好人和心怀歹意的人都受到了鞭挞，不是因为他们都过着一种邪恶的生活，而是因为他们都热爱这尘世的生活，[38]不确定是同等地热爱，但却是相近地。现在，好人应该弃绝这种生活，以便能够责备并且纠正心怀歹意之人，从而进入永生的生活。奥古斯丁做了如下补充，那令人印象深刻：“如果（坏人）在这一事业上不愿结伴（ad quam consequendam si nollent esse socii），他们也应该被容忍，并且被热爱，就像基督徒应该爱他们的敌人一样（ferrentur et diligerentur inimici），因为在此生中，永远无法确定他们是否有可能经历心灵的转变。”人们可以看到，奥古斯丁的语言是政治的：socii、inimici。正义不止是

35 参看 ibid., 1.9, 15-16。[前引书，第15页。]
36 Ibid.,16.[前引书，第15—16页。]
37 参看 ibid.。[前引书，第15页。]
38 参看 ibid.。[前引书，第16页。]

一种个体的禀性，它意味着参与一个积极的联合，这个联合是好战的、好斗的，无视静止和中立。然而，人们必须补充说，奥古斯丁是以思考个体灵魂的命运来结束第9章的：正如约伯的例子所表明的，对于好人来说，折磨是净化自身以及确知他们以什么程度的虔诚和无私爱上帝的工具。[39]

奥古斯丁在这里捡起的两个主题后来得到不断的完善，其一是由基督教导致风俗的衰弱无力，其二是好基督徒无意公然挑战心怀歹意者。它们浓缩了关于基督教的讨论中两个重大利害之处，或者也许更恰当地说，它们是进入基督教政治和道德影响之问题的两个门径。这里，马基雅维利会是需要考察的最有趣的作家，因为，如我所提起的，他融合了这两个主题，对基督教提出了最无情的控诉：恰恰是风俗之衰弱无力（拜基督教所赐），才是不义或不道德——心怀歹意者的胜利——的原因，另外也是令人悲哀的。[40]

马基雅维利还将一种完全不同的天性的发展归于基督教。在论及阿拉贡的费尔南多这位“天主教国王”时，马基雅维利先追述了他如何从摩尔人手中夺回格拉纳达王国，随后写道：“除此之外，为了成就更伟大的事业，他常常利用宗教作为借口，乞灵于一种虔诚的残酷行为，把玛拉诺人从他的王国驱逐出去并且掠夺一空。再也找不到比

39　参看 ibid.。[前引书，第16—17页。]

40　参看 Niccolò Machiavelli, *Discourses on Livy*, trans. Harvey C. Mansfield and Nathan Tarcov (Chicago: University of Chicago Press, 1998), 2.2, 2和3.1, 4；以及 Niccolò Machiavelli, *The Art of War*, in The Chief Works and Others, vol. 2, trans. Allan Gilbert (Durham: Duke University Press, 1965) bk. 2, 623-624。

这个实例更悲惨和罕见的了。”[41]在马基雅维利看来，“我们的宗教”既带来了一种新的残酷——“虔诚的残酷”——也带来一种新的衰弱，它总体上是更为糟糕的，因为既然人们已经不再受到战争习俗的浸淫，他们就不再被迫或者较少被迫以其全部力量与现在倾向于饶恕他们的敌人作战。从这一视角看来，基督教提供了一种残酷和衰弱的糟糕混合体，而古代异教徒则提供了一种严酷和节制或仁慈的良好混合体。[42]简言之，这些批评评判基督教的方式正是雅克·班维尔（Jacques Bainville）评判《凡尔赛和约》的方式：对于柔弱来说太严酷，对于严酷来说太柔弱。

因此，奥古斯丁以及马基雅维利传统，批评了基督教徒面对“歹人”时的某种被动性。但是他们将这种被动性归于不同的原因：马基雅维利传统归于对神圣意志的顺从以及对上帝意欲的秩序的尊重，[43]奥古斯丁归于过度但并不必然应受谴责的对尘世好处的沉迷。这两种解释并非不能相容。它们一起有助于厘定基督徒自我认知的某种缺陷，因为它们能够轻易地解释基督徒面对邪恶的胆怯，既由过多地沉迷于“财物”导致，也是对神圣秩序的尊重所导致。

---

41 Niccolò Machiavelli, *The Prince,* 2nd ed., trans. Harvey C. Mansfield (Chicago: University of Chicago Press, 1998), 88. [《君主论》，第21章，106页。]

42 共和传统乐意将这一对照与一种性别模式连在一起，即残酷而衰弱的“女里女气”混合体与严酷而节制的“男子气”混合体相对照。

43 《罗马书》13:1-7推崇的一种尊重：“在上有权柄的，人人当顺服他，因为没有权柄不是出于神的，凡掌权的都是神所命的。所以抗拒掌权的，就是抗拒神的命；抗拒的必自取刑罚。”标准译本修订版。

卢克瑞提娅的自杀

随着罗马受劫而来的苦难自然是妇女的命运。奸淫是战争习俗的一部分，而阿拉里克的军队，尽管染上了新的衰弱，在这方面却依习俗行事。有些妇女宁愿自杀，而不愿遭受此等暴行。什么样的人类心灵（“quis humanus affectus”）会拒绝宽恕那本身是犯罪的自杀行为呢？反过来说，控诉这些不想自杀的女人——她们由此拒绝用自己犯罪来避免别人的罪行——是不智的。[44]因此，奥古斯丁没有对人格（persons）作出评判。这一保留并没有阻止他在之后着手详细的分析——有时比我们想要的更详细——包含在奸淫痛苦经历中的道德问题。正如他自己所言，我们的论辩（“nostra disputatio”）不得不走进“节制和理性论辩（inter pudorem atque rationem）的要求之间的”狭小通道。[45]为了获得对于贞洁（pudicitia）的恰当理解，人们必须在某种程度上战胜或者克服节制或羞耻（pudor）。事实上，自杀以避免奸淫的妇女的过错或错误就在于混淆了贞洁和羞耻。更确切地说，贞洁知晓如何区分灵魂和肉体、自愿和不自愿，而羞耻倾向于混淆它们。根本要点是这样的：一个妇女自己并不同意，遭到了奸淫，成为别人罪恶的牺牲品，却通过自愿的死亡来惩罚自己，这是不可取的。[46]

为了完善他的分析，奥古斯丁让自己从刚刚铺展开的场景中抽身出来，去思考或者重新思考一个著名的例子，或许是为了贞洁或羞耻

44 参看 Augustine, *The City of God*, 1.17, 26-27。[《上帝之城》(上)，第26页。]

45 Ibid., 26.[见前引，第26页。]

46 参看 ibid., 1.18，in fine., 28。[见前引，第28页。]

而自杀的最著名例子，卢克瑞提娅的例子。

卢克瑞提娅在传统上是罗马受到最高赞誉的对象。她是罗马人的贞洁烈女。奥古斯丁一开始接受了既有的对卢克瑞提娅的评价。她是被判定为不贞的还是贞洁的？谁会觉得难以回答这个问题呢？他还有引证，“有人慷慨陈词把真相说得很妙：‘二人同床，一人犯奸’”。

奥古斯丁接着从完全不同的角度来阐明事物。他对着罗马的法律和法官说话。一个贞洁且无辜的妇女被杀死。他控诉他们对有罪方作出的判决。有罪者竟然是这个贞洁且无辜的妇女；是卢克瑞提娅本人。毫无疑问，你不能让她站在你面前惩罚她，但为什么要赞美她？为什么这般特意地赞美一个贞洁且无辜的女凶手？

现在，奥古斯丁将会提出使得pudor（羞耻）感到脸红的问题。他步入了我们裹足不前的地方。或许卢克瑞提娅知晓某些我们不可能知道的东西？或许她知晓她并非无辜的，而且从那暴力行为中体验到了欢愉？这里存在着悖谬之处：如果她某种程度上应允了那不贞，那为什么赞美她？如果她是贞洁的，为什么她要自杀？[47]

不过，奥古斯丁并不想进一步设想这种可能性。他放弃了。他乐意承认卢克瑞提娅没有参与这一罪行，她只是受害者。然而，问题又来了：那为什么她要自杀？这一行为的动机是什么？奥古斯丁回答说：“那是由于因羞耻而生的懦弱，不是因为她极为在乎贞洁。”如我所指出的，羞耻不同于贞洁的地方在于它混淆了灵魂和肉体、自愿与不情愿。它有此混淆是因为它从皮相来看事物，正如其他人看它们或

47　参看 ibid., 1.19, 29-30。[见前引，第30页。]

者毋宁是没有看明白它们一样，因为他们没有能力看清灵魂中正在上演什么。卢克瑞提娅是“一个罗马女子，极度渴望荣誉”。[48]她唯恐她的同伴公民们会认为她参与了这一罪行。这就是她为什么要以死来向世人证明她的想法，因为她无法向他们展示其良心的秘密。[49]通过这一行为，卢克瑞提娅试图揭示无法揭示的内容，必然隐而不见的内容。这是一件不可能的任务，但对于一个渴求荣誉的女子来说，也是一种几乎无法抵御的诱惑。

奥古斯丁回到了他那个时代的情形，经历同样暴行的基督徒妇女依然活在世上，拒绝了在别人的罪行之上再加上一桩罪行。她们满足于其良心的证据（“testimonium conscientiae”）。她们在其良心面前是无辜的，同样在上帝面前也是。[50]过于在乎人的看法——在乎“荣誉”——导致一位高贵的妇女自己成为杀死一位高贵妇女的凶手。对于真神的信仰得以让基督徒妇女满足于其良心的证据，免于犯下报复自己的自杀罪行。良心，基督教确认或者呈现了它，或许甚至是由其缔造的，将人类灵魂从荣耀和公共赞誉的羁轭中解放出来。

这里并不适合去检视良心概念，尤其是追问它是否或在什么程度上特别地，甚至完全地是一个基督教的概念。我仅限于作出一项与我们的语境直接相关的评论。在对“卢克瑞提娅事例”的奥古斯丁式分析中，没有什么偏倚性的内容。它大体上重复了李维笔下卢克瑞提娅本人所说的。卢克瑞提娅非常清楚地知道如何区分肉体和无辜的灵

48 Ibid., 30.［见前引，第30页。］
49 参看 ibid.。［见前引，第30页。］
50 Ibid.［见前引。］

魂，区分 corpus violatum 和 animus insons，而且令人注目地与异教作家以及基督教作家相一致，知道让自己的死亡成为其无辜的 testis（证明）。异教和基督教之间的变调或决裂，确实会在奥古斯丁厘定的地方发现：不是在肉体和灵魂的严格区分那里，这是古代希腊哲学已经获得的成就，而是在依据这一区分行动的能力那里。没有人能够比卢克瑞提娅更为清晰地陈述此事了："就我而言，我是清白无辜的，但是我会惩罚自己。"[51]紧接着她又补充说："卢克瑞提娅永远不会成为不贞妇女逃避她们应得惩罚的先例。"高贵的自杀（honor suicide），高贵的妇女口耳相传的这些东西，是使无辜感得以发挥实效的唯一方式，这种情感本身并非自足的。当奥古斯丁写到没有遵行卢克瑞提娅范例的基督徒妇女"在内心中有贞洁的荣耀，她们的良心就是证据"[52]时，我们可以得到这样的印象：他打开了浮夸之辞的大门，那毋宁是曲解而非揭示了他意图澄清的现象。他的言辞在我们看来雄辩滔滔，铸造了"贞洁荣耀"和"良心证据"之间、荣耀和良心之间的等同，不过，它应该将我们的注意力吸引到那道德转变的意义上，那由基督教导致或者至少由其加以确证并强化的道德转变。如果存在着一种贞洁的荣耀，无辜之内在意识的荣耀，那是因为内在现已足够真实，而且强大到去制衡外在、外在看法的威力和权威。内在已经获得了足够的存在和力量，不仅"让自己脱离了罪"，而且依据这种意识而行事，"让自己免于惩罚"。

51 Livy, *The History of Rome*, trans. Aubrey de Selincourt (London: Penguin, 2002), 1. 58, 102.

52 Augustine, *City of God*, 1.19, 30. [《上帝之城》(上)，第30页。]

为着略微探究良心问题，提一提卢克瑞提娅悲剧的喜剧性颠覆是有益的，那是马基雅维利于1518年创作的喜剧《曼陀罗》所完成的。

李维的叙事提供了荣耀悲剧的线索：卢克瑞提娅杀死自己，因为她是无辜的。奥古斯丁发展的对于人类荣耀的基督教批评解决了荣耀的悖谬，通过确立良心的威力而终结了悲剧。在马基雅维利式的转变中，正是卢克瑞提娅本人，无论如何一个新的卢克瑞娣娅（Lucrezia），如果不是同意奸淫的话，至少是同意性交的——对此她起初因为恐惧和愤怒而拒斥——为的是从那时起遵照自己的利益和快乐而生活，就像我们今天会说的那样，“自由地”生活，不再根据古代荣誉或基督徒良心的规则。这一转变的中枢正是对于她的良心的操纵。[53]

在马基雅维利的笔下，就像在李维那里一样，故事以一场美丽之竞争作为开始，或者更确切地说，是几个年轻男子非常热烈的议论，涉及最美丽且最有德行的女子在哪里或者是谁。这名女子的确认以及随后的现身，在其中一个年轻男子心中激起了染指她的无可抑制的、着魔般的欲望。对于塞克斯图斯·塔克文（Sextus Tarquin）如同对于卡利马科（Callimaco）一样，问题是同样的：卢克瑞提娅或者卢克瑞娣娅已经结婚了，而她就是德性本身。接着做了什么呢？塔克文单纯地诉诸暴力。[54]卡利马科，此人或许是基督教赞成的衰弱风俗的范例，只是意图引诱她。不过，卢克瑞提娅被她的德性——荣誉——原则杀

53 参看 Niccolò Machiavelli, *Mandragola,* trans. Mera J. Flaumenhaft (Long Grove, IL: Waveland Press, 1981)。

54 这并不完全正确。卢克瑞提娅英勇地拒绝了死亡威胁，不过当塞克斯图斯在死亡威胁上又添加了耻辱的威胁时，她不情愿地妥协了。

死了，而卢克瑞娣娅被她的德性即良心腐化了。

这里不可能总括《曼陀罗》的剧情。事件的核心是这样的，与说服卢克瑞娣娅有关，她急于怀上孩子，要喝一种曼陀罗药水，期望那会治疗她的不孕。这种药水令人讨厌的后果是“因她服了这药水，头一个跟她同房的男人八天之内就会死掉，世上没人救得了”。[55]这套说法很容易说服她的丈夫，只需这一次让出他的床榻给新的情人，人们不会怀疑，那将只是其他许多次的第一次。

贞洁的卢克瑞娣娅本人是如何被说服违背她的良心行事的呢？所有人都卷入此一事件，包括她的母亲和丈夫。不过，显而易见，她的告解神父蒂莫泰奥（Frate Timoteo）的介入是决定性的。唯有他具备权威，说服她在保证其良心的情形下可以做出奸淫之事。下面是其介入的关键篇章：

> 说到良心嘛，您得抓住这么个原则；要是明摆着有好处，没准也会有坏处，那咱们就不能因为怕坏处就把好处也给放过了。如今这好处是明摆着的，也就是您能怀上孩子，您能为我主得一个生灵；当然没准也会有坏处，您喝了药后跟您睡觉的那家伙，会死掉；可也有人不死的。但因为这事儿说不准，所以尼洽（Messer Nicia）最好不要去冒这险。要说这行为是有罪的，那可是无稽之谈，因为犯罪的是意愿，而不是身体；犯罪的原因是让丈夫不开心，而您是讨他欢心

55 Niccolò Machiavelli, *Mandragola*, act II, scene 6, 25.

的；让他开心了，您就不开心了。再说了，什么事情都得看它的目的：您的目的是在天堂里有一席之地，还有就是满足您的丈夫。圣经上说，罗得的女儿们想着世上只剩下她们了，就去与她们的父亲睡觉；因为她们的意图是好的，所以她们就不算犯罪。[56]

马基雅维利这里让我们见证了基督教良心的腐化，这也是他支持并且可以说教导的。基督教良心和被腐化的或正在腐化的基督教良心之间的区别是什么呢？

就基督教良心而言，良心的证据足够了。如果卢克瑞娣娅没有陷于腐化中，她只会告诉蒂莫泰奥：我清楚地明白，你怂恿我所行事的与上帝的律法相悖。不要再给我提这事了。

走向腐化的良心变得积极且精于算计。它不再只是评判行动；它指引意图。不再是不腐化的 testis，在指引意图以便给极端背离神圣律法的行为授权时，它本身正在腐化。

可以看见，马基雅维利攻击的不仅是基督教的政治后果。利用敌人的技巧，他直抵基督教操演的核心。凭借着良心的操纵，他展示了良心的堕落，理智地渎神！马基雅维利使得对于奥古斯丁而言概括了基督教时代带来的道德进步的原则，变成了一种新腐化的源泉。

56 Ibid., act III, scene II, 35-36.

加图问题

在总结对卢克瑞提娅事例的分析时，奥古斯丁强调说禁止杀戮没有例外，“因为自杀就是杀人”。[57]

当然，这一不允许例外的规则承认了某些例外。共有两种：当上帝明白地命令杀人时，就像给亚伯拉罕的命令一样，或者当合法的政治权威、掌握公共权力之人下令时。[58]在我看来，奥古斯丁的文本中存在着某些不确定性，它有时将命令杀死罪犯的政治性法律计入上帝的命令，等同于指向一个具体之人的上帝命令，有时又似乎清晰地区分了政治性法律和上帝的命令，前者的一般性与后者的具体特征之间的对照跃然纸上。尽管如此，在两种情形下，杀人的人都不算杀人：“基于服从发布命令者的义务而杀人的人并不是自己‘杀人’。”[59]

奥古斯丁必须面对最后一项反对：自杀或许从来不是公正或明智的，不过它至少证实了精神的伟大（magnitudo animi），那是值得钦慕的。刚开始奥古斯丁似乎倾向于作出这一让步，但他很快又收回了。如果人们更为细致地考察这个问题，清晰显现的乃是，这样一种行为

---

57 Augustine, *City of God*, 1.20, 32. 奥古斯丁更为确切地澄清：这种禁止杀戮仅仅涉及人，无须考虑此一事实，即“有人想把其范围延伸到野兽和家畜”。这种错误，这种摩尼教的谵妄被拒斥了。禁止杀戮不包括动物，更不用说植物了，“因为它们和我们没有理性的关联，也没有和我们一样被赐予理性。”[《上帝之城》(上)，第32页。]

58 Ibid., 1.21, 32. [见前引，第32页。]

59 Ibid. 马基雅维利会基于一种极其不同的意图而持有相同见解：“虽然关于摩西，因为他只是上帝托付给他的事务的执行者，我们不应该予以讨论。”*The Prince*, ch. 6, 24. [见前引，第32页。]

毋宁表明了“心灵的软弱，不能承受皮肉之苦或者大众的妄议”。[60]

然而，奥古斯丁接着说，有一则事例中，自杀看起来源自精神的伟大：特奥姆布罗特斯（Theombrotus）的例子。在阅读了柏拉图论述灵魂不朽的作品之后，特奥姆布罗特斯或者克里奥姆布罗特斯（Cleombrotus）撞向一堵墙，就这样从此生去了他认为会更好的生命中。为什么奥古斯丁有意在他的例子中论及精神的伟大呢？因为特奥姆布罗特斯并没有试图逃避任何不幸或者任何真实或虚假的罪名：他不是在逃避任何罪恶。他只是想要实现一种更好的生活；他追寻更好的东西。[61]他的选择可以说具备了一项好选择或一项英明决定的结构，然而却不算是一项好选择或一项英明决定。为什么？奥古斯丁的回答稍稍令人失望之处在于其求助于人类权威：柏拉图本人就证实了，克里奥姆布罗特斯的行为“毋宁展示了伟大（greatness）而不是善好（goodness）”，因为“那个看到灵魂不朽的同一心智让他有能力断定，这种做法是不应践行的——的确应该被禁止”。[62]

人们觉察到，奥古斯丁在反驳精神伟大之论证时有些困难，根据那种论证，自杀至少在某些情形下是伟大精神的标记和表现。不过，

60　Augustine, *City of God*, 1.22, 33.［见前引，第32—33页。］

61　“但是人们有时渴望死是为了希望得到更大的好处。圣保罗说，‘情愿离世与基督同在’，‘谁能教我脱离这求死的身体呢？’安布拉基亚的克里奥姆布罗特斯读了柏拉图的《斐多篇》后，那么迷恋来世，不由分说就纵身投入海中。从中可以看出，我们常把这类自愿消亡称为绝望是多么不恰当，经常是热诚的希望或沉着的修养和内心的渴慕才使我们这样做的。” Michel de Montaigne, “A Custom of the Island of Cea,” in *Essays*, 2.3, in *The Complete Works*, trans. Donald M. Frame (New York: Alfred A. Knopf, 2003), 316.［《蒙田随笔全集》，第2卷，第29页。］

62　Augustine, *City of God*, 1.22, 33.［参看《上帝之城》(上)，第33页。此处引文中的“伟大”一词，《上帝之城》中译本译为“出格”。］

克里奥姆布罗特斯实际上不是问题：他是一个纯理论的例子，被用作或构想出来证实一种论断，充作可能的人类行动方案之一。在一个严肃的罗马人眼中，存在着一个严肃很多的例子，甚至比卢克瑞提娅的例子更为严肃。在整个罗马史中，最有名的自杀是哪起？显而易见是加图的自杀，此君示例了共和生活的高贵、共和德性的伟大。加图之名，奥古斯丁在其分析的开始就承认，具备 auctoritas（权威）。因为加图被认为是一个智慧、博学之人（“vir doctus et probus”），[63] 人们自然觉得他的行为值得仿效。

那奥古斯丁又如何贬斥、贬低、贬抑加图的荣耀呢？他一开始毋宁是乏味地说，加图的友人，他们同样 docti quidam viri（智慧兼具德性），苦苦劝说他放弃这一决定，也就认定这毋宁是一种软弱而非强大精神的标记。不过，随后而来的论辩是奥古斯丁对此事的定论。加图本人劝说他的儿子继续活着，并且将其希望寄托于凯撒的仁慈：“如果生活在凯撒胜利的阴影之下是耻辱的，他为什么要建议这样一种耻辱的做法？”[64]加图永远都不应向儿子建议一种他自己从内心认定为耻辱或可耻的行为。那么，加图自杀的真正缘由是什么呢？下面是奥古斯丁如何辨识那决定了加图最后时刻行动之动机的：“他爱自己的儿子，他希望并且愿意凯撒宽恕他的儿子，同等地，他嫉妒凯撒凭借着赦免他本人的生命而赢得的赞誉……或许，我们可以说得更温和一些，那就是加图对于接受凯撒的宽恕会觉得尴尬的。”[65]根据此一解释，

63 参看 ibid., 1.24, 34。[见前引，第34页。]

64 Ibid.[见前引。]

65 Ibid.[见前引。]

在加图自杀的动机中，就没有什么共和的内容，与共同善不相干。那是极端个体的动机。无论重点是嫉妒凯撒的荣耀还是耻于欠他一条命，它都是荣耀的对立面。奥古斯丁暗示的是在这样一种自私动机中没有伟大之处。

我们知道，加图的自杀在欧洲道德和政治史中是某种试金石。我们已经论及西塞罗的评价，他借助于其“独有本性”（proper nature）来证成加图的行为，其标志就是 incredibilis gravitas（不可思议的端庄），这使得对加图来说“违心地看僭主脸色”是不可能的。[66]我们简短地将西塞罗的分析拿来与奥古斯丁的做个比较。前者无疑更赞同加图。我敢说，西塞罗遵循了党派路线，好党派、boni（良善）党派的路线：加图行为的缘由会在其对僭主的反对中发现。加图必然逃离这样一个世界，在那里他将被迫看僭主的脸色。这或许为政治反对增添了更为个人的色彩。无论如何，与西塞罗相比，奥古斯丁将面对面强化到了失去其政治特征的程度：奥古斯丁的加图面前没有一个僭主，而是某个强行要赦免他的人，在其能够轻易取走他性命时却让他活着的人。无疑人们可以称生杀予夺的权力为专横的（tyrannical），但是奥古斯丁的重点放在了别处。赦免能够取走的生命是荣耀的，加图嫉妒凯撒的此种荣耀。加图不能忍受欠凯撒一条命。他不能忍受这一羞辱。避免此等羞辱并且剥夺凯撒赦免他这一荣耀的唯一途径就是杀死自己。通过赦免他，凯撒会成为他的主人；通过杀死自己，他剥夺了凯撒的主人姿态，在这个意义上，他击败了凯撒。在荣耀的竞

66　参看本书第4章。

争中，他击败了他。如我所表明的，奥古斯丁的解释将加图和凯撒的对抗去政治化了。不过，在西塞罗的解释中，政治已然是 in statu evanescendi（转瞬即逝），因为，对加图行为的证成存在于他自己的个体本性中，而不在共同善中。如果加图为共同善牺牲了自己，那么他的行为会被效仿而且应该被效仿。但是，如我所强调的，已经不再有共同善了。对加图来说，所有尚存的就是忠诚于自身，通过一种无法效仿的行为效仿自身。

在我们较早对于西塞罗评价加图的分析中，我们遇到了蒙田，他在整部《随笔集》中，不断地反思共和英雄的形象。这里我需要对某一篇章加以评论，那对我们来说尤其有趣，因为蒙田直接引用了我们刚才讨论过的西塞罗的原文，同时批评了作为我们起点的《上帝之城》文本，但没有提到奥古斯丁的名字。下面是蒙田新解的核心：

> 如果他的仁慈（goodness）让他去关心公共利益而不是关心个人利益，也不会使我改变主意，我依然很容易相信，他感谢命运让凯撒这个盗贼乘机把国家的自由传统踩在脚下，从而对他的德性进行这样高尚的考验。我仿佛在这种行动中看到，当灵魂认识到行为中的高尚和自豪时，自有一种我说不出的愉悦、极度的快乐和大丈夫气概：Deliberata morte ferocior（抱了死的决心更骄傲）。他并不企求什么荣耀，像某些人庸俗且没有骨气的看法（因为这样的想法太卑下了，绝不能触及一颗那么慷慨、高傲和坚硬的心），他企求的是这件事本身的壮烈。他善于掌握其中的奥妙，比我们

更清楚看到了这件事中的完美之处。

> 我很高兴，依照哲学可以做出如下的判断，这么一个高尚行为除了加图之外，是不会出现在其他人的生命中的，唯有他的生命才会这样结束。因而他按照理智告诫儿子和伴随他的元老，说他们有他们完成业绩的道路，“加图……宁死也不愿见到暴君出现”。[67]

蒙田非常精确地重述了西塞罗的论据和字眼，后者就是用它们来解释为什么加图的行为不能被效仿，或者如我们要说的那样，不能被普遍化。他称赞作出这种判断的“哲学”，证实了他本人对这种行为的极高评价。他认为，哲学的这一判断表明了为什么对加图来说告诫他的儿子以及随行元老不要追随他赴死是合理的。不过西塞罗没有提到加图的儿子；他只说到了“在阿非利加向凯撒投诚的其他人”。我们记得，相反，加图的儿子是奥古斯丁的关注及其论据的中心，他借此想要表明加图的行为是服从于个体的、自私的动机，表明它是理性不能证成的。非常有可能的是，蒙田在这里试图为加图的功绩辩护，反对奥古斯丁的批评。更加证实这种可能的理由是，在前面几行，蒙田责备了“某些人庸俗且没有骨气的看法”，这些人通过“企求荣耀”来解释加图的行为。无疑奥古斯丁就处于这些人之列。于是，人们就更好地理解了蒙田为什么堂而皇之地提及“哲学”，以及它如何为自

67 Montaigne, “Of Cruelty,” in *Essays*, 2.11, 374-375. 蒙田完整地引用了西塞罗的拉丁文语句，从中他获悉了那“哲学”判断。[参看《蒙田随笔全集》第2卷，第85—86页。]

己的见解提供了确证：蒙田的判断得到了哲学判断的支撑，并且反对神学的“庸俗且没有骨气的看法”。

为什么是“庸俗且没有骨气的看法”？通过“企求荣耀”来解释加图的自杀，在这样的看法中什么是“庸俗且没有骨气的”？蒙田立刻补充说：“因为这样的想法太卑下了，绝不能触及一颗那么慷慨、高傲和坚硬的心。”他提出一种追求“这件事本身的壮烈”的行为来反对追求荣耀的行为。这是“庸俗且没有骨气的看法”所不能设想的：一种追求行动本身之壮烈——“慷慨”和“高傲”——的行动。庸人和妇女是不能领会超越功利或自利之上的人类动机的，追求荣耀不过是功利或自利的一种表达。蒙田不动声色地将奥古斯丁和神学涵盖在其对于主要的两类人的尖刻判断中，依据“男子气概的”看法，这两类人构成了对宗教的核心支撑。

我们不会试图在奥古斯丁和蒙田的解释之间作出选择。不过，我会指出蒙田解释中的一个困难，这个困难他本人也会笑纳的。如果是行为的壮烈和艰难给予加图动机，那么对于公共善的关切必然居于次要位置。加图甚至发现自己处于这样的尴尬位置：“感谢命运对他的德性进行这样高尚的考验”，方式是让凯撒践踏自由。如果实情如此，人们就不得不承认，加图在其灵魂的一个角落里，对于国家的不幸雀跃不已，这赐予他一个机会践行如此罕见的德性。无论如何，这一点看起来是清楚的：在蒙田的眼中，加图临终的、最伟大的行为的决定性动机并非主要关切国家或者共同善。

对于奥古斯丁来说，他对加图的看法并没有耗尽他对罗马政治或罗马精神的赞赏。奥古斯丁的路径并不能简化为“拆毁异教英雄”。

因为还有一个英雄，他的牺牲并非自杀，尽管可能看起来如此，奥古斯丁赞许地看待他，甚至钦慕，近似于倾心了。这位英雄是瑞古鲁斯[68]。

瑞古鲁斯可怕的结局——他那自由、刻意选择的死亡——证实了异教神甚至并不保护这样的人：他们如此纯粹地忠诚于他们的誓言，以至于不仅离开了他们的国家，甚至返回到了他们最残酷的敌人那里。[69]奥古斯丁对其表露心声的这位异教对话者会如何回应呢？他改变了领域。他没有维护众神；他返回至哲学，或者至少他唤醒了个体精神的伟大。瑞古鲁斯可以称得上是快乐的，即使遭受了这些可怕的折磨，多亏了他的精神德性。不过，奥古斯丁拒绝步入古人非常熟悉的关于智慧者之幸福的讨论。[70]他的意图不是确定瑞古鲁斯的德性的本性。[71]毋宁是，他建议人们寻求真正的德性，那同样能够确保城邦的幸福。这里出现了异教徒的悖谬。他们对于将瑞古鲁斯这样的公民纳入他们的位阶感到荣耀，却又害怕拥有一个模仿瑞古鲁斯的城邦。为什么奥古斯丁说异教徒害怕拥有一个模仿瑞古鲁斯的城邦呢？一个模仿瑞古鲁斯的城邦会是什么样？它会是这样的一个城邦，其公民不

68 瑞古鲁斯（Marcus Atilius Regulus），大致生于公元前307年，卒于公元前250年。根据贺拉斯的说法，迦太基人在前250年的一次惨败之后释放了瑞古鲁斯，企图通过他与罗马人议和并交换俘虏。但瑞古鲁斯回到罗马后却在元老院发表演说，指出决不能与迦太基人议和，并自愿返回迦太基，后来被酷刑处死。这个使瑞古鲁斯名垂千古的故事西塞罗也提到过。——译者注

69 参看 Augustine, *City of God*, 1.15, 24。[《上帝之城》(上)，第24页。]

70 人们如何能够说瑞古鲁斯在这种痛苦折磨中是快乐的？而人们如何能够说他选择以这种方式死去时是不快乐的？

71 参看 Augustine, *City of God*, 1.15, 25。

关心此世，而且已经准备着离开这个城邦，在这里，他们生来服从众神。它会是尘世中朝圣之人的城邦。那看起来非常像基督徒的城邦。

在思考过卢克瑞提娅和加图的自杀之后，奥古斯丁又着手探讨瑞古鲁斯这个人物。他宣称根据罗马人自己对他们的这两个英雄的说法，他“应该将马库斯·瑞古鲁斯放在比马库斯·加图更高的位置上”[72]。不像加图那样出于骄傲和嫉妒荣耀而自杀，瑞古鲁斯宁愿承受敌人的奴役和折磨，而不是通过死亡来逃避它们。他做这些是为服从众神。因此，尘世国家最勇敢、最卓越的卫护者，尽管崇拜着伪神，却并非虚假的崇拜者，而且他们甚至非常忠诚地遵守誓言。[73]而加图，尽管可能秉承精神的伟大，依然是异教骄傲或者异教虚荣的一个囚徒，瑞古鲁斯是这些尘世国家的卫护者的典范，他们的牺牲和德性拆毁了这一囚牢的围墙，或者几乎拆毁了它们，或者如果有些许可能的话将会拆毁它们。异教和基督教彼此排斥，而且在某种意义上相反，正如骄傲和谦卑彼此排斥且相反。基督教逐步摧毁并且治愈异教骄傲。这是《上帝之城》的主轴。不过，瑞古鲁斯是即将克服自身的异教信仰中一个几乎难以置信的人物，也是正在变成天上城邦——不过这是不可能的——的人间城邦中一个几乎难以置信的人物，这个难以置信对于异教徒如此，对于基督教徒也是如此。

72 Ibid., 1.24, 35. [参看《上帝之城》，第35页。]

73 参看 ibid.。[见前引。]

罗马人伟大的原因

如我们刚才所见，奥古斯丁对待加图的严苛正如他对待瑞古鲁斯的宽宏一样。这是他的模棱两可之处，基督徒关于异教之伟大的模棱两可之处。在奥古斯丁对罗马帝国、对我们称为罗马现象整体的总评价中，我们会发现这种分离倾向的确证。

第5卷致力于研究罗马帝国扩张的原因。奥古斯丁在追究："让我们接着考察，因为什么样的道德品质以及什么样的理由，真神屈尊襄助罗马人扩展他们的帝国；因为所有地上的王国都在上帝的掌控中。"[74]这一巨大现象的原因既不在于荒谬或可耻众神的任性，也不在于盲目的必然性，而是一方面在于人的自由行动，另一方面在于真神的旨意（Providence）。它既不是偶然，也不是必然，而是神圣旨意襄助的人的自由。现在，如果上帝襄助罗马人，如果他屈尊帮助他们，那是因为他们的民德在某些方面配得上（worthy）这类襄助。当然，奥古斯丁没有使用"应得"（merit）这个动词，因为，根据他比起其他任何人都更致力于阐述的那种神学，人不能"应得"神圣的恩典。不过，这里确切地不是那净化灵魂的神圣恩典的问题，只不过是上帝依据某些人的自然禀赋而给予的协助问题，这类协助来自公正的上帝，必须服从正义法则，也因此与罗马人的一种特殊优点（merit）相应。无论如何，奥古斯丁对于异教罗马的成就很少有鄙视之意，以至于他宣称他们得到了上帝的帮助。不过，这些罗马民德是什么呢？他

74 Ibid., 5.12, 196. [《上帝之城》(上)，第189页。]

们身上的什么品质这般地促成了上帝的主动关心？这是他将要探究的内容。

一如既往，奥古斯丁的文献（documentation）依然诉诸拉丁作家。他通过对拉丁作家的评注来阐释他的思想，尤其是萨鲁斯特。不过，“文献”这个术语在这里并不恰当，因为他对待这些拉丁作家不仅是将其作为资料的来源，而且是将其视为权威的有效且审慎的判断。他可以完善或者扩充他们的判断，但在一些核心要点上，他都听从这些异教作家描绘并且评判异教罗马。那么罗马民德是什么呢？

所有的民族，唯有犹太民族例外，都崇奉伪神。这并不适用于罗马人。根据萨鲁斯特，罗马人独有的是一种非同寻常的对赞誉的渴望，一种非同寻常的对荣耀的激情（cupido gloriae），这效果惊人。当然，贪婪本身，包括对于荣耀的贪婪，如果人们可以使用这样的表达的话，毋宁是一种邪恶而不是德性。不过，在罗马人中间——这里存在着他们独有的东西——这一邪恶凭借着其极端过度变成了一类德性：他们通过放大这一渴望压抑了其他所有的渴望。[75]罗马人，无论如何最初的罗马人，超越了大多数民族的虚弱和邪恶，因为他们渴望荣耀超越了其他任何东西，也胜过了其他任何民族对荣耀的渴望。

这种对荣耀的热爱在政治上如何表达？首先，借助于一种获得国家自由的激情渴望，接着是保证其统治（domination）。[76]首先是自由，接着是统治。

75　参看 ibid., 197。[《上帝之城》(上)，第189页。]

76　参看 ibid.。[见前引。]

从渴望自由向着渴望统治过渡，这在罗马人看来是自然的、必然的，这一过渡吸引了我们的注意力，因为在我们看来，如我曾经提到的，自由和统治是相互排斥的。奥古斯丁进一步对这一过渡或关联提供了更为确切的描述：“对于那个时候的人来说，那时罗马人被他们驱逐出去的塔克文的埃特鲁里亚联军包围了，重要的事情是要么勇敢地死亡，要么自由地活着。但是当赢得自由时，‘这样一种对荣耀的激情攫取了他们’，单单自由都无以满足他们——他们必然寻求统治。”[77]

看起来，一旦对荣耀的激情被点燃——可能被赢得自由的行动点燃，在获得自由之后，sola libertas（仅有自由）是不足以扑灭这种激情的。在这点上，奥古斯丁和他遵循的拉丁作家一样，没有去寻求更为确切地澄清对自由的激情与对统治的激情之间的精确关联，或者这两种激情的精确本性，他本人也没有探寻是否这两种激情根植于第三种激情，那会是它们共同的源泉。下面这一点尤其不清楚：对荣耀的激情是那二者的共同来源，即使它伴随着二者，尤其是伴随着对统治的渴望。遵循拉丁作家，奥古斯丁看到在罗马以独一无二的广度和强度展示的东西，是三类根本性政治激情的动态相互作用，它们彼此是不可分离的，轻易地从一种向另一种过渡，它们变换其表征的方式将道德判断置于某种困惑中。无疑，当对荣耀的渴望滋养了对自由的激情时，它会被认为是好的，当它培育了对统治的激情时，就是坏的。不过，尽管这种论断肯定会得到我们中间的道德之士的赞同，它却丢失了根本要点，即在从对自由的激情（可以这么说）无可阻挡地过渡

77 Ibid., 198.［见前引，第190页。］

到对统治的激情时，政治激情的模棱两可。[78]

至少在这一点上，奥古斯丁与马基雅维利相差不远，后者思考了同样的罗马经验，不过其意图是将其重新奠基于甚至更稳固的基础上，其方式是使得现代能够在仿效异教罗马时克服基督教罗马导致的虚弱及其对异教罗马的批判，这种批判的一个典范就是《上帝之城》。在奥古斯丁看到一种伟大（最伟大）的政治实验的地方，马基雅维利同样看到了最伟大的政治实验，不过这一实验在前者那里是完善的、完成的、评判的——被新城邦评判的，而在后者那里，被认为没有充分理解或者“君主们”没有完全探尽其发展可能。无论如何，与奥古斯丁一样，马基雅维利不断地向我们表明了必然从热爱自由向着热爱统治运动的共和政治激情的模棱两可。

当代政治著作喜欢将这样一种自由传统——主要（如果并非完全）与权利以及被恰当理解的个体自我利益有关——对立于一种经常被称为“公民人文主义”（civic humanism）的共和传统，后者的核心关切是共同善和公民德性。马基雅维利容易被描绘为这样的人，他复活了此等共和传统，赋予其新的刀锋。我不可能去研究这类在今时汗牛充栋的文献。然而，奥古斯丁在帮助我们理解罗马视角之际，也有益于我们去衡量今时作家们具有的共和理念与古代共和主义相距有多远。我们的共和理念是理解古代共和的一个障碍；它横在我们与古人

78　我先前曾引述孟德斯鸠：“但由于人类一个由来已久的缺点，取得保民官职位以便自卫的平民却利用它们来进攻。” *Considerations on the Causes of the Greatness of the Romans and Their Decline,* trans. David Lowenthal (Ithaca, NY: Cornell University Press, 1968), 84. [参看《罗马盛衰原因论》，第45页。]

之间。渊博的历史学家，描绘了这种“公民人文主义”传统并且将其奉为我们的历史轴线，他们是当下偏见的囚徒。这两种共和主义的反差可以概括如下。现代共和主义在行动的私人或“自私”动机与公共或“无私”动机之间，也就是在个体动机与公民动机之间做了严格区分，而且理所当然地赋予后者以优先性。古代共和主义很大程度上忽视了这类区别。如果我们特别阅读拉丁历史学家，就会看到，我们所称的“私人的”动机侵入了我们称为“公共的”空间。关于这一点，存在着一个非常有信服力的理由：个体和私人尚没有被辨识为一个独立领域。所有的人的动机在城邦中发生作用，因为城邦是行动的唯一场所——没有这样的“公民社会”：在其中个体会“随其所愿地宣称他们的独立”，会让人想起孟德斯鸠描绘英国自由的套话。这是因为所有的人的动机经常在城邦中发生作用。正是因为这类将行为的所有动机非同一般地集中起来，古代城邦才代表了对随后时代来说最令人印象深刻的人的本性的展开，或者我倾向于称为**人的操演**（human operation）的展开。

误导了我们的是，古代英雄、伟大公民爱他的城邦胜过自己的生命。我们将其解释为一种无私的行为，牺牲了个体成就公民，不过压根就不是这样，因为实际上个体并不存在。城邦构成了人和公民的全部行动领域；那是其行为施行并且反馈的场所，在那里，行为得到的唯一适当的回报，是赞誉。公民并不真正地脱离城邦或者独立于城邦而存在。无论如何，正是在城邦中他的生命才找到意义。

正如我刚才提及的，同样误导了我们的是，我们并没有认真思考对自由的激情和对统治的激情之间的关联。我们认为它们本性上就是分开的，认为古人（尤其罗马人）对统治的激情，是一个特定的民族或时期、战争时期固有的一种孤立特征。或者我们认为，对统治的激情是一种病态的发展，一种腐化。确实，拉丁历史学家自身，尤其萨鲁斯特，标示了这一时期：在摧毁迦太基之后，罗马生活和政治被贪婪所支配。“因此，在他们身上，首先是对金钱，然后是对权力的渴望加强了。应当说，这些正是一切罪恶的根源。”[79]不过，腐化状态并非纯粹是健康状态的反面。它同样是后者的延伸。这难道不是精神的同一运动：它最初使得罗马人对抗国王，接着反抗威胁着年轻罗马的邻邦，后来当罗马不再有担心的敌人时，逐渐变得无节制地贪求金钱和统治（“pecuniae et imperi cupido”）？这一现象并非古代城邦独有。奇怪的是，我们很少关注现代民主与现代帝国主义之间非常明显的关联。两次世界大战——其中，西方民主国家被迫先与确实比其表面更不民主、有着帝国主义“战争目标”的德国作战，接着与将最难驯服之僭政与最不连贯之帝国主义结合起来的德国作战——很大程度上向我们掩饰了现代欧洲历史的一个最为有趣的现象，真正是其轴心现象的东西：欧洲或者西方在世界中的权力上升，与共和政府及随后的民主政府在欧洲国家和北美的掌权是一致的。最伟大的两个现代殖民帝国乃属现代欧洲最初的两个共和国。[80]

---

79 Sallust, *The War with Catiline*, 10. 3, in *Sallust*, trans. J. C. Rolfe (Cambridge, MA: Harvard University Press,1960), 19. [参看《喀提林阴谋》，王以铸等译，商务印书馆，1996年，第101页。]

80 孟德斯鸠已经说过英格兰是一个“掩饰在君主制下的”共和国（*The Spirit of the Laws,* 5.19, 70）。不过，我几乎忘记了，就像它总是被遗忘的那样，荷兰联邦共和国，同样将自己打造为一个虚饰的帝国（fine empire）。

从 libertas（自由）自然地而且仿佛是必然地通向 dominatio（统治）的运动，对于我们并非未知。

我说过，奥古斯丁不曾试图确切地辨识对自由的渴求和对统治的渴求之间的关联，这一点没有超过他遵循的作家。不过，奥古斯丁提到并且评论了萨鲁斯特引入的在 ambitio（野心）和 avaritia（贪婪）之间的区分。在罗马史的最初时期，野心在罗马人的心中是超过贪婪的；后来，贪婪被释放出来。[81]奥古斯丁援引了萨鲁斯特的下列句子："最初使人们的心灵受到促动的与其说是贪婪，毋宁说是野心；一种更接近于德性的邪恶。"[82]萨鲁斯特的犹疑显而易见。在随后的句子中他阐述了他的想法，奥古斯丁同样援引了："荣耀、荣誉和帝国，这些是好人和坏人同样热烈期望的。只是好人依正道而行，而缺乏这类道德品质的人就靠狡诈和欺骗达成目标。"[83]好人和坏人渴求同样的事物：gloria（荣耀）、honor（荣誉）和 imperium（帝国）。他们的不同在于手段：一种是真正地凭借德性；另一种则诉诸任何种类的欺骗，诉诸"所有的手段"。萨鲁斯特在这里大体上采纳了亚里士多德式的行为分类。可以发现的是，算不上 bonus（好）的人被认为是 ignavus，也就是软弱的或者懒惰的；他不具有那种精神的力量，凭借着遵循光明手段去追求他瞄准或渴望的东西。因此，存在着一种好的或者光荣

81　萨鲁斯特将这一巨变归结为苏拉的军队俘获了罗马，苏拉允许这支军队在亚洲变得腐化（*The War with Catiline*，11.5），在这一点上，奥古斯丁并没有引述萨鲁斯特。看起来，萨鲁斯特区分了三个阶段：（1）到迦太基被毁灭，*labor et justitia*（劳作和正义）；（2）迦太基被毁与苏拉的胜利之剑，野心胜过贪婪；（3）苏拉的胜利之后，贪婪被释放。

82　Augustine, *City of God*, 5.12, 199.［《上帝之城》（上），第191页。］

83　Ibid.［见前引。］

且高尚的野心，还有一种邪恶的野心，对于后者必须给予其另外的名称。

奥古斯丁引用、抽绎或者评论萨鲁斯特，其方式意味着赞同。他大体上认可了萨鲁斯特引入的在野心和贪婪之间的区分，这表明，在某种程度上他承认了异教道德区分的有效性。他并未混淆异教的德性和罪恶，理由是它们未曾接受基督教真理的恩典。然而，他强调了好的野心本身的内在脆弱性，以及由于这种脆弱性导致的野心目标——即荣耀，建立在人们不可靠的判断、如此易错的看法基础上的荣耀——的不一致之处："德性比荣耀更胜一筹，因为它不满足于人的见证，而是有着人自己良心的见证。"[84]随后，奥古斯丁就可以决定性地修正萨鲁斯特的分析了。德性没有被混同于通过光明手段追求荣耀的好的野心；它必须瞄准一个更加稳固的目标。最终："只有所追求的目的是人的善好（这是人所拥有的最好的东西），才会有真正的德性。"[85]

如我所说，人们决不能夸大高尚的罗马和腐化的罗马之间的距离或区别。奥古斯丁在萨鲁斯特的证词中所发现的特别有趣的东西是：后者强调了罗马德性的模棱两可，这同时当然也是罗马罪恶的模棱两可——只要这些罪恶还没有在无法满足的贪婪中变成完全邪恶的。萨鲁斯特甚至暗示，最初的罗马人那令人钦佩的禀性凭自身并不足以缔造一种真正公正的秩序。从一开始，强者的不公激起了平民的分立

84 Ibid.［见前引，第192页。］
85 Ibid., 200.［见前引。］

或脱离，而且还存在着其他的争执。事实上，正如奥古斯丁所引述的，萨鲁斯特接着说，罗马人只是在驱逐国王之后，由于担心塔克文和他的埃特鲁里亚联军，才生活在正义和节制中（“aequo et modesto jure”）。[86]在对抗他们的战争之后，无序重新上演，因为贵族重新给平民套上了奴役的枷锁，虐待他们，正如国王曾经做的那样。这些无序在第二次布匿战争时才结束，“因为那时候严重威胁的压力再次来临，更为紧迫的忧虑制衡了不安的心灵，使他们从这些无序中摆脱出来，唤回了城邦的和谐”。[87]因此，根据罗马人自己的说法，他们的公民德性从来不足以确保一种公正的秩序，哪怕是在最少腐化的时期：他们需要恐惧的重压，这种恐惧是由一种外在的非常严重的威胁所引发。萨鲁斯特以最权威的方式证实，能够建立在其自身德性基础上的城邦不存在。

对于这一点的最后评论。整体的有序化依赖于外在的压力，这一事实表明，城邦没有哪一部分是纯粹正直的、纯粹公正的。奥古斯丁注意到，在城邦的不和中，贵族想要统治，而平民拒绝顺从。[88]这一观察被提炼成为一个普遍原则，将会在马基雅维利提出的阶层政治分析中占据核心位置：“因为在每一个城邦里都可以找到这两种相反的脾性（humors），其来源是这样的：平民既不愿被贵族统治也不愿被

86　参看 ibid.。[见前引，第193页。]

87　Ibid. [见前引，第193页。]

88　奥古斯丁已经在第2卷第17节用下面的话做了总结：“要提起这个城所做的诸多卑鄙和不义的事就太啰嗦了，包括在位者竭尽所能压迫较低阶层，而较低阶层奋起反抗——双方的领袖都是出于争强好胜之心，而非平等与道德的理念。”Augustine, *City of God*, 2.17, 67.

压迫，而贵族渴望统治并且压迫平民。”[89]

现在，奥古斯丁将会点明罗马历程（adventure）的神意含义——上帝利用了罗马人邪恶的德性或者有德的罪恶。在悠久且著名的东方大帝国之后，[90]上帝意欲同样存在一个西方帝国，虽然是后来者，但有着更为辉煌的疆域和权力。这一帝国为什么、如何兴起？“为了抑制其他民族残酷的罪恶，他［上帝］将这个帝国托付给了这些人，而不是其他任何人，他们为祖国服务，为的是光荣、赞誉和荣耀，他们渴望在祖国的安危中，而不是自己的安危中寻找这种荣耀，他们为了一种罪过即热爱赞誉而抑制了对金钱的贪婪和许多其他罪过。”[91]奥古斯丁寥寥几句中追忆的历史现象无疑是宏大的。如果人们愿意的话，可在这雄浑的笔锋中察觉到某种西方式的偏见，这简单的描绘向我们表明，罗马人收服了被自身诸多罪恶所困的东方君主国，因为他们，罗马人只有“一种罪过”，即热爱赞誉。这种激情不曾使得他们成为圣人，却会使他们成为更好且不那么堕落的人。[92]

随后一节让追逐荣耀的罗马人与以基督之名布道的基督教使徒们正相反对，追逐荣耀不仅不被赞同，而且是极端憎恶的对象。[93]对真神的热爱使得人们能够做更艰难的事情，胜过热爱荣耀所产生的，后者只有付出屈从于人之俗见的代价才能获得其伟大之荣光。

89 Machiavelli, *The Prince*, ch. 9, 39. 另外参看 *Discourses on Livy*, 1.4。［《君主论》，第45页。］

90 可以说，帝国是亚洲的典型政治形式。

91 Augustine, *City of God*, 5.13, 202.［《上帝之城》(上)，第194页。］

92 参看 ibid.。［见前引。］

93 参看 ibid., 5.14, 203.。［见前引，第195页。］

这一节的最后一句会让我们稍作耽搁，因为奥古斯丁在那里似乎要**为**罗马人的性情和行为辩解。这些罗马人属于 civitas terrena（地上城邦），而且他们的所有义务都包含在这座城中，对他们来说，“除了荣耀还有其他什么是他们热爱的呢？因为，凭借着荣耀，他们渴望过着一种死后还活在人们的交口称赞中的生活”。[94]并非永生而是活在生死轮回中的人，对荣耀的激情是他们所能怀有或培养的最伟大激情，大体上也是最好的激情。[95]它激发了对于此一必死城邦的最完全奉献，与此同时，它指向某种不朽。在这个意义上，追逐荣耀的行为是在践行人力所及的最高可能性——这些尚未被教导关于真正不朽的人所能做的最高程度。

奥古斯丁以一种引人注目的方式，将这一荣耀表现为是上帝正义的结果。当然，由于此类城邦本质上是必死的，献身于城邦不可能获得永生之赏赐。不过，如果上帝不“把那个最辉煌帝国的地上荣耀”赋予他们，那他就拿走了给罗马人的公正赏赐。[96]他赋予他们这样的荣耀。“他们没有理由抱怨至高的、真正的上帝的正义。”[97]奥古斯丁两次引用了《马太福音》：“他们已经得到了他们的赏赐。”[98]

因此，上帝的正义延伸到了异教徒的生活中。不过，虽然这尘世的城邦包含或接受了它自己的正义，但它自身之中没有目的，而是被引向另外的城邦。奥古斯丁解释说，罗马人的精英是基督徒的模范

94 Ibid., 204.［见前引，第197页。］

95 参看 ibid.。［见前引。］

96 Ibid., 5.15, 204.［见前引，第197页。］

97 Ibid., 205.［见前引。］

98 《马太福音》6:2（涉及那些假冒为善的人，他们在会堂和街道兜售他们的施舍）。

（exempla）：“永恒城邦的公民，在他们的朝圣之旅的日子里，应该将他们的眼光牢牢地、清醒地集中于这些模范身上，并遵行这一点：如果世间城邦的公民，因为期盼世人眼中的荣耀，就如此献身于世间城邦，那他们该多么热爱天上城邦啊！”[99]

罗慕路斯的避难所和基督的教会

第5卷第17节出现了方向上的剧烈转变。没有任何预告，奥古斯丁开始贬低并且鄙视荣耀，还有更广泛地针对政治秩序本身：“只要统治者不强迫人们做不敬和缺德的事，这般迅速就会死去的人，生活在什么样的统治之下又有什么关系呢？”[100]境况或限制并非无关紧要，不过，在突然的远视中，就整个政治生活（它被荣耀所吸引、被对自由和统治的激情所促动）而言，就共和的政治生活（奥古斯丁在前面章节中予以了描述，同情之笔虽然不乏重大保留，但终究可以说，其兴趣和关注不时近乎钦慕）而言，它改变不了什么。现在，他让我们聆听一种完全不同的调子。

奥古斯丁解释说，痴迷于荣耀阻止了罗马人寻求与其他民族和谐相处：他们执着于他们的胜利。情况难道不是这样，如果他们的前进没有要么征服要么被征服，“罗马人的境况和其他民族的境况不还

99 Augustine, *City of God*, 5.16, 205.［《上帝之城》（上），第198页。］
100 Ibid., 206.［见前引，第198页。］

是完全一样吗?"[101]——尤其是,如果他们恰当地做了后来非常慷慨且非常仁慈("gratissime atque humanissime")地做过的事情,即"所有属于罗马帝国的人,被接纳为这个共和国中的罗马公民"。罗马人如此珍视的征服者与被征服者之间的差异、境况的差异,最终都无关紧要:"拿走民族的自鸣得意,所有人除了只是人之外还是什么?"[102]这里,得指责奥古斯丁有些不诚实了。因为他在做什么?他以罗马帝国的结果或成效,尤其是和平以及人的联合或融合,来反对罗马帝国以及它的战争和荣耀。人们会说,奥古斯丁想要结果,不要原因。在这个帝国建立之前,没有人能够成为 civis Romanus,即罗马帝国的一个公民。在那个时代的经验中,没有什么表明古代民族能够 concorditer(和谐地)联合起来,这是今天的欧洲正在融合的方式。除此之外,欧洲人的融合来自付出了两次大战的代价而获得的智慧,而且并不确定它会像罗马帝国一样稳固。

可以理解,奥古斯丁在作出整体上赞同罗马的思考之后,稍稍矫正了他的赞赏之意。对于胜利和杀戮,他只展示了一点点热情,这点并不令人惊讶。但是,他在第17节提出的对帝国的批判就难以处理了,因为那会轻易地导向一条奥古斯丁发现难以行进的道路。他在这里开始用以反对罗马人之荣耀杀戮的,不是第14节中提出的殉教者的牺牲,而是这样一个社会的和平与舒适,其中所有的成员享有同样的处境,并且知道他们享有它—— 一个所有成员都平等的社会。在

101 Ibid.[见前引。]

102 Ibid. (modified).[见前引。]

第17节，奥古斯丁强有力地勾勒了即将在启蒙时代成为标准的对荣耀的批判，即以安全和布尔乔亚德性之名批判荣耀：“就我所能见而言，征服者和被征服之间的区别，对于作为人之尊严构成内容的安全和道德准则（ad incolumitatem bonosque mores, ipsas certe hominum dignitates），一点都不重要。”Incolumitas是公民享受其所有权利的状态；那是孟德斯鸠非常珍视的sécurité。

为了摧毁征服者的骄傲，为了表明他们事实上并没有享有一种不同境况，奥古斯丁特别提出了下面两个问题：这些自大的征服者的土地免除课税了吗？他们有权利知晓对其他人禁止的事情吗？奥古斯丁的描绘（presentation）——我忍不住要说他的虚构（staging），它抹杀并且废除了罗马人非常珍视的征服者与被征服者之间的区别——中有什么呢？[103]课税和知识。人们可以说是经济和文化，布尔乔亚社会的两个支柱或者两种源泉。

奥古斯丁不能拿这样一个太诱人的尘世图景——那里既没有征服者也没有被征服者，所有人都是公民同伴，享有同样的公民的、知识的境况——来反对荣耀和胜利之激情促动的罗马帝国。这样的一种对照，不会让他的读者转向上帝之城，鼓舞他们去寻求永恒善，却会有这样的风险，将他们引向相反的方向，并且鼓励他们去寻求此世的善，既不要荣耀杀戮，也不要永生，而要没有荣耀的舒适。因此，他在结束这一节时重新强调了罗马人的典范性功绩，他们基于荣耀的缘

103　人们可以在这个意义上称其为虚构，即奥古斯丁在真实因素的基础上，构造了一种毋宁是异于罗马经验的“罗马世界的情境”：罗马人对于商业或科学既没有展现出兴趣，也没有展现出特殊的技巧。

故，创立伟业，承受艰难困苦，这些理应抑制基督徒的骄傲，并且刺激他们增强他们的热忱。

历经严苛的批判，从温和地赞扬荣耀到相对地赞扬荣耀，这一转变揭示了奥古斯丁的路径的复杂和困难。基督徒必定批判异教荣耀，但不至于会被引诱着满足于尘世生活的和平与舒适。以纯粹人类幸福（human goods）之名对荣耀的人道批判（human critique），必须凭借着恰当的基督教批判来完善、遮盖和克服，亦即以只能是上帝本身的完满善或至高善之名来批判。

奥古斯丁以一种令人震惊的对照总结了第17节："罪的赦免，吸收公民进入永恒国的许诺"与"罗慕路斯的避难所，聚集了各色人等，赦免所有的罪行，结果是建立了罗马城"。[104]此等 impunitas（不予处罚）的愉快结果已经在第4卷中提到了：罗慕路斯"拟定方略，确保这些人在弃绝他们先前的生活方式后、被吸纳为这个共同体的一员时，不用还得想着他们应得的惩罚，那种担忧会迫使他们犯下更大的罪行，这样做的目的是，在未来他们对于共同体的态度应该不会那么咄咄逼人"。[105]容纳于新城邦的远景，让避难者从罪行招致惩罚的恐惧中解放出来。罗慕路斯的避难所预示了上帝之城的救赎性聚合，它是后者的某种"预兆"。罗慕路斯聚集了各色人等，我敢说，不要通行证就进入了他正在建立的城邦，包括逃亡的奴隶、各类的罪犯和不

104 Augustine, *City of God,* 5.17, 207.［《上帝之城》(上)，第199页。］

105 Ibid., 4.5, 140.［见前引，第138页。］

法者。[106]这是上帝如何对待整个人类的一类素描，一种“影子”，所有的人都是逃亡的奴隶，犯下逃避上帝律法之罪孽的奴隶，只要他们被剥夺了上帝的恩典，只要他们还没有进入上帝之城，他们都是法外之人，或者被剥夺了正义。在这个意义上，而且从一开始，以罗马之名所进行的一切构成了异教的努力、纯粹的人道努力（human effort），以最清晰的方式期盼并且预示着上帝的行事之道，如果我可以用这样一个术语的话。在这里，奥古斯丁将罗马表现为异教和基督教之间的一种过渡。[107]

而且，奥古斯丁刻意使用罗马政治术语来命名基督教现实。比如，在第10卷第21节，就像在其他地方一样，殉教者被命名为上帝之城特别尊荣或光辉的公民。他甚至补充说：“如果没有背离教会的习惯，我们可以称这些殉教者为我们的‘英雄’。”[108]

最后的评论。我们刚才已经看到，奥古斯丁非常明确地将下述二

106 “Asylum aperit. Eo ex finitimis populis turba omnis, sine discrimine liber an servus esset, avida novarum rerum perfugit.” Livy, *History of Rome*, I.8.

107 在一种显然完全不同的视野中，这是反基督教的启蒙运动将会接过的论题：“教皇之位不过是已死亡的罗马帝国的鬼魂戴着皇冠坐在帝国的坟墓上。” Hobbes, *Leviathan,* ch. 47. [参看《利维坦》，第565页。]无论如何，基督徒和反基督教者共同指出：罗马避开了习惯性的政治分类。孟德斯鸠强调：“老实说，罗马既不是一个王国，也不是一个共和国，而是由世界各民族组成的躯体的脑袋”（*Considerations,* ch. 6, 75）[参看《罗马盛衰原因论》，第41页]，他回应了奥古斯丁所写的，即认为罗马是“是我们所谈的、将要统治许多民族的地上之城的首都”（*City of God*, 15.5, 600）[参看《上帝之城》（中），第232页]。应该注意的是，在奥古斯丁写作的时刻，他并不认为罗马帝国乃是陈年旧事：“罗马帝国遭到了骚扰，但是还没有易主，这在基督之名传布前的其他世代已经发生过了，而且它又康复了。对于它在当下这个时刻的康复，也没有必要绝望。谁知道上帝在这事情上的意志呢？”（*City of God*, 4.7, 143）。[参看《上帝之城》（上），第141页]

108 Augustine, *City of God*, 10.21, 401. [《上帝之城》（中），第55页。]

者对照：罗慕路斯聚集不法之徒于**避难所**（asylum），这是罗马的开端；罪的赦免，这聚集了永恒国的公民。[109]在第22卷第6节，出现了另外一则有趣的罗慕路斯之创建与基督之创建的并列。奥古斯丁一开始详细地引述了《国家篇》中的奇特讨论，我们已经描述过了，其中，西塞罗对罗马的创立者解释说，罗慕路斯非同寻常的伟大之处寓于这一事实：罗马人在这样一个时代，还相信他化身为神的神话，那时由于民智已开，不再相信这样的神话了。[110]当然，奥古斯丁没有放过对西塞罗略加嘲弄的机会，“人类当中最博学和雄辩的一个人”，[111]竟然认为他能够向我们售卖如此一种昏聩的解释。根据奥古斯丁，事实是，罗慕路斯化身为神的神话显然是一件迷信之事，[112]这迷信“如我们所说，就像母亲的乳汁，滋养着共同体”[113]，这迷信伴随着罗马的诞生而来，在后来的时代，没有人敢抛弃它。在被征服的民族中，则是由于担心冒犯主人。关于罗马人本身，奥古斯丁以一个非常引人注目的术语描述了他们的态度：罗马相信它不仅是出于热爱这个错误，而且是放任这个错误的热爱。[114]在他看来，罗马人的 superstitio（迷信）是由他们对其创建者自然的、正当的热爱导致。

对异教创建的这种慷慨赞赏，帮助奥古斯丁阐述了基督教创建的特殊性质。就教会的情形而言，真理先行出现：“尽管基督是永恒天

109　参看 ibid., 5.17, 207.。[《上帝之城》(上)，第199页。]

110　参看本书第6章。

111　Augustine, *City of God*, 22.6, 1030. [《上帝之城》(下)，第291页。]

112　在其他地方，前引书3.15中，奥古斯丁承认这也可能是西塞罗真实的看法。

113　Ibid., 22.6, 1030. [前引书，第291页。]

114　参看 ibid.。[见前引。]

上之城的创建者，但是，并不是因为他建立了这城，才信他为神，真相是因为信他为神，才有了他的建城。”[115]异教罗马相信罗慕路斯是一位神，原因是爱他作为一位创建者；基督教罗马——教会——爱基督，这种爱是其基础，原因是信他为神。从一个到另一个，人的动机的序列被颠倒了。在前者，一开始存在着爱罗慕路斯的理由，民众自然地倾向于相信被爱者，哪怕是虚假的事；在后者，一开始存在着信的理由，接着是爱，真正的信仰，并不轻率，非是虚假的东西，而是真实的东西。[116]

关于荣耀的题外话

对于荣耀观，我们需要多说一些，因为它位于奥古斯丁对人间城邦之评判的中心，也因为它本身是非常有趣的。

荣耀，或者对荣耀的激情，是最卓越的政治激情。相应地，它也是行动之人最卓越的激情，因此，政治行动，或者政治领域中的行动，是最卓越的行动。可以区分出荣耀的两种面相或者两种成分。

一方面，由于行动是偶然发生的、转瞬即逝的——它甫现甫去——人们渴望赋予它一种稳固性以及一种持久性。荣耀旨在保存正在消逝的东西。荣耀刻意追求不可能。它追求人之行动的不朽，至少

115 Ibid.［见前引。］

116 参看 ibid.。［见前引。］

某些行动的不朽，确切地说是那些光荣的行动。

只有非同寻常的行动才是配得上持存的。非同寻常意味着一起行动是超人的，其中，行动之人某种程度并且短时间内将自身拔擢到人之上。这样做，他必然把自身拔擢于他者之上，对这些人称王，简言之，成为“人中之神”（a god among men）。[117]

如人们所见，这一运动、这一性情、这一志向，这种对荣耀的渴望，我们倾向于将其视为一种奢侈或愚蠢的东西，就像是嵌入人类生活之本体构成中的，或者，它是一种自然的反应，对于我们行动之偶然性和脆弱性的一种反应。简言之，它是对于我们必死性的一种反应。

另一方面，因为它是一种“不甘人后”的驱动，荣耀、光荣的行动，必然伴随着无法自已、失去均衡、走向极端。它必然或者本质上是危险的，对于行动的人和那些承受行动的人一样地危险。

更确切地说，它导致了某种内在矛盾。光荣之人想要以其内在的、实质的优越性而得到承认：如我所言，他想要最终被认可为人中之神。这一内在的、实质的优越性只能寓于一种本质的、与他人无关的独立中。光荣之人要求其他人承认、证实并且欢呼他的独立。他想要绝对地独立于其他人，但正是他最需要他们。最终，他需要所有的人宣称他不需要他们。比如，科利奥兰纳斯（Coriolanus）深受这一矛盾的折磨。他狂热地迷恋荣耀，又不能忍受赞誉，因为赞誉使得他依

117　如我所指出的，这一转变提供了莎士比亚《尤利乌斯·凯撒》中的行动的出发点。

赖这些赞誉他的人。[118]

与古代生活不同，荣耀不是现代政治和道德生活中的一个本质要素。大多数时间，它的呈现仅是暗淡、低劣的形态，就像银河系一样，甚至是错乱的形态，就像“个人崇拜”。这是因为从现代事业之初，它就成了一种系统性批判的靶子。人们可以说，持续至今时的我们的道德视野的构成开始于对荣耀的批判，也奠基于此——这种批判显然不同于基督教的批判。

我说过，对荣耀的渴求是对我们的必死性的一种反应。现代视野也是对我们的必死性的一种反应。让我们用可能的最平铺直叙的方式来谈论它，因为现代人试图用真实的平铺直叙或者平铺直叙的真实来替代古人和基督教的说谎诗歌或者诗歌谎言：对于现代人，至少自培根和笛卡尔以来，对于我们的必死性的恰当回应不是为了荣耀冒生命的危险，而是借助于医学来延长它。视角上的这种相当大的变化，在我们看来非常合理且自明的变化，包含着某种神秘的东西，正如我在这一探究的导论中所指出的。自那时以来，我们有能力衡量医学的巨大进步，并且观察到它切实地赋予我们相当程度地延长人类寿命的方法，不过，在作出生命优于荣耀的决定时，医学不比伯里克利的时代更有力量来治愈我们。在我们发现方法，包括医学方法，有效改变这种境况——如果我们的确有效改变了的话——**之前**，关于我们的境况的视角就改变了。

118　他鄙夷地拒斥了“过分吹捧”和“掺和着谎言的赞美”。Shakespeare, *Coriolanus*, act I, scene 9, II. 50-52.［参看《莎士比亚全集》第5卷，《科利奥兰纳斯》，朱生豪译，人民文学出版社，2009年，第357页。］

让我们尝试更为确切地描绘视角的这种变化。我提到了培根和笛卡尔的名字。众所周知，笛卡尔在他帮助着阐释的新科学中，看到了使得我们“可以说成为自然的主人和占有人”的方法。控制自然的规划，的确构成了现代规划的一个核心要素。根据许多作家，仅仅旨在控制的现代规划是完全同一的。培根的一个准则，尽管众所周知，比起笛卡尔的来说更少讨论，能够帮助我们提炼我们的分析。根据培根，现代复兴（instauration）寻求达成或造成“人的状况的缓解”，即人的境况的缓解。我敢说，这一准则比起笛卡尔的要更为有趣，无论如何，他清晰地阐述了笛卡尔的控制之唯一人能理解的目标。

人的境况的缓解[119]——这个公式，如此美妙又如此有说服力，其中却有着某种悖谬的东西。使得人的境况成为人的行动对象，这中间有着某种悖谬的东西。为什么？因为境况（condition）是作为条件（conditions）的东西；它是行动的起点。这不是在使得行动条件转变成为行动的目标，不是在通过遗忘行动的目的来制造一种循环或者自身陷入一种循环吗？顾名思义，境况是不会改变的：人是必死的。将人的境况的缓解作为人的目标，简单地说就是提议让人“更少必死”。

无论如何，以新的方式构想人的境况就是以新的方式构想人的必死性。如我所说，在古代秩序、异教秩序、荣耀秩序中，某种超越死亡的东西被作为目标：必死之人，正因为他们是必死的，以某种不朽作为目标。对于现代人而言，这是不合理的；它使得人的生命遭受一

119　随着现代事业的进展，培根的缓解变成了亚当·斯密的改善。随着信心的增长，我们从“缓解”来到了“改善”。

种压力或者牵引，那是令人精疲力尽的，最终也是徒劳无益的。

托马斯·霍布斯，非常独立的培根的传人，也是他的秘书，在荣耀中看到了无序的根源，无论它是表现为骄傲、虚荣还是关注名声，可以说就是人类问题的症结，需要被切除的症结。怎么办？通过抑制对荣耀的渴望。只有主权国家有能力抑制作为“骄悍族类”的人，并且可以说将他们拖回到他们境况的层次上，由此凭借着让他们迷恋真实的、坚固的好处而不再是想象中的好处，来缓解他们的境况。我敢说，国家迫使他们在平地上前行，同时让他们的目光朝向前方，而不是愚蠢地或者无益地试图飞向星空。生命不再被巨大的、模糊的志向所搅扰，成为从一种能被满足的欲望到另一种能被满足的欲望的一场竞赛，一场至死方休的竞赛。在抑制对荣耀之徒劳欲望的国家中，人最终能够表现得与他们的必死性相安无事。

这种至死方休的从一种欲望到另一种欲望的竞赛，就比渴求荣耀不那么徒劳无益了吗？这是一个要讨论的主题。与我们之必死性的恰当关联是什么样的？

蒙田花了一生的时间来适应死亡。恰在培根之前，蒙田就给我们提出了这样的任务，即“缓解我们悲惨的人类境况”（培根可能从他那里借来了这个术语）。与霍布斯相似，他在傲慢（presumption）中看到了我们悲惨的源头。蒙田有时分离，有时又混合异教的渴望荣耀与基督教的渴望不朽。在两种情形下，人们“不甘人后”。人必须返回到他自身，回到他必死处境的“虚无”。如何做？如我们提到的，霍布斯将会凭借国家迫使人们停留在其境况的层次上。蒙田没有反驳这种工具、这种巧计（artifice），他就没有设想过它。他向我们提出了什么建议？它是如何成为一个人的问题，只是成为一个人，成为这样的一个人，即如果人所特有的东西就是想要“逃离人”，那就要“完美地、合宜地扮演好人”。对于将会实现这一点的人，将会实现停留在所谓人之界限内的人，当他必死时他如何能够“恰当地享受他的存在”？

如若人们想要超越死亡渴求某种形式的不朽，如若人们想要将死亡完全看作是一项自然事实，那他如何与死亡相关？归根到底存在两种可能且相反的答案：总是想着它，以及从来不想它，除了将死之际。蒙田在他的《随笔集》中，总是在这个与那个之间摇摆，给每一个都赋予最极端、最突兀的形式。不过，他同时还寻求一个处于总是想着死亡和从来不想它之间的中庸术语，一个他为其提供了诱人名称的中庸术语，*nonchaloir*（漠视），这在他成了一个专门术语：“我愿意大家行动，大家尽量延长生命的功能，死神来时我正在院子里种菜，不在乎它（nonchalant d'elle），更不在乎园子还没种完。”[120]

古人没有“缓解”人类境况的概念。那不是他们行动的目标，恰当地说，毋宁是他们行动的条件。他们生存着，亦即他们依据这一境况导致我们的、在降为野兽和升至神灵或神圣之间的一种运动或诸种运动而行动——对我们而言，他们可怕的严酷就源于此。他们是有能力同情或宽恕的，他们以这些德性为荣。马塞卢斯（Marcellus）在摧毁叙拉古之前为其悲泣。在赋予同情恰当的位置之后，在考虑了我们

120 Montaigne, *Essays*, 1.20, 74. “探讨哲学就是学习死亡”。[参看《蒙田随笔全集》第1卷，第78页。]

的“共同境况”[121]之后，他服从了战争习俗，战争法则；他服从胜利，因为正是凭借胜利，人们才求得自身的永恒。对于马塞卢斯和一般的罗马人来说，在征服者和被征服者之间存在着境况的巨大差异。征服者更胜于人，被征服者更劣于人。胜利导致了两个极端，定义人类境况的两极，人的生活就在其间运动，这两个极端或两极在和平状态下是隐藏的或模糊的。同情或宽恕在异教徒中间占有一席之地；它能够影响行动——在马塞卢斯的例子中，它可以延缓一会儿——不过，它不可能是一种新行动路径的源头。

对异教荣耀的基督教批判与现代批判有诸多共同之处——也是相反的。对于二者来说，异教荣耀是**徒劳的**荣耀。不过，基督教批判没有从必死肉体的切实满足中获得支持：它唤起并且假定一种真正的不朽。它对异教荣耀有几分同情，因为它分享了异教徒的情感或信念，即人的生命的源泉是指向神圣的运动——基督教试图或者声称要引导这一运动走向其真正的目标。基督教批判不可能认可托马斯·霍布斯简化事物的粗野，因为尽管它谴责异教荣耀的傲慢错误，却承认在渴望荣耀的灵魂的运动中有几分合理性（legitimacy），有几分高贵性。而托马斯·霍布斯断然拒绝一种可笑的虚荣，基督教批判切切在念的是揭示一种高贵的错误，其侧重可能要么落在这一错误的高贵性上，要么落在这一高贵运动的错误性质上。人们在奥古斯丁那里一会儿发现侧重这个，一会儿又发现侧重另一个。我们已经看到他是如何处理卢克瑞提娅和加图的自杀以及瑞古鲁斯的献身的。

121　参看 Augustine, *City of God*, 1.6, 12。

荣耀的一个根本条件，荣耀成为可能或具有意义的一个根本条件，是认为人的境况内存在着巨大的距离，或者认为它依赖于巨大的内在距离，或者由巨大的内在距离构成。基督教在人的灵魂中也看到了巨大的距离。这些某种程度上与异教徒眼中的是一样的，在奥古斯丁对卢克瑞提娅例子的处理中，这是显而易见的，她受到了贞洁之荣耀和失去贞洁之羞辱的撕扯。不同之处在于，这些距离被认为从外面根本看不到。如果异教秩序的原则是荣耀，更一般地说，是公共赞誉和斥责，基督教秩序的原则，如我所强调的，是良心。就像我们看到的，卢克瑞提娅的错误或软弱是不满意其良心的判断。

荣耀居于想象之异教构造（pagan regime）的核心。这一构造依赖于对可见物与不可见物、灵魂和肉体的某种混淆，这种混淆赋予这种构造以力量的同时，也引发了它的脱轨。灵魂最极端的可能性想要找到一种可见的表达，以得到公共赞誉或斥责——赞誉可以远至成神，斥责可以达至羞辱性折磨。由此，将人世的因素连在一起的东西是这样的想象，它使得不可见的得以可见，或者它在可见的中间看到了不可见的，它将高贵的和低贱的，动物、人和神捆绑在一起。人是介于动物和神之间的一种模糊或不确定的概念，这一概念会产生相对立的形象（“神圣的”或“动物的”），或者其不确定性具体表现在相对立的形象中，但它们会在“神话情境”中被拼凑、叠加或混合起来。因为想象的流动，神话情境容易是“淫秽的”，eros[爱欲]构成了动物、人和神的关联。人们可以说，这一构造的本质样态、最完美表达它的是**变形**（metamorphosis）。[122]一名凡俗女子得到了现为兽形的一位神的拥抱，正是想象之异教构造的最富于表现力的图像。

尽管批判味道十足，奥古斯丁依然表明了对于在政治生活和行动中展示的荣耀之异教秩序的尊重。对于作为一种宗教的异教，他有着迥然不同的态度。事实上，在他看来，正是在这一宗教中，这一秩序的私密的罪恶，才能最清晰地而且可以说最显著地被看到，如我之前所指出的，奥古斯丁一直严苛地追着不放的正是作为宗教的异教。

民众宗教

奥古斯丁详尽且细致地描绘了罗马宗教、多人的宗教、城邦的民众宗教，使用了所有怒愤、嘲弄、挖苦的手段来攻击它。个人的记忆和悔恨无疑也加强了其感情的力量："当我年青的时候，我曾经常去看那渎神的场面和表演。"剧场舞台上或者某些仪式中的民众神灵表现出难以描述的淫秽。比如说，在纪念众神母亲的庆典期间，最无耻的演员在她面前唱着粗言秽语，那会使得他们自己的母亲都脸红，更不要说众神的母亲了。[123]

当奥古斯丁忆起这些愤怒时，没有必要去追随他。原则问题是该怎么对待这样一种宗教：众神做出的行为会使得大多数人脸红，然

122　参看本书第2章。

123　Augustine, *City of God*, 2.4, 51.［《上帝之城》（上），第51页。］

而，按照事物的秩序，人们本应在神面前为他们自己的邪恶行为而脸红。异教颠倒了人和神之间的自然关联；其后果是，它腐化了民众。它非常直接地腐化了他们，因为民众随之就被诱导着模仿被展现为做出各类奇怪事情的众神。奥古斯丁引用了特伦斯的例子，一个不道德的年轻人，注视着一幅壁画，描绘的是朱庇特下了一阵黄金雨，落在了达娜厄的膝上，就夸口说他在做的是模仿神，“遵循神所做的”。[124] 此外，顺便可以提及的是，奥古斯丁这里提出了一个问题，尽管时代不同，对我们却有着重大的意义，即戏剧表演之影响的问题。他担心异教神的这些表演的效果，尤其是对青少年的，正如我们担心暴力或淫秽电影的影响一样。

戏剧表演的问题绝非逸闻趣事。此外，对于这般或那般表演的效果——好的或坏的——的思考并没有穷尽这个主题。戏剧表演是非常严肃的事情。在其热烈欢呼的场景中，一个民族展现了自身，展示它如何关联于这个世界，以及它如何向自身阐述人的问题。它表达了其自我意识，连同其可能的悖谬。在第2卷第13节中，奥古斯丁评论道，罗马人，即使尊崇要求其卑劣行为和罪行在舞台上得到颂扬的神，却禁止演员得享一切公民荣誉。无疑这中间存在着某种困难：“剥夺了戏剧表演者的任何政治地位，与此同时却承认戏剧表演作为神灵崇拜的一个因素，这怎么可能是连贯一致的呢?”[125] 希腊人更为连贯一致；他们认为“他们尊崇演员是正确的，因为他们崇拜要求这样的戏剧表

124 Ibid., 2.7, 55.［见前引，第54页。］

125 Ibid., 2.13, 62.［见前引，第60页。］

现的神”。因此，希腊人和罗马人就出现了争论；异教徒中间存在着争论。让他们自己解决争论吧，奥古斯丁修辞性地说道：让他们自行解决吧。修辞性地，是因为事实上奥古斯丁胸有成竹地准备提出基督教的解决之道，那是对于异教徒中的争论唯一令人满意的解决之道。“希腊人的大前提是：‘如果神会受到崇拜，那么表演的这些人也会受到崇拜。’罗马人给出了小前提：‘而这些人是决不能受到尊崇的。’基督徒得出了结论：‘因此，这些神决不能得到崇拜。’”[126]这就是那些伪神的三段论，在其结论中，异教驳斥了自己。更确切地说，基督教给出了异教之矛盾、希腊和罗马对神与人的评价之间的矛盾（正如在他们的戏剧表演中显现的）的辩证解决方法。[127]

最后一则评论。异教徒自相矛盾，因为罗马人自相矛盾，由此与希腊人矛盾。就希腊人而言，他们并不自相矛盾，他们是连贯一致的——他们厚颜无耻，却连贯一致。因此，奥古斯丁的整个辩证论争建立在他赋予罗马人比希腊人更多优势的基础上，前者自相矛盾，后者并没有自相矛盾。（一名异教徒可以直接地说：希腊人是正确的，他们的立场是连贯一致的；罗马人因为心智较弱，不明白他们所想的，或者他们缺乏勇气承认它。）事实上，奥古斯丁揭露了

126 Ibid.［见前引。］

127 正如苏格拉底和他的同伴们首先在城邦——它用更大的文字提供了更大的支持——中探讨正义一样（《理想国》368d-e），戏剧表现在奥古斯丁看来揭示了城邦灵魂的内在方面。它们比其他任何事物都更清晰地阐明了为城邦确定方向且指引城邦的看法。卢梭也赋予戏剧表现以政治、道德启示的强大力量，并且仔细地探讨了希腊人、罗马人和现代人的剧场的政治和道德涵义、其内涵的变化以及演员的身份。参看 Jean-Jacques Rousseau, *Letter to d'Alembert*, trans. Allan Bloom (Ithaca, NY: Cornell University Press, 1968), 75-92。

罗马人中间的一种双重矛盾或不一致，一种傲慢的不一致（prideful incoherence）和一种荣耀的不一致（honorable incoherence）。傲慢的不一致某种程度上是在《国家篇》中由西庇阿本人公开的，此君夸口说，罗马人不想他们的生活和名誉暴露在诗人无礼的中伤之下。[128]这无疑是对他们自身尊严的一种荣耀的关切，却是对他们的神的傲慢不敬。法律保护人民，却不保护神。罗马人的另一种不一致相反却是荣耀的。尽管他们被一种可怕的迷信支配到了这种程度：荣耀需要这些可耻戏剧表演的神，然而他们却在乎自己的尊严和节制，与希腊人不同，他们自己不去尊崇做出那种表演的演员。[129]他们施于他们的演员的不荣耀使得罗马人获得了荣耀：因此，他们某种程度上或间接地承认了他们的宗教的失仪（indignity）以及由此而来的伪饰（falsity）。

奥古斯丁对希腊的柏拉图和罗马人的比较局限于此：罗马的法律和柏拉图的对话分享了同样的对撒谎诗人的敌意。柏拉图无疑要比罗马人连贯一致很多。他展示了罗马人以他们的品质应该做什么。[130]

无论如何，罗马人自己，至少某些罗马人，在一定程度上清晰地察觉到了异教宗教、城邦宗教的局限和邪恶。不过，他们缺乏心智的力量，或者更可能是精神和心灵的力量，来终结城邦屈从于荒谬且可耻的众神。

128 参看 Augustine, *City of God*, 2.12, 60。[《上帝之城》(上)，第59页。]

129 参看 ibid., 2.13, 62。[见前引，第60页。]

130 参看 ibid., 2.14, 63-64。关于奥古斯丁表现出来的对柏拉图的极大敬重，参看本书第6章。[见前引，第60—61页。]

对异教贤人的批判

由此，奥古斯丁关注“最博学的大祭司”斯凯沃拉，还一般地关注“更智慧和更有思想的”罗马人，其中有西塞罗，首屈一指的是瓦罗（Varro），一个非常有洞察力的心智。[131]

据说，最博学的大祭司斯凯沃拉区分了三个门类的或三个类型的神：一个是诗人引入的，另一个是哲学家引入的，第三个是城邦领袖引入的。[132]异教神是根据人的领域或技巧或技艺来划分门类的，显而易见，这一事实强烈地暗示，众神都是人的技艺的一个产物或诸多产物。不过奥古斯丁的批判没有采取这一直接的路径。他思考了斯凯沃拉的思想，此人理解每一类型的宗教有自己的一套。

第一种无甚价值，因为诗人的许多虚构配不上众神。第二种并不适合于城邦，因为它包含着多余的事物，而且首要地包含着这样的事物，人们了解了它是有害无益的。什么样的事物？比如，博学者告诉我们，赫拉克勒斯、阿斯克勒庇俄斯、卡斯托耳和波吕丢刻斯并非神，因为他们的死亡与人的情况相一致。此外，城邦没有众神之所是的真实雕像，因为——这里确切地说，哲学家无疑介入了——真正的神没有性别、没有年龄、没有确定的肢体。这些是哲学命题，人们可以说是哲学真理，最博学的大祭司，还有瓦罗本人不想让民众知道这一点。因此，这两位罗马贤达认为，对于城邦来说，在宗教事务上撒

131　参看 ibid., 4.27-32。[见前引，第163—169页。]

132　参看 ibid., 4.27。[见前引，第163页。]

谎是有益的。这里基督徒当然与异教主义的博学之士决裂了。奥古斯丁鄙夷那种没有满足人们自然且正当期望的宗教。“多么辉煌的宗教啊！软弱的人们为求解脱逃到这里，但是当他们探寻解脱的真理时，却要认为受骗是有益的。”[133]

根据奥古斯丁，根据基督教，有一种境况对于所有人来说是共同的：他们都是罪的奴仆，并且背离真理；他们全都一样地被剥夺了自由，还有真理。这一命题，人们可以说这一诊断，与对待人类事物的异教态度决裂了。古人无疑认识到，存在着对于所有人共同的、使得他们成为人的东西，那就是他们是“有死的”[134]——像动物一样必死，但有时如同不朽众神一样辉煌。由此，必须重申一遍，他们乃是居于兽和神之间的。在这个意义上，人构成了有着最大广度的存在门类——当然比动物的广度更大，不过在某种意义上，同样比神的广度更大，后者只是其所是——基于这个理由，他们有着最大的不稳定性。我敢说，这是为什么异教的化身是“英雄”，他们既非兽亦非神，却在一瞬而逝的灿烂年华中混合了兽和神。

希腊哲学某种程度上固化了事物的这一倾向，亚里士多德依据属和种差，将人定义为一种政治的、理性的动物。由此，“人类事务”的层面由其独有的“道德德性”来界定。不过，“英雄化”趋向只是被替代或者“专门化”了；确切地说，哲学生活将会“比常人层次的更优越。因为，一个人不是以其之为人的东西，而是以其某些神性的

133 Ibid., 169.［见前引，第163页。］

134 参看本书第2章。

东西而生活的……不要理会有人说，人就要想人的事，有死的存在就要想有死的存在的事。应当努力追求不朽的东西”。[135]

此种努力显然是留给非常少的一部分人的。不过，所有的人都可能以这种或那种方式体验到不朽的渴望，无论如何加入不朽者行列的渴望。因为他们是政治动物，用神来鼓舞他们履行家庭和公民责任是恰当的。这些神无疑是“伪神”，不过，他们满足了城邦中的人的需求，自始至终他们提供了世界——超越了城邦的整全（Whole）——的一幅辉煌的或可怕的形象。

将多人置于非真理王国的异教秩序被基督教颠倒了，后者同时断言，所有的人，绝对是所有的人，包括哲学家，共享着同样的悲惨和谬误处境，他们都是“罪的奴仆”，而且他们全部，绝对是全部，包括多人，能够接近真理，而且是最高真理——“有能力接近真神”。以这种方式，基督教贬低了傲慢者，抬高了谦卑者。

现代哲学站在自身的立场上，拒斥了古典哲学听从或同意数人和多人之间的、哲学家和非哲学家之间的根本区分。它采纳了基督教的立场，确认了一种真正普遍的人类境况，所有人都相同，没有例外，甚至包括哲学家。这不再是那罪的境况，而是自然的境况，自然状态，其中人的生活是孤独的、贫穷的、恶劣的、粗野的、短暂的；它提出了一项所有人都可接近的真理，包括多人，一门新政治科学和一门新自然科学的真理或诸真理，它们一起有能力在某种程度上缓解、

135 Aristotle, *Nicomachean Ethics*, trans. Terence Irwin (Indianapolis: Hackett, 1999), 10.7, 1177b27-35, 164.［参看《尼各马可伦理学》，第307页。］

改善并且最终克服人的自然境况。

我谈到了古代哲学听从或同意数人和多人之间的、哲学家和非哲学家之间的根本区分。哲学家和非哲学家这两个术语都不令人满意。它们毋宁传达了现代或基督教读者在古代哲学家面前的尴尬，这些哲学家安然甚至欣然地断言哲学家与非哲学家（亦即我们其他人）之间存在着本性的差异。不过，古代哲学，无论如何古代政治哲学，包含着某种改革的成分，如果人们将它与现代哲学的革命性无畏相比较的话，它乃是非常有限的、羞怯的或者“保守的”，不过却是真实的。奥古斯丁本人提到了在西塞罗和瓦罗那窘迫的努力中所看到的，即此二人通过区分宗教与迷信，以求某种程度上改革罗马人的宗教。他详细引述了西塞罗，不过他毋宁是严苛对待这位“学院哲学家的……此君认为所有事情都不确定，［而他］在这些事情上也不值得作为权威来看待”。[136]西塞罗无疑将宗教与祖先留传下来的迷信区分开来，不过，他是如此地惧怕城邦的传统（consuetudo civitatis），以至于认为自己有义务声明“我们的祖先”已经分离了宗教和迷信，后者是某种使他陷入困境的东西，他无法从中脱身出来。奥古斯丁甚至对西塞罗的努力甚少印象，因为“在哲学辩论中，这位滔滔不绝的演说者言之凿凿，而到了群众集会上，他甚至都不敢小声说出同样的看法”。[137]

奥古斯丁表现出对瓦罗的更多尊重，后者没有犹豫地承认：“如果他从一开始建立那座城邦的话，他会根据自然的法则尊奉神并且为

136 Augustine, *City of God*, 4.30, 172-173.［《上帝之城》(上)，第166页。］

137 Ibid., 174.［见前引，第167页。］

他们命名。”[138]的确，瓦罗公开宣称，存在着很多的真理，让民众知晓是没有好处的，也存在很多的谬误，尽管是虚假的，让民众信以为真是有好处的，通过这样做，瓦罗揭示了所谓的博学之人——他们的影响力统治着城邦和民众——的全部策略。[139]不过，如果人们考虑其个人的想法，显而易见的是，根据奥古斯丁，瓦罗非常接近一种正确的上帝理念，他认为上帝是“通过运动和理性来统治世界的灵魂”。[140]对他来说，只需要再跨出一步，就会理解到，既然灵魂是受运动影响的，那么真正的上帝是不动的自然，灵魂的创造者。

无论如何，尽管有类似瓦罗这般心智的努力，在异教世界，城邦的领袖、“欺骗者”最终只是谬误的囚徒，同样亦是“软弱”和“受骗”的囚徒。异教宗教是既傲慢又谦卑，原因在于宗教系由人创建这一认知（一直只是在表层下面，偶尔显露出来）与顺从宗教（仿佛它来自众神）的需求相伴。唯有基督徒谦恭的恩典，能够破除奴役着城邦的这类双面谎言的魔法。

如我已经强调过的，基督教的冲撞点（point of impact）是数人与多人之间的分立。基督教所攻击的并非社会或者政治的不平等，而是数人和多人、哲学家与非哲学家在获得或接收真理的能力上的差别的恰当。异教提供下流的戏剧作品和令人反感的神话给多人，被少数精英分子多多少少坦诚地拒斥，他们力求推行一种更少腐化的教诲，与此相对，基督教对着所有人言说并且在所有地方公开那同样的解放性

---

138 Ibid., 4.31, 174.［见前引，第168页。］

139 参看 ibid., 174-175。［见前引，第168页。］

140 Ibid., 175.［见前引。］

教诲。在异教徒那里，奥秘隐藏在隐秘中，只对内行人有意义，而基督教的奥秘是公开呈现，甚至宣称不避任何人。在基督教中，没有什么"隐秘教义"。[141]因此，奥古斯丁胜过哲学家，具有*parrhesia*（直言）的优势，即基督教使徒之言辞的自由或者无畏，他们向所有人提供同样的有益真理。[142]

141　异教主义没有这样的一种教义就寸步难行："velut secretior eorum doctrina."（ibid., 2.15.）

142　使徒的真理性（truthfulness）反对哲学家的秘传主义（esotericism）。不可能存在一种基督教秘传主义。的确，在基督教会的最初几个世纪存在一种 disciplina arcani（奥秘训导）——法国加尔文主义者让·达耶（Jean Daillé）在十七世纪杜撰的一个术语。不过，奥秘训导与哲学秘传主义毫不相干。它涉及某种"谨慎义务"，亦即一位布道者必须在涉及某些圣事，尤其在圣餐方面监管新信徒——未受洗者。身处误解、敌意的处境下，而且当任何献祭活动的缺乏剥夺了基督教 religio[宗教]之名的时候，圣餐献祭的特殊性质需要受到保护，免遭无知或恶意的解释。disciplina arcani 会随着基督教的公开承认、婴儿受洗的普遍实践以及慕道习俗的消失而消失。所有这些方面参看 Michel-Yves Perrin, "Arcana mysteria," in *Religionen: Die religiöse Erfahrung,* ed. M. Riedl and T. Schabert (Eranos: Königshausen und Neumann, 2008), 119-141。

8

双城

仔细探究在《上帝之城》中占据如此重要位置的“对异教之批判”是必要的。然而，现在是时候处理核心主题了，奥古斯丁的论辩正是围绕着它安排的，而它也赋予全部工作以意义。

该隐和亚伯：双城的原型

奥古斯丁如何描述双城之间的关系呢？

开端之要义乃是，奥古斯丁论述的双城并不像一般而言的并立诸国，也不像以色列和列国之间所发生的那样，并非**明显**（visibly）分立的。无疑，教会在某种意义、某种程度上是可见的，但具有这般重要的、我们已经遇到过的限定：一方面，其未来的公民隐藏在其敌人中，甚至在最不共戴天的敌人中潜藏着命定的朋友，他们自己尚不知晓这一点；另一方面，在这些通过圣事仪式而加入教会的人中间，有些人不会享受圣徒的永恒命运。双城的这种神秘且恼人的混合在下面这一名句中得到了令人钦佩的概述："实际上，这两个城在这个时代交织在一起，相互混杂，直到最后的审判才会分开。"[1]

现在，让我们大踏步前行，来到这部著作第14卷的卷首。在那里，奥古斯丁以极大的心力阐述了可以被称为上帝之城的原则的内容。上帝不只意图借助于人性的相似而将人类种族联合起来，他意图把人联合在一种更紧密、更强大的纽带（vinculum）中，甚至是在一种父系的纽带（quadam cognationis necessitudine）中，凭借的是令所有人都只是一人所生。[2]奥古斯丁使用的术语使得在《创世记》中叙述的神圣创造，更为确切或专门地显现为一种非常宽泛且极端的政治奠基，因为其关切的是凭借发端于一个人的和平纽带建立人的联合。创世的最终目标或 raison d'être（理由）的问题——上帝作为必要且无限的存在是完全自足的，为什么要创造出他之外的东西？——在基督教的传统中尚没有给出很大把握的回答，也没能给出确定无疑的回答。确切地说，奥古斯丁这里没有回答它，而是暗示，神圣计划应该被视为政治奠基，视为一个城邦的奠基，此城邦是一个前所未有之品质和深度的统一体。

根据神圣的意图，人类种族中的个体成员并非注定要死亡。[3]上帝怎么能够意图他创造的与他相似的存在死亡呢？人类经历了死亡，变成了"有死者"，原因在于两个初人的不服从而承受了死亡。他们

---

1 "Perplexae quippe sunt istae duae civitates in hoc saeculo invicemque permixtae, donec ultimo judicio dirimantur." Augustine, *City of God*, trans. Henry Bettesson (Harmondsworth: Penguin, 1972), 1. 35, 46. [参看《上帝之城》(上)，第45页。]

2 参看 ibid., 14.1。[《上帝之城》(中)，第185页。]

3 参看 ibid.。[见前引，第186页。]

的过错如此严重，以至于人性本身遭受了恶化。结果是，与人性一起，罪的纽带和死亡的必然性传递给了后代。而且，这种死亡、肉体的死亡，仅仅是最初的父母之不服从的最轻微后果，因为，根据奥古斯丁令人畏惧的教导，如果不配得到的上帝恩典不曾拯救某些人，那么一个公正的惩罚同样会在所有人的“第二次死亡”中降临，这是一种永恒的死亡。[4]无论人们从这一教导中理解到了什么，应该注意到的是，这里使用到的言辞是政治的：奥古斯丁不仅说到了不服从和惩罚，而且说到了纽带（obligatio peccati）和解放。

这些概念为人类生活之隐含但确定的结构提供了入口，其斑驳的表面经常对我们释放出无可抵御的吸引力。事实上，“虽然大地上有着众多伟大的民族，生活在不同宗教和道德的习俗中，因为非常繁杂的语言、武器和服饰而相互区分开来，但依然真实的是，在人类社会中形成的只有两个主要的门类，如同我们可以称呼的那样：我们有理由遵循圣经的引导，并且称它们为双城。”[5]我们看到，有着巨大差异和众多类型的人类事物回复到一个统一体，并非那个总体上消极的人类种族统一体——那是现代人在被“与己相似之人的情感”触动时所观察到的，托克维尔将那种情感视为民主人士固有的情感[6]——而是给予每个人一项选择的积极的统一体或简洁性。观察到我们共同的人道是不够的，完成从这一观察自然得出的“人道主义”行动也是不够

4　参看 ibid.。[见前引。]

5　Ibid., 547. [见前引。]

6　如我们所见，在某一文本中，奥古斯丁表达了与我们相近的情绪：“Tolle jactantiam, et omnes homines quid sunt nisi homines?” Ibid., 5. 17, 206. 参看本书第4章。

的，因为，我们共有的最深刻的东西，我们大体上共享的最有意义的东西，对于每个人而言，是在双城之间**抉择**的必然性。我们共有的最深刻、最有意义的东西，不是我们的激情或者我们的情感，而是我们的行动。

这一抉择确切地是由什么构成的？让我们转到第14卷的最后一节。在那里，我们发现了事实上对立的双城之不同或差异的最全面、最著名阐述。我们得知：“两座城是由两种爱造就的：爱自己而轻视上帝，造就了地上之城，爱上帝而轻视自己，造就了天上之城。”[7]奥古斯丁继续以这样的术语阐释其对立：

> 一座城在人中间寻求荣耀；对另一座城而言，作为我们良心之见证的上帝是其最大的荣耀。
>
> 一座城由统治的激情所支配；在另一座城中，仁慈使得彼此尽职，治者统治，被治者服从。
>
> 一座城在其主人中寻找自身的力量；另一座对它的上帝说：“我会爱你，主、我的力量。”[8]

我们将会更深入地探查双城之间的对立，思考《圣经》给予我们的它们在该隐和亚伯中的原型。

7　Augustine, *City of God*, 14. 28, 593.[《上帝之城》(中)，第225—226页。]

8　参看 ibid.。[见前引，第226页。]

《圣经》记述的该隐和亚伯对我们来说当然关系重大。该隐代表了人类文明的模棱两可。据说他是第一个耕耘土地的人，第一个建造城邦的人。简言之，他是我们所称呼的人道之恩主（benefactor of humanity），并且到了这样的程度：可算是得到人们赞誉的第一人。严格说来，正是他开启了人的历史，至少是文明的历史。正是他对于离开伊甸园后既有的资源做了最佳使用，无论如何是最积极的使用。当然，与此同时，他代表了伴随人的文明而来的暴力和谋杀。

对亚伯来说，他与耕种或建城都不沾边。他是一个牧羊人，放牧小家畜。该隐，作为农人和建城者，寻求在大地上居住并安定下来，奥古斯丁说，亚伯是 *tanquam peregrinus*，像一位陌生人，大地的或大地上的陌生人。[9]

因此，该隐杀了他的弟弟亚伯。这一谋杀的理由并不明朗。我们只知道该隐对上帝看中亚伯及其供物同时却不看中该隐及其供物非常不满。对于神圣偏爱的理由，《圣经》文本并没有指明。奥古斯丁的路径是什么？下面是他引入这一讨论时最全面的陈述："地上之城的第一个建造者是……弑弟者；他因为嫉妒作祟（invidentia victus），杀死了他自己的弟弟，永恒之城的公民，这个世上的朝圣者。"[10]在更为细致地审视"invidentia victus"这个术语之前，让我们再往后读一些。

奥古斯丁强调说，这第一桩罪行赋予我们地上之城特有的一桩行动之"原型"。因此一个人必不惊讶，如果在很久之后，当注定成为

---

9 参看 ibid., 15.1。[见前引，第229页。]

10 Ibid., 15.5, 600. [见前引，第232页。]

“地上之城首脑”的城邦建立时，[11]他能够看到这最初范例的某种意象（imago）。罗马建立时，雷穆斯被他哥哥罗慕路斯杀死。然而，这两起弑弟事件是迥然不同的。更确切地说，这两对兄弟是迥然不同的。在罗马，在罗马的意象中，两兄弟是地上之城的平等公民：“两人都追求建立罗马国家的荣耀。”[12]但是，两兄弟一起获得的荣耀不可能比他们单独一人时获得的多。共享荣耀就会削减荣耀。为了获得最大的荣耀，*tota dominatio*（完全霸业）的荣耀，为了成为唯一的统治者，罗慕路斯杀死了他的弟弟。“在无罪时会更小且更好的东西因为罪行而变得更大更糟。”[13]罗慕路斯和雷穆斯的故事无疑令人不齿，不过，奥古斯丁暗示，这毋宁是一个简单的故事，因为这对冤家觊觎同样的好处。

该隐和亚伯的故事要更加复杂且更加有趣。这两兄弟并没有关于世俗好处之相同欲望的经历。不能说一个嫉妒另一个，是出于害怕看到他的权力因为他们分享统治而被减弱。无论哥哥或弟弟实际上并没有任何雄心壮志去统治他兄弟正在建立的城邦。但是，如果这两兄弟不是竞争对手，为什么该隐杀死了亚伯？不是因为他与一个类于他自己的邪恶之人有冲突，这个人可能削弱他对世俗好处的享有，而是因为，他是邪恶的，他嫉妒他善良的弟弟，尽管他的弟弟有意让他占有所有他能够渴望的世俗好处。奥古斯丁说到了“邪恶之人对于善良之人感觉到的恶魔般的嫉妒，仅仅因为他们是善良的，而他们自己是邪

11　参看第4章前面部分。

12　Augustine, *City of God,* 15.5, 600。[《上帝之城》(中)，第232页。]

13　Ibid. [见前引。]

恶的”。[14]

当然容易把奥古斯丁的解释视为纯粹的同义反复。该隐杀死了他的弟弟，因为该隐是一个恶人或者坏人。事实上，论争的要点不是该隐的邪恶，而是亚伯的善良。该隐憎恨或嫉妒他的善良。他憎恨或嫉妒作为爱之天然对象的东西。这如何可能？当然因为它是邪恶的或者坏的。但是，如果邪恶意味着憎恨或嫉妒好的东西、憎恨或嫉妒好人，那么人如何可能是邪恶的？

奥古斯丁大体上以下述方式来阐释。善良的性质，可说是其天然的倾向，是被分享。通过被分享，它变得更大，变得更好。如果亚伯的哥哥欢喜并且分享对于亚伯的神圣赞许，亚伯的善良不会被削弱。他甚至在某种程度上会因为他们友谊的增长而得到扩张；而且，该隐本人当然会变得更好。人们可以说，善良的逻辑是这样的：对它的分享越多，对它的拥有就越多。它与占有的逻辑相反，哪怕我们渴望占有的东西当然是同样的好东西。对于真正好的东西，“任何拒绝共同分享好东西的人根本就不会享有它”。[15]为什么该隐不爱那天生就讨人爱的好东西呢？因为他不想分享；他不想**共享**（partake）。他不想共享他弟弟的善良。由此，他憎恨他的弟弟，后者身上的善良想要被分享，那是该隐最憎恨的东西：“这是上帝尤其叱责的一种罪，即对别人的善良发怒，这里是对弟弟的善良发怒。”[16]

因此，罗慕路斯和雷穆斯之间的对立表达了地上之城内部的分

---

14 Ibid.,601.[见前引，第233页。]

15 Ibid.[见前引。]

16 Ibid., 15.7, 604.[见前引，第236页。]

裂，那是地上之城自身的分裂。由于该隐和亚伯，双城之间的冲突显现了。分裂或冲突的两部分的共同渊源是那堕落的人类意志、罪。基督教的精神，如果我可以这样说的话，就存在于对成为一个完美统一体的人类使命，以及人类意志之决定性力量（人凭借自身的力量无法使其变得公正）的同时确认。

基督教和人的生活

我们可以将奥古斯丁的这则论断作为我们的出发点："胜过其他任何物种，人类种族既在本性上是社会的，又因错乱而爱争吵。"[17]基督教的视角包含了两项看起来矛盾的论断：人是最具社会性的存在，与此同时又是最倾向于纷争的、最非社会性的存在。奥古斯丁将这对立的特征联结为人的两部分或者两个不同的面相：人的本性是社会的，他的邪恶即他的意志是非社会的或者倾向于纷争的。这里我们拥有一则根本性的基督教论题，奥古斯丁比其他任何人都倾尽心力来阐述和明晰它：人的本性是好的；他的意志是坏的或倾向于恶的。两个论题，或者一个论题的两部分，对于奥古斯丁来说远非矛盾，而是一体的。坏的意志的定义正是本性的错乱，本性是好的或者有能力好的。奥古斯丁详细阐述了天生被好所吸引的人类意志如何可能反而选

17　Ibid., 12.28, 508.［见前引，第150页。此处原文或英译本引述有误，应该是第12卷第27节。］

择了恶。坏的意志在好的本性中没有其原因；某种程度上它就没有原因。[18]

无论如何，如果邪恶意志在善良本性中没有其原因，那么邪恶意志在善良本性中的现身就在最初的罪中有其最初的来源。被友爱和敌意所分裂的人类存在，其模棱两可之处一方面根植于人的灵魂的**善良本性**，另一方面根植于人类存在的**堕落处境**（fallen condition）；它根植于“被罪败坏了的本性”。不过“模棱两可”这个术语在这里几乎就是不恰当的，因为，事实上，正是意志战胜了本性，并且将人们颠倒为地上之城的敌对状态。这种敌对状态只有凭借意志的彻底疗治、完全矫正才能克服——一种非常深刻的转变，唯有神圣恩典才能促成它。的确，如果人类意志是邪恶的，那么在被神圣意志“教导”（informed）之前，人类就不能真正地意欲善，神圣意志在他们自身开始意欲之前就为他们而意欲。由此，双城之间的争斗展现于深层，那是人的眼睛看不到的，而且也规避了社会生活的普通工具——唯有教会的特殊工具和技巧有能力在这一深层发挥作用。

一则评论：奥古斯丁的分析对于任何采纳内在之人的视角且敏感于“深层恶”的人来说，都是有启发的、开蒙的，也可能是有说服力的。不过，它几乎无益于我们安排共同生活。任何首先关注可

18 “因为如果本性是邪恶意志的原因，难道我们不能说邪恶来自善吗？善不就是恶的原因吗？如果恶会源自善的本性，那么必然是这样。不过这如何可能呢？善的本性尽管是可变的，在它拥有邪恶意志之前，如何可能成为任何恶的原因，确切地说是那种邪恶意志本身的原因呢？真相是，人们不应该尝试为一种错误选择寻找一项动力因（efficient cause）。它就不是动力（efficiency）之事，而是缺乏动力（deficiency）之事；邪恶意志自身不是能动的（effective）而是乏力的（defective）。” Ibid., 12.6-7, 479. 把第6章至第9章作为一个整体来看。

见的、有效的社会秩序的人，都在寻求更为有用的阐述。于是，复杂的奥古斯丁式分析被霍布斯强力简化了。一则拥有四个术语的命题：本性、意志、社会的、非社会的，被一则拥有两个术语的命题替代了：本性、非社会的。对于霍布斯来说，人的本性毋宁是分离了他们而非联合了他们；他们本性上就是非社会的。如果他们的本性是非社会的，那么他们在那种状况中就没错，无须引进邪恶意志。奥古斯丁式的纽结——将一种社会的本性和一种非社会的意志联结在一起，而且只有上帝的恩典才能解开——被人类制度砍掉了。对于奥古斯丁来说，仇恨必须被治愈。对于霍布斯来说，控制敌意就足够了。主权国家会处理好它。这样一种道德简化，成就了现代政治哲学的锋利效果。这种哲学、人权哲学预设了人的非社会性、一种道德中立的非社会性。

让我们回到奥古斯丁。如果纷争的确易于分裂人，它同时也证实了他们深刻的统一：他们都具有这坏意志；他们分享了相同的罪。他们都是“一个人”的后裔，此人自己与上帝分离。这最初的错误是由什么构成的？它如何传递到了最初一对的后裔？这些问题直抵基督教人类学的核心。

这一学说的巨大困难显然是：原罪与个体的罪不同，是“限定的”(contracted)，而非犯下的(committed)。它是一种状态，而非一项行为。人尚没有犯下任何个人错误就是有罪的。这似乎推翻了我们所有的正义理念。奥古斯丁如何面对这种困难？[19]

亚当和夏娃的罪是个人的。最初的两人，*primi parentes*，因此就受到了死亡的公正惩罚，如果他们没有犯罪的话，把他们创造出来就不会经历死亡。从那时起，所有他们的后裔不得不经历这一惩罚，因为他们不会生出异于他们自己的事物。[20]可以说，原罪学说必然从人之统一的论断而来，在初人那里便内含于人类种族。这构成了原罪学说最全面的表述。

如果人**生来**是**罪人**，那就意味着，错误和错误之惩罚的**戏剧**对于最初一对的后裔来说变成了一种**状态**或**境况**：错误之严重导致一种惩罚，那深刻地损害或恶化了人的本性，其方式是：对于最初的罪人来说只是惩罚的东西(首先是死亡)，已经变成了所有他们后裔的本性。[21]最初一对的罪与罚之戏剧，变成了他们后裔的一种自然状态，他们的后裔生来就是有罪的、必死的。

奥古斯丁从未满足于一种阐释。在第13卷的稍后处他又捡起这个问题，补充了稍许细节。为了使这论题更清晰或者至少不那么骇人，他区分了个体形式和共同或“种的”(seminal)本性：我们各自独

19　帕斯卡尔就精彩地从这一困难中脱身出来：“原罪在人们面前是愚蠢的，然而它却被给定如此。因为你就不应该责备我在这个学说上没有道理，因为我给定它就是没有道理的。但是这种愚蠢要比人类的全部智慧都更加有智慧……因为若没有这一点，我们将会说人是什么呢？他的全部状态都有赖于这一不可察觉之点。既然它是一件违反理智的东西，并且既然人的理智远不能以自己的办法创造它，而当使它向理智呈现的时候，理智也会远离它，那么它又怎么能被人的理智所察觉呢？” Blaise Pascal, *Pensées*, rev. ed., trans. A. J. Krailsheimer (Harmondsworth:Penguin, 1995), no. 695,219. [参看《思想录》，第202页。]

20　参看 Augustine, *City of God*, 13.3。[《上帝之城》(中)，第153页。]

21　参看 Ibid.。[见前引。]

立生活的形式尚没有被创造出来，也没有分配给我们每一个人，但是我们从中而来的“种的本性”已经存在了。[22]从那时起，由于这种本性被罪败坏了并且受到了公正的惩罚，人在完全相同的境况中出生。

引入**境况**的概念允许包含在奥古斯丁式的本性概念用法中的困难得以解决，或者无论如何得到减轻。如我们所见到的，奥古斯丁不断地重复说，人的本性，如同一切本性一样，是好的，人的意志才是邪恶的。如果人的意志是邪恶的，那么好的本性为什么会**传导**(transmit)邪恶的意志？同样如我们所见，答案是本性已经被**损害**（vitiata）了。因此，意志已经变成了本性，而本性——如果不是其存在，至少是其践行（exercise）——已经变坏了。天主教神学将会一直寻求令人满意的阐释，同时说明人的本性作为上帝的作品本质上是好的，以及作为亚当和夏娃之恶行的继承者被邪恶严重污染了。看起来最恰当地允许这两种理念结合一处的术语不是“腐化”而是“受伤”：人的本性“在其固有的本性力量中受伤了”[23]。无论如何，诉诸境况的概念允许通过更确切地阐明其意蕴而减轻困难。当转变是从一种境况到了另一种，从“原初正义”的境况到了这种正义已经丧失的境况，“本性的腐化”会被更确切地看到。从一种境况向另一种境况转变，人道（humanity）从人类生活的一种政体转到了另一种政体，从一种公正的政体转到了一种腐化的政体。我不会说所有事情都变得清晰了，但是在我们的经验中，尤其是我们的政治经验中，我们找到了阐释《创世记》叙事的

22　参看 ibid., 13.14。[见前引，第163页。]

23　*Catechism of the Catholic Church* (Mahwah, NJ: Paulist Press,1994), no. 405, 102.

类比。

总而言之，奥古斯丁所描绘的是一种反叛的或不服从的蔓延（contagion）。[24]由于我们最初父母的灵魂，作为仆从自愿抛弃了它的主人（即上帝），所以它作为主人就不能在其力量中留存住它的奴仆（即肉体）。随后，奥古斯丁继续引述了圣保罗（《加拉太书》5:17），肉（flesh）开始与灵竞逐，我们就出生在这争斗中。[25]

然而，奥古斯丁反对摩尼教，在较小的程度上也反对柏拉图主义者，[26]他小心翼翼地不去控诉“肉体”：“因为肉身（body）的腐化——它拖累了灵魂，并非最初的罪的原因，而是其惩罚。并非腐化的肉体使得灵魂有罪；而是有罪的灵魂使得肉体腐化。”[27]奥古斯丁解释说，存在着一种控诉肉体的肉欲方式（carnal way）：“谁若把灵魂拔擢为至善，并且谴责肉体自然为某种邪恶，实际上就是以类似肉欲的方式崇拜灵魂、反感肉体。”[28]所有罪恶的源头（caput et origo）是骄傲，没有肉身的魔鬼也被它控制。[29]

奥古斯丁如何构想这最初的罪的机理呢？当然，他忠实地遵循了《创世记》的叙事，自始至终阐释或完善它。他将蛇表现为魔鬼的工具，这是《圣经》文本中没有明示的。由此，魔鬼利用蛇对那女人说了骗人的话。奥古斯丁说，他首先向这一对人的较弱者下手，一点一

24 参看 Augustine, *City of God*, 13.13。[《上帝之城》(中)，第163页。]
25 参看 ibid.。[见前引。]
26 参看 ibid., 14.5。[见前引，第192页。]
27 Ibid., 14.3, 551. [见前引，第189页。]
28 Ibid., 14.5, 554. [见前引，第192页。]
29 参看 ibid., 14.3, 551。[见前引，第189页。]

点地攻克全部，寻思着那男人并不轻易上当受骗，或者能够让他本人步入迷途，除非他陷入另一个人的迷误之中。[30]以这种方式，当他已经违背了上帝律法时，他自己并非受到引诱，进而相信他妻子的话是真实的，而是出于夫妻情分（“sed sociali necessitudine paruisse”）听从了她。因为使徒这样说并非空话：“不是亚当被引诱，乃是女人被引诱。”[31]事实上，夏娃把蛇的话当真了。然而，亚当不想与他的妻子分离（严格地说，与他唯一的伴侣分离），哪怕这意味着与她共同处于罪中。他的罪并不更轻，因为他明知故犯。[32]

性别模式——女人容易被养眼的、好吃的东西诱惑，男人更有思想、更审慎——被用来非常精炼地分析可被称为协同罪、共同罪之机理的东西。最初的罪不是夏娃的；它既不是亚当的，也不是亚当添加给夏娃的。它是亚当和夏娃的罪，被视作一个“整体”的这一对的罪。夏娃被引诱和欺骗（“seducta et decepta”），而亚当没有，但正是亚当思考后的同意达成了共同罪。寻求确定这两人谁“罪重些”是没有意义的。

在政治上，蛇和苹果的这个故事需要非常认真地对待。事实上最初的一对构成了最初的城邦，最初的“共同事物”。所发生的事情是由共同的结构所决定的。正是那 *necessitudo socialis*（社群需要）——即一方面夏娃体验到的对亚当之赞同的需要，另一方面与此相应的是亚当对夏娃的钟情，因为如果他们彼此冷若冰霜的话，就不会犯罪

30　参看 ibid., 14.11。[见前引，第206页。]

31　《提摩太前书》2:14，新修订标准版。

32　参看 Augustine, *City of God*, 14.11。[《上帝之城》(中)，第206页。]

了——导致他们俩不止犯下两桩相似的罪，也不是相同的罪，而是一种共同罪。这种共同罪，连同其后果，成了他们形成的共同事物的罪，随后又成了最初一对的世系构成的共同事物的罪、人性的罪。最初的罪，那是亚当和夏娃个体且共同的罪，成了原罪——这种罪不是他们的后裔个人犯下的，而是被“限定的”罪，因为原罪在紧随最初的罪而成形之际，必然分享了那共同的事物。用非神学的术语来说，如果人之社会性或人之纽带的所有可能性和所有活力都浓缩在最初的一对中，那么他们的不服从引发的危机变得与这种社会性共生共长，在社会性于历史长河里将会经历的所有演变中都是如此。我敢说，由于堕落，人性获得了自身的性质。

让我们回到堕落的机理或戏剧。如我们所知，亚当心知肚明地犯罪。不过这如何是可能的？还没有任何缺陷、任何邪恶倾向，他如何能够犯下如此弥天大错？奥古斯丁给出了如下答案：在体会到神圣的严厉（divine rigor）之前，他错以为他的过失是轻微的。[33]不过，奥古斯丁认为，这最初的罪是极为严重的，它在这一事实中得以表现，即它改变了人的本性，令它承受死亡、激情的扭曲。这种严重性确切地在哪方面呢？它并不在于亚当和夏娃吃的食物是坏的或有害的，而在于那是被禁止的。[34]的确，上帝不可能在伊甸园中种植任何坏的东西。如果上帝不曾制定那一禁令，亚当就能触碰那棵树并且吃掉其果实而

33　参看 ibid.。[见前引，第206页。]

34　参看 ibid.。

不用犯下任何错误了。[35]如果上帝发布一则命令，宣布一则禁令，涉及伊甸园的果树，那是为了引出服从，这一德性在某种程度上是理性造物之所有德性的母亲和守卫。[36]实际上，对于理性造物来说，服从造物主的意志是有益的；遵循他自己的意志是有害的。此外，神圣命令是易于遵从的——在充裕的伊甸园中只有一种食物对人类是禁止的——更容易服从，原因是在这原初正义的境况中，意志将会轻松地掌控欲望。[37]简言之，亚当和夏娃的不服从是更加不公正的，原因在于服从是更容易做到的。

奥古斯丁将亚当的不服从与亚伯拉罕的不服从并立对照："传说亚伯拉罕的不服从是声名在外的伟大事情，而且确实如此，因为他被命令着去做一桩有着巨大困难的行为，即杀死他自己的儿子。由此类推，伊甸园中的不服从就更严重些，因为那命令根本就没有任何难度。"[38]在两种情形下，将会发现那神圣命令是完全**武断的**（arbitrary）。奥古斯丁之阐释的核心和关键就在这里，不过其全部的困难也在这里。基督教和圣经人类学的核心和关键就在这里，不过其全部的困难也在这里。

在什么程度上奥古斯丁的论证是有说服力的？在什么程度上我们在我们的心理和道德经验中发现了使得这一论证合理且有意义的类比？无论如何，卢梭并没有被说服，而且在其《致博蒙的信》中颠倒

---

35 参看 Augustine, *The Literal Meaning of Genesis*, in *On Genesis*, trans. Edmund Hill (Hyde Park, NY: New City Press, 2002), 8.29。

36 参看 Augustine, *City of God*, 14.12。[《上帝之城》(中)，第207页。]

37 参看 ibid.。[见前引，第207页。]

38 Ibid., 14.15, 575. [见前引，第210页。]

了论证。[39]在这封信的一个注释中，卢梭似乎对于我们引用的奥古斯丁篇章心中了然。它是这样开始的："抵制一则无益且武断的禁令是一种自然的倾向，它绝非本身就是恶意的，而是与事物的秩序和人的良好构造(constitution)相一致，因为，如果他不是非常热烈地爱自己，他就没有能力保存自己，也不能保护他的所有权利，就像他从自然中获得它们那样。"[40]我们的两位作者在一点上达成了一致：神圣命令是武断的。他们从这一前提得出相反的结论。对于奥古斯丁来说，这一命令应该引出有益的服从，而对于卢梭来说，它自然且正当地引出了反叛——"抵御"。对于奥古斯丁来说，遵循某人自己的意志是一种偏离原则，而对于卢梭来说，爱自身甚至"非常热烈地"爱自身，对于自身保存是不可或缺的。

让我们继续阅读卢梭。"能够做任何事情的人只想要对他有益的东西。不过一个弱小的存在，其力量受到法律的束缚和限制，失去了自身的一部分，在他的内心中需要从他身上拿走的东西。将这作为一种罪归于他，会使得他之作为自己而非其他人变成了一桩罪。那就是同时让他存在和不存在。"卢梭的论证不可能更彻底了。法律本身意味着对作为弱小存在的我们的毁损：它是"力量"的一种削弱。因此，它引出了一种来自"内心"的正当埋怨，表达了被赋予法律之人的存在。

39 克里斯托·德·博蒙(Christophe de Beaumont)，巴黎大主教、奥古斯丁会神学家，当时签署了一则训令，禁止不久前出版的《爱弥儿》。

40 Jean-Jacques Rousseau, *Letter to Beaumont,* in *The Collected Writings of Rousseau*, Vol. 9, trans. Christopher Kelly and Judith R. Bush (Hanover, NH: Dartmouth, 2001), 31.

正是卢梭最好地阐发了基督教概念和即将被称为的现代概念，对人与统治的关联以及因此正确行为应是什么的争论：罪人与作为自然权利拥有者的人之间，令其谦卑并且服从统治的人与令其自大并且维护其权利的人之间。让我们尝试让这对立之术语变得更确切些。

对于这两种人、这两种人的类型而言，与自我之关联就是与某种权力之关联。关于蛇对女人说的话，奥古斯丁写道："如果在她的心中，还没有对她自己的独立权威的爱以及某种自大的对自身的过度相信——她得通过那诱惑被判有罪，随后变得谦逊——那么，这个女人什么时候才会相信这一断言，说他们已被上帝隔离于善和仁慈事物之外？"[41]对自己权力的爱这一情感导致了傲慢的自以为是，那是罪的开端（initium peccati）。在那里存在着对统治及其包含的谦卑的需要。这统治或法律使得一个人、一个拔高自己且自以为是地膨胀起来的人谦卑，屈从，受挫，使其恢复到更为恰当的情感中。相反，如我们所见，卢梭笔下的人，体验到他的权力作为一种力量的弱小：他需要他的权力、所有他的权力来生存。而法律使得这个人更弱，他已经是软弱的，并且感觉到了他的软弱，而这使得他更大程度地感受到了他的软弱。

爱自己的权力是自爱的具体化。对卢梭而言，"唯一人生来就有的激情，即自爱，是一种本身无所谓善和恶的激情；……它变得好或坏只是偶然，依赖于它在其中成长起来的环境"。[42]对奥古斯丁来说，

41 Augustine, *The Literal Meaning of Genesis*, 11.39, 451.

42 Jean-Jacques Rousseau, *Letter to Beaumont*, 28.

不可能存在中立于善或恶，或者对善和恶无动于衷的自爱。要么自爱是“正确的”，与统治相一致，要么它是“反常的”，因为它不服从统治。要么它是正确的，要么它是错误的。这一自我不可能脱离与统治的决定性关联而存在，这种关联要么是遵守，要么是相反的不服从。非此即彼：这一抉择是自我之本体身份的伦理转译，这是造物的境况。对卢梭来说，自我首先是与自我的一种联系，那在伦理上是中立的，是对善和恶无动于衷的自爱。自我无需外力地是其所是。因此，法律是根本反对本性的：它企图强迫人们是其所不是，由此它强迫他们相信他们是其所不是。

从这里得出了关于人类生活之谎言的两个对立概念，这谎言居于人类生活的核心。对卢梭而言，如我们刚才见到的，霸凌（tyrannizes）一个弱小存在的法律是那谎言的根基。对奥古斯丁来说，不遵照统治而生活，不遵从他被创造的方式，是给人的谎言。[43]

因此，如我们刚才所见，奥古斯丁和卢梭代表了理解人类生活的两种对立的方式。对前者来说，由于人类本质上是依赖于他们的造物主的，人类生活只能于服从造物主、服从他的律法或他的恩典中寻找正当的秩序。对后者来说，我敢说，人只能被理解为一“生命的量”，渴望保存并且享受自身，法律，在其他情形下是有益的，甚至是必须的，在这里却总是强加给生命损害、削弱。而且，如果对卢梭来说，奥古斯丁的释经神圣化了律法对本性的霸凌以及对我们本性状况

43　参看 Augustine, *City of God*, 14.4。［《上帝之城》（中），第190页。］

的误解，那么，对奥古斯丁来说，卢梭的哲学——假设他能够知晓的话——表露并且辩护了“受损的本性”针对其造物处境的反叛。

然而，我们不能将此搁置起来不予讨论。我刚才呈现出来的对立，尽管基础牢固，却有着这样的风险：使得我们忽视了奥古斯丁对人类生活的透视中一个非常有意蕴的因素。奥古斯丁式与法律或统治的关联，相较于卢梭，没有它看起来那样的无歧义。但当他恰当地放弃释经的或神学的话语，并且纯粹地阐述其对于人之社会和道德生活的省察和评价时，奥古斯丁距离卢梭并不像我们预期的那么远：他对于统治之权力也没有太大的信心。

在第19卷，奥古斯丁给出了其对于人世之理解的最全面，也是最具活力的阐述，在这里，他雄辩滔滔，而且当他揭示了这种生活的苦难时，他声称都不能强忍泪水了。[44]向情感的诉诸，先于对掌控或支配情感的倾向（也就是德性）的极有限的、甚至不满的估价。异教哲学未曾忽略人类生活的苦难，但是，这些苦难看起来像是德性的理由（occasion）或者材质（matter），而非能够就其自身并且可以说分离开来加以思考的人类生活之特征或品质。通过以一种刻意怜悯的方式提及这些苦难，奥古斯丁削弱了基本的或人的德性的力量。

下面是奥古斯丁对于德性的总体描写：

> 德性并非首要的天赐之一，因为它乃是在它们后面到来的，被教导引入的，那么它本身怎么样呢？尽管它宣称位

44　参看ibid.。[此处注释疑有误，应为ibid., 19.4。《上帝之城》(下)，第132页。]

于人的善好（goods）之首，其在此世的活动不就是与邪恶的无休止战争吗？这些邪恶不是外在的，而是内在的，不是其他人的邪恶，非常清楚地只是我们的、我们自己的罪恶。这是那在希腊被称为 sophrosyne 的特别斗争，它被译成是“节制”（temperance），这种德性约束肉体的欲望，阻止它们得到心灵的同意，并且将心灵拖入各种类型的不道德。[45]

奥古斯丁的论证毫无疑问让我们远离了希腊人对德性的理解，即将其理解为人的本性的巅峰和实现，而且还为现代的阐释，尤其是卢梭式的阐释做了预备，根据后者，德性是作为外在的东西而添加于本性中的。当然奥古斯丁没有卢梭走得那么远，后者如我们所见，最终使得德性成为与本性相反的东西，不过奥古斯丁却奠定了德性的外在性，即与本性之主要善（prima naturae）的外在关联，这种外在性的标志就是其脆弱性。希腊哲学家有一种倾向，即展示德性的胜利，如果不是征服的话，展示德性是灵魂之平静的掌控者（master），而奥古斯丁将其呈现为从事一场持久的战争，它总是处于这场战争的失败边缘。在节制的情形中尤其如此，我敢说，这一德性尤其负责与肉体的软弱作斗争，这场战争我们不能凭借自己的力量获胜，我们必须请求上帝的襄助。

审慎德性和正义德性的角色同样证实了人的生活是由不能得到安息（requiescere）的劳作或奋斗（laborare）构成的。奥古斯丁将其最长

45 Ibid., 853-854.［见前引，第132—133页。］

篇的讨论用于第四种基本德性，即勇敢。不过 fortitudo（勇敢）在这里毋宁应该译成“灵魂的力量”。奥古斯丁一开始就说，这一德性是人类苦难的最无法拒绝的见证者，它被迫默默地忍受着。的确，还能有比忍受此世之苦难的德性更好的此世之苦难的见证者吗？不过，它是如何忍受它们的呢，它真的忍受着它们？奥古斯丁并没有太多地挖苦斯多葛派贤人，他们勇敢地声称，苦难就不是苦难，因为他们具备忍受它们的力量，或者无论如何，他们总是能够通过自杀避开它们：“啊，幸福生活，他竟然寻求死亡之协助来终结你！”还有：“谁会如此瞎眼，以至于看不出来，如果这生活是幸福的，那就根本不应逃离生活？”[46]

接着，奥古斯丁改变了语调，现在更多的是悲伤而不是论辩，他思考了自杀这奇特且糟糕的决定，那是此生之苦难的巨大力量的证明。[47]在这些斯多葛派认为代表了灵魂最高力量的行为中，奥古斯丁看到了灵魂挫败的证据。

从这一切当中显现出：真正的德性、不撒谎的德性、在其挫败时不会假装胜利的德性，可以说必须解释这一事实，即人在此生中是不能完全幸福的。那么它必须依赖于对来生的期望。[48]哲学家只相信他们能够看见的东西，因此不愿相信他们看不见的这种幸福，倾其全力为自己编织一种完美想象的德性。人的生活是这般地满是苦难，由此它必然不能体验现在的、实际的幸福。要么在来生中

46 Ibid., 855.［见前引，第134页。］

47 参看 ibid.。

48 参看 ibid.。［见前引，第136页。］

期盼幸福，要么什么也没有，如果有人声称现在获得了幸福，那必然是想象的或者虚假的。

让我们将来生先搁在一边。奥古斯丁赞成卢梭：人虽然有他们的法律和德性，却做不到以一种可忍受的方式来安排他们的生活。如果法律对一人来说，是上帝的法律，对另一人来说，是人的发明，那么，对他们二者来说，法律几乎不会对一种消极多过积极的人的生活有什么影响，我敢说，那更多的是虚弱而非力量之展现。

在第19卷中奥古斯丁就人的正义不得不说的内容，将会允许我们进一步深入其思想的这个方面。在第6节，他为我们提供了一则反思，涉及作为社会生活苦难之象征的审判折磨（judicial torture），既敏锐又引人怜悯。此类折磨承载着某种理性甚或必要性：它与揭示隐藏在人的良心中的真相有关。不过，其结果是有人因为一项不确定的罪遭受了某种惩罚。奥古斯丁解释说，法官迫使被控告者遭受折磨，是出于担心把无辜者处死，结果却经常是，一个无辜的人受折磨而死。这里引我们关注的不是谴责审判折磨本身，哪怕这是特别打动人的，哪怕我们经常将之与伏尔泰而不是圣奥古斯丁连在一起。引我们关注的毋宁是，奥古斯丁这里没有谴责任何人，当然也没有谴责法官，他认为他们是英明的而且心怀善念。不过，法官处于“人类社会本身的黑暗之中”[49]。人类社会束缚着他，并且强行把他放在这个位置上，他会觉得放弃是犯罪。[50]一种社会机械的必然在这里发挥作用：“英明的

49 Ibid., 19.6, 860.［见前引，第138页。］

50 参看 ibid.。［见前引。］

法官这样做不是有意造成伤害，而是因为无知是不可避免的——而人类社会的迫切需要使得审判同样不可避免。”[51]如我所说，奥古斯丁倾力做的不是控诉法官，甚至总体上为他辩解，但是至少法官应该满足无罪且不假装快乐。不要因为他的社会角色的重要性而膨胀，他要认识到这种必然性中的某种苦难，他要在内心中憎恨它，如果他有某种虔敬之情，他要向上帝呼喊：“‘求你救我脱离我的祸患！’”[52]

让我们尝试更为确切地辨识奥古斯丁的视角。如我们使用古人的分类，我们会说，奥古斯丁的视角既非实践的，也非理论的。他的关切既非指引行动，也非思考不变的现实。他的关切毋宁是唤醒某种特别的倾向，是半实践的，因为他涉及评价人的行为，也是半理论的，因为它是由一种对于不变的人类境况的“见解”(view)构成。这种“居间的”视角在阅读随后章节的时候会变得更为清晰，在那里，奥古斯丁思考了罗马帝国凭之建立的可怕战争。令人惊奇的是在这里注意到，最早一批尝试构想正义战争的人却展示了对于这一理念的缄默不语。可以说，那英明的人只会从事正义战争，不过，正是敌人的不正义需要他从事正义战争：“这不正义当然会引起一个人的悲叹，因为它也是人类的不正义，即使不会必然引发战争。”[53]奥古斯丁的视角显然并非有其紧迫性的实践或政治生活的视角——打败不正义的敌人；它也不是理论生活的视角，比如修昔底德的视角，即努力辨识出战争现象的人性渊源（human wellsprings）。那么它乃是一种居间的视角，

51 Ibid., 860. [见前引。]

52 Ibid., 861. [见前引。]

53 Ibid., 19.7. 862. [见前引，第139页。]

可以被称为情感的或怜悯的，因为，我敢说，它与形成一种直面人之苦难的悲伤倾向有关。那是一种激发我们渴望进入上帝之城的倾向，不过确定的是，它对于在万民诸城（the cities of people）中定位我们自身没有太大帮助。

上帝之城和上帝之民

我刚才提到了上帝之城和万民诸城。有一个人群、一个民族，不属于诸城、万国，也不是上帝之城。我指的当然是上帝之民、犹太民族。

奥古斯丁比较了希伯来人的立法者和斯巴达人的立法者。摩西和莱喀古的比较是紧随在对于奇迹以及更一般地对于下面这一事实的讨论之后，即不可见的上帝有意以一种可见的形式展露自身。异教立法者宣称从众神那里或者从神圣存在那里获得他们颁布之法的灵感。奥古斯丁注意到在这方面莱喀古如何乞灵于朱庇特或阿波罗。[54]努马和宁芙仙女艾吉瑞雅（Egeria）的事情出现在脑海中。[55]他们当然需要被相信。相反，奥古斯丁解释说，在摩西的情形中，神圣的介入是可见的，甚至是万众注目的。

如我们在奥古斯丁与诸如西塞罗或瓦罗这样的异教贤人之间的论

54　参看 ibid., 10.13。[《上帝之城》(中)，第46页。]

55　参看 Livy, *History of Rome,* trans. Aubrey de Selincourt (London: Penguin, 2002), I.19: "[Numa] simulat sibi cum dea Egeria congressus noctrunos esse."

辩语境中看到的，[56]真神并不在数人和多人之间作区分。因为，律法必须由天使以一种可怕的方式（terribiliter）并非只向着一个人或少数贤人，而是向着整个民族或者庞大的人群宣示，[57]伟大的事情就在这个民族的注视下发生在那座山上。当然，律法是凭借着唯独一人的中介而赐予的，不过众人皆在场，他们见证了正在发生的可怕、骇人之事。[58]摩西和异教立法者之间的不同在于，摩西在众人眼前出现，并且是以一种人们斗胆称为壮观的方式，那是全能上帝的简单方式，而莱喀古、努马或罗慕路斯诸辈显现的方式伴有不确定特征，缺乏清晰和真诚，这是异教事物，无论如何是异教宗教特有的。

在随后一节的开始，奥古斯丁比较了人类种族和单个人："存在着教育的一个过程，历经一个民族历史的各个时代，正如历经一个人生命的相继阶段一样。"无论如何，这适用于涉及上帝之民的内容。[59]就思考上帝之民而言，或者就根据上帝之民的发展来思考人类种族而言，人类终于就像是不断进步的单个人一样。人们可以说，不存在人类种族之教育的历史，除了在这个意义上：存在着神圣历史，以及神圣民族的历史。这一教育的构成是从短暂、可见事物上升到知悉——获得——永恒、不可见事物。在人类的这种教育中，被选之民基于下面的理由而扮演着关键的角色："不过，即使在可见的奖赏是由神圣启示所允诺的时候，人也必须崇拜唯一上帝，以免、甚至为了这转瞬

56 参看本书第4章。

57 参看 Augustine, *City of God*, 10.13。[《上帝之城》(中)，第46页。]

58 参看 ibid.，以及《申命记》4:9-14。[前引书。]

59 Augustine, *City of God*, 10.14, 392. [前引书，第46页。]

即逝生命之世俗好处的缘故，人的心灵会臣服于其灵魂之创造者和主人之外的任何存在。”[60]这样，被选之民居于两个世界间，某种意义上是铰链，是从短暂、可见事物引向永恒、不可见事物的桥梁。

当然，在奥古斯丁的眼中，为了人类教育——这是真理之启示——是完整的，必须存在一种关键的剥离，即从混合了短暂和永恒特征的犹太民族处境中剥离出来。人类的终极教育要求真理之启示变成一种真正普遍的方式（universalis via），那本身并不属于一个特殊民族，而是被上帝赐予所有民族，是他们共有的。[61]包纳全部的人类种族，这是神圣的悲悯应有之义。相应地，“主的法与言不会停留在锡安和耶路撒冷，而要从那里传播，使它遍布世界”。[62]

事实依然是，这universalis via最初是特别向希伯来民族宣示的，其政治社群在某种意义上献身于预言并且预告要由所有民族汇聚而成的上帝之城。[63]在奥古斯丁看来，基督的来临导致了犹太人的永久分裂，分裂为“皈依基督并且矢志不移继续这种身份”的人和“执意反对基督直到此生结束”[64]的人。因此，来自所生子孙命定为奴的西奈山的旧约（vetus testamentum），除了为新约做见证外，没有别的价值。[65]奥古斯丁接着说道：“否则，无论人多么长久地‘读摩西’，他们心上都罩了帕子（velamen）。另一方面，凡是从那个民族中皈依了基督的，

60 Ibid.［前引书，第47页。］
61 参看ibid., 10.32。［前引书，第72页。］
62 Ibid., 423.［前引书，第73—74页。］
63 参看ibid.。［前引书，第74页。］
64 Ibid., 17.7, 733.［《上帝之城》（下），第21页。］
65 参看《加拉太书》4:24。

都揭开了帕子（auferetur velamen）。”[66]从旧约向新约的转变与 intentio（心意）的转移是一致的，它与肉身的赐福脱离开来，现在接受了灵性的赐福。[67]

帕斯卡尔将会修订“帕子”这个概念：“对于犹太人来说覆盖在这些书上的帕子，对于坏基督徒来说还在那里，对于所有并不憎恨自己的人来说也一样。”[68]他将重拾奥古斯丁已经使用过的圣保罗的原理，不过他对旧约和新约之关联的阐释不会比后者的阐释那般“优越主义”（triumphalist）。在这个背景下，最有意义的篇章可能是下面这一段：“那么，犹太人的宗教就是根据弥赛亚真理的样式而塑造的，而弥赛亚的真理则是［从］预见了它的犹太人的宗教中识别出来的。在犹太人中真理只是隐喻的；在天上它是显露的。在教会那里，它是遮蔽的，并且借助其与［隐喻］的关系而被识别。隐喻是自真理得来的。真理是从隐喻中识别出来的。”[69]

基督徒不能丢弃“犹太人的宗教”，就像是它与他们没有任何关系了。由此，帕斯卡尔有一个长片断的开始或标题是这样的：“为了表明真正的犹太人和真正的基督徒只有一个宗教。”[70]真理的确存在于

66 Augustine, *City of God*, 17.7, 733. 奥古斯丁这里引用了《哥林多后书》3:15-16。保罗本人是在回应《出埃及记》34:33-35。依据保罗，从旧约到新约，“帕子”的含义被颠倒了。摩西把帕子蒙在脸上，使以色列人看不见那短暂的荣光的结局。今日，“每逢他们诵读摩西的书的时候”，盖在他们心上的帕子阻止了救世主的脸被认出来。［参看《上帝之城》(下)，第21页。］

67 参看 ibid.。［前引书，第21页。］

68 Pascal, *pensées*, no. 475, 152.［帕斯卡尔《思想录》，第315页，编码是676，与作者参考文本编码不一致。］

69 Ibid., no. 826, 250.［前引书，第313页，编码是673。］

70 Ibid., no. 453, 144.［前引书，第272页，编码是610。］

教会中，但它是“遮蔽的”。只有被放在与“犹太人的宗教”的关联中，它才能表现为真理，才能“被识别出来”。于是，它是“从隐喻中识别出来的”。教会的真理只能在此之后或者在这个意义上被发现，即它是借助以色列的隐喻识别的所指真理。以色列和教会一**起**构成了真理之揭示的结构。在某种意义上，教会不曾停止需要以色列作为其最恰当的**证实**（proof）。[71]

基督教、犹太律法和希腊哲学

让我们回到奥古斯丁，更确切地说是回到第10卷。它很大部分是致力于对“柏拉图主义者波斐利（Porphyry）”进行全面的同时又是批判的检讨。我们不可能详细深入这一检讨。我只是作出一则评论。在提出了我前面引述的关于犹太人在救赎历史中的角色的主张后，对于基督教解决柏拉图主义者波斐利之难题的方式，奥古斯丁是这样说的：“这条路会净化整个的人，要让构成必朽之人的每个部分变得不朽。我们不必再分别追求波斐利所谓的理智那一部分的净化，然后是‘精神的’净化，还有身体本身的净化。正是为了阻止这样的要求，我们的净化者和救世主、真正的净化者和万能的救世主，毅然将整个的人一力承担。”[72]

71　允许我就这个主题提到我的文章：“L’Israël de Pascal”，载于 *Port-Royal et le peuple d’Israël, Chroniques de Port-Royal* 53 (2004): 129-136。

72　Augustine, *City of God*, 10.32, 424. [《上帝之城》(中)，第74页。]

人们可以看到，在救赎历史的发展中，犹太民族的角色和希腊哲学或智慧的角色之间存在着某种平行。犹太民族的形成，类似于哲学的阐发，二者都标志着人类之“自知”的一个关键性质的进展。两种情形中的这种进展都是以人类内部的分立或割裂为代价而获得的：上帝之民与“万国”之间的分立或割裂，还有哲学家或智慧之人与“大众”之间的分立或割裂，后者源自灵魂和肉体之间的分立以及甚至割裂，这是哲学的境况和成就。人们可能会说，犹太人的被选和希腊哲学打破了人类的进程，提升其层次。进步和割裂都不应该被低估。在奥古斯丁描绘的视角中，人们可以说，基督教保存或确认了凭借这两种割裂而获得的进步，与此同时又克服了这两种割裂，其方式是通过耶稣（the God-man）的中保（mediation）在一个更高层面恢复人的统一。奥古斯丁的描述使得基督教看起来是人类统一之最深刻、最丰饶的断裂（fracture）——犹太人的和希腊人的断裂之解决途径。

然而，如果这个三角被颠倒的话，如果以犹太律法和希腊哲学作为起点来看基督教的话，景观变化就相当大了。以犹太律法和希腊哲学作为起点来看基督教，正是列奥·施特劳斯特别做的。于是基督教似乎是犹太律法和希腊哲学的一种“综合”。不过，综合具有这样的缺陷，即它容易弱化或模糊两个因素中各自最独有的、最鲜明的、最“有趣的”内容。通过综合犹太律法和希腊哲学，基督教一方面使神圣律法的锋刃变得迟钝，这律法本身是指令所有行动的，规范生活的所有方面；另一方面限制了哲学探寻的自由，最终改变了其含义，它被用来服务教义。于是，基督教看起来像是律法和哲学的有诱惑力的但却令人失望的混合物，那律法并不真正地指令，而那哲学并非真正去探寻。相应地，对于施特劳斯来说，基督徒将两种人的倾向结合于一身，这两种倾向在其最初的来源上就是相悖的，由此它们也只能相互约束和阻碍。

奥古斯丁会怎么回应呢？他可能会针锋相对地反击施特劳斯。施特劳斯确认甚至强调了那分裂和割裂：哲学与律法之间的分裂，哲学家和其他生活在律法之下的人之间的分裂，有着作为最卓越律法之犹太律法的犹太人和万国之间的分裂。奥古斯丁无疑有很好的理由支持下列说法：如果犹太律法和希腊哲学一样，被迫接受甚至肯定人类中间的一种深深的并且可以说是本体论上的分裂，那么，这种分裂不是源自对分裂的喜好，而是源自对人类善的不妥协的爱。除此之外，犹太律法不是限定于犹太人的：它是给人类的最好律法。[73]还有，哲学当然会引导这些有能力胜任它的人走向最充裕的人类善。由此，扩展律法，就像传播哲学，会冲淡自身，二者都一样。让我们将所有这些赠给施特劳斯。不过，为什么绝大部分的人类不会知晓真神的律法呢，或者无论如何被排除在其赐福之外呢？这是拣选的神秘性。还有，最大的人类善——智慧，如何能够避开几乎所有人呢？这是少数聪慧或者具有罕见“哲学家本性”之人的神秘性。拒绝了基督教的综合就是接受了这两种“分裂”，人身上的某种东西只能对此抗议。这至少是对施特劳斯批判的一种可能回答。

此外，还可以说，基督教并不是这般“综合的”。将那同样的律法或毋宁是同样的权利扩展至所有人，并且“使得哲学大众化”的学

73　参看《申命记》4:5-8。

说是启蒙运动的哲学，或者如果人们愿意的话，是“人类的宗教”。基督教在某种程度上保存了我们正在思考的那种割裂：如我已经强调的，基督教的“普世性”不曾停止明确地将自己与犹太人的“特殊性”联结在一起。没有之前灵魂与肉体完全不同的哲学发现、柏拉图的发现，基督教的允诺就不可能得以阐发。如果我们将现代民主考虑在内，那就是这样的：基督教不是纯粹的一种“综合”，而是处于这样的一个“中项”(middle term)位置，一端是犹太和希腊的“分裂”，另一端是现代的统一或“最大综合”。这些评论尽管简要，却引出了作为我们这里的疑难之起因的问题，即普世性问题。[74]

普世性问题

前述关于犹太律法、希腊哲学、基督教和民主的思考，有助于我们以一种更为准确和具体的方式提出普世性问题。人类历史的这四个伟大时刻，同样构成了西方人的四个伟大精神决定(spiritual determinations)，不仅形成了一种纪年上的连续，而且标记了不断增长的普遍性之斜坡上的重大阶段，对我们而言，这种普遍性概括了人类历史的唯一可能含义。对我们而言，可以理解的是那一般性或普世

74 在我们告别奥古斯丁之际，这是最后一处有着当代回响的引述。在第10卷的结尾处，奥古斯丁对比了不敬者群体的永恒天谴(“societatis impiorum aeterna damnatio”)和上帝最荣耀之城的永恒统治(“regnum aeternum gloriosissimae civitatis Dei”)。参看 Augustine, *City of God*, 10.32。因此，那被谴责的依然构成了一个社会，而只有那得救的才建造了一座城邦。

性。历史显现为可以理解的是在这样的限度下：在其内部，朝向普世性的进步正在发生。至少这一信念自十八世纪以来支配了西方的心智。

的确，在进步的一般概念——进步是“不断前进的”，和下述事实之间存在某种张力：这四个时刻各自构成了许多割裂或者革新。我们必须认为最后的革新——民主——“保存并且超越”了前三者的收获吗？能够确信地拥抱这样一种很容易被贴上“黑格尔的”标签的见解，会是非常令人满足的。不过，列奥·施特劳斯已经警示我们“综合”的危险。另一方面，基于其本身选择这四个时刻中的一个，停驻在那里，就像人类旅程的港口已经最终抵达，会使我们失去欲望——首要的是理由——去思考这一本身就值得我们关注的历史接替。我们要如何前行？

让我们首先关注抽离出来的一般性或普世性概念的颇为不确定的特征。无疑可以这样说，人类的任何进步、文明的任何进步，都伴随着一般性的进步，从某种特殊性向着某种一般性的转变。在希腊世界，如同在罗马世界和基督教世界，一种决定性的进步都是通过从家族的或封建的秩序向着城邦的（civic）或民族的（national）秩序转变而实现的。不过，这种扩展或一般化或平等化，导致了原始因素的某种实质性变形，这种实质性变形显示或产生了一种新因素。在希腊城邦的情形中，这新因素是共同性（koïnon）；在罗马的情形中，是公共事物(res publica)；在欧洲民族的情形中，是不同变格的**公共**(public)：公共利益、公共舆论、公共空间。换句话说，在一般性上的每一进步都需要新的人类联合作为新的人之操演（human operation）框架。在我们刚刚思考过的情形中，新的联合是城邦或民族；操演是“自我治理”。一般性或者普世性上的进步只是实质性变形的一方面，“定性”转换的“定量”方面。此外，这伴随着“进步”之评价的某种不确定性。政体是“共和”或“民主”的现代国家，在“一般性”或“普世性”方面是古代城邦无法相比的，因为其所有的国民（nationals）同样是公民(citizens)。不过，因为——确切地说是作为众多公民的后果——现代民主的政体必然是代议的，适合于现代政治形式的操演与适合于古代政治形式的操演是截然不同的。现代民族国家毫无疑问比古代城邦更“一般”或更“普世”；但是并不确定它的“自我治理”更优、更完善、更娴熟、更符合“民主”这个字眼必然引导人们所理解的意思。

除此之外，关于古典城邦展示的扩展、“普世性的水平”存在着不确定性，尤其是希腊城邦以及独具一格的雅典。它的城邦机体是相对限定的，但是，如果我们将哲学包含在它的操演中（哲学就是在其中诞生），那么景象就变了：公民并不是很多，但是他们中的一个——苏格拉底——是一个世界公民。哲学操演借助于政治操演而出现，本身又和它脱离开来。在那里，由哲学实现的在一般性或普世性上的进步——这一进步在下列意义上是“最大的进步”：哲学家作为哲学家与一个特定政治机体，甚至与他自己的家庭断绝了所有的联系——与其自己独有的操演（即“理论生活”）也是分不开的。为了揭示“理论生活”作为人的一种可能性，哲学家在这个时刻将自己与其他人分隔开来，另外，他将人在其普世性上定义为“政治动物”和“理性动物”。

在以色列的情形中，普世性的进步与新联合——新的操演的框架和手段——的产生之间的必然联系，即使不明显，也非不可见。以色列的被选绝非意味着过度的特殊性或特殊主义。特殊性的政体是城邦或“民族”神——“城邦的众神”或者“万国的众神”——的异教政体。如果异教城邦被它的神抛弃，它会替换它的神，或者无论如何将会从邻邦的众神中寻求帮助，尤其如果这些城邦是战无不胜的话。这对于以色列来说是禁止的：它的神是一位嫉妒的神。我们直抵事物的内核：它的神是唯一的神，创造了人，并且将他的子民[75]领出来，赐予他们最公正的律法。[76]以色列的被选不是古老异教特殊性或者一般意义的人类特殊性的增强或者“最大化”。它是以最接近可能的方式占有一个新的神性概念的努力；我要说是最充盈的神的概念，有着无限的权能和完美的仁慈，异教神是两边都不沾。正如《申命记》所强调和《诗篇》所展示的，造物主，无限地高于任何造物，同时也是“最贴近”人类、所有人和每个人的存在。以色列发现并且操演着最遥远者的无与伦比的亲近。这一发现和操演严格地将以色列与“万国”分隔开来。

就基督教而言，我不会回到那个问题，即是否基督教在超越犹太和希腊的割裂之际又化解了它们，或者相反，它仅仅提供了一种索然无味的综合。无论如何，确定无疑的是，它同样带来了一种新的联合或者共融（communion），基督教会本身，作为真正普世的共同体，一

75 参看《申命记》4:32-39。

76 参看《申命记》4:5-8。

种新操演的框架和器具：博爱（charity）。同样确定无疑的是，这新的基督教统一——基督教在我们看来代表的普世性上的进步——伴随着一种相对应加强了的新的分立：上帝之城和地上之城间的本质上不可见的分立。这一分立在可见的教会和非基督徒之间的分立中混乱地且非常不完整地折射出来。事实上，天主教大统一将会越来越显现为分离或分离的一个要素：*respublica christiana*[基督教共和体]或者基督教世界（Christendom）最终不过是人类世界中有限的一部分，而且，其内部分离或分裂成彼此敌对的教派，无论如何不能说是由博爱相统一。现代政治运动——在这个术语中包含了现代政治哲学和它引发或者伴随的公共精神以及政治和社会效果的转变——可以被理解为这样一种努力：克服基督教的分立，促成最终真正且确实普世的普世性。

无论如何，我们禁不住要问下面的问题：对于我们现代人，那联合是什么，是什么操演的框架和器具，使得人类先前的分离得以克服？自然而然想到的答案显然是，这一联合是人类（humanity）本身，它比普世性的基督教会更为普世。不过，人类联合或者人类作为一个联合意味着什么？它都包括了谁？当然是任何人。但是，任何人意味着什么？任何活着的人？不过，基于什么权利这些死去的人从人类中剥离出来？基于什么权利那些未出生的人从人类中剥离出来？而且，活着的人实际上难道不是对我们而言最不可见的吗？简言之，作为普世联合的人类在某种意义上正如不可见的基督教会一样是不可见的。我们不知道如何确定这一联合的形式和界限。当然，由此这巨大的事业向人类的制造者（makers）开放了，向下面这些人开放了：他们相信自己有能力确定谁真正地属于人类，由此谁又处于人类范围之外。

比如，不久前有些人说这些尚未出生的人是人类，至于现在，那又是无产者和无产者的联盟了。后知后觉地看来，我们受到了随心所欲的意识形态的人类定义的轰炸。不过，对许多人来说，它们看起来是合理的、显而易见的，而且甚至激发了他们的热情。人类概念的不确定性是提出某种武断的、意识形态的人类界定的诱饵。

如果我们并不确定人类共同体或者作为一个共同体的人类的存在，那意味着我们不知道这个问题的答案：什么将会是这一普世共同体的**特有操演**（proper operation）？如果存在一个普世的人类共同体或联合，那它就是某种行动的框架和器具；它“践行”了某些东西。城邦是一种特别行动——主要是“自我治理”——的框架和器具。基督教会是一种特别行动——“博爱生活”、“圣洁化”——的框架和器具。不过，人类的是什么呢？尽管但丁说得自信满满，[77]还是难以设想这一操演会是什么；因此，也难以主张人类构成了一个实际的政治共同体。

这些评论有助于我们解释始于十八世纪的诸历史哲学，它们展开的方式，仿佛自己是自明的、必然的。作为一个整体的人类的操演（必须作为假定且安置于某处）被设想为在历史运动中呈现，这一

77 Dante, *Monarchy*, trans. Prue Shaw (Cambridge: Cambridge University Press, 1996), I.3-4, 6-7：“因此，存在着某些行为是人类作为一个整体所特有的，作为无数个体存在之全体的整个人类种族就是为此而设定的……由此，显而易见的是，人类的最高潜能是其智性潜能或者官能（faculty）……由于这一潜能不可能在任何单一个体或上面列举的任何一个特殊社会群体中突然完全地实现，必然需要人类种族中非常多的个体之人，通过他们，整体的这种潜能才能实现。”［参看但丁《论世界帝国》，朱虹译，商务印书馆，2002年，第3—9页。］

历史运动历经历史学家以不同方式设想的阶段，导向一个他们全部或几乎全部都会同意的目标：人类的统一。存在着现代意义上的历史，只是因为朝向人类统一的一种运动被观察到或者被假定。不过，可以说历史哲学在抵达港口的时候搁浅了。因为，如果历史的运动原则是实现统一的努力——这是可理解的，而且有着充分有力的论据——那么，一旦我们实现了人类的统一，亦即一旦我们抵达了历史的终点，会发生什么呢？人类接着做什么呢？在这里，历史哲学家不知道说什么，或者他们说一些幼稚的废话。不过，如果统一的人类无事可做，那么，它就不存在或者不再存在。再者，如果人类的最终状态不可能被真正地思想，因为不可能说明人的行为将会是由什么构成，那么，把人类历史理解为朝向统一和普世性的过程本身就引发了怀疑。

然而，有一个哲学家，他试图回答我们正在提出的问题，从人类的整体性或者将人类作为一个整体来思考人类特有的操演是什么，以及首先是否存在这样的操演，而没有屈从于给历史假定一个目的这样的诱惑，或者说如果他这样做了，那是一个并不终结的目的。这个哲学家就是伊曼努尔·康德。因为康德没有假定一个历史目的，所以他就不可能绝对地承认人类正在历经必要的阶段朝着一个有把握的未来前行。不过，他能够辨识出进步的标记，更确切地说，是人类的道德倾向和目标的标记。根据康德，人类的特有操演就是实现其道德目标。

如我们所见，人类为了一种共同操演而聚集，受到了人类之最高且最普遍表达的阻滞：哲学和启示宗教。我敢说，哲学通过将“理论生活”设定为人类的至高目标，撕裂了共同人类（common humanity）

的结构，后者的生活本质上是“实践的”。启示宗教，无论是犹太教的还是基督教的，同样割裂了人的统一体，不过是通过一种完全不同的方式，即将犹太人与“万国”隔离开，或者将双城以及信徒（believers）与非信徒（nonbelievers）隔离开。

因此，为了实现对人类道德目标的严格普遍的或普遍化的界定，为了能够合理地视人类为一种志于共同操演的聚集，康德必须改造哲学，同时还有宗教。他把宗教带回到单纯理性的范围内，凭借这样的方式，宗教不再借助于人们不理解的教义来隔离他们了，[78]与此同时，他把哲学道德化了，为的是它从一种划分博学之士与其他人群的傲慢知识[79]，变成服从于“人的总体目标”之标准的道德行动。在“纯粹理性的建筑术”中，康德区分了哲学的“学究”（scholastic）概念和哲学的“世界”（cosmic）概念，依据前者，哲学旨在对知识的“逻辑上的”完善，依据后者，哲学就是一切知识与人类理性的基本目的之关系的科学：[80]“[理性]的这一终极目的是人的目标，而与其相关联的哲学是道德哲学。道德哲学占据的这种超越所有其他理性运作领域的至高地位，足以表明古人为何总是把道德家的概念包含在哲学家的概念中，而且是以一种特别的方式。”[81]

78　参看 Immanuel Kant, *Religion within the Limits of Reason Alone,* trans. Theodore M. Greene and Hoyt H. Hudson (New York: Harper and Row, 1960), bk. 4, part 2, ch. 4, 175-176。

79　参看 Immanuel Kant, “Remarks in the *Observations on the Feeling of the Beautiful and Sublime* (1764-65)”, in *Observations on the Feeling of the Beautiful and Sublime and Other Writings,* trans. Patrick Frierson (Cambridge: Cambridge University Press, 2011), 96。

80　对于必然与所有人利益相关者，康德的术语是“世界概念”。

81　Immanuel Kant, *Critique of Pure Reason,* trans. J. M. D. Meiklejohn (New York: E. P. Dutton, 1959), 475.［参看《纯粹理性批判》，邓晓芒译，人民出版社，2004年，第634页。］

康德凭借此种方式成功地缝补了（我不敢说修缮了）人类的道德结构，它被傲慢的哲学和独断的宗教施以双重的撕裂。

还留有一个困难。人类进步的标记是模棱两可的。更确切地说，如果人们能够观察到朝向和平、自由和法治的进步，朝向国家的“共和宪制”的进步，那么人们必须探究这一变动的根源。它是“人类逐利倾向”日益狡黠的组织的结果？[82]还是一种道德转变的结果，基于这一转变，“道德实践理性在我们中间宣示其无可抵御的**禁令：不会再有战争**”？[83]

凭借此种方式，康德得出了人类的道德统一，与此同时，为了得出这一结论，他在人类构成（human makeup）的内核中开启了一种分离；无论如何，他强调了逐利倾向与尊重道德律之间的分离，并使之尖锐化。此一分离不仅影响了人类种族的个体成员，还质疑了人类作为一个整体或者依据其总体目标行动的涵义。人类正在走向一种越来越狡黠的“魔性”（devilishness）？或者乃是一个日益道德化的种族，越来越受到尊重道德律的驱动？消除此一不确定性要困难多了，因为这两种对立倾向的结果彼此太像了。

在最终的分析中，康德的方案以模仿或者重复奥古斯丁的方式而告终。对康德而言，我们同样面对着双城的某种不可分离的混合，一座是由“逐利倾向”赋予生命的，另一座是基于尊重道德律的，在这

82 “建立一个国家的问题，无论听起来多么困难，即使是一个魔鬼民族也能解决的（只要他们具备理智）。” Immanuel Kant, *Toward Perpetual Peace, in Practical Philosophy*, trans. Mary J. Gregor (Cambridge University Press, 1996), 335.

83 Immanuel Kant, “Doctrine of Right,” in *The Metaphysics of Morals*, part 2, Conclusion, in *Practical Philosophy*, 491.

里上帝之城让位于目的王国：

> 每一个理性存在者都必须通过自己的意志的一切准则而把自己视为普遍立法者，以便从这一观点出发来评价自己以及自己的行为；这样的理性存在者的概念就导向了一个依存于它的非常多产的概念，亦即一个目的王国的概念。
>
> 我所说的一个王国，是指不同的理性存在者通过共同的法则形成的系统结合。现在，由于法则根据其普遍有效性规定着目的，所以如果抽掉理性存在者的个人差异，此外抽掉它们的私人目的的一切内容，那么就能够设想一切目的系统地连接成为一个整体（不仅包括作为目的自身的理性存在者，而且还包括每一个理性存在者可能为自己设定的个人目的），亦即一个目的王国；按照上述几条原则，这是有可能的。[84]

可能要担心的是，康德的雕琢（chisel）不足以赋予目的王国本质上缺乏的决定性特征。尊重道德律以及决意将每个理性存在者总是视为目的、绝非工具，并没有提供一项有能力赋予整体人类以生命的共同操演原则。

84 Immanuel Kant, *Groundwork of the Metaphysics of Morals*, part 2. In *Practical Philosophy*, 83.［参看《康德著作全集》(第4卷)，李秋零译，中国人民大学出版社，2005年，第441页。］

我们已经记述了人类联合的一系列形式或某些主要形式，同时强调，在每一个情形中，被考虑的联合只是作为与其相应的操演的框架和器具而存在。我们认定，从一种形式向另一种形式的过渡并非偶然，而是受到了先前形式之缺陷或短板的推动。更确切地说：因为那操演既联合又分离，后续形式试图克服此种分离。就此而言，我们已经证实了那共同的看法，即人类的发展可理解为一般性或普世性之进步，不过需要下述重要的补充或矫正：普世性，无论其要旨或形式是什么，立基于一种共同的**操演**。正是在这一意义上，形式貌似是最普遍的，也被设想为这样的，但也是最令人失望的：如我所说，很难精确地澄清，赋予目的王国以生命的那一操演到底是由什么构成的。

犹太律法、希腊哲学以及基督教会呈现出来的困难确系真实的，但是，下述做法并没有解决或者克服这些困难：自身投献于一种人类的普世主义中，那人类本身就是其特有的形式。犹太律法将被选民族与“万国”分离，希腊哲学将“哲学家”与其他人分离，基督教会将上帝之城与地上之城分离，这三种主要的人类界定每一个都比那看起来更清晰的人类一般性或普世性理念，具有更多的实质内容和连贯一致。

的确，普世性**问题**在某种意义上是**那个**最相关的、最综括的问题，不过，历史终结之际也解决不了它。如果历史具有赋予其意义的内在目的，那么很久之前就已经实现它了。据实说来，如果历史具有一个内在目的，它曾经又是如何开始的？没有什么比那一目的更强大，而人类历史会从那一目的开始。确实，这就是已经发生的。那个没有停止重造开端，并且使得不停地重新开始成为可能的目的，就是自然，人的自然 / 本性。人类历史运动唯一可能的原则——唯一可能的原因——就是人本身，他志于凭借自我治理而塑造其人性。

9

中介的风险

在第8章的末端，我们思索了四类主要“版本的普世性”，分别是犹太律法、希腊哲学、基督教会和根据现代视野理解的人类。然而，如果这些全是众多对于普世性问题的回答，那么也可以说，它们是众多对于上帝问题的回答。有两种情形可以说抵达了所能思想的极限，最广博或者最高超的思想。这两个问题之间的紧密关联，在犹太律法和基督教会的情形中显而易见。在希腊哲学的情形中，它也很快地展现为获得正确理念的努力，即神性（godhead）或神圣（divine）的“理性”理念，我们稍后会看得更为确切。至于在现代视野中被理解的人类，它已经依次将犹太、基督教和希腊或哲学的神圣性概念抛诸脑后，现在它剔除了那“最高超的”理念，仅仅拥抱“最广博的”理念，以及人类本身的理念。在人类之现代概念中，不仅神圣性是以不在场来表现的，而且这般理解的人类是一种宗教、“人类宗教”的框架，亦是这宗教的对象。

考虑到我们到达这一点的路径，探究普世性与神圣性、人性与神性之关联问题的最有启迪性的方式，是去思索奥古斯丁如何对待通向上帝问题的哲学途径，尤其是柏拉图主义的途径。

基督徒柏拉图

奥古斯丁化身为一个哲学家或者以哲学家的方式，探究事物以及尤其是众神的真正本性时，展现出对“博学的瓦罗”的无上尊重，即使他责备了他在面对consuetudo civitatis（诸邦习俗）时的胆怯。在第8卷当他思考柏拉图哲学时，这种对哲学的尊重和同情转变成了敬仰和热忱。柏拉图哲学和基督教真理如此贴近，导致奥古斯丁相信柏拉图在其逗留埃及之际借助于一位译经者获悉了《圣经》(Sacred Scriptures)。[1]柏拉图主义哲学家在正确的方向上寻求上帝，并且得出了正确的结论：上帝创造了万物，而他不可能是被任何事物创造的。[2]奥古斯丁对待柏拉图主义哲学所持的论调，迥然不同于他说及异教时所持的那种。他给我们这样的感觉：从黑暗步入光明，或者世界重回正轨。

我们知道，对于奥古斯丁而言，有两项主要的事实冲破了亘古长夜，我敢断言是两种决定性断裂，人类凭借其来安置自身，使得自身能够接纳基督教真理。一项是犹太民族：“希伯来民族聚集一处，凝

1 参看 Augustine, *City of God*, trans. Henry Bettenson (Harmondsworth: Penguin, 1972), 8.10-11。

2 参看 ibid., 8.6。[《上帝之城》(上)，第289页。]

聚为一类共同体，决意履行这一神圣的启示职能”，[3]亦即 mysterium（奥秘）或 sacramentum（圣事），那是上帝和人类的永生誓约；另一项是希腊哲学，至少柏拉图主义哲学属于此类。

不过，尽管在真神之知识方面有这决定性的进步，柏拉图主义者认为，必须向众多的神献祭。[4]一种决定性的哲学进步不仅没有促成相应的宗教进步，而且柏拉图主义者的宗教表现得极为癫狂。对奥古斯丁而言，现在不再是一般地批判异教的问题，也不是向柏拉图主义哲学的特殊功绩道贺的问题。它乃是这样的问题，即分析被柏拉图主义哲学阐释或转换的异教这一独特现象，它乃是一种混合物，某种程度上是异教的最终形态，在智识上是最精致的，同时却是最腐化的，也是一种倒退，基督教正是因应这一倒退而出现，与其针锋相对，才演绎出其涵义。

奥古斯丁为柏拉图的如下建议感到庆幸：将诗人逐出城邦。[5]对他们而言，诗人关于众神的言辞是配不上众神的。将奥古斯丁和柏拉图连接起来的核心要点是“所有的神都是善的”。[6]

我们要在奥古斯丁没有接触过的柏拉图本人的文本中驻留片刻。

在《理想国》第2卷中，苏格拉底和他的同伴正在列举对城邦护卫者之最佳可能教育的因素，在强调了音乐和体育的角色之后，他们将注意力转移到了给孩童们讲的故事。这些故事源自赫西俄德、荷

---

3 Ibid., 7.32, 293.

4 参看 ibid., 8.12。

5 参看 ibid., 8.13; 在2.14. 中他已经这样做了。参看 Plato, *Republic*, trans. Allan Bloom (New York: Basic Books, 1968), 398a.

6 Ibid., 316.

马以及其他诗人的诗歌，他们“为人类编造虚假的故事”[7]。最严重的虚假是对最重要事物，即“众神和英雄们”[8]产生影响的那种。最重要之事乃是矫正关于众神的言说，详细制定谈论众神的模式（“oï tupoï peri theologias”）。[9]Theologia 在这里意指关于众神的言说、关于众神的言辞。这一术语属于哲学的术语，而非宗教的。Theologia 并非作为关于众神的神圣科学或博学论述的“神学”；它乃是在城邦中**言说众神的方式**。

人们如何言说众神？依据什么“型式”？首先必须说的事情是“神是真正善的”[10]。“因此，[苏格拉底接着说]，神既然是善的，那么他就不会像许多人说的那样，是一切事物的原因，对人类来说，神只是少数事物的原因，而不是多数事物的。因为我们人世好的事物比坏的事物少得多；必须说，好事物的原因不可能是其他，而坏事物必须去寻找神之外的其他原因。”[11]阿德曼托斯赞叹道：“我跟你一道投票赞成这条法律……我喜欢它。”接着，苏格拉底宣称，“很好……这将会成为关于众神的法律之一，若干模式之一，言辞要按这个标准来说，诗要在这个标准下创作：神是善的原因，而不是一切事物的原因”。[12]

第二条法律将会涉及这一事实：众神并不改变形相（form）。实

7 Plato, *Republic*, 377d5-6,55. [参看《理想国》，郭斌和等译，商务印书馆，2003年，第72页。]

8 参看 ibid., 377e6-7。

9 参看 ibid., 379a5-6。

10 Ibid., 379b1, 56.

11 Ibid., 379c, 57.

12 Ibid., 380c, 58.

际上，一个事物越少变化，就越好。现在，神以及属于神的事物在每一方面都是最佳可能的。因此，每位神只是纯粹地停留在其相宜的形式中。[13]第二条法律和模式是这样的："神在言行方面是完全单一的、真实的，他不会改变自己，也不会白日送兆、夜间入梦，玩这些把戏来欺骗世人。"[14]

如果奥古斯丁知悉柏拉图的著作原文，毫无疑问他对于柏拉图的非凡功绩的赞赏会得到确认。不过，更细致的阅读会让他看清，柏拉图这里的意图不是确立真正宗教的教义，或者阐明真正哲学的命题。他关切的是通过良好的法律和原则教育城邦的护卫者，而且可能也是着手为这些有哲学本性的人确定方向，使其朝向不变的**理念**。此一关切是改造城邦宗教——用瓦罗的术语就是 theologia civilis（政治神学），同时为那些有能力离开城邦的人——用瓦罗的术语就是在 theologia naturalis（自然神学）中寻求自由的人——提供朝向 mundus（世界）的方向。

尽管如此，柏拉图的改造产生了定然远离柏拉图目的和意图的结果。如我们已经指明的，柏拉图的"改革神学"是在德性城邦的框架中，就德性城邦的需求而言，才有它的意义。当形势使得它与城邦的框架分离开来，它变成了什么样？当与众神的和谐不是主要由封闭

13　参看 ibid., 381b4-c9。

14　Ibid., 382e9-11, 61. 我敢说，相反地，变动是一种坏的征兆，索福克勒斯把斯芬克斯描绘为 poïkilôdos（谜一样的）——它的歌声具有欺骗性，还是变化多端的（《俄狄浦斯王》，130）。对于奥古斯丁而言，持续性的变化、形相的不稳定或者缺乏形相，将会是魔鬼的标记。他把维吉尔描绘普路透斯的内容用在了撒旦身上："formas se vertit in omnes（把自己变成各种形象）。"（《上帝之城》，10.10，引自《农事诗》，4.411）

城邦的需求——无论是结构的还是形势的——来组织，而是必须在希腊罗马帝国的开放空间中来构想？当其表达框架转变且扩展到了“世界”的维度之际，神发生了什么？如此一种转换深刻地修正了人的生活；对于众神生活的修正也不逊色。的确，这是奥古斯丁的批判具有其目标和意义的背景：基督教据以最清晰地展现了自己独有特征的那种异教，不是最初产生之际的城邦的异教，而是——我要说——经历了两类重要且相关的转变之后的城邦宗教：由柏拉图主义促成的智识转变，以及从城邦向帝国过渡促成的政治转变。这两类转变是相连的，因为它们使得封闭的城邦产生了两处裂痕，即哲学的视角或视域，以及作为人类整体或“世界”的帝国视角或视域。[15]

那么，柏拉图改革后的宗教在与其城邦框架脱离之后变成什么样？这里发挥作用的柏拉图主义显然是极为简化的，但是，它保留了柏拉图的改革中核心的内容：“一切神都是善的”以及“神与人两不相涉”。[16]柏拉图主义者在这种基础上能够推崇、阐发什么宗教呢？

需要解决的问题可以被阐述如下：人如何能够进入与神的关联中，这些神无疑是善的，但与人没有任何关系？这是一个**中介**（mediation）的问题。通过什么中介者（mediator）或诸中介者，人能够进入与这般想象的神的关联中？

---

15 普鲁塔克会把亚历山大赞颂为这样的人物：此君实现哲学，并且将其好处扩展至所有的民族。参看 *On the Fortune or Virtue of Alexander*, 327e-329c。

16 Augustine, *City of God*, 8.13以及8.18,324。第二条准则在我们已经探究过的《理想国》的那些段落中并没有确切的呈现，即使柏拉图说“我们人世好的事物比坏的事物少得多”（379c），其意图是相当程度地限制善神的行为领域。不过，这些出现在了《会饮篇》中（203a2），此一文本奥古斯丁显然可以通过阿卜莱乌斯的中介接触到，我们后面会引述它。

这种与政治脱钩的柏拉图主义，这种“去政治化的”柏拉图主义，其悖论之处在于，通过一种程序——奥古斯丁总是不依不饶地谴责其可耻的特征，同时又强调其奇特的逻辑上的甚至是本体论上的必要性——在这些条件下能够设想的唯一的中介者就是**精灵**（demons）。

在结构上，这些柏拉图主义者，或者所谓的柏拉图主义者，像柏拉图本人一样服从相同的必要性，它展现在苏格拉底与狄俄提玛的对话中：

“那爱若斯（Eros）会是个什么呢？”我说，“难道是个会死的？”

“别这么说。”

“究竟是个什么？”

“像我先前说的，”他说，“介乎会死的与不死的之间。”

“狄俄提玛，究竟是个什么吗？”

“一个大精灵（daemon），苏格拉底，所有精灵都居于神和会死的之间。”

“精灵有什么能力呢？”我说。

“把人们的祈求和献祭传译和转达给诸神，把诸神的旨令和对献祭的酬报传译和转达给人们；居于两者之间，精灵正好填充间隔，于是，整体本身就连成一气了。这样一来，也就触发了所有涉及献祭、祭仪、谶语和种种算卦、施法的占卜术和司祭术。本来，神不和人交涉，靠了这些，神和人才有了完整的来往和交谈。”[17]

然而，“柏拉图主义者”曲解或者“具象化”了“精灵”的理解，其方式使得奥古斯丁会轻而易举地得出结论说，它确实是一位“邪恶天使”。

这样，柏拉图主义者的改革，在确认真神的正确理念或者接近它时，促成了一种崇拜精灵的宗教，这种崇拜必然伴随各色荒唐或者丑陋的施法行为。

奥古斯丁借助于深思阿卜莱乌斯（Apuleius）的作品详细探讨了这些后果。[18]对我们最有趣的一点在于，一种令人震惊且非常荒唐的宗教在逻辑上，总而言之，是源自一种必要性，即最精确且缜密构思的中介的必要性。既然众神生活在其无与伦比的孤独中，那么居间于神与人的精灵必然成为人崇拜的对象。然而，他们是谁或者是什么？他们的本性显然是由他们的中介特征决定的。因此，他们混合了人和神的属性。据说，他们“属于生灵，心灵有性情，心志有理性，身体是空气，寿命永恒”[19]。要点在于，精灵分享了人的情感。因此，阿卜莱乌斯的宗教之构成在于尊奉或者崇拜人们不想与之类似的存在。归根结底，它与宗教相悖；更确切点，它与宗教的德性相悖，后者之构成在于模仿所崇拜或者尊重的，“谦卑地膜拜一个在你的日常行为中

17 Plato, *Symposium*, in *The Dialogues of Plato,* trans. Seth Benardete (New York: Bantam, 1986), 202d-203a, 264-265.［参看《柏拉图的〈会饮〉》，刘小枫等译，华夏出版社，2003年，第74—75页。］

18 参看 Augustine, *City of God*, 8.16-22, 9.6, 9.8。

19 Ibid., 8.16, 321.［参看《上帝之城》(中)，第301页。］

厌恶与之相似的存在，去崇拜你拒绝模仿的人，这是十足的犯傻、可悲的迷失。因为，确定无疑的是，宗教中最最重要的乃是把人们崇拜的对象作为自己的典范”。[20]

柏拉图主义者使得众神远离人类，由此形成了更配得上众神真正本性的神的理念，与此同时，他们却陷入一种悖谬的宗教，精灵崇拜，原因在于他们对于中介问题没有得到一个令人满意的解决之道；他们没有确定真正的中介者。奥古斯丁彻底探索了精灵式中介的混合体，即人、神属性的可能结合或者混合。善良的精灵不可能是中介者，因为既然是善的、永恒的，并且因此是有福的，他们就更近似于神而不是人。实际的中介者，居于人与神中间距离的那种，展示了人和神之属性混合最等量的那种，的确是邪恶的精灵，因为它同时是悲惨的—— 一种人的属性，和永恒的—— 一种神的属性。[21]

当然存在着其他可能性。可能有其他的等量混合体，一种有福的必死者展现出来的那种。[22]一个必死者能是有福的吗？这是人提出的一个重大问题。[23]有些人考虑到人的 humilius（更卑微）的境况，认为只要他们过着必死的生活，就没有能力幸福（beatitudo）。其他一些人沉迷于臆想，断言只要他们拥有智慧（sapientiae compotes），就能是有福的。奥古斯丁使用的术语表明，他不属于持后一种观点之人。然而，在随后的几行中，他理智地对待这个问题，甚至不乏尊重。他

20　Ibid., 8.17, 324.

21　参看 ibid., 9.13.

22　参看 ibid.。

23　参看 ibid., 9.14.

强调了它的连贯一致。智慧之人、哲学家，能够作为不幸的必死之人和有福的不死之人的中介者而现身。[24]

不过，更为可信也更为可能的是，所有的人只要是有死的，就必然亦是悲惨的。[25]因此，人和神的中介不可能由善良的精灵或者邪恶的精灵或者智慧之人来保证。无论人们设想什么样的方式，无论以什么方式将人和神的属性联结于其中，一种居间的（intermediary）存在不可能是有效的中介者。如果中介不能由一种居间的存在来保证，那么该去哪里寻找呢？它必须在这样一种存在中寻求，它不是一种居间，而是同时是此和彼两个极端："我们必须寻找一个不仅是人而且是神的中介者。"[26]因此，人神（man-God）乃是我们寻求的中介者。

奥古斯丁补充了如下的精确限定："他之成为中保（Mediator），并不是因为他是圣子（Word）。因为，圣子享有最大的不朽和赐福，与悲惨的有死者相去甚远。他化身为人做了中保。"我们没有必要去寻

---

24 哲学家精灵式的能力在阿尔喀比亚德勾勒的苏格拉底肖像中，以一种特别戏剧化的方式细致地呈现出来。（参看《会饮篇》，215a4-222b）。亚里士多德以一种更为稳重却依然清晰的方式重申了哲学活动的神圣或神圣化（divinizing）特性：它乃是最自足的活动。公正的人、节制的人、勇敢的人需要其他人来实现他的德性。但是，sophos（智慧的人）却不是这样，尽管他可能和同伴有利益的联合，却是 autarkestatos（自足的）。还有，幸福寓居于闲暇中。政治和战争行为尽管因其高贵和伟大（"kalleï kaï megestheï"）而突出，却是异在于闲暇的，在其自身中没有自己的目的。相反，努斯（intellect）的活动，除自身之外没有其他目的，内含着一种独特的快乐，这种快乐会强化这种活动。亚里士多德的结论如下，我们已经引述过："因此，如果努斯是某种与人不同的神性事物，那么，与努斯一致的生活就是与人的生活不同的神性的生活。不要理会有人说，人就要想人的事，有死的存在就要想有死的存在的事。应当努力追求不朽的东西。" Aristotle, *Nicomachean Ethics*, trans. Joe Sachs (Newburyport, MA: Focus, 2002), 10.7, 1177b30-35, 193. [参看《尼各马可伦理学》，第305—307页。]

25 参看 Augustine, *City of God*, 9.15。[《上帝之城》(中)，第16页。]

26 Ibid., 359.

找其他的中介者以逐步将我们提升至神性，因为有福的上帝作为赐福者，“成了我们人性的分享者，因此，也赋予我们捷径以分享他自身的神性”。他正是以仆人的形象（“in forma servi”）做了中保。[27]

奥古斯丁为耶稣身上两种本性的结合之可信性做了辩护，其方式是强调构成了人的灵魂和肉体之结合乃是更加难以置信的。[28]

道成肉身和中介

因此，在非政治化或者帝国异教主义中，中介是“精灵般的”，精灵被理解为柏拉图昭示的人类灵魂的“爱欲”动力，或者日益被理解为一种不同的精神实体。在基督教中，中介是基督的中保，他是人又是神，教会作为“基督之肉身”起着中介作用。在人权、所谓主观权利的现代秩序中，看起来不存在任何中介。既然中介者是人和众神或神性之间的一种居间，而神性或与神性的关联在我们的政体中不再公开地确认——它成了一件私事，Privatsache——因此，人们不清楚在我们当中何处去寻找中介者或者中介。不过，如果这是实情，那

27 Ibid., 361. 恰恰正是因为这种“为仆的”或“谦卑的”中介，希腊人，包括或者尤其是柏拉图主义哲学家，憎恶知识。奥古斯丁对波斐利说了这样的话：“你鄙视[耶稣]，为的是他从一个女人那里获得了肉身，也因为在十字架上受辱。”（Ibid., 10.28. 413.）

28 “身体与灵魂结合一处，因此，人们才可能是完整和完满的，这是我们凭借自己的本性见证认识到的一项事实。如果它不是一项熟稔经验的事实，我们无疑应该发现它甚至更难以置信；因为信仰更容易接受精神与精神的结合……而非肉体与一种无形实体的结合。”（Ibid., 10.29, 415.）

么人类世界中的一个本质性要素，无论如何在我们历史的前两股潮流——异教和基督教——中是本质性的要素，对我们而言已经消逝了。它是或者将是某种独一无二的现象。这一事件值得省思。

在欧洲史中，人们如何接受中介之命运问题呢？决定性时刻，那最令人深思的时刻，无疑是宗教改革。宗教改革拒斥了教会作为一种独立且可见建制的中介。不是凭借参与教会的圣事得以拯救，也不是凭借加入教会得以拯救，路德教导的信徒是凭借信仰上帝之道得以拯救，唯独信心（sola fide），唯独恩典（sola gratia）在灵魂中诞生的信仰。“基督奉差遣于世上，他的使命不是别的，只为传道。再说，整个属灵阶级——所有的使徒、主教和神甫蒙召受职，也只是为传道，即使今时有些不同了。”[29]

路德认为，《旧约》中满是上帝的诫命或律法，规定了所有类型的善工（good works），但是它对于成全这些善工并不够，因为律法或诫命没有赋予那种力量。它们的制定只为一件事：人由此可以看清他们自己无能为善，他们可能察觉到对自己的失望，并且去他处寻求帮助。一旦人们完全谦卑，在自己眼中不值一文，在自身之中找不到借以称义得救的任何事物，他们就能够聆听其他的圣言，《新约》的圣言，那许诺和神圣的应许，赐予信基督者所有的恩典、公义、和平和自由。故上帝的应许赐予诫命所要求的，并践行了它们命令的，所有

---

29 Martin Luther, *On Christian Liberty,* trans. W. A. Lambert (Minneapolis: Fortress Press, 2003), 6-7.［此处英译本的引文中最后一句：even though it is otherwise today，但在路德著作的中译本和其他英译本中没有这句话。参看《路德文集》（第一卷），伍渭文编，上海三联书店，2005年，第402页。］

事情，诫命和践行，都归于上帝。[30]

作为一独立的属灵社会的教会是凭借其独立性来进行中介。一旦教会的中介独立性被废除了，唯有传讲圣言使得罪人触及中保基督的恩典：

> 但我们传讲基督却应以树立对基督的信心为目的，使他不仅是基督，而且是你我大家的基督，并且使有关他的论说和以他的名所表示的，在我们心里产生效能。这信心的产生和得以存于我们里面，是借着传基督降世的目的、他给我们带来和赐予什么，以及我们接受他有什么益处。正如我说过的，若要成就这些事，必须使基督赐予信徒的自由得到正确宣扬，使我们知晓我们基督徒皆为君王与祭司是什么意思，以致成为万有之主（aller Dinge mächtig），坚信我们的一切所为在上帝眼中皆蒙悦纳。
>
> 有谁听到了这些事会不心里感到快乐至极呢？有谁得了这种过去借律法和义行所得不到的安慰，而不变得温柔、爱慕基督呢？谁有权能伤害和恐吓这颗心灵？即使良心会有对罪的感知和死亡的惧怕，但它早已寄望于主。它听到恶讯不惧怕，看见仇敌亦不受扰。只因为它相信基督的义为它所有，它的罪也不再是它的，而由基督担待，并且所有的

30 参看 ibid., 13。[《路德文集》(第一卷)，第404—405页。]

罪孽都已为基督的义所吞灭。[31]

因此，对于路德而言，基督之中保，无须教会中介之手段或补足，凭借基督之公义与罪人之不义的无谓遭遇即可实现，在这一遭遇中，一极是义人，一极是罪人，两个极端交换了其特性——公义紧倚罪孽——与此同时却依然保持其所是。在天主教的等级中，人或多或少是上帝之城的好公民，换言之，人更为公义是在这个意义上的：人更少地是一个罪人，恩典**真正地**改变了本性；在路德的等级中，基督徒总是同时是一个义人和罪人（“simul justus et peccator”）。[32]就恩典一直是异在的这个意义而言，人们可以说，它表明自身没有能力有效地改变本性，由此基督之中保遭遇了极限。或许是因为这个理由，路

31 Ibid., 31-32.［参看《路德文集》（第一卷），第412页。］

32 就路德而言，恩典总是外在或异在于要拯救的罪人。基督的恩典是一件斗篷，我们穿上它可以“掩盖我们的所有污点”。路德的称义，无疑包含着信徒的个人救赎，这是一方面，天主教的称义，包含着信徒现实的转变，这是另一方面，波舒埃（Bossuet）曾详细阐述了二者之间的差别：“称义之为恩典在于，宽恕我们的罪的同时，使得我们为上帝所悦纳。直到那时才确信，产生这一效能的真正来自上帝，但最终必须在我们之中；而且，为了称义，换言之，从一个罪人变得公正，人们必须在其自身之中有公正；正如要想渊博和有德，人们必须自身之中具备知识和德性。不过，路德并未遵循这样一种简单的理念。他觉得使得我们称义的并且使得上帝悦纳我们的，不会是我们中的任何东西；而是这样的：我们会称义是因为上帝将耶稣基督的公正归于我们，就像那是我们自己的，还因为实际上我们能够凭借信仰将其归我们自己所有。不过，此等称义信仰的奥秘还有某些特别的东西：它的内涵并不在于一般地相信救世主，相信他的神秘和应许；而在于每个人在他的心中确定无疑地相信，我们所有的罪孽被宽恕了。路德不停地断言，人称义了，一旦人确信他称义了，他需要的确信不仅是道德确信，这建立在合理动机的基础上，排除了犹疑和忧虑，而且还是绝对的确信，一种没有谬误的确信，其中，罪人必须以其相信耶稣基督降生于世的同样信仰来相信他之称义。” Jacques Bénigne Bossuet, *Histoire des variations des Églises protestantes,* in *Oeuvres de Bossuet*, vol. 4 (Paris: Firmin Didot, 1852), 9. Quote trans. Marc LePain.

德的某些措辞可以说使得信徒自身成为第二个耶稣："一个信徒一劳永逸地跃升于万物之上，可也臣服于万物之下；因此，他就像是一种双重存在，像基督一样拥有集于一身的双重本性。"[33]

为了有个机会估量宗教改革之于我所谓的欧洲历史中的中介命运的重要性，更深入地探析路德的学说是必要的。人们大体上同意，宗教改革之危机当然不仅是天主教**统一**（unity）的破裂时刻，而且是伟大的天主教**中介**——理性与信仰、自然与恩典、此世与彼世之间的中介——的破裂时刻。一种满载应许的新颖形象出现了，天主教中介的破裂被认为对此出力良多，这个新颖形象既非异教的也非基督教的，它会被冠以个体之名。此外，这一理论不仅被那些严肃评判此一人类新形象的人所接受，比如奥古斯特·孔德，也被数目更多的这样一些人接受，他们把此一演变视为一种发展或者进步本身。在所有的学者中，人们会认为，对我们来说，马塞尔·高歇（Marcel Gauchet）无疑是最有趣的一位，原因在于他对待中介问题的方式。

我从《世界的祛魅》中的一句话开始："宗教改革开启了一种恰当的对神圣他性（divine otherness）及其后果的觉识，藉此，社会实践的所有部分被一种动力所弥漫和塑造，即一位被隔离的神所需求的对俗世的占有。"[34]这句话隐含着此书的核心论点，涉及基督教在一个自治的人类秩序的出现、确立以及正当化方面的角色。在这里特别让我

33 转引自 Pierre Mesnard, *L'Essor de la philosophie politique au XVIe siècle* (Paris: Vrin, 1969), 186。

34 Marcel Gauchet, *The Disenchantment of the World*, trans. Oscar Burge (Princeton, NJ: Princeton University Press, 1997), 91.

们感兴趣的是这句话句首的几个术语及其所蕴含的意义。

对马塞尔·高歇而言，新教主义，简而言之，就是基督教的真理，因为它抵近了神圣他性的恰当意识，那会促成或允诺一种自治人类秩序的释放和证成。我们可以说，在高歇看来，宗教改革迈出的一步堪与我们探讨过的《理想国》第2卷中苏格拉底的那一步相比。两类情形都涉及发现一种更精确、更相称的神的理念。还有，在这两类情形中，获得一种更为公正的神圣理念就是使神远离人。对柏拉图而言，神与人关联甚少，或者压根就无关。对路德而言，恩典尽管是救赎的，依然是外在于罪人的。不管人们如何评价，高歇的见解从柏拉图主义者或者仅仅是这一哲学问题——“Quid sit dues（什么是神）?”——中获得了其正当性以及其内在来源的清晰性。

如我们所见，借助于“柏拉图主义者”，从柏拉图来到奥古斯丁，其间一种更恰当的神的理念赋予中介问题更大的紧迫性。随着神圣他性被更为清晰地识别出来，中介问题也更强烈地凸显出来。就城邦的宗教来说，某种程度上恰是城邦的需求构成了中介：众神需要通过祭祀和其他仪式得到赞同。“神到底是什么”的问题，还有首先“神是否存在”的问题，可以说没有破土而出的空间。希腊人既非相信亦非不信他们的神话。城邦一旦失去了推动朝向神的运动的力量，此一运动就会渐渐脱离城邦，逃遁而去。它会被吸引至一种更为恰当的神的理念，其缘由有二：柏拉图的哲学阐述，以及共同生活框架的帝国式扩张。恰在那时，异教主义遭遇了构想一种适当的中介的紧迫需要以及绝对不可能性。如我们曾见，在奥古斯丁看来，不是凭借着发掘一种新颖的居间，而是揭示将两个极端集于一身的那人——人-神，基督教才提出了适当的中介。

在高歇的探讨中，引人注目的是对中介的贬低。在他眼中，中介远非寻求一种更恰当的关于神之觉识的补充，而是障碍。人们能够获得一种恰当的神圣他性的觉识，唯有凭借弃绝任何的、所有的中介。这一论断是可以完美辩护的；它是哲学本身的论断。对哲学来说，神如此完美，以至于他自身不会关心人，而人只有凭借着思想之“神圣”行为抵近神。不过，没有宗教能够契合这样一种神的理念，除非人们坚持谈论一种“哲学家的宗教”。笃信之人期盼属神的事物（something of God），无论它是疾病的痊愈或是永生，而哲学家既不会盼望也不会恐惧任何事物。对他而言，哲学活动本身就是中介。哲学家本人就可以被称为一个中介者：他将人的心灵引向正确的方向。

宗教并不类于哲学，必然去寻求信徒和神之间可能的最有效的中介，无论构想神的方式粗疏还是精密。宗教寻求尽可能地抵近神，直到与神合为一体。于是，在我看来，马塞尔·高歇为道成肉身的教义提供了一种非常可疑的阐释。道成肉身作为中介居于基督教的核心，或者毋宁就是基督教本身，高歇不是将其视为中介，而是当作人与神之间确切分离的证据：

> **道成肉身**的基督教教义是……活生生的证据，证实了在信仰的核心，两种自我确证的（self-substantiating）现实秩序之间存在着不可弥合的罅隙。在上帝采纳了人的形式时，他显现出完全的他性，差异极大又相隔甚远，以至于没有启示的帮助，他对于人来说永远都是未知的……借助于在基督

身上的神秘结合，人和神被差异化，正如尘世居所和天上王国的某种等级式的混合体，碎裂为其基本的构成因素……由此，在那信仰体系的核心中，存在着无穷无尽的永远的神秘，亦即被浓缩在救世主形象中的分离和他性的神秘。[35]

这段文句令人印象深刻，我会稍加评论。

就算两个因素的每次恢复友好（rapprochement）等于它们先前的远离，就算随之能够说，道成肉身获得的结合的亲密性相当于基督教以及之前犹太教确认的创世主与其造物之间的无限距离，依然不变的是，道成肉身的意图乃是抑制那种疏远，不是为了加深，是为了缔造统一或者结合，而不是分离。基督徒的上帝和犹太人的上帝是同一个上帝，其特征是同样的“他性”，那在《创世记》的第一章后就是自明的。根据基督徒的见解，道成肉身的理由在于，它能够实现犹太律法不能做的东西，那就是真正地联合造物与造物主。用奥古斯丁的术语说，律法没有赋予律法所诫命的，而恩典赋予了律法所诫命的。基督教的特殊贡献是结合而非分离，是神的亲近而非其无限的他性，其中值得注意的一个迹象是，道成肉身对于犹太人来说是亵渎，对于希腊人来说是愚蠢：

亵渎：“‘我指着永生上帝命令你起誓告诉我们，你是不是基督，上帝的儿子？’耶稣对他说：‘你自己说了。’……大祭司就撕裂衣服，说：‘他说了亵渎的话，我们何必再要证人呢？现在你们已经听见他

35 Ibid., 77.

这亵渎的话了。' ”[36]

愚蠢："犹太人要的是神迹，希腊人求的是智慧，我们却是传被钉十字架的基督，这对犹太人是绊脚石，对外邦人是愚拙，但对那蒙召的，无论是犹太人、希腊人，基督总是上帝的大能，上帝的智慧。"[37]

宣称自己系上帝之子乃是亵渎。被钉十字架是一则丑闻，因为犹太人不愿相信一位弥赛亚会以此种方式蒙羞。亵渎之诋毁和丑闻之情感是对那难以抑制地**临近**（proximity）于神的反应。对希腊人而言，不可能设想一位神会抛弃其神圣境况而分享人类境况。正如奥古斯丁在我们已经引述过的对波斐利的说辞中所强调的那样，哲学家们鄙视基督，"因为他从一个女人那里获得了肉身，也因为在十字架上受辱"。[38]

他性概念没有提供它所针对的问题的解决之道。假定对于哲学家和宗教信徒来说，对一种更公正、更相称的神的理念的寻求，蕴涵着与神的偏离，如果人们愿意的话，还有"他性"的增长，那么一种极端的二者择一就会显现：要么神彻底与人隔离，居于其神圣境况中享受着，不曾丝毫地关注人类，就像伊壁鸠鲁的神或更早些的亚里士多德的神一样；要么尽管因其伟大而分离，神却朝向人类，越过将他与他们分离的深渊，完成其"博爱的"宏图，这正是基督的道成肉身的涵义。基督教的要义并不在于提出一位完全不受所有人间沾染的

36 Matthew 26:63-65, Revised Standard Version.

37 I Corinthians I: 22-24, Revised Standard Version.

38 Augustine, *City of God,* 10.28,413.

神——希腊哲学已经这样做了——而是宣称，这位神是人的朋友，以至于承载着他们的境况。

不可能将“神圣他性之恰当觉识”描述为后来的发展，因为它从一开始就处于基督徒信仰行为之戏剧（drama）的核心——信徒必须相信这难以置信的事情：那无限的存在自降身段，拘于皮囊，呈现为“一个仆人的样貌”。从一开始，神学就同时将造物主上帝的完美自足确认为神圣的博爱，造物主没有受迫于创造任何事物，也没有要道成肉身。Cur deus homo（上帝为何化身为人）？主啊，你要照顾的人是什么？二者之一中的第一种情形总是萦绕于心，甚至出现在选择了第二种情形的人的灵魂中：滋养了其虔诚的感激之情的东西恰是这一事实，即那对他无所求的存在转向了他。由此，两种情形作为关联于神的两个时刻而联结起来：对其伟大的觉识，对其仁善的感激。

在我看来，改革者们对于命定说的坚持，远非暗示一种更精确的或更鲜活的对于神圣他性的觉识，而是源自那两个时刻的混同：不亏欠人类什么的上帝的冷漠某种程度上渗入了与人类立约的上帝的仁善。而人类强迫自己信仰不爱他们的上帝。[39]

我相信，前述评论足以表明，他性的概念绝非太抽象，以至于不能充分地描绘我们正在寻求辨识的现象。它是很晚之后才详细阐述的一个科学概念。然而，宗教经验很长时间以来就产生了一个特殊的概念，它涵盖或者包括了他性概念意图命名的内容。这就是神圣性

39 参看马克斯·韦伯引述的《威斯敏斯特信纲》的条目，*The Protestant Ethic and the Spirit of Capitalism*, trans. Talcott Parsons (London: Routledge, 1992), 57-58。

（divine holiness）概念。上帝是神圣的一（the Holy One）。这实际上是说，上帝是“完全的他者”，与此同时，它将人带回到了罪人的境况。然而，上帝神圣性的概念不仅不会等到宗教改革才出现，甚至在基督教之前就已辨识出来了，因为它处于犹太教的核心。在《诗篇》中，对于犹太人和基督徒来说共同的祈祷文，提到了神圣的一与罪人之间势不可挡的亲近。我不知道人们还要去哪里寻找对于神圣他性和神圣亲近（divine nearness）的更引人注目或者更生动活泼的表达。

因此，如果宗教情境要求上帝之神圣与亲近联结起来，那么寻求正确的中介看起来与神圣他性的识别并不相悖。它并不是对神圣他性的玷污，而马塞尔·高歇的一段文字似乎就是这么认为的，这一段因其被压抑的狂暴而令人注目。在谈及教会尝试确立自身为上帝与人类的中介者时，他这样写道：“教会的任何在终极的他性与极端的内在性之间介入的主张，都变成了一种荒谬的骗局，任何跨越横在天堂之前的那道深渊的共同体桥梁，看起来都是对超凡（transcendence）的偶像崇拜的误解。经由卓越牧者的指引，使得与不可见之物的交流制度化，能让信徒持久性地沐浴在对律法的恰当阐释中，显然是忽视了我们与神的疏远。由此，教会中介立基于上的某种东西，恰对于中介的可能性投下了怀疑的目光。”[40]

对教会而言，这不是将自己介入其中的事情，而是联结存在的两个向度的事情，其一是向灵魂开启了广大（the Immense），其二是让灵魂转向自身的脆弱。它只是达成人与神之间的恰当关联的事情。这

40 Gauchet, *The Disenchantment of the World*, 137.

一正确的关联要求一种内在的性情，还有可能是一种外在的建制。介于它们之间的某种人的组织——某种教会，或者类似犹太民族的某个“民族”——为什么不会是构造人和神之关联的最好方式呢？如果人类在城邦的框架之中，凭借着城邦缔造和收获了人类的善好（goods），那为什么他们没有在一个特殊且不同的城邦、上帝之民、上帝之城或者教会中收获上帝的善好，甚至与上帝的行为并行不悖呢？尽管中介机构是令人不满意的或令人失望的——耶和华一直在责骂，甚至惩罚他的子民——它依然是“跨越深渊的桥梁”，没有了它，广大和低微（the lowly）将会彼此无限远离。

因此，我并不服膺于下列主张：基督教和西方的变迁之泉源寓于神圣他性之“觉识的进步”，此一进步在新教主义臻于顶峰，而在自治的世界（即我们的世界）实现其全部潜能。神圣他性之觉识有两类最敏锐且不相容的表述，其一在柏拉图和他的追随者的哲学中可以发现，其二在《诗篇》中。基督教带来的是中介，不是疏远。当被谈论的觉识之进步比基督教本身更古老时，不可能认为“伟大的现代转变”产生自基督教内部的发展。人们必须在其他方面去寻找。

民族的中介

有一点是所有人都同意的。路德想要结束教会的中介或者结束教会作为中介的共同体。这一点是我们必须一再返回的，也是我们必须重新作为开端的。

当整个的教会国家（“der ganze geistliche Stand”）被弃之不顾，当它丧失了中介的功能时，会发生什么呢？属灵的事奉（spiritual ministry）由每一位基督徒在所谓的“普遍祭司职分”（universal priesthood）中获得了。所有基督徒现在分享了祭司的尊荣；他们之间除了源自 Beruf（志业）的东西之外就没有什么差异，如果我可以这样说的话，志业这个概念是由路德式的《圣经》翻译诞生于世的。[41]志业这一概念联合，在某种程度上混合了神圣召唤或使命的宗教感与职位、职务或志业的世俗含义。在改革的社群（尤其是加尔文主义信徒）演变的过程中，这一概念将赋予世俗职业某种宗教的性质。正是这一概念为马克斯·韦伯的如下论题提供了最广阔的根基：加尔文主义在资本主义精神形成中的角色。

韦伯研究的这些变迁并不涉及路德的改革本身。在路德的德意志，普遍的祭司职分和志业的混合概念促成了世俗权力合法性的戏剧性增长。皮埃尔·梅斯纳德（Pierre Mesnard）以某种三段论的方式对其尤可抵御的作用机制概述如下：

1. 国内政权（civil authority）在普遍祭司职分中占据着普通的份额。

2. 国内政权对于基督教世界的结构或者基督徒的集合体拥有主权。

41 参看 Weber, *The Protestant Ethic*, 39-40。

3. 国内政权在普遍祭司职分中占据着主导的份额。[42]

基督徒的集合体卸下了教会等级（ecclesiastical order）的重担，只是为了归于路德式君主之手。在路德那里开启的是基督教会被德意志民族、基督教的德意志民族替代。

改革过的秩序安排，只能凭借民族的中介维系在一起。

教会中介的废除并没有终结中介的活动。无疑，把《圣经》移译为德语使得确立主观自由成为可能，正如黑格尔将会阐释的那样，不过这种自由唯有在**直接**就是基督徒的政治共同体中才诞生并且能够维持下去。[43]民族是基督徒的主观自由与上帝的主权恩惠（sovereign grace）之间的中介者。教会现在看起来太过于不纯粹或者没有能力，无法与上帝交流，而民族插手其中，尚是天真无辜的。基督教的主观化与其民族化是不可分离的。人们可以说民族在吸收了教会之后，占有了其中介功能。总是存在着中介的需要。

这些评论尽管简短，却迫使我们重新回到欧洲神学－政治史通常被叙述或阐述的样子。有一点得到了普遍且真正的同意，而且没有受到我们刚才所说内容的直接影响：宗教分裂为现代国家的确立提供了

---

42 参看 Mesnard, *L'Essor de la philosophie politique au XVIe siècle*, 196。

43 世俗生活的行为现在具备了一种直接的宗教涵义和价值。参看《奥格斯堡信纲》(1530) 第16条："虽然它（《福音书》）未解决民用或家庭经济之间的关系，但同时却强烈地要求我们把它们视为神的安排，在这样的安排中行仁爱，每个人依凭他的天职（ein jeder nach seinem Beruf）。"还有第26条："他（基督徒）严惩自己的肉体，不要使之得到赦免，而要约束它，使之履行宗教事务，尽其天职（einem nach seinem Beruf）。"引自 Weber, *The Protestant Ethic*, 157-158n2。［参看《新教伦理与资本主义精神》，于晓等译，三联书店，1987年，第170页，注释2。］

最强大、最特殊的理由。现代国家首先是至高的(sovereign)、绝对的，由此，它有力量、有权利凌驾于宗教观点之上，或者至少决定哪种观点会被国家接受。后来，它将这至高权转变为或阐释为中立性，因为国家现在希望在涉及其公民的宗教观点和信念上保持中立。在某些欧洲国家，“中立化”或者世俗化的运动算是勉强完成了。主权国家起初是绝对的，后来是自由的，它造就的这一运动无疑构成了欧洲历史的主要矢量之一。

先于所有这一切的是宗教改革，或者其转变，即基督教会的主观化和民族化二者之间互为因果。如果绝对国家在基督教会或基督教的民族化中扮演了关键性的助力角色，那么此类民族化之精神原则在国家建立前已经充分展现了。基督教的民族化出现在绝对国家的构建之前。后者在成为前者的原因之前乃是其果。

正是基于宗教改革及其后果，欧洲民族才成形，或者才别具一格。每个民族都不得不对基督教信条（Christian confessions）作出根本性抉择，这一抉择对于界定此后的民族有着决定性的贡献。民族的抉择要比专制君主的意志更具权威。国王实现其民族的意愿，而非号令他们的民族保持或者改变其宗教，正如法兰西和英格兰的历史证实的，尽管二者的结果相悖。[44]这是我们历史中最神秘但最具决定性的事实之一，我认为这是一项事实。

44　事实上，我设法去界定的变迁与1555年《奥格斯堡议会》实施的原则南辕北辙：“cujus regio ejus religio（主教民信）。”这一原则归属于帝国的法律，而且确保在德意志半个世纪的宗教和平，它认为每一疆域之内只会有一种信经，即君主的信经，而臣民的移民权利获得了承认。这一原则的适用分割了帝国，也阻止了一种或几种民族形式的产生。

记住这一点将会有助于我们对贯穿于国家的中立化作出更恰当的论断；中立化国家并非内在本性上的中立国家，因为它一开始就是一个已经作出宗教抉择的民族的国家。此过程的末端作为一个中立国家将会呈现出来的毋宁是这样的国家，即已然逐步褪去了其最初的偏向，以至于国家与教会之分离就是始于民族和宗教之混同的故事的到期。中立的或者自由的国家就是一个最初接受了此等或彼等基督教信条的民族的国家。摆在我们前面的最重要的政治问题之一就是，这种起源是否尚保留着一份力量，换言之，这种起源的决定性在今天是否某种程度上依然是决定性的。

我说过，由于宗教改革，各个欧洲民族各自成形，或者欧洲民族呈现出特殊的或独特的形式。天主教民族，那些依然是天主教的或者选择保持这样的民族，显然包含在这些命题中。与此同时，因为基督教的民族化在新教民族产生了更深刻的转变，因为它们在与罗马决裂之后，更为有力地掌控自身，或者自我抉择，这些民族，至少加尔文主义的或者加尔文主义占主导的民族，相比于时下的天主教民族，更迅速地、更有力地、更完整地实现了现代欧洲民族的样式。一个现代民族——这是一个更充分的民族——的政治、经济和伦理构成因素，在新教民族中的获得或育生比天主教民族要更为迅捷、更为有力，也更为充分。这类差别已经相当程度地减少了，但是在今时的欧洲，尚没有完全消除殆尽。

即使低地国家可以声称拥有第一个现代民族的名衔，不过，众所周知，它属于英格兰，这个民族的政治、经济和风俗提供了现代政治、经济和风俗会是什么的标准。不过，当我们提及这些的时候，我们心灵的眼睛聚焦在了现代这个术语和概念上，而且我们将集体生活的各类成分置于现代之尺度中。这没有什么错，不过，如果我们不是将注意力集中在“现代的”这个形容词上，而是集中在“民族”这个实词上，我们就抓住了我们政治史的一个首要事实。问题不在于将缔造所有伟大事物的神秘力量归于民族——英格兰是第一个孕育了这些事物的民族——而是申明：英格兰作为第一个现代民族，第一个完整的民族，无须帝国或教会的中介，它是第一个拥有包含在这种政治形式中的所有可能性的民族。英格兰的前行从政治和宗教动乱中得到了其最初的动力，那场动乱在内战和克伦威尔的摄政中达到了顶峰。它在从纳兹比战役（1645年）延伸到滑铁卢战役的披荆斩棘中一路展现出来。自此之后，被称为英格兰支配地位的东西不过是一开始所利用优势的惯性的延续而已，英格兰和其他民族在活力上的差异可以说消退得很快，这有赖于个体的民族，不过，与法兰西尤其是和德意志相比，在十九世纪末期最终完全消失了。说及英格兰，孟德斯鸠这样写道：“它是世界上最能够同时以宗教、贸易和自由这三种伟大的事业自负的民族。”[45]通过提到三**种**伟大的事业，他必然将我们的注意力聚集在了英格兰优越性的各种成分上。然而，最重要的东西寓于那个状语修辞——“同时”。允许英格兰利用这三种伟大事业的东西在于，他们最早安置了民族这一综合性的政治形式，最早将民族从阻碍它的所有障碍中解放出来。正是在海洋因素、**自由**因素中，民族体验并且

45 Montesquieu, *The Spirit of the Laws*, trans. Anne M. Cohler, Basia Carolyn Miller, and Harold Samuel Stone (Cambridge: Cambridge University Press, 1989), 20.7, 343. [参看《论法的精神》(下)，第19页。]

践行了其新的自由。人们可以说，利用海军的表达方式，即基于英格兰1651年的《航海法》，现代民族才解缆出航。[46]

为了英格兰前行这个主题的完整，并且不要遗漏某个阴郁的方面，人们应该赘言一句：正是在英格兰，现代民族的民族主义第一次完全展现了其可怕的力量，也正是克伦威尔，在奠基性震动的巅峰时期，狂暴地说到了民族主义，那在欧洲民族此后的历史中不会被超越，只是被通俗化。[47]

这里并不适于深入探讨欧洲民族的历史，哪怕是走马观花的方式也不行。不过，关于其第二次的转变或二次出生，需要说一句。在宗教改革震动近三个世纪之后，欧洲经历了法国大革命的震动。这两起伟大运动的并列乃是历史反思的老生常谈。在两种情形中，一种政治和精神的运动诞生于欧洲的一个国家，转变为一起泛欧洲的运动，最终产生了一种“民族化”的效果。在两种情形中，欧洲各民族可以说，激活了它们作为共同生活的卓越参照框架的角色。

除去这种并行之外，还可以检视出一更深层的类似。在两种情形中，主观化的运动与民族化的运动不谋而合。在宗教改革时期，基督徒自由的宣告与基督教被民族占用（national appropriation）、基督徒生活在民族框架中的铭写是不可分离的。在法国大革命期间，人权或者良心权的宣告，与人的生活的整体在一个民族——它宣称自身至高无

46　1651年的《航海法》限制荷兰舰队进入英格兰港口。

47　参看克伦威尔1656年9月17日的演讲，引自 Carl Schmitt, *The Concept of the Political*, trans. George Schwab (Chicago: University of Chicago Press, 2007), 67-68。[参看《政治的概念》，刘宗坤等译，上海人民出版社，2003年，第193—194页，注释20。]

上——框架中的铭写是不可分离的。由于《神职人员的民事组织法》，法兰西成为第一个不言而喻选择与罗马决裂的天主教国家，不过它不再以对基督教的某种占用为名义。这一次什么被占用了呢？这一次民族中介了什么呢？民族是人类的中介。

发生了什么？在基督教民族的框架中，国家逐步地放弃其信条的偏袒；它越来越清晰地显现、澄明为一人类的平台，仅仅是人类的平台——人民在这个平台上是自由的、权利平等的。如果宗教的民族化促生了民族活力的增长，那么它同时也是每个民族内部的永久困难的原因。必须寻找到某种方法来彻底地将信条分歧予以中立化，于根基处斩去信条分歧的原则。终极来说，这意味着设定并且宣示：人的联合、实质性的人的联合的参照标准，不再是任何意义上的基督教联合，后者归根结底是偶然的。实质性的人的联合是人类本身。

没有中介的人类

为什么人们应该把这不再抱持信条的新民族界定为人类的中介呢？这浮夸的抽象启蒙了我们？民族是人类的某个选区，或者民族是人类的某种分离或分布之结果，就这样简单地说不够吗？无论如何，我认为一个这种类型的概念对于把握此等非常难以界定的政治形式的涵义是不可或缺的。没有了它，我们就是普遍与特殊之对立的玩物，没有了它，要么人们只是将民族推到特殊性的一边，要么人们依据这种对立的级别去辨识诸民族，有些是普遍主义更多，其他一些是特殊主义更多。无论如何，人们忽视了存在于两个极端之间的动态互助（dynamic solidarity）。

动态互助这种说法意指什么？现代民族的特性**并非**特殊主义的：所有人类联合——政治机体、地域、城邦、市镇、家庭都是特殊主义的。现代民族的特性是它理解并缔造了它的特殊性(particularity)——尽管误解众多，但我们保留这个术语——作为一种普世的人类操演的效果或结果。“民族性原则”是一个普世的原则，即自我决定的原则，自己治理自己的民主原则。在这个意义上，很明显是特殊主义的、民族的“德意志概念”，在普世主义方面并不逊于“法兰西概念”——它很明显是普世主义的。对于其一就如同另一个一样，**既然法国大革命已经把人类标示为视域或参照标准**，那么重要的就是建制、具体化并且实现此人类。卢梭对人类演说。费希特在《对德意志民族的演讲》中，意图仅仅对德意志人并且为了德意志人而说话。这并没有阻止费希特在这些《演讲》中的哲学看起来像是对卢梭的摹仿。费希特让我们看到，**人类**凭借着**德意志**形式呈现出其最完备的形式。这是完全不同于热爱特殊性、偏爱“土著”的某种东西。每一个欧洲民族都将自己装扮为卓越的人类操演。欧洲民族已经选择了其信条定义。为了有助于领会两类民族形式显现的连续性，我情愿说，每个现代民族都是对人类的告解或倡议。

人们可以观察到，如果我们设定其鼎盛期结束于“二战”的话，现代欧洲民族的轨迹明显地比基督教民族的轨迹要短。基督教民族的轨迹止于现代民族的革命性确立，而现代民族的轨迹止于欧洲的自我摧毁。

欧洲民族，无论是民主的还是迈向民主的，似乎比基督教民族都要脆弱。在其开端之际，在这两段轨迹接合的非凡时期、革命战争和帝国战争的时期、德意志理想主义的时期，人类之中介似乎要比教会之中介强健很多、光明很多，原因在于它似乎更为普世。事实上，它很快就暴露出自己要脆弱多了。早在十九世纪下半期，严重政治腐化的迹象就显露了。有一阵儿这些迹象被绝大多数欧洲国家的民主进步遮蔽了，这里的民主呈现为代议制政府、地位平等、对人民的一般需求殷勤在心的文明的形式。人们如何解释这些诞生自革命震动及其后果的强健民族的内在脆弱性呢?

正如我们指出的那样，基督教民族间的争斗和敌对比起其鼓动起来的那种，即现代民族间的争斗和敌对在强度上并不逊色，可以说后者始于1792年。然而，现代民族间的敌对产生了更深刻且毁灭性的既可见又不可见的结果。实际上，现代欧洲民族在展现敌对的过程中，越来越把它们自己视为人类的不同、不平等以及可能是不相容的表现。民族对基督教的占用，在经历了困惑和灾难之后，最终表现为一种稳固的形式，打上了基督教民族的信条标志，而民族对人类的占用却纷争不断、激荡不已，很快在激进化的进程中失去自制。实际上，特殊性的宣示现在没有限制，不是因为民族特殊性本身，那依然是其所是，而是因为它从那不囿于一隅的、无限的人类普世性中汲取其活力。不像基督教的普世性具备形式和内容，那“仅仅是人的”普世性缺乏形式，而且开启了无限可能性的真空。

基督教民族尽管平常受到了信条差异感的促动，却保持着一种共同的基督教统治者，哪怕其通常是虚弱且消极的。[48]或许，首要的是，人类之参照作为一种尚未中介化（mediatized）和主题化（thematized）的资源，对于它们来说是可以得到的。它是隐而不显的。尽管几乎没有用过，它都是备用的。而它将会被越来越多地动用，以补救宗教的分裂，后者的毒害依然在发挥作用。人类之参照是更为有益的，因为它是矫正性的，而非排外的。反过来说，一旦人类变成了最正当的，甚至是唯一正当的参照标准，而且一旦民族作为中介来促成它，现代民族就再没有索取的资源了。当它们因为不断更加激进的自我宣示而失去自制的时候，就没有什么储备让它们分享了。

无可否认，这里我们身处不确定且不能确证的领域。这些问题非常困难。在我看来，民族主义的通常解释，即过度且病态的民族特殊主义，是极其不够的，因为它们都忽视了这种能量的渊源，对其特殊主义的强调不过是一种宣泄（expression）或者可能只是一种后效（aftereffect）。陷入第一次世界大战的民族的那种毁灭性恶疾，揭示了政治机体内在的僵化，这些政治机体早在十九世纪最后四分之一的时期似乎就已经丧失了它们的行动自由。[49]不过，如果战争揭示了作为人类中介者的民族的脆弱或虚弱——今天很多人会说失败，那么，它同时揭示了被中介的人类或者作为中介渊源的人类之脆弱或虚弱。

48 “欧洲权力平衡”的游戏使得相同信条的民族成为敌人，而不同信条的民族成为盟友。这限制了敌对的发展。

49 不仅是民族的毁灭性恶疾，还有帝国的笨拙。将世界大战的唯一或主要责任归于民族形式本身不智且不公，其他政治形式，即帝国的责任成分也是非常大的。行动者在其更为完全“民族的”（而非在“帝国的”）尺度内乃是更“理智的”。

一直到第二次的且更糟糕的灾难、这反人类的罪行之后，人类才重新获得其正当性和权威性。但是，显露为最终灾难之牺牲品的人类，已经没有一点革命时代的人类所具备的激发性政治力量了。它不再是有效的政治中介或具体化的资源了。联合国与此丁点儿都不像。

借助于新中介，是否有可能想象第三次复兴？在教会和人类之后来临的这一新中介的原则会是什么样呢？如果我们的分析是有理据的，在人类缔造民主民族可以说已经力竭之后，我们能够诉诸什么样的中介资源似乎并不是显而易见的。当今，欧洲普遍看法确实把人类视为唯一可利用的资源和参照标准，现在民族已经耗尽了它。而正如我指出的，这样的人类是缺乏政治意蕴的，并不构成一种有效的政治资源。它顶多是一种“同伴情感”的参照框架，在这上面是不可能支撑任何政治建筑的。它涉及一种**直接的**人类，无差别地包含了“所有民族”和“任何人”，这不可能为中介提供任何资源。时下，在欧洲人中间，人类作为参照标准是能够即刻反对任何有效政治担当或行动的。推动1789年的人民前行的人类鼓舞人心，并且有能力滋养最伟大的雄心，而今天，以其名义颁布规则的人类只能维护既定事态，禁绝可能于未然。